21 世纪全国高等院校财经管理系列实用规划教材

管理经济学(第 2 版)

主　编　姜保雨
副主编　赵明铎　翟　璇

北京大学出版社
PEKING UNIVERSITY PRESS

内容简介

本书在对国内外管理经济学理论与思想体系进行充分、全面研究的基础上，结合编者多年来从事管理经济学教学的实践经验，精心选编大量实际案例，对管理经济学的基本理论与方法从定性到定量进行了较为全面、完整的阐述。全书以微观经济理论为基础，侧重于企业行为，借助于决策科学的方法和工具，指导企业高效率地配置稀缺资源，帮助经理人员制定出能使企业目标得以实现的经营决策。本书主要内容包括市场运行分析、消费者行为理论、企业生产决策分析、企业成本与利润分析、完全竞争市场的价格与产量决定、完全垄断市场的价格与产量决定等。本书的重点在于对微观经济学和企业决策的基本概念的掌握，对培养学员的经济学思维很有帮助，是其他经济管理类课程的基础和入门课程。

本书可以作为高等院校管理类、经济类专业本科生的教材，也可以作为各类企事业管理人员培训以及社会自学者的必读参考书。

图书在版编目(CIP)数据

管理经济学/姜保雨主编．—2版．—北京：北京大学出版社，2014.9

(21世纪全国高等院校财经管理系列实用规划教材)

ISBN 978-7-301-24786-0

Ⅰ.①管…　Ⅱ.①姜…　Ⅲ.①管理经济学—高等学校—教材　Ⅳ.①F270

中国版本图书馆CIP数据核字（2014）第207352号

书　　名：管理经济学(第2版)

著作责任者：姜保雨　主编

策 划 编 辑：李　虎　王显超

责 任 编 辑：翟　源

标 准 书 号：ISBN 978-7-301-24786-0/C·1044

出 版 发 行：北京大学出版社

地　　址：北京市海淀区成府路205号　100871

网　　址：http://www.pup.cn　新浪官方微博：@北京大学出版社

电 子 信 箱：pup_6@163.com

电　　话：邮购部62752015　发行部62750672　编辑部62750667　出版部62754962

印　刷　者：北京鑫海金澳胶印有限公司

经　销　者：新华书店

787毫米×1092毫米　16开本　21.75印张　500千字

2008年8月第1版

2014年9月第2版　2018年3月第4次印刷

定　　价：42.00元

21世纪全国高等院校财经管理系列实用规划教材

专家编审委员会

丛 书 序

我国越来越多的高等院校设置了经济管理类学科专业，这是一个包括理论经济学、应用经济学、管理科学与工程、工商管理、公共管理、农林经济管理、图书馆、情报与档案管理7个一级学科门类和31个专业的庞大学科体系。2006年教育部的数据表明，在全国普通高校中，经济类专业布点1518个，管理类专业布点4328个。其中除少量院校设置的经济管理专业偏重理论教学外，绝大部分属于应用型专业。经济管理类应用型专业主要着眼于培养社会主义国民经济发展所需要的德智体全面发展的高素质专门人才，要求既具有比较扎实的理论功底和良好的发展后劲，又具有较强的职业技能，并且又要求具有较好的创新精神和实践能力。

在当前开拓新型工业化道路，推进全面小康社会建设的新时期，进一步加强经济管理人才的培养，注重经济理论的系统化学习，特别是现代财经管理理论的学习，提高学生的专业理论素质和应用实践能力，培养出一大批高水平、高素质的经济管理人才，越来越成为提升我国经济竞争力、保证国民经济持续健康发展的重要前提。这就要求高等财经教育要更加注重依据国内外社会经济条件的变化，适时变革和调整教育目标和教学内容；要求经济管理学科专业更加注重应用、注重实践、注重规范、注重国际交流；要求经济管理学科专业与其他学科专业相互交融与协调发展；要求高等财经教育培养的人才具有更加丰富的社会知识和较强的人文素质及创新精神。要完成上述任务，各所高等院校需要进行深入的教学改革和创新，特别是要搞好有较高质量的教材的编写和创新工作。

出版社的领导和编辑通过对国内大学经济管理学科教材实际情况的调研，在与众多专家学者讨论的基础上，决定编写和出版一套面向经济管理学科专业的应用型系列教材，这是一项有利于促进高校教学改革发展的重要措施。

本系列教材是按照高等学校经济类和管理类学科本科专业规范、培养方案，以及课程教学大纲的要求，合理定位，由长期在教学第一线从事教学工作的教师编写，立足于21世纪经济管理类学科发展的需要，深入分析经济管理类专业本科学生现状及存在的问题，探索经济管理类专业本科学生综合素质培养的途径，以科学性、先进性、系统性和实用性为目标，其编写的特色主要体现在以下几个方面：

(1) 关注经济管理学科发展的大背景，拓宽理论基础和专业知识，着眼于增强教学内容与实际的联系和应用性，突出创造能力和创新意识。

(2) 体系完整、严密。系列涵盖经济类、管理类相关专业以及与经管相关的部分法律类课程，并把握相关课程之间的关系，整个系列丛书形成一套完整、严密的知识结构体系。

(3) 内容新颖。借鉴国外最新的教材，融会当前有关经济管理学科的最新理论和实践经验，用最新知识充实教材内容。

(4) 合作交流的成果。本系列教材是由全国上百所高校教师共同编写而成，在相互进行学术交流、经验借鉴、取长补短、集思广益的基础上，形成编写大纲。最终融合了各地特点，具有较强的适应性。

(5）案例教学。教材融入了大量案例研究分析内容，让学生在学习过程中理论联系实际，特别列举了我国经济管理工作中的大量实际案例，这可大大增强学生的实际操作能力。

(6）注重能力培养。力求做到不断强化自我学习能力、思维能力、创造性解决问题的能力以及不断自我更新知识的能力，促进学生向着富有鲜明个性的方向发展。

作为高要求，经济管理类教材应在基本理论上做到以马克思主义为指导，结合我国财经工作的新实践，充分汲取中华民族优秀文化和西方科学管理思想，形成具有中国特色的创新教材。这一目标不可能一蹴而就，需要作者通过长期艰苦的学术劳动和不断地进行教材内容的更新才能达成。我希望这一系列教材的编写，将是我国拥有较高质量的高校财经管理学科应用型教材建设工程的新尝试和新起点。

我要感谢参加本系列教材编写和审稿的各位老师所付出的大量卓有成效的辛勤劳动。由于编写时间紧、相互协调难度大等原因，本系列教材肯定还存在一些不足和错漏。我相信，在各位老师的关心和帮助下，本系列教材一定能不断地改进和完善，并在我国大学经济管理类学科专业的教学改革和课程体系建设中起到应有的促进作用。

刘诗白

2007年8月

刘诗白 现任西南财经大学名誉校长、教授，博士生导师，四川省社会科学联合会主席，《经济学家》杂志主编，全国高等财经院校《资本论》研究会会长，学术团体“新知研究院”院长。

前　言

管理经济学是为企业经营管理者提供理论基础的一门应用经济学，其将微观经济学理论与经济分析方法应用于企业经营管理，以实现企业资源的最佳配置，从而在经济理论研究与企业决策实践之间架设一座桥梁。但目前许多管理经济学教材，相对于应用型人才的培养定位与学习群体的学习基础而言，其内容还是偏难，尤其是许多较深数学知识的运用，使得不少学生因畏难而退却，影响了学习的效能。因此，本书在编撰过程中力图体现以下特色。

（1）内容选取的应用性与实践性。在简明阐述微观经济学基本原理的基础上，着重探讨经济学基本原理在管理决策中的应用。特别是精心选编大量现实生活的案例，注重理论联系实际，突出管理经济学的应用性质，用实例说明如何在管理决策实践中运用经济学原理，提高读者分析实际问题和从事管理决策的能力，同时，也在一定程度上起到提供资料信息和拓宽视野的作用。

（2）内容表述的通俗性与严谨性。对于基本概念和基本原理的文字表述力求严谨规范，而具体展开叙述则力求通俗易懂，用文字、图表和数学的合理组合来对课程的基本内容进行深入浅出的解说，增强了教材的可读性，并体现了基础性。

（3）内容编排的适教性与自学性。采用“教辅合一型”，即把主教材、学习指导和学习参考融为一体。每章章首有“教学目标”、“教学要求”，章末附有本章小结，用最简明的语言概括基本概念的要义和每章内容的重点，并设计了相关的习题，帮助读者系统复习和巩固所学内容。

另外，本书第 2 版与第 1 版相比做了部分改动：第 1 章“管理经济学概述”改为“导论”，并增加了“管理经济学原理”的内容，便于在学习过程中全面把握和系统了解管理经济学；第 2 章“需求与供给分析”改为“市场运行分析”，并对部分内容进行了调整，同时，为了保证内容的完整性也增加了“供给弹性”的内容；为了使前后逻辑关系更为合理，把第 1 版的第 9 章与第 10 章的顺序进行了调换；最后，为了保持内容的时效性，对所有章节的例题和案例均进行了更新，特别是案例的选取，都是近几年发生在我们身边的实际案例，有助于做到理论联系实际，并在每章开始都加入了导入案例以便将问题形象化，从而可以直接引出该章的教学内容。

本书编写分工如下：姜保雨负责编写第 1、2、6、8、11、12 章；赵明铎负责编写第 3、5、10 章；翟璇负责编写第 4、7、9 章。

本书由姜保雨负责拟定提纲、总纂全书和最后定稿。

在本书的编写过程中，参阅和借鉴了大量文献资料，并得到了有关部门和专家的大力支持，在此一并表示感谢！

由于编者水平有限，书中不妥之处敬请广大读者批评指正。

编　者

2014 年 6 月

目　录

第1章

导　论

教学目标

通过本章的学习，能正确理解管理经济学的内涵与研究内容，以及主要分析方法的含义，掌握管理经济学的主要分析方法所体现出的分析思维与框架，并能运用适宜的分析方法进行具体的经营决策。

教学要求

知识要点	能力要求	相关知识
管理经济学的研究对象和性质	(1) 会按照决策步骤进行简单的决策 (2) 能正确界定管理经济学与微观经济学的区别与联系	(1) 管理经济学的含义 (2) 管理经济学与微观经济学的关系 (3) 管理经济学的研究对象
管理经济学的研究方法	(1) 能掌握主要分析方法的分析思维与框架 (2) 会运用适宜的分析方法进行具体的经营决策	(1) 管理经济学主要分析方法的定义 (2) 主要分析方法的运用方向
管理经济学原理	(1) 能够概括管理经济学的主要内容 (2) 能够运用管理经济学原理解释现实社会现象	(1) 管理经济学的七个原理 (2) 七个原理的应用

导入案例

理性成就快乐：像经济学家那样思考

在日常生活中，每个人其实都在自觉不自觉地运用着经济学知识。比如在自由市场里买东西，我们喜欢与小商小贩讨价还价；到银行存钱，我们要想好是存定期还是活期。经济学对日常生活到底有多大作用，有一则关于经济学家和数学家的故事可以参考。

故事说的是三个经济学家和三个数学家一起乘火车去旅行。数学家讥笑经济学家没有真才实学，弄出的学问还摆了一堆诸如“人都是理性的”之类的假设条件；而经济学家则笑话数学家们过于迂腐，脑子不会拐弯，缺乏理性选择。最后经济学家和数学家打赌看谁完成旅行花的钱最少。三个数学家于是每个人买了一张票上车，而三个经济学家却只买了一张火车票。列车员来查票时，三个经济学家就躲到了厕所里，列车员敲厕所门查票时，经济学家们从门缝里递出一张票说，买了票了，就这样蒙混过关了。三个数学家一看经济学家们这样就省了两张票钱，很不服气，于是在回程时也如法炮制，只买了一张票，可三个经济学家一张票也没有买就跟着上了车。数学家们心想，一张票也没买，看你们怎么混过去。等到列车员开始查票的时候，三个数学家也像经济学家们上次一样，躲到厕所里去了，而经济学家们却坐在座位上没动。过了一会儿，厕所门外响起了敲门声，并传来了查票的声音。数学家们乖乖地递出车票，却不见查票员把票递回来。原来是经济学家们冒充查票员，把数学家们的票骗走，躲到另外一个厕所去了。数学家们最后还是被列车员查到了，乖乖地补了三张票，而经济学家们却只掏了一张票的钱，就完成了这次往返旅行。这个故事经常被经济学教授们当作笑话讲给刚入门的大学生听，以此来激发学生们学习经济学的兴趣。但在包括经济学初学者在内的大多数人看来，经济学既枯燥又乏味，充满了统计数字和专业术语，远没有这则故事生动有趣；而且经济学总是与货币有割舍不断的联系，因此，人们普遍以为，经济学的主题内容是货币。其实，这是一种误解。经济学真正的主题内容是理性，其隐而不彰的深刻内涵就是人们理性地采取行动的事实。经济学关于理性的假设针对个人而不是团体。经济学是理解人们行为的方法，它源自这样的假设：每个人不仅有自己的目标，而且还会主动地选择正确的方式来实现这些目标。这样的假设虽然未必总是正确，但很实用。在这样的假设下发展出来的经济学，不仅有实用价值，能够指导我们的日常生活，而且这样的学问本身也由于充满了理性而足以娱人心智，令人乐而忘返。尽管我们在日常生活中时常有意无意地运用一些经济学知识，但如果对经济学知识缺乏基本的了解，就容易在处理日常事务时理性不足，给自己的生活平添许多不必要的烦扰。比如，刚刚买回车子，没过两天，这款车子却降价了，大部分人遇到这种情况的时候都垂头丧气，心里郁闷得很；倘若前不久刚刚买了房子，该小区的房价最近却上涨了，兴高采烈是一般购房者的正常反应。这些反应虽然符合人之常情，但跌价带来的郁闷感觉却是错误的。

经济学认为，正确的反应应该是：无论是跌价，还是涨价，都应该感觉更好。经济学认为，对消费者而言，最重要的是你消费的是什么——房价、车价是多少以及其他商品的价格是多少。在价格变动以前，你所选择的商品组合(房子、车子加上用收入余款购买的其他商品)就是对你来说最好的东西。如果价格没有改变，你会继续这样的消费组合。在价格变化以后，你仍然可以选择消费同样的商品，因为房子、车子已经属于你了，所以，你不可能因为价格变化而感觉更糟糕。但是，由于房子、车子与其他商品的最佳组合取决于房价、车价，所以，过去的商品组合仍然为最佳是不可能的。这就意味着现在还有一些更加吸引人的选择，因此，你的感觉应该更好。新的选择虽然存在，但你却更钟情于原来的最佳选择(原来的商品组合)。

在日常生活中，我们还常常烦扰于为什么别人挣得比自己多，总是觉得自己得到的比应得的少，而经济学却告诉我们这样的感觉是庸人自扰，也是错误的。经济学认为别人比自己挣得多是正常的，自己得到的就是应得的，如果自己不能理性地坦然面对，只会给自己的生活带来不必要的烦扰和忧愁。

我们之所以在日常生活中遇到这样那样的烦扰，主要还是因为对经济学有一些误解，这可能是经济学说起来比较简单的缘故。“供给与需求”、“价格”、“效率”、“竞争”等都是大家耳熟能详的经济学词汇，而且这些词汇的意思也是显而易见的，因此，很多时候，似乎人人都是经济学家。人们不敢随便在一个物理学家或数学家面前班门弄斧，但在一个经济学家面前，谁都可以就车价跌了该高兴还是该郁闷等实际问题随意发表自己的见解。其实，经济学中有许多并非显而易见的内容，并不是每个人想象的那么简单。在经济学领域，要想从“我听说过”进入到“我懂得”的境界并不是件轻而易举的事情。

因此，掌握正确的经济学知识，将经济学思考问题的方法运用到日常生活中来，使我们能够更加理性地面对生活中的各种琐事，小到油盐酱醋，大到谈婚论嫁，从而也会减少生活中的诸多郁闷和不快，多一些开心，多一些欢笑。

1951年美国经济学家乔尔·帝恩(Joel Dean)的第一本管理经济学专著的出版，开创了运用经济学基本理论与方法指导企业经营管理决策的新篇章，同时也终结了传统经济学(主要是微观经济学)只停留在经验式的讨论上，缺乏有针对性地解决实际问题的历史。第二次世界大战之后，随着国内外市场竞争的加剧，企业界迫切要求提高企业经营决策水平，这门课的出现恰好适应了这种需要。因此，管理经济学很快被越来越多的国外商学院和管理学院确定为核心课程，并在培养和造就职业经理和商界领袖中起着不可替代的作用，同时也使管理经济学自身得到了迅猛的发展。

20世纪80年代初，管理经济学从国外传入我国。随着我国社会主义市场经济体制的建立和发展，从传统计划经济条件下的执行型管理到市场经济条件下的自主决策型管理的转变，加之面对的日益激烈的国际化竞争，企业要立于不败之地，不仅取决于资源数量的多少，更取决于资源配置的科学水平，这都迫切需要企业提高管理决策中理性思考和理性创新的水平，并对企业管理者提出了更高的要求。由此，管理经济学这门课程也从引入到普及，再到目前的创新与发展，得到了迅速的发展，并越来越显示出了它的重要性。

1.1 管理经济学的研究对象和性质

在学习管理经济学内容之前，首要任务就是要弄清这门课程的内涵，以及这门课程的研究对象和分析方法等一系列基本问题。

1.1.1 管理经济学的含义

管理经济学是把经济学的理论和经济分析方法应用于企业经营管理决策实践的一门应用经济学科。具体地说，管理经济学以经济学理论与方法为基础，并结合应用计量经济学和决策科学的方法与工具，为企业解决经营决策问题提供理论和工具，指导企业决策者高效率地配置稀缺资源，制定和实施能使企业目标得以实现的经营决策。由此可以看出，管理经济学具有较强的实践性和针对性，是一门应用经济学。

在理解管理经济学含义时还应正确把握两个方面的问题：①虽然管理经济学是应用经济学，但它并不提供解决具体现实问题的具体方案，而仅是提供在决策制定过程中的经济思维，这是由社会科学的属性所决定的；②虽然管理经济学的基础是经济学的理论和分析方法，而且运用的是管理决策的工具，但是管理经济学并不是经济学与管理决策学的简单相加，而是通过融合而形成的提炼与升华，从而成为以强化企业决策者在管理中的理性思考与理性创新为主要目标的应用经济学。具体理解可通过下面对管理经济学的研究对象以及管理经济学与微观经济学的关系的学习而得到深化。

1.1.2 管理经济学的研究对象

由管理经济学的定义可以看出，管理经济学主要研究如何将经济学的理论与方法应用于企业管理决策实践中，即管理经济学主要研究管理过程中的决策问题。然而，现实企业管理中的决策则是多种多样且分属于不同的环节与部门的。如企业人力资源的培训与岗位聘任等人事决策、销售网络与销售战略的销售决策、产量与产品组合的生产决策等。因此，管理经济学研究的并不是企业管理中所有的决策问题，而仅仅是那些与企业资源合理配置有关的经济决策，又主要是产量决策和价格决策。

决策即选择，就是在许多备选可行方案中选择出最优方案。为了保证决策的科学性和有效性，决策工作必须按照其自身规律有序地进行。目前较为经典的决策程序主要有西蒙的决策 3 步骤、IBM 的决策 5 步骤和德鲁克的决策 6 步骤等。在借鉴这些已有成果的基础上，本书将决策的过程分为以下 5 个步骤。模型如图 1.1 所示。

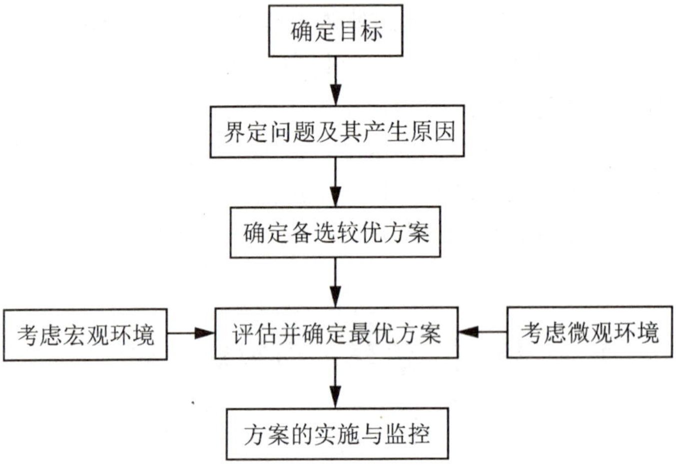

图 1.1 决策模型

(1) 确定目标。目标是决策的出发点，只有目标明确且具体才能保证决策方案的优化。在制定目标时，必须权衡该目标与其他多元目标之间的相互关系，明确主要目标与非主要目标的关系，并权衡目标执行的有利结果和不利结果，制定一个界限。由此，所确定的目标应具有可计量、可规定其期限和可以确定其责任者等基本特征。

(2) 界定问题及其产生原因。之所以要进行决策就是因为生产经营中存在与目标相悖的问题，决策就是为了解决问题。由此，在决策前必须清楚问题的所在，同时还要深层次地挖掘出哪些因素与此问题相关，这是影响拟定备选决策优劣的基础。

(3) 确定备选较优方案。备选方案是决策者用来达到目标的选择或手段。备选方案之间不一定是明显地相互排斥、相互取代或起着相同作用的，备选方案不一定是决策者从一开始就知道的选择，还包括那些后来才被发现的选择。然而，这也并不是说要将所有可能的方案都一一罗列出来，而是要对那些可能解决问题的方案进行初选，只留下少数几个较优方案以备进行精确评选最优方案即可，例如有些方案虽然也可以解决问题，但经粗略的计算就可以明显地看出其并不实用或在经济上不可行，则可以将其淘汰，不必列入备选方案了。

（4）评估并确定最优方案。为了对留下的较优方案进行精确的评估，必须收集企业内外部的相关信息。如企业的生产、销售、资金、管理和客户服务，以及行业动态、国家宏观经济调控趋势等信息对选择最优方案都是至关重要的。与此同时，根据企业目标，运用定量、定性等分析方法对各种可能的方案进行分析和评价，并从中选出最优方案。

（5）方案的实施与监控。将所决定的方案付诸实施是决策过程中至关重要的一步，因此在方案的实施过程中应做好以下4个方面的工作：①制定相应的具体措施，以保证方案的正确执行；②确保有关方案的各项内容被参与实施的人充分接受和彻底了解；③运用目标管理方法把决策目标层层分解，落实到每一个执行单位和个人；④建立重要工作的报告制度，以便随时了解方案的进展情况，及时调整行动，否则很可能产生严重的后果。因为虽然决策一开始是正确的，但是在实施过程中由于方案的前提条件和基础发生了改变，那么当初的最优方案就可能不再是最优方案，甚至变成不适宜方案，如果不随之调整决策，就必然导致失败。由此可见，方案在实施过程中必须建立有效的信息反馈与监督评价制度，以利于必要时对方案进行修复与调整，从而保证最优方案的正确性。

1.1.3 管理经济学与微观经济学的关系

管理经济学以微观经济学理论与方法为基础，并结合应用计量经济学和决策科学的方法与工具，为企业解决经营决策问题提供理论和工具，具有较强的实践性和针对性，是一门研究企业在市场经济中如何进行科学有效的经营决策的应用经济学。尽管如此，管理经济学与归属于理论经济学的微观经济学仍具有密切的联系，具体体现在两个方面：①管理经济学承袭了微观经济学的诸多假设、前提和分析方法；②它们都是以市场经济中的微观主体及其行为为主要研究对象。从某种程度上说，微观经济学是管理经济学的基础，而管理经济学是微观经济学向企业管理实践领域的应用性延伸。与此同时，管理经济学又有别于微观经济学，主要区别表现在6个方面，详见表1-1。

表1-1 管理经济学与微观经济学的区别

	微观经济学	管理经济学
研究对象	抽象的企业的一般经济行为	现实的企业的经营决策
研究目的	揭示微观经济主体的行为，理解价格机制如何实现经济资源的优化配置	为企业管理者进行企业经营决策提供经济分析手段
研究内容	从微观经济活动主体的一般经济现象入手，研究经济的运行，侧重于均衡的理论分析	以企业经营管理为出发点，关注企业日常运行所面临的主要经济问题，侧重于决策所依据的经济学原理
研究视角	偏重于理论分析，其研究角度更倾向于社会分析	偏重于应用分析，其研究角度更倾向于企业与实证的分析
企业环境假设	假定企业环境、信息均为已知且不变	企业环境，尤其是外部环境信息不确定且不可控
企业目标假设	以“经济人”假设为基础的利润最大化	短期目标多样化，长期目标为企业价值最大化

对微观经济学与管理经济学的深入比较分析，更有助于学习者理解管理经济学的研究对象及其学科定位，即管理经济学是把微观经济学的基本原理和分析方法应用于企业管理决策实践的应用经济学科，同时也是一门经济学和管理学的交叉学科。

1.1.4 学习管理经济学的目的和意义

从对管理经济学含义的阐述和研究对象的界定，以及与微观经济学的对比分析，可以看出管理经济学为微观经济学某些部分的应用，其重点不是对经济理论的探讨，而是应用微观经济学的基本原理和分析方法解决管理决策实践中的问题，致力于提高企业经营管理人员的管理决策水平。因此，学习管理经济学的主要目的是为管理者提供经济分析方法与思维方式，以有助于管理者建立理性的决策思路，为管理者的管理决策提供分析框架，以利于提高管理决策理性设计水平，促使管理决策从主观经验到科学化、现代化的质的转变。

因此，学习管理经济学具有重要的意义，这不仅有助于培养和造就高素质的经营管理队伍，提高我国整体经营管理水平，加快我国现代企业制度的建立，而且也有助于加快实现我国经济增长方式的转变，同时还有助于提高我国企业在国际市场中的竞争力。

1.2 管理经济学的研究方法

管理经济学的研究方法主要有边际分析法、均衡分析法、数量经济模型和抽象分析法等。

1.2.1 边际分析法

"边际"一词的最原始含义是指事物在时间或空间上的边缘或界限，它是反映事物数量的一个概念。在经济学中，"边际"的最通俗的含义无非是指增加的、额外的或追加的。它既可以指某个变量在一定数量中已经加上去的最后一个单位，也可以指一定数量之外可能追加的下一个单位。例如一个人消费 4 块面包的边际效用，就是指 4 块面包的最后一块，即第 4 块面包提供的效用，而这第 4 块面包一定是他已经消费了 3 块面包后再追加消费的一块面包。如果用函数关系表述"边际"，则是指函数自变量发生变化而引起的因变量的增量，即函数的变化率，它研究两个变量的增量的比例关系。如在总收入(TR)函数中，总收入为因变量，产量(Q)为自变量，ΔTR 与 ΔQ 分别代表它们的增量，则边际收入(MR)的表达式为：

$$MR = \frac{\Delta TR}{\Delta Q}$$

边际收入表示当增加一个单位的产量时，总收入增加多少，即边际值表示自变量每变化一个单位，引起的因变量变化多少。

经济学中的边际分析法是基于各种经济现象之间存在的一定的函数关系，即某一因变量依存于一个或几个自变量的函数关系，并借助这种函数关系研究因变量随着自变量的变化而变化的程度，从而分析经济效果的一种分析方法。由于边际分析可以用微分求极值的方法寻求最大限度满足某一特定目标时的自变量值，因此在管理决策最优方案选择时经常使用此分析方法。

案例1-1

从杭州开往南京的长途车即将出发。无论哪个公司的车，票价均为100元。一个匆匆赶来的乘客见一家国营公司的车上尚有空位，要求以50元上车，被拒绝了。他又找到一家也有空位的私人公司的车，售票员二话没说，收了50元允许他上车了。哪家公司的行为更理性呢？乍一看，私人公司允许这名乘客用50元享受100元的运输服务，当然亏了。但如果用边际分析法分析，私人公司的确比国营公司精明。说起“边际”这个词，许多人觉得有点神秘，其实说透了你就知道，你经常也会不自觉地用这个概念来分析问题。“边际”这个词可以理解为“增加的”的意思，“边际量”也就是“增量”的意思。说得确切一些，自变量增加一单位，因变量所增加的量就是边际量。比如说，生产要素(自变量)增加一单位，产量(因变量)增加了两个单位，因变量增加的这两个单位就是边际产量。或者更具体一些，运输公司增加了一些汽车，每天可以多运200多名乘客，这200名乘客是边际量。边际分析法就是分析自变量变动一单位，因变量会变动多少。我们可以用最后一名乘客的票价这个例子来说明边际分析法的用处。当我们考虑是否让这名乘客以50元的票价上车时，实际上我们应该考虑的是边际成本和边际收益这两个概念。边际成本是增加一名乘客(自变量)所增加的收入(因变量)。在这个例子中，增加一名乘客，所需磨损的汽车、汽油费、工作人员工资和过路费等都无需增加，对汽车来说多拉一个人少拉一个人都一样，所增加的成本仅仅是发给这个乘客的食物和饮料，假设这些东西值10元，边际成本也就是10元。边际收益是增加一名乘客(自变量)所增加的收入(因变量)。在这个例子中，增加这一名乘客增加收入50元，边际收益就是50元。

在根据边际分析法做出决策时就是要对比边际成本与边际收益。如果边际收益大于边际成本，即增加这一名乘客所增加的收入大于所增加的成本，让这名乘客上车就是合适的，这是理性决策。如果边际收益小于边际成本，让这名乘客上车就要亏损，是非理性决策。从理论上说，乘客可以增加到边际收益与边际成本相等时为止。在我们的例子中，私人公司让这名乘客上车是理性的，无论那个售票员是否懂得边际的概念与边际分析法，他实际上都是按边际收益大于边际成本这一原则做出决策的。国有公司的售票员不让这名乘客上车，或者是受严格制度的制约(例如，售票员无权降价)，或者是缺“边际”这根弦。我们常说国有企业经营机制不如私人企业灵活，这大概可以算一个例子。

边际分析法在经济学中运用极广。所以，边际这个概念和边际分析法的提出被认为是经济学方法的一次革命。在经济学中，边际分析法的提出不仅为我们做出决策提供了一个有用的工具，而且还使经济学能运用数学工具。边际分析所表示的自变量与因变量之间的变动关系可以用微分来表示。由此数学方法在经济学中可以得到广泛应用。现在数学在经济学中运用十分广泛，对推动经济学本身的发展和解决实际经济问题起到了重大作用。看一些更高深的经济学著作就会体会到这一点。如果要做出总收入最大时的产量决策，就可以利用边际分析法。根据数学微分求极值原理，边际值就是因变量的变化率，求最优解的必要条件是函数的导数为零，即

$$MR=\lim_{\Delta Q\to 0}\frac{\Delta TR}{\Delta Q}=\frac{\mathrm{d}TR}{\mathrm{d}Q}$$

最大收入时必须满足： $$\frac{\mathrm{d}TR}{\mathrm{d}Q}=0$$

根据导数作为比值极限的几何意义可知，此时极限值恰好是产量为Q时对应于总收入曲线上该点的斜率。当斜率为零时，相对应的产量可以使总收入达到最大值。

【例1.1】 若某企业产品销售收入与销售量之间存在的函数关系为$TR=1\ 500Q-$

$5Q^2$，求企业的销售量为多少时才能获得最大总收入？

解：

根据极值原理，总收入最大的必要条件为其一阶导数 $\mathrm{d}TR/\mathrm{d}Q$ 等于零，即

$$\frac{\mathrm{d}TR}{\mathrm{d}Q}=\frac{\mathrm{d}(1\ 500Q-5Q^2)}{\mathrm{d}Q}$$
$$=1\ 500-10Q$$

令

$$1\ 500-10Q=0$$

得

$$Q=150$$

此时，

$$TR=1\ 500\times150-5\times(150)^2$$
$$=112\ 500(元)$$

答：当产量为 150 时，总收入最大，为 112 500 元。

一般来说，运用边际分析法比总量分析法和平均量分析法更能精确地描述经济变量之间的函数关系，由此在管理经济学中得到十分广泛的运用，其主要应用方向有以下几个方面。

1. 企业规模决策

企业规模的大小直接影响到企业的生产效益。当一个企业要做出是否扩大规模的决策时，它就要分析每增大一个单位的规模，所引起的投入成本增加量与产出增加量所产生的收入的变动关系，此时就是在利用边际分析法。在分析时就涉及边际分析法中两个常用的重要概念，即边际成本(MC)和边际收入(MR)。其中，边际成本是指每增加一个单位的产品所引起的成本增量；边际收入是指每增加一个单位的产品所带来的收入增量。

如果企业追求的是最大利润，那么具体的分析决策思维是比较扩大规模可能引起的边际收入与边际成本，只要边际收入大于边际成本，就说明扩大企业规模是有利的，反之则相反。更具体的决策依据如下公式：

$$\pi=MR-MC$$

式中，π 代表边际利润；MR 代表边际收入；MC 代表边际成本。

(1) 当 $\pi>0$ 时，增加一个单位的产品，获得的收益增量比引起的成本增量大，说明企业还没有达到能够获得最大收益的产量规模，此时，企业应该扩大产量。

(2) 当 $\pi<0$ 时，增加一个单位的产品，所引起的成本增量比所能获得的收益增量要大，说明企业应该减小产量。

(3) 当 $\pi=0$ 时，企业达到最优的产量规模。

由此可见，企业在利用边际分析法做决策时，不是依据该项决策的全部成本，而是依据它所引起的边际成本，且将其与边际收入相比较。同时，科学的边际分析法可以帮助企业确定与企业目标一致的生产规模。

【例 1.2】 假定某企业的总成本与产量的关系为 $TC=80+4Q$；总收益与产量的关系为 $TR=24Q-Q^2$。试确定利润最大时的企业生产规模。

解：

根据 $\pi=MR-MC=0$ 时，企业达到最优的产量规模，即此时企业可实现最大利润，得：

$$MR=\frac{d(TR)}{dQ}=\frac{d(24Q-Q^2)}{dQ}$$
$$=24-2Q$$
$$MC=\frac{d(TC)}{dQ}=\frac{d(80+4Q)}{dQ}$$
$$=4$$

令 $MR=MC$，即

$$24-2Q=4$$
$$Q=10$$

此时企业利润为：

$$TR-TC=20Q-Q^2-80$$
$$=20\times10-10\times10-80$$
$$=20$$

答：当企业生产规模为10时，企业能获得最大利润为20。

2. 生产要素既定下的合理投入决策

通常情况下，由于企业生产要素资源数量有限，企业必须合理地确定既定生产要素的使用方向，以便最大限度地实现企业预期目标，如获取最大利润等，此时也常常运用边际分析法。

在进行生产要素合理投入分析时常用的规则是等边际收益法则。所谓等边际收益法则是指，当各种使用方向上每增加单位生产要素投入所带来的边际收益都相等时，生产要素投入能使总收益最大。之所以这样是因为，如果在各种使用方向上，每单位生产要素的边际收益互不相等，那么完全可以通过减少边际收益低的使用方向的投入量，而增加边际收益高的使用方向的投入量，以实现增加总收益。由此，只有生产要素在各种使用方向上所获得的边际收益相等时，人们才不再调整生产要素的投入使用方向，此时也表明生产要素的总收益达到了最理想的状态。

【例1.3】 某企业的广告费预算为110万元，计划在A、B、C这3个市场做广告宣传。初步估计这3个市场的广告效果预计见表1-2。

表1-2 3个市场的广告效果预计

做广告次数	能使销售收入增加的金额/万元		
	A	B	C
第1次	4	1.5	2
第2次	3	1.3	1.5
第3次	2.2	1	1.2
第4次	1.8	0.9	1
第5次	1.4	0.6	0.8

假设在 A、B、C 这 3 个市场上每做一次广告的费用分别为 30 万元、10 万元和 20 万元。问：应如何在不同市场中分配广告预算，才能使总广告效益最优？

解：

因广告费资源有限，根据等收益原则，只有当各个市场上的每元广告费的边际效果相等时，广告费的分配才为最优。

3 个市场上每次广告每元广告费的边际收益可计算如下(表 1－3)。

表 1－3　3 个市场上每次广告每元广告费的边际收益

做广告次数	每元广告费的边际收益/万元		
	A	B	C
第 1 次	0.13	0.15	0.10
第 2 次	0.10	0.13	0.08
第 3 次	0.07	0.10	0.06
第 4 次	0.06	0.09	0.05
第 5 次	0.05	0.06	0.04

由表 1－3 可知，3 个市场上每元广告费的边际收益相等的组合有两种：一是每元广告费的边际收益均为 0.10 万元时，A 市场 2 次、B 市场 3 次、C 市场 1 次；二是每元广告费的边际收益均为 0.06 万元时，A 市场 4 次、B 市场 5 次、C 市场 3 次。但要考虑哪种组合最优时，还要考虑广告预算费用的限制。

第一种组合时所需广告费用(AD_1)：

$$AD_1 = 2 \times 30 + 3 \times 10 + 1 \times 20 = 110(\text{万元})$$

第二种组合时所需广告费用(AD_2)：

$$AD_2 = 4 \times 30 + 5 \times 10 + 3 \times 20 = 230(\text{万元})$$

由此可见，在 A 市场做 2 次广告，在 B 市场做 3 次广告，在 C 市场做 1 次广告可以使有限的广告费(110 万元)取得最大的广告效益，此时各市场上的边际效益均等于 0.10 万元。

3. 业务分配决策

目前有很多集团公司下属有若干个分公司，而且均能生产同种产品。在这种情况下，如果集团承揽到一定量的批单，它通常要将这些生产任务在各下属公司之间进行分配，那么应如何分配才能使总成本最低呢？这时就常常运用等边际成本法则。

所谓等边际成本法则是指，当各个生产单位每增加单位业务量所引起的边际成本都相等时，此时业务量的分配能使总成本最低。等边际成本法则的原理与等边际收益法则类似，即如果每个生产单位每增加单位业务量所增加的成本不等，那么人们就会将边际成本较高的生产单位的一部分业务量转移到边际成本较低的生产单位，以寻求减少生产的总成本，只有当各个生产单位的边际成本都相等时，这种调整才会终止，由此也实现了生产总成本最低。

【例 1.4】 某公司下属有 A 和 B 两个分公司生产同样的产品，但由于生产技术条件不同其生产成本也不相同。A 公司的成本函数为 $TC_A = Q_A{}^2 + Q_A + 5$，B 公司的成本函数为 $TC_B = 2Q_B{}^2 + Q_B + 10$。其中，$TC_A$ 和 TC_B 分别为 A 和 B 公司的总成本，Q_A 和 Q_B 分别为 A 和 B 公司的产量。若目前总公司有 3 000 件产品的生产任务，为了使生产总成本最低，总公司应当如何分配生产任务？

解：

依据等边际成本法则，只有当两个分公司生产的边际成本相等时才能实现总成本最低，由此应先计算出 A 和 B 两个分公司的边际成本，分别用 MC_A 和 MC_B 表示。

$$MC_A = \frac{d(TC_A)}{dQ_A} = \frac{d(Q_A^2 + Q_A + 5)}{dQ_A}$$

$$= 2Q_A + 1$$

$$MC_B = \frac{d(TC_B)}{dQ_B} = \frac{d(2Q_B^2 + Q_B + 10)}{dQ_B}$$

$$= 4Q_B + 1$$

令 $MC_A = MC_B$，即

$$2Q_A + 1 = 4Q_B + 1$$

因此，

$$Q_A = 2Q_B$$

同时，由于总任务量为 3 000 件，由此：

$$Q_A + Q_B = 3\ 000$$

可得：

$$Q_A = 2\ 000\ (件)$$

$$Q_B = 1\ 000\ (件)$$

此时，

$$MC_A = MC_B$$

$$= 2 \times 2\ 000 + 1$$

$$= 4\ 001(元)$$

答：为了使生产总成本最低，总公司应当使 A 公司生产 2 000 件，B 公司生产 1 000 件，此时的边际成本均为 4 001(元)。

边际分析法是管理经济学中最重要的分析方法，而且还衍生出一些变型，如增量分析法。边际分析法体现了动态优化的决策思想，反映的是不断向管理的极限迈进的管理思想。边际分析法的关键在于计算边际值，但是，对管理者来说，学习边际分析法的主要目的不是计算边际值，而是掌握边际分析法的基本思路，这也正是学习边际分析法的重要意义。

1.2.2 均衡分析法

均衡，亦称平衡，原是物理学中的一个概念。19 世纪末的英国经济学家马歇尔把这一概念引入经济学中，从此均衡成为经济学中的一个核心概念。所谓经济均衡，是指经济决策者在权衡抉择其使用资源的方式、方法以及购买方式的时候，认为若重新调整其配置资源的方式或购买方式已不可能获得更多的利益，从而不再改变其经济行为时的状态；或者相互抗衡的力量势均力敌，所考察的事物不再发生变化，此状态即已达到均衡状态。例如，在市场上，价格的上升或下跌，会使供求变动，供求的变动又会影响价格的变动。当需求、供给和价格相互制约、相互作用而造成的变动最终导致供求一致时，就实现了市场的均衡。

均衡分析法是管理经济学常用的研究方法之一。均衡分析法是指在研究涉及诸经济变量(因素)的问题时，先将自变量假设为已知和固定不变的，然后考察当因变量达到均衡状态时会出现的情况和为此所需具备的条件，即所谓的均衡条件。例如，在考察某消费者对羊肉、鸡蛋、衣服的消费行为分析中，首先假定该消费者对这几种商品的需要程度及嗜好不变、市场上的价格不变、消费者可支配的收入不变、消费者消费的目标是效用的最大化等，待求解的因变量是他实现既定目标即效用最大时应买进的各种商品的数量，以及此时具备的条件。由于只有消费者在买进的各种商品提供的效用已达到最大可能的限度以后，消费者才不再改变他的购买方式，也就是该消费者的需求行为达到均衡状态，所以这种分析就是均衡分析。

由于均衡分析法只是考察当经济决策者被设想为已达到均衡状态时会有的情况或实现均衡应具备的条件，并不论及达到均衡的过程，而经济变量在其相互作用、从不均衡到均衡的过程中，事实上一般都要经历一定的时间，所以均衡分析法实际上是抽掉了时间因素，因而均衡分析的变量都不涉及时间，因此均衡分析又称为瞬时分析。

均衡分析法在管理经济学中的主要应用方向有以下几个方面。

1. 价格决策

价格的高低直接影响销售收入，但企业在制定价格时，并不是定得越高越好。因为对于一般性商品来说，如果价格太高，就会降低销售量，销售收入也就不一定增加；同样，为了实现更多的销售量，企业通常会采用较低的价位来刺激购买力，因为如果价位降低，就可能增加销售量，但销售收入也不一定就能达到较高的水平。所以，企业在定价时，总是要面对这样一个矛盾：提高价格可能会减少销售量，增加销售量就要降低价格。那么，如何既保持一定的市场占有率，同时又能使企业获得更多的销售收入呢？这就涉及“均衡”问题。企业就可以运用均衡分析方法找到能够使销售总收入达到最大的价格水平。

案例1-2

涨价百姓扛不住！

现状：10元以下快餐渐少。

“怎么双拼套餐又涨价了！”“五一”放假回来，在天河路上班的白领杨小姐接过都城快餐的传单时不禁感叹道：“以前我经常吃的牛柳煎蛋饭才9块钱，从2013年3月份开始变成了10块钱，改成吃双拼饭后，上个月还是17块钱，这个月又涨到18元了。”

对比该快餐店几个月来的传单可发现：每个月都有不同的菜式涨价，有些便宜的菜式甚至直接“消失”，如2013年2月份的菜单中还能找出3个10元以下的菜式，到了5月份就只剩下一个番茄炒蛋低于10元了。老广最喜欢喝的老火靓汤，从4月份开始集体涨价0.5元。而这种情况不止出现在一家快餐店，记者调查发现，烧鹅仔、华辉拉肠、三禾百味等多家茶餐厅也有不同程度的涨价。华辉拉肠的招牌粥，4月份开始由3.5元/碗集体涨到4元/碗。都城快餐的玉米汁从最初的4元/杯也涨到了现在的5元/杯。

“别看是一两块地涨，一个月下来单单快餐就要多花三四十块钱。”杨小姐叹了口气。

白领王小姐准备摆酒，结果发现在大型酒楼里已很难找到2 000元一桌的宴席了，只有越秀区某酒店一款简单的宴席是1980元/桌，其同事去年年底结婚时，这款宴席仅是1 780元，并且包含了礼堂装饰等诸多优惠，“没想到早结婚也有‘着数’啊!”王小姐最后只好忍痛订了一款2 000多元/桌的宴席。

预测：物价走势 短期不容乐观。

下周二(5月11日)，国家统计局就将公布4月份全国居民消费价格指数(CPI)，其在3月份短暂回落后重拾升势已是各方普遍认可的观点。

国家统计局在全国50个城市进行的调查结果显示，4月11～21日，大白菜价格比3月份同期上涨约40%，西红柿、土豆分别比3月份同期上升10%～13%。

专家分析，蔬果价格上涨只是表象，深层次的原因是上游生产成本的攀升。这些成本包括农药化肥、运输、储藏成本，还有劳动力成本。专家认为，国际大宗商品价格振荡走高加大了输入型通胀的压力。4月最后一天，国际原油价格突破86美元/桶，市场估计，今年的目标价很可能在100美元/桶上下。另外，劳动力成本由于今年初的“用工荒”也明显上涨。5月1日起，广东开始执行新的最低工资标准，平均增幅达21.1%，广州增幅达19.8%。这也将令生产成本有所增加。

目前不少专家表示，受大宗商品价格回升、资源品涨价等因素影响，今年第二、三季度物价形势都不乐观。

著名经济学家谢国忠预言，尽管在官方统计数字里前3个月CPI只有2.2%，“但通胀可能很快迈上两位数。”

(金羊网-新快报．周达标，骆智冕．)

2. 产量(规模)决策

企业规模的大小会影响其生产、销售及各种成本，进而影响投入和产出的关系。小规模生产的企业，可能致力于产品的质量，以较高的价格获得盈利。而大规模的企业，则以较低的成本和较低的价格取胜。如何选择一个适合自身发展的规模，就要用到均衡分析法。

3. 生产要素投入与组合决策

企业在生产经营中，通常需要投入多种生产要素，其中有些要素是可以相互替代的。由于各种生产要素的价格不一样，使用的效率不同，由此，不同生产要素组合的总成本会有所差异。此时企业就可以利用均衡分析选择一个最佳的投入组合方案，以降低成本，提高利润。具体运用将在第4章进行详细的讲解。

1.2.3 数量经济模型

管理经济学借助于微积分、数学模型、统计学等理论工具，将复杂的管理决策问题模型化，寻找决策变量之间的关系并进行预测。数量经济模型是指用来描述与所研究的经济现象有关的经济变量之间的依存关系的理论结构。一个数量经济模型是指论述某一经济问题的一个理论，传统的方法多采用文字来说明，但也可以使用描述变量的函数关系的一个或一组数学方程式来表示，在大多数场合，一个模型还可采用几何图形的表现形式。

由于任何经济现象，不仅错综复杂，而且变化多端，所以任何理论结构或模型，必须运用科学的抽象分析法，舍弃一些影响较小的因素或变量，而只包括一个或若干个主要的变量。所以，数量经济模型是现实经济的一种简化的抽象的描述，其基本功能在于解释、指导经济现实和预测未来。对于同一个决策问题也会建立起许多不同的模型。不同数量经济模型的区别，主要表现在包括哪些变量、对变量的特点有哪些不同的假定。

在管理经济学中，数量经济模型也是运用较为广泛的分析方法之一，如以后章节要学习到的供需模型、生产分析及利润最大化模型、成本利润分析模型、市场分析与定价模型等都是数量经济模型的基本模型。

例如，为了论述某种商品的均衡价格和均衡产量是怎样决定的，可以建立一个均衡价格决定模型。

人们知道，影响任一商品的需求的因素(变量)，除了该商品的价格(P)以外，还有消费者嗜好(H)、其他相关商品的价格(P_r)、消费者的收入(I)以及消费者对该商品的价格预期(P_e)。以 Q_d 表示某种商品 X 的需求量，于是 Q_d 与决定 Q_d 的诸变量的函数关系可表示为：

$$Q_d = f(P, P_r, H, I, P_e)$$

为了简化研究的问题，可以假定，在影响商品 X 的需求量的众多因素中，除了商品 X 的价格以外，其他因素都是既定不变的，这就意味着这些因素对需求量的变化将不发生影响，因而商品 X 的需求量的变化，只依存于它的价格的变化。用数学语言来说，P_r、H、I 和 P_e 等变量成为既定的常数，因而 Q_d 与自变量 P 之间的函数关系，可以用商品 X 的需求函数式来表示：

$$Q_d = f(P)$$

同样，假定商品 X 的供给量(Q_s)依存于它的价格，于是商品 X 的供给函数式表示为：

$$Q_s = f(P)$$

最后，均衡条件是商品需求量和供给量相等，于是有均衡关系式：

$$Q_d = Q_s$$

将上述商品 X 的需求函数式、供给函数式和均衡关系式联立在一起形成一个方程组，即建立决定均衡价格的数量经济模型。

需要说明的是，数量经济模型本质上是对复杂现实的抽象，使问题简单化和直观化，以便准确把握事物之间的联系，认识事物的本质，从而有效地解决问题。在实践中，数量经济模型在用于管理决策和经济分析时是一个极为有效的方法。此外，值得注意的是，数量经济模型所能表现的是一个非常有限的量的关系，现实经济中有很多复杂的问题，是单纯的数量经济模型不能表现的，还需借助于定性的分析方法。

1.2.4 抽象分析法

作为一门应用性经济学科，管理经济学的任务是要根据观察到的现象和对这些现象的分析，总结出规律性的东西来，借以解释经济现象之间的联系，并对企业的管理进行有效的决策。然而，正如上面所述，现实的经济世界是非常复杂的，各种经济因素的作用交织在一起，共同起作用并形成现实的经济形态和经济结果。这其中，有的因素是主要的、本质的，起决定作用的；有的是次要的、非本质的，其作用是暂时的，或者可以忽略不计，或者可以相互抵消。管理经济学不像化学或是物理学能够通过实验室技术对其研究对象加以控制，如果不用抽象分析法对复杂的现实世界加以简化，略去非本质性的因素和次要的细节，那么其将是根本不可能进行任何理论分析的。

在管理经济学的研究中使用的抽象分析法，也就是把影响研究对象的众多复杂因素中的一些次要因素隔离开来，把说明该现象的基本的、有决定性的重要因素抽出来，使研究的问题得以简化的分析方法。

综上可知，尽管管理经济学的经济原理与分析方法主要来自微观经济学，但它绝不是简单借用微观经济学中现成的原理和结论，而是应用在推导这些原理和结论时所使用的分析方法。这是因为微观经济学研究的是抽象的企业，它所涉及的决策问题大多只属于价格决策、产量决策，而在现实企业管理中，要决策的问题是多种多样的，如企业的生产技术、生产规模、产品组合、广告与投资等。显然，要以微观经济学从抽象企业中得出的现成的原理和结论来解决这么多的现实问题是很不够的。

1.3 管理经济学原理

经济这个词来源于希腊语，它的意思是“管理一个家庭的人”。乍一看，这个来源似乎有点奇特。但事实上，家庭和经济有着许多相同之处。

一个家庭面临着许多决策。它必须决定哪些成员去做什么，以及作为回报每个家庭成员能得到什么。谁做什么？谁做晚饭？谁在晚餐时多得到一块甜点？谁有权选择看什么电视节目？简而言之，家庭必须考虑到每个成员的能力、努力和愿望，以在每个成员中配置稀缺资源。

和家庭一样，一个社会也面临着许多决策。一个社会必须决定将要做哪些工作和谁做这些工作。社会需要一些人种粮食，另一些人做衣服，还有一些人设计电脑软件。一旦社会分配人们(以及土地、建筑物和机器)去做各种工作，它还应该分配他们生产的物品和劳务量。社会必须决定谁吃鱼子酱而谁将吃土豆，谁将开法拉利跑车而谁将坐公共汽车。

由于资源稀缺，社会资源的管理就显得尤为重要。稀缺性(Scarcity)是指社会拥有的资源是有限的，因此不能生产人们希望拥有的所有物品和劳务。正如一个家庭不能给每个成员想要的每一件东西一样，一个社会也不能给每个人以他们向往的最高生活水平。

经济学(Economics)研究社会如何管理自己的稀缺资源。在大多数社会中，资源并不是由一个唯一的中央计划者来配置，而是通过千百万家庭和企业的共同行动来配置的。因此，经济学家还研究人们如何做出决策：他们工作多少，购买什么，储蓄多少，以及如何把储蓄用于投资。经济学家还研究人们如何相互交易。

虽然经济学的研究是多方面的，但可以用几个中心思想把这个领域统一起来。即使你开始时完全不懂这些原理，或者如果你觉得它们并不能使你完全信服，也不必担心。在以后各章中，我们将更充分地揭示这些思想。这里介绍的七大原理只是要让你了解管理经济学研究内容的概括。你可以把这一节作为“即将到来的吸引力的预演”。

1.3.1 原理一：人们面临权衡取舍

关于做出决策的第一课可以归纳为一句谚语：“天下没有免费的午餐。”为了得到我们喜爱的一件东西，通常就不得不放弃另一件我们喜爱的东西。做出决策要求我们在一个目标与另一个目标之间权衡取舍。

我们考虑一个学生必须决定如何配置他的最宝贵的资源——时间。他可以把所有时间用于学习经济学；可以把所有的时间用于学习心理学；也可以把时间分配在这两个学科上。他把某一个小时用于学习一门课时，就必须放弃本来可以学习另一门课的一小时。而且，对于用于学习一门课的每个一小时，他都要放弃可用于睡眠、骑车、看电视或打工赚点零花钱的时间。

我们还可以考虑父母决定如何使用自己的家庭收入。他们可以购买食物、衣物，或全家度假。他们也可以为退休或孩子的大学教育储蓄一部分收入。当他们选择把额外的 1 美元用于上述用途中的一种时，他们在其他用途上就要少花 1 美元。

当人们组成社会时，他们面临各种不同的权衡取舍。典型是在“大炮和黄油”之间的选择。我们把更多的钱用于国防，以保卫我们的国防免受外国入侵时，我们能用于提高国内生活水平的消费品(黄油)就少了。在现代社会里，同样重要的是清洁的环境和高收入水平之间的权衡取舍。要求企业减少污染的法律增加了生产物品与劳务的成本。由于成本高，这些企业赚的利润少了，支付的工资低了，收取的价格高了，或者结果是这 3 种结果的某种结合。因此，尽管污染管制给予我们的好处是更清洁的环境，以及由此带来的健康水平的提高，但其代价是企业所有者、工人和消费者的收入减少了。

社会面临的另一种权衡取舍是在效率与平等之间。效率是指社会能从其稀缺资源中得到最多的东西。平等是指将这些资源的成果公平地分配给社会成员。换句话说，效率是指“经济蛋糕”的大小，而平等是指如何分割这块“蛋糕”。在设计政府政策的时候，这两个目标往往是不一致的。

例如，我们来考虑目的在于实现更平等地分配经济福利的政策。某些政策，如福利制度或失业保障，是要帮助那些最需要帮助的社会成员。另一些政策，如个人所得税，是要求经济上成功的人士对政府给予比其他人更多的支持。虽然这些政策对实现更大的平等有好处，但其以降低效率为代价。当政府把富人的收入再分配给穷人时，就减少了对辛勤劳动的奖励；结果，人们工作少了，生产的物品与劳务也少了。

认识到人们面临权衡取舍本身并没有告诉我们，人们将会或应该做出什么决策。一个学生不应该仅仅由于要增加用于学习经济学的时间而放弃心理学的学习。社会不应该仅仅由于环境控制降低了我们的物质生活水平而不再保护环境，也不应该仅仅由于帮助穷人扭曲了工作激励而忽视他们。然而，认识到生活中的权衡取舍是重要的，因为人们只有了解了他们面临的选择，才能做出良好的决策。

1.3.2 原理二：某种东西的成本是为了得到它所放弃的东西

由于人们面临着权衡取舍，所以做出决策就要考虑可供选择的行为方案的成本与收益。但在许多情况下，某种行动的成本并不像乍看时那么明显。

例如，考虑是否上大学的决策。利益是知识丰富和也许拥有更好的工作机会。但成本是什么呢？要回答这个问题，你会想到把你的学费、书费和食宿的钱加总起来。但这种总和并不真正代表你上一年大学所放弃的东西。

这种成本计算的第一个问题是，它包括的某些方面并不是上大学的真正成本。即使你离开了学校，你也有食宿的需要。只有在大学的宿舍和伙食比其他地方贵时，贵的这一部分才是上大学的成本。实际上，上大学的住宿费与伙食费可能还低于你自己生活时所支付的房租与食物费用。在这种情况下，住宿费与伙食费的节省是上大学的收益。

这种成本计算的第二个问题是，它忽略了上大学最大的成本——你的时间。当你把一年的时间用于听课、读书和写文章时，你就不能把这段时间用于工作。对大多数学生而言，为上大学而不得不放弃的工资是他们受教育的最大单项成本。

1.3.3 原理三：理性人考虑边际量

生活中的许多决策很少是黑与白的选择，而往往涉及灰色阴影。吃午饭时，你面临的决策不是在快餐或者派之间选择，而是是否再多吃一勺土豆泥。当考试临近时，你的决策不是在放弃考试或一天学习 24 个小时之间的选择，而是是否多花一个小时复习功课而不看电视。经济学家用边际变动这个术语来描述对现有行动计划的微小增量调整。记住“边际”指“边缘”，因此，边际变动是边缘的调整。

一般情况下，人们通过考虑边际量来做出最优决策。例如，假设你向一位朋友请教，应该在学校上多少学。如果他给你拥有博士学位的人与一个没有上完小学的人的比较案例，你会抱怨这种无助于你的决策。你很可能已经受过某种程度的教育，并要决定是否再多上一两年学。为了做出这种决策，你需要知道多上一年学所带来的额外利益(一生的更高工资和学习的全面享受)和所花费的额外成本(花费及你上学时所放弃的工资)。通过比较这种边际利益与边际成本，你就可以评价多上一年学是否值得。

另例，考虑一家航空公司决定对等退票的乘客收取多高的价格。假设一架有 200 个座位的飞机横越国内飞行一次，航空公司的成本是 10 万美元。在这种情况下，每个座位的平均成本是 10 万(美元)/200，即 500(美元)。马上就会有人得出结论：航空公司的票价绝不应该低于 500 美元。但实际上，航空公司可以通过考虑边际量而增加利润。设想一架飞机即将起飞但仍有 10 个空位，多增加一位乘客的成本是微乎其微的。虽然一位乘客飞行的平均成本是 500 美元，但边际成本仅仅是这位额外的乘客将免费消费的一包花生米和一罐软饮料而已。等退票乘客所支付的钱大于边际成本，一个理性决策者才会采取这项行动。

1.3.4 原理四：人们会对激励做出反应

由于人们通过比较成本与利益做出决策，所以，当成本或利益变动时，人的行为也会改变。这就是说，人们会对激励做出反应。例如，当苹果的价格上升时，人们就会决定少吃苹果，因为购买苹果的成本高了。同时，苹果园主决定雇佣更多的工人并多摘些苹果，因为出售苹果的利益也高了。正如你将看到的，价格对市场上——在这种情况下，苹果市场——买者与卖者行为的影响对了解市场如何运行是至关重要的。

公共决策者绝不应该忘记激励，因为许多政策改变了人们面临的成本或利益，从而改变了行为。例如，对汽油征税，鼓励人们开小型、节油型汽车；鼓励人们坐公交车，而不是自己开车，并鼓励人们在离自己住的近的地方工作。

当决策者未能考虑到他们的政策如何影响激励时，就会以他们意想不到的效果结束。例如，今天所有的汽车都有安全带，但 50 年前并不是这样的。20 世纪 60 年代后期，拉尔夫·纳德尔的著作《任何速度都不安全》引起公众对汽车安全的关注。国会的反应是通过立法要求汽车公司生产包括安全带在内的各种安全设备，安全带随即成为所有新汽车的标准设备。

安装安全带的法律如何影响汽车安全呢？直接的影响是显而易见的：当一个人系上安全带，重大车祸发生时存活的概率提高了。但是，这并不是事情结束，这项法律还通过改变激励而影响了行为。

考虑安全法律如何改变一个司机的成本－利益计算。安全带降低了司机的车祸代价，因为它们减少了伤亡的概率。换言之，安全带减少了缓慢而谨慎地开车的利益。人们对安全带的反应和对道路状况改善的反应一样——更快更放肆地开车。这样，安全带法律最终的结果是更多的车祸次数。安全开车程度的下降对行人显然有不利的影响，他们更可能发现自己遇上车祸，但(与司机不同)没有得到增加的保护的利益。

乍一看，这种关于激励与安全带的讨论似乎是毫无根据的猜测。但是，经济学家萨姆·佩兹曼在 1975 年的一项研究中说明了汽车安全法实际上有许多这类影响。根据佩兹曼的证据，这些法律减少了每次车祸的死亡人数，但却增加了车祸的次数。净结果是司机死亡人数变动很小，而行人死亡人数增加了。

佩兹曼对汽车安全分析是人们对激励做出反应的一般原理的一个例子。经济学家研究的许多激励要比汽车安全法更为直接。没有人对汽油税收高的欧洲比汽油税收低的美国开车的人少感到惊讶。在分析任何一种政策时，我们不仅应该考虑直接影响，而且还应该考虑通过激励发生的间接影响。如果政策改变了激励，那就会使人们改变自己的行为。

1.3.5 原理五：贸易能使每个人状况更好

在世界经济中，日本人是美国人的竞争对手，因为美国和日本企业生产许多相同的产品。福特公司和丰田公司在汽车市场上争夺同样的顾客，康柏公司和东芝公司在个人电脑市场上争夺同样的顾客。但在思考国家之间的竞争时，这种想法很容易被误导。美国和日本之间的贸易并不像体育比赛一样，一方面赢而另一方面输。实际上，事实正好相反：两国之间的贸易可以使两个国家的状况都变得更好。

尽管有这种竞争，但把你的家庭与所有其他家庭隔绝开来并不会使大家过得更好。因为如果是这样的话，你的家庭就必须自己种粮食，自己做衣服，盖自己住的房子。显然，你的家庭在与其他家庭的交易中受益匪浅。无论是在耕种、做衣服或盖房子方面，贸易使每个人可以专门从事自己最擅长的活动。通过与其他人交易，人们可以按较低的成本获得各种各样的物品与劳务。

国家和家庭一样也能从相互交易中获益。贸易使各国可以专门从事自己最擅长的活动，并享有各种各样的物品与劳务。日本人和法国人、埃及人及巴西人一样，在世界经济中既是我们的竞争对手，又是我们的伙伴。

1.3.6 原理六：市场通常是组织经济活动的一种好方法

现在大部分曾经是中央计划经济的国家已经放弃了这种制度，并努力发展经济。在市场经济环境中，决策者的决策被千百万企业和家庭的决策所取代。企业决定雇佣谁和生产什么。家庭决定为哪家企业工作，以及用自己的收入购买什么。这些企业和家庭在市场上相互交易，价格和个人利益引导着他们的决策。

乍一看，市场经济的成功是一个谜。尤其是在市场经济中，没有一个人追求整个社会的经济福利。自由市场包括物品与劳务的买者与卖者，而所有人都主要关心自己的福利。尽管是分散的决策和千百万利己的决策者，但已经证明，市场经济在以一种促进普遍经济福利的方式组织经济活动方面非常成功。

经济学家亚当·斯密在他 1776 年出版的著作《国民财富的性质和原因研究》中提出了全部经济学中最有名的观察结果：家庭和企业在市场上相互交易，仿佛被一只“看不见的手”所指引，并导致了合意的市场结果。本书的目的之一就是要解释这只看不见的手如何施它的魔力。当你学习经济学时就会知道，价格就是看不见的手并用来指引经济活动的工具。价格既反映了一种物品的社会价值，也反映了生产该物品的社会成本。由于家庭和企业在决定购买什么和卖出什么时关注价格，所以，就不知不觉地考虑到其行动的社会收益与成本。结果，价格指引这些个别决策者在大多数情况下实现了整个社会福利最大化的结果。

关于看不见的手在指引经济活动中的技巧有一个重要推论：当政府组织价格根据供求自发地调整时，它就限制了看不见的手协调组成经济的千百万家庭和企业的能力。这个推论解释了为什么税收对资源配置有不利的影响：税收扭曲了价格，也因此扭曲了家庭和企业的决策。这个推论还解释了租金控制价格的政策所引起的更大伤害。中央计划者之所以失败，是因为他们在管理经济时把市场上那只看不见的手缚起来了。

1.3.7 原理七：政府有时可以改善市场结果

如果看不见的手如此伟大，为什么我们还需要政府呢？一种答案是，看不见的手需要政府来保护它，只有产权得到保障，市场才能运行。如果一个农民预见到他的谷物会被偷走，他就不会种庄稼，而且，除非假设顾客在离开前会付费，否则餐馆就不会提供服务。我们都依靠政府提供的警察和法庭来保护我们对自己生产出来的东西的权力。

但是，对于为什么我们需要政府还有另一种答案。尽管市场通常是组织活动的一种好方法，但这个规律也有一些重要的例外。政府干预经济的原因有两种：促进效率和促进平等。

尽管看不见的手通常会使市场有效地配置资源，但情况并不总是这样。经济学家用市场失灵这个术语来指市场本身不能有效配置资源的情况。市场失灵的一个可能原因是外部性，外部性是一个人的行为对旁观者福利的影响。例如，外部成本的典型例子是污染。市场失灵的另一个可能原因是指一个人(或一小群人)不适当地影响市场势力的情况下，看不见的手则以这种竞争来制约个人的私利。在存在外部性或市场势力的情况下，设计良好的公共政策可以提升经济效益。

看不见的手也不能确保公平地分配经济成果。市场经济根据人们生产其他人愿意购买的东西的能力来给予报酬。在中国大陆，港台歌星的出场费要远高于大陆歌星，只是因为大陆人们愿意为港台歌星的出场费付更多的钱。看不见的手并没有保证每个人都有充足的食品、体面的衣服和充分的医疗。许多公共政策，例如所得税和福利制度的目标就是要实现更平等的经济福利分配。

我们说政府有时可以改善市场结果并不意味着总能这样。公共政策并不是天使制定的，而是由不完善的政治程序制定的。有时所设计的政策只是为了有利于政治上有权势的人；有时政策由动机良好但信息不充分的领导人制定。学习经济学的目的之一就是帮助你判断一项政府政策什么时候适用于促进效率与公平，而什么时候不行。

案例研究

人生离不开选择

关于做出决策的第一课可以归纳为一句谚语："天下没有白吃的午餐。"为了得到我们喜爱的一件东西，通常就不得不放弃另一件我们喜爱的东西。做出决策要求我们在一个目标与另一个目标之间有所取舍。

我们考虑一个学生必须决定如何配置她的最宝贵的资源——时间。她可以把所有的时间用于学习经济学；她可以把所有的时间用于学习心理学；她也可以把时间分配在这两个学科上。她把某一个小时用于学习一门课时，就必须放弃本来可以学习另一门课的一小时。而且，对于用于学习一门课的每一个小时，她都要放弃本来可用于睡眠、骑车、看电视或打工赚点零花钱的时间。

还可以考虑父母决定如何使用自己的家庭收入。他们可以购买食物、衣服，或全家度假。或者他们也可以为退休或孩子的大学教育储蓄一部分收入。当他们选择把额外的一美元用于上述物品中的一种时，他们在某种其他物品上就要少花一美元。

当人们组成社会时，他们面临各种不同的交替关系。典型的交替关系是"大炮与黄油"之间的交替。我们把更多的钱用于国防以保卫我们的海岸免受外国入侵(大炮)时，我们能用于提高国内生活水平的个人物品的消费(黄油)就少了。在现代社会里，同样重要的是清洁的环境和高收入水平之间的交替关系。要求企业减少污染的法律增加了生产物品与劳务的成本。由于成本高，这些企业赚的利润少了，支付的工资低了，收取的价格高了，或者是这 3 种结果的某种结合。因此，尽管污染管制给予我们的好处是更清洁的环境，以及由此引起的健康水平的提高，但其代价是企业所有者、工人和消费者的收入减少。

社会面临的另一种交替关系是效率与平等之间的交替。效率是指社会能从其稀缺资源中得到最多的东西。平等是指这些资源的成果公平地分配给社会成员。换句话说，效率是指经济蛋糕的大小，而平等是指如何分割这块蛋糕。在设计政府政策的时候，这两个目标往往是不一致的。

例如，我们来考虑目的在于实现更平等地分配经济福利的政策。某些这类政策，例如，福利制度或失业保障，是要帮助那些最需要帮助的社会成员。另一些政策，例如，个人所得税，是要求经济上成功的人士对政府的支持比其他人更多。虽然这些政策对实现更大平等有好处，但它以降低效率为代价。当政府把富人的收入再分配给穷人时，就减少了对辛勤工作的奖励。结果，人们工作少了，生产的物品与劳务也少了。换句话说，当政府想要把经济蛋糕切为更均等的小块时，这块蛋糕也就变小了。

认识到人们面临交替关系本身并没有告诉我们，人们将会或应该做出什么决策。一个学生不应该仅仅由于要增加用于学习经济学的时间而放弃心理学的学习。社会不应该仅仅由于环境控制降低了我们的物质生活水平而不再保护环境。也不应该仅仅由于帮助穷人扭曲了工作激励而忽视他们。然而，认识到生活中的交替关系是重要的，因为人们只有了解他们可以得到的选择，才能做出良好的决策。

摘自梁小民：《微观经济学纵横谈》

本章小结

管理经济学是把经济学的理论和经济分析方法应用于企业管理决策实践的一门应用经济学科。由此，其主要研究如何将经济学的理论与方法应用于企业管理决策实践中，即管理经济学主要研究管理过程中的决策问题。为了保证决策的科学性和有效性，决策必须按照其自身规律有序地进行。本书将其划分为确定目标、界定问题及其产生原因、确定备选较优方案、评估并确定最优方案和方案的实施与监控 5 个步骤。

由于管理经济学承袭了微观经济学的诸多假设、前提和分析方法，由此，从某种程度上说微观经济学是管理经济学的基础，而管理经济学是微观经济学向企业管理实践领域的应用性延伸。但与此同时，管理经济学又有别于微观经济学，如其在研究对象、研究目的、研究内容、研究视角、企业环境假设和企业目标假设等方面是不同的。学习管理经济学的主要目的是为管理者提供经济分析方法与思维方式，以有助于管理者建立理性的决策思路，为管理者的管理决策提供分析框架，以利于提高管理决策理性设计水平，促使管理决策从主观经验到科学化、现代化的质的转变。管理经济学的研究方法主要有边际分析法、均衡分析法、抽象分析法和数量经济模型等。

习 题

1. 思考题

(1) 阐述管理经济学与微观经济学的联系与区别。

(2) 简述决策的步骤。

2. 单项选择题

(1) 管理经济学应用的理论原理和主要分析方法来自(　　)。

A. 管理知识　　B. 微观经济学　　C. 决策理论　　D. 宏观经济学

(2) 某企业有两个生产相同产品的分厂，由于装备不同，两个分厂生产产品的平均成本不同，当企业有生产任务但只够一个分厂生产时，(　　)。

A. 全部交给平均成本最低的分厂生产　　B. 全部交给总成本最低的分厂生产

C. 由两个分厂平均分配　　D. 根据两个分厂的边际成本进行分配

(3) 管理经济学在研究企业的行为时，假定企业的目标是(　　)。

A. 以企业价值为唯一目标　　B. 以收入为唯一目标

C. 以社会责任为目标　　D. 利润和社会责任并重

(4) 管理经济学的任务就是要帮助企业进行(　　)。

A. 管理活动　　B. 经济活动　　C. 经营决策　　D. 组织管理

(5) 管理经济学是(　　)。

A. 一门研究企业一般规律的理论科学

B. 一门研究企业决策实践的应用科学

C. 以企业追求最大利润为假设

D. 其经济分析方法和原理与经济学截然不同

3. 计算题

某农场主在小麦地里施肥，假定肥料每千克的价格为30元，小麦每千克的价格为15元。所用的肥料数量、预期收获量数据，见表1-4。计算分析，如果农场主的目标是利润最大，那么每亩应施肥多少?

表1-4　某农场肥料数量、预期收获量数据

每亩施肥量/kg	预期每亩产量/kg	每亩边际产量/kg
0	20	—
10	30	10
20	38	8
30	43	5
40	46	3
50	48	2
60	49	1
70	49	0

第2章

市场运行分析

教学目标

通过本章的学习，能够理解供求机制，分析市场的需求、供给与价格的变动关系；学会计算需求弹性并能用需求弹性预测企业产品需求的变动范围；能根据市场信息资料对企业产品需求进行初步合理的估计与预测。

教学要求

知识要点	能力要求	相关知识
需求分析	(1) 能正确区分需求与需求量 (2) 能正确分析与推理特定商品的需求变动原因	(1) 需求与需求量的含义 (2) 需求的影响因素 (3) 需求的变动
供给分析	(1) 能正确区分供给与供给量 (2) 能正确分析与推理特定商品的供给变动原因	(1) 供给与供给量的含义 (2) 供给的影响因素 (3) 供给的变动
需求弹性	(1) 会计算各种需求弹性 (2) 会判别推理商品的需求弹性种类 (3) 会运用需求弹性进行相关经济预测与决策	(1) 各种需求弹性的含义 (2) 影响需求价格弹性的因素 (3) 各种需求弹性的种类
市场均衡分析	(1) 能正确推理与分析均衡的形成与变动 (2) 会计算均衡值	(1) 均衡价格与均衡数量的含义 (2) 供求法则
需求估计与需求预测	会选择适宜的需求估计与预测的方法，并能进行正确的估计与预测	各种需求估计与预测方法的原理及其优缺点

导入案例

是先有蛋还是先有鸡

当然，有一个问题还不能说清：究竟是先产生需求再产生供给，还是先产生供给才产生需求？这有点像问“是先有蛋还是先有鸡”。我想，可能有时候是需求带动供给，很多的新产品就是在人们强烈的需求下产生的；也有时候是供给诱导需求，比如新潮的时装，常常是提供出来之后，才左右了人们的视线，引发了人们的需求。但在某一种商品的价格决定中，供给与需求就像一把剪刀的两个刀片，作用是不分彼此共同决定一种商品的价格；同时价格又像一只无形的手在市场经济中自发地调节需求，调节供给，调节的最后结果使市场达到了均衡——社会资源配置合理。

总之，许多的东西在经济学家眼里都成了产品，都可以从供给和需求的角度来进行分析。需求是提供产品的动力，供给是满足需求的前提。比如要兴办教育，是因为存在大量的对“教育”产品有需求的人，而有了“教育”产品的供给，才能满足“教育”产品的需求。如果想上学的都能上学，教育资源得到充分利用，也就达到了教育市场的供求平衡。

在市场经济中，需求与供给是构成市场的两个基本要素，同时也是形成与决定商品价格的两个要素。企业管理者不仅要熟知市场供求规律及其运行机制，而且还应能利用市场和其他有关经济信息对市场走向做出合理的推断与预测，从而制定出企业盈利性决策。

2.1 需求分析

影响与决定一个企业在市场中能否获胜的关键因素之一，就在于它能否生产出适销对路的商品，有效地满足消费者的需求。由此企业管理者必须掌握消费者需求变动规律及其影响因素。

2.1.1 需求与需求量

需求(Demand)是指在一定时期内，在一定条件下，在每一价格水平上消费者愿意而且能够购买的某种商品或劳务的数量。需求量(Quantity Demanded)是指在一定时期内，在一定条件下，在某一价格水平上消费者愿意而且能够购买的某种产品或劳务的数量。

在理解需求与需求量概念时应注意以下几点。

(1) 需求量是与特定的时期和条件相对应的。其中，“时期”可以是一个月、一个季度或一年，企业中通常指一年；“条件”是指影响需求与需求量的因素(如消费者的嗜好、消费者收入等)不变。

(2) 构成需求与需求量的必要条件是消费者购买意愿与支付能力同时具备。购买意愿是形成需求与需求量的前提，而支付能力是形成需求与需求量的保证，两者缺一不可。

(3) 需求与需求量在内涵上是总体与个体的关系。需求为消费者在各种可能的价格下愿意并能够购买某一商品或劳务的数量，表明的是需求量与价格之间的总体关系；而需求量则表示为消费者在某一特定价格下想买并能买得起的某种产品或劳务的数量，表明的是需求中若干个价格与需求量对应关系中的某一特定个体关系。

2.1.2　影响需求的因素

消费者对某种商品的需求量取决于许多因素，如相关商品的价格、消费者的收入、偏好、预期等，而最重要的因素则是该商品的价格。从人们的日常经验中可以看到这样一条需求法则(Law of Demand)：在其他条件不变的情况下，某一商品的价格越低，消费者对该商品的需求量越大；而商品的价格越高，消费者对该商品的需求量则越小。在此引用运动鞋市场为例来说明一般需求法则。例如，在每双鞋 100 元的价格下，每月消费者的购买意愿是 3 万双；如果每双鞋的价格降到 60 元，则消费者的购买意愿是 5 万双。因此，需求法则也可以这样表述：要使消费者购买更多的商品，该商品的价格必须降低。

除了价格以外，还有一些因素也对市场需求起着重要作用，主要有以下几项。

1. 相关商品的价格

需求不仅取决于商品自身的价格，也在相当程度上受其他相关商品价格的影响。相关商品之间的关系有两种：互补关系和替代关系。互补关系是指两种商品互相补充共同满足人们的同一种欲望，如汽车与汽油、羽毛球与羽毛球拍；替代关系是指两种商品可以互相代替来满足人们的同一种欲望，如可口可乐与百事可乐、茶与咖啡。由于商品之间的不同关系，导致相关商品价格的变动引起的某种商品需求的变动方向亦不同。对于互补品，以汽车与汽油为例，当汽车的价格上升时，由于人们减少了对汽车的需求，因此消费者对汽油的需求也相应减少；反之亦然。对于替代品，以茶叶与咖啡为例，当茶的价格上升时，消费者对咖啡的需求量就会增加；反之亦然。由此，相关商品之间的关系可以描述为，互补的商品间的价格与需求量呈反方向变动，替代的商品间的价格与需求量呈同方向变动。导致这一规律的深层次原因则是作为理性的消费者总是在追寻用最小的成本来满足同一欲望。

2. 消费者的收入水平

一般情况下，正常商品的需求与消费者的收入之间呈同方向变化关系，即在其他条件不变的情况下，消费者收入越高，对商品的需求也就越多，这是因为较高的收入代表了较高的购买能力和支付能力，而需求是受支付能力约束的。例如目前，人们的生活水平比 20 世纪 90 年代有很大提高，人们对彩电、空调等家电的需求也明显增加。

3. 消费者偏好

偏好是指人们对某一事物的喜爱程度。人们只有喜欢某件商品时才会有购买的欲望，因此，在价格不变的情况下，消费者对某种商品的偏爱程度会对该商品的需求量产生影响，即偏爱程度越高，需求量越大；相反，偏爱程度越低，需求量越小。偏好既与消费者的个人爱好和个性有关，也与整个社会风尚、时尚有关。而一些时效性较强的商品(如流行时装、音乐唱片)的需求对社会偏好十分敏感，即使价格不变，由于社会时尚的改变、流行时髦的变迁，需求量也会急剧地变化。广告往往也对人们的偏好产生重要影响。例如，一些明星的广告，会对一些“追星族”起到示范作用，从而增加对该广告商品的需求。

4. 消费者对未来的预期

对未来的预期包括对自己的收入水平、商品价格水平等多方面的预期。例如，如果消费者预期某种商品的价格将上涨就会做出增加当前购买的决定，致使当前需求增加；如果消费者预期某种商品的价格将下降就会做出减少当前购买的决定，致使当前需求减少。同样，如果消费者预期到未来收入水平提高(下降)会导致当前需求的增加(减少)。例如，某消费者预期到自己将面临失业的威胁，就会减少一些非生活必需品的开销，致使当前需求减少。

5. 人口数量和结构的变动

一般来讲，人口数量的增减会使需求发生同方向变动。人口结构的变动主要影响需求的构成，从而影响某些商品的需求。如人口的老龄化，会减少对时髦服装、滑雪等的需求，而保健品和老年常用药的需求会增加。

6. 政府的经济政策

政府会通过采取一些鼓励需求或抑制需求的政策来调节需求。例如，政府提高存款利率会使储蓄增加，减少当前需求，而实行消费信贷制度则会鼓励消费，增加当前需求。

以上只是影响商品需求的一般因素，不同商品往往还有影响需求的特殊因素。例如，雨具、啤酒、空调等商品的需求与季节有关；自行车、手表等商品的需求与人口有关。

案例 2-1

从 8 周到 72 小时 看宝洁如何网住消费者需求

网络使用户的消费行为变得迅速而复杂。企业不但要对这种变化保持高度的洞察力，还必须具有强大的动态反应能力，对千变万化的用户行为做出迅速甚至实时地响应才能留住客户。要达到这种响应速度，不仅需要企业自身的努力，还需要渠道伙伴和企业员工的共同努力。

今天，宝洁向 130 多个国家中的将近 50 亿消费者销售着大约 250 个品牌，包括帮宝适纸尿裤、潘婷护发产品和汰渍洗衣粉。它在 80 多个国家设立了办事处，其 106 000 名员工在 2001 财年创造了 392 亿美元的收入。

要在竞争高度激烈的消费品行业中领先，就要求宝洁能摸准全球消费者的脉搏。从芝加哥到加拉加斯，从布鲁塞尔到北京，宝洁的产品开发人员和销售人员必须要比竞争对手更了解消费者的需求。宝洁也必须将这些需求与创新力量相衔接，帮助他们迅速地生产出可满足客户需求的新产品和新解决方案。

为加速产品上市，宝洁面临着一个挑战：与在全球销售其产品的数千家零售商高效地联系。从最小的杂货店和街角商店到大型超市和会员商店，宝洁需要通过遍布全球、成熟度不一的分销系统供应其产品。而在这过程中，宝洁必须严格关注成本的管理，以便能使产品对消费者来说有较高价值，对宝洁来说能获得较高利润。

8周到72小时。

宝洁确定了以Web和互联网为标志的新数字战略，涉及业务运营的所有方面：了解消费者、优化供应链、消除非增值成本并提高员工效率。

宝洁现在正执行在线消费者研究和理念调查，这大大减少了收集和分析消费者意见的时间，降低了成本，使宝洁更快地将消费者愿意购买的产品推向市场。“一两年前，我们在全球进行数千理念测试和消费者调查时，需要6到8周时间。”宝洁公司的总裁兼首席执行官A. G. Lafley说，“今天我们在48到72小时内即可完成大部分理念测试，可靠性相同甚至更高。”

宝洁希望扩展零售范围并以更低成本提供更优服务，因此它采用了一个思科公司提供的名为“网络订购管理”的在线系统，使零售客户能随时随地直接与宝洁相连。这一网络使零售商能全面访问宝洁的促销、库存和日程安排信息，同时能方便地在网络上提交并管理订单。

“凭借网络订购管理，我们不必在店中安排销售人员也能达到同样的服务范围。”CIO兼企业间业务官Steve David说，“零售商很喜爱它，因为其成本只是以前的1/10甚至1%。我们现在通过网络订购管理处理的业务占总业务的2%～3%。我们的目标是在未来两三年，使我们的大部分交易在网上进行。”

宝洁正使整体供应链管理方式更加以客户为中心。宝洁全球业务服务部总裁Mike Power说：“当消费者走入一个零售环境，他们希望在合适的时间、地点获得合适的产品。他们不希望出现缺货现象。这会使他们失望，使我们损失销量。基于实时数据的系统使我们能做得更好，即更少的缺货现象、及时供货、提供更受消费者喜爱的产品，使消费者更为满意。”

宝洁开始在公司内部逐步向电子文化发展，让几乎所有员工与网络相连，提供自助服务应用，包括范围广泛的电子员工应用——在线福利登记、薪金管理、股权使用等。公司还实施了“快速学习”，这一知识管理解决方案可在一个中央位置存储关键信息，让员工能方便地访问这些知识，做出更明智的决策，并使项目得以更快完成。“我们是为了实现业务成效而使用技术，获得更低的成本、更快的决策制定和更为高效的机构。”Power说，“在电子员工领域，我们应用实施的成本比前两年降低了20%。而在供应链方面，我们相信可将库存的天数减少一半”。由此可见，满足消费者需求是一件多么重要的事情。

2.1.3　需求函数与需求曲线

1. 需求函数

影响需求的因素很多，要精确表示影响需求的诸因素与需求之间的数量关系，必须要借助于需求函数。需求函数就是需求量与影响需求量诸因素之间关系的一种数学表示式，可记为：

$$Q_d = f(P_X, P_Y, I, T, A, E, \cdots)$$

式中：Q_d为对某商品的需求量；P_X为某商品的价格；P_Y为替代品(或互补品)的价格；I为消费者的个人收入；T为消费者的偏好；A为广告费；E为对价格的预期。

但这种需求函数仅是最一般的表示式，它并没有表示出因变量和自变量之间的确定关系。所以，在决策时，为了具体计算需求量，还必须估计出更为具体的需求函数来①。例

① 如何估计具体的需求函数，将在本章“需求估计与需求预测”中讨论。

如，某洗衣机厂洗衣机的具体需求函数估计为：

$$Q_d = -200P + 200I + 0.5A$$

式中：Q_d为顾客对该厂洗衣机的需求量；P 为洗衣机的价格；I 为居民的平均收入；A 为广告费用；−200、200 和 0.5 是这个需求函数各个自变量的参数。如果计划年度 P、I、A 的值分别预计为 300 元、800 元和 10 000 元。那么，计划期内某洗衣机厂洗衣机的预计需求量应为 10.5 万台，即

$$\begin{aligned} Q_d &= -200\times300+200\times800+0.5\times10\ 000 \\ &= 105\ 000(\text{台}) \end{aligned}$$

为了简化分析，可以假定影响需求的因素不变，仅分析商品本身价格与需求量之间的关系，并以 P 表示价格，则需求函数可以表示为：

$$Q_d = f(P)$$

如果某商品需求量与价格之间是线性关系，则需求函数可表示为：

$$Q_d = a - bP$$

式中：a、b 均为大于零的参数。

2. 需求曲线

需求还可以用需求曲线更为直观地表示。需求曲线是某种商品价格与需求量之间关系的图形表示形式，即表示商品价格与需求量之间关系的曲线。

以上述洗衣机的需求函数为例。假设居民收入与广告费是固定的，分别为 800 元和 10 000 元，只有价格是变动的。那么，洗衣机的需求函数就可写成：

$$Q_d = 165\ 000 - 200P$$

用图形表示，这条需求曲线是一条向右下方倾斜的直线，如图 2.1 所示。

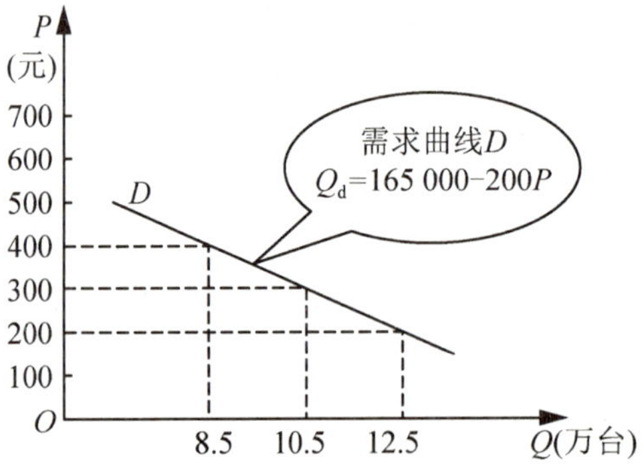

图 2.1 洗衣机的需求曲线

在图 2.1 中，横轴 OQ 代表需求量，纵轴 OP 代表价格，D 为需求曲线。需求曲线向右下方倾斜，表明需求量与价格呈反方向变动。需求曲线的形状可能是曲线，也可能是直线。如果某商品需求量与价格之间是线性关系，那么需求曲线是一条直线。

需求可以分为单个需求和市场需求两种，单个需求是指单个消费者对某种商品的需求，市场需求是消费者全体对某种商品需求的总和，因而单个需求的总和就构成了该商品的市场需求。

2.1.4　需求的变动与需求量的变动

在经济分析中，特别要注意需求量的变动与需求的变动。

这里首先来说明需求量与需求的区别。在需求曲线中，需求量是需求曲线上的一个点，而需求是指整个需求曲线。

在现实中，影响需求的各种因素(商品本身的价格、相关商品的价格、消费者收入等)既影响需求量，又影响需求。但在经济分析中，人们要区别需求量的变动与需求的变动。这里把商品本身价格变动所引起的需求数量的变动称为需求量的变动，而把商品本身价格之外其他因素变动所引起的需求数量的变动称为需求的变动。

这就是说，需求量的变动是指在其他因素不变的条件下，商品本身价格变动所引起的需求数量的变动。需求量的变动表现为同一需求曲线上点的移动，如图 2.2 所示。当价格为 P_1时，需求量为 Q_1，当价格由 P_1下降到 P_2时，需求量由 Q_1增加到 Q_2，在需求曲线上表现为从 a 点向 b 点移动。可见，在同一条需求曲线上，向左上方移动是需求量的减少，向右下方移动是需求量的增加。

需求的变动是指在商品本身价格不变的条件下，由其他因素变动所引起的需求数量的变动。需求的变动表现为需求曲线的平行移动，如图 2.3 所示。在商品价格 P_0保持不变的情况下，当收入减少时，需求由 Q_0减少到 Q_1，需求曲线由 D_0移动到 D_1，当收入增加时，需求由 Q_0增加到 Q_2，需求曲线由 D_0移动到 D_2。可见，需求曲线向左移动是需求的减少，在不同价格水平需求量都会减少；需求曲线向右移动是需求的增加，在不同价格水平需求量都会增加。

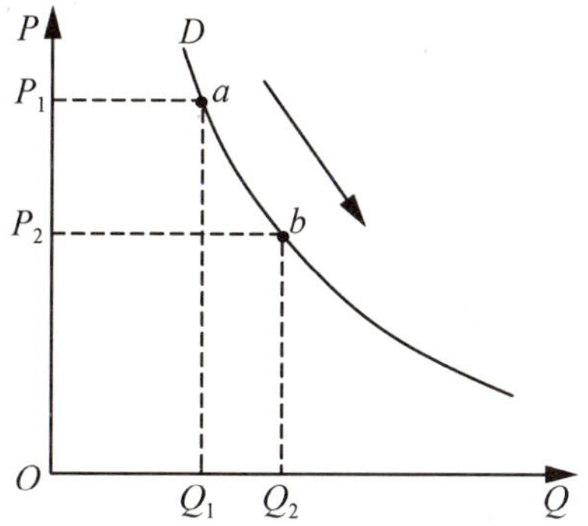

图 2.2　需求量的变动

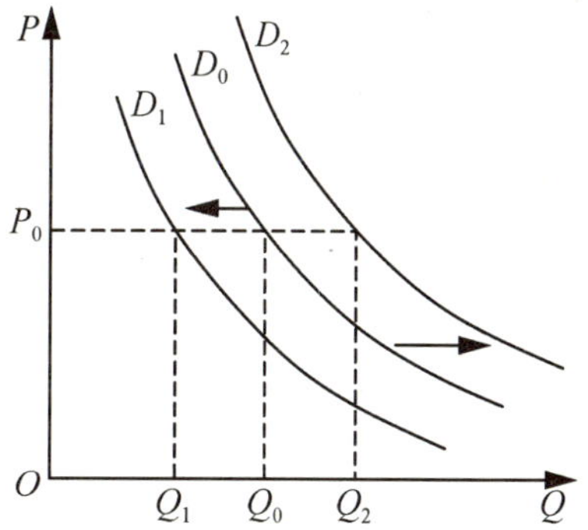

图 2.3　需求的变动

总之，需求量变动与需求变动的引发因素不同，变化表现形式亦不同，且需求的变动都会引起需求量的变动，而需求量的变动不一定引起需求的变动。明确二者的区别，便于正确理解政府的微观经济政策，例如政府规定“香烟包装必须明确标注吸烟有害健康”，这一政策将改变人们对香烟的需求，使其减少。

2.2 供给分析

供给与需求是相对应的概念，也是市场上决定价格的基本力量。

2.2.1 供给与供给量

供给(Supply)是指在一定时期内，在一定条件下，在每一价格水平上生产者(或企业)愿意而且能够提供的某种商品或劳务的数量。供给量(Quantity Supplied)是指在一定时期内，在一定条件下，在某一价格水平上生产者愿意而且能够提供某种产品或劳务的数量。

与需求相类似，理解供给概念，同样需要把握好以下几点。

(1) 供给不同于供给量。供给量是在某一既定的价格下，生产者愿意而且能够出售的数量，例如某一品牌的彩电，当价格为 2 600 元/台时，2013 年 3 月某地市场的供给量为 2 000 台；4 月价格降至 2 400 元/台时，供给量为 1 700 台；5 月价格降至 2 200 元/台时，供给量为 1 450 台；6 月价格降至 2 000 元/台时，供给量为 1 200 台；7 月价格降至 1 800 元/台时，供给量为 1 000 台。而供给则是不同价格下所对应的不同供给量的统称，即价格与其供给量之间的价格－数量组合关系，因而供给是一个多量组合，而供给量是一个单量。

(2) 供给也需要同时具备两个条件：一是生产者有供给欲望，二是生产者有供给能力。供给能力中既包括以前的存货，也包括新生产的商品。

(3) 供给量不一定等于实际销售量，有时供给量大于实际销售量。

2.2.2 影响供给的因素

生产者愿意生产和出售多少商品取决于许多因素，如生产技术、原材料的价格、工资水平、企业对今后市场走向的预期等。与需求一样，人们从经验法则中知道，该商品的价格是一个最具决定性的因素。一般来说，在其他条件不变的情况下，商品的价格越高，生产者对该商品的供给量越大；而商品的价格越低，生产者的供给量则越小，这就是供给法则(Law of Supply)。同样以运动鞋市场为例来说明供给法则，当运动鞋的价格为 60 元时，企业每月所愿意提供的产量即供给量为 3 万双；当价格提高到 100 元时，企业每月的供给量就可能会增加至 5 万双。其他影响因素主要有以下几点。

1. 企业的目标

在经济理论中，经济学家常假设企业以最大利润为经营目标，那么供给取决于这些供给量是否能给其带来最大利润。事实上，企业也可能以拥有较大的生产规模并占有相当大的市场份额为目标，或者以其他政治的或社会道义的责任为目标，那么供给就会因目标不同而有所不同。例如，在发生自然灾害时，某企业出于社会道义和责任以成本价出售商品。

2. 生产技术

在资源为既定的条件下，生产技术的提高会使资源得到更充分的利用，具体表现为生产成本下降。在市场价格不变的情况下，企业会倾向于增加供给。例如，某炼钢厂采用了新的燃煤技术，煤的使用量降低 1/3，生产成本大大下降，因而在产品价格保持不变的情况下，企业愿意供应更多的产品。

3. 生产要素的价格

生产要素价格的变化直接影响到商品的生产成本，从而影响供给。在商品价格不变的情况下，生产要素价格下降，生产成本就会下降，利润也会随之增加，供给就可能会增加；反之，生产要素价格上涨，供给就可能会减少。例如，在葡萄酒价格等因素不变的条件下，如果葡萄的价格上涨，就意味着企业的生产成本增加，供给将会减少。

4. 相关商品的价格

在两种互补品之间，以汽车与汽油为例，如果汽车的价格上升，消费者对汽油的需求就会减少，引起这种商品的价格下降，因而供给就会减少；反之亦然。即一种商品的价格与其互补品的供给呈反方向变动。在两种替代品之间，以茶与咖啡为例，如果茶的价格上升，消费者对咖啡的需求就会增加，就将引起这种商品的价格上升，因而供给也就会增加；反之亦然。即一种商品的价格与其替代品的供给呈同方向变动。

此外，即使两种商品在消费上不存在互补或替代关系，一种商品价格的变动也可能会影响另一种商品的供给。例如，同一个企业既生产军用品，又生产民用品。如果军用品价格上升，企业则会把资源用于生产更多的军用品，从而就减少了民用品的供给。

5. 企业对未来的预期

与消费者一样，生产者对未来的市场价格、消费者收入和宏观经济政策等方面的预期也会影响到企业的供给。例如，如果企业预期到下个季度某商品的价格将上涨，则会多生产，因而供给增加；预期价格下跌则相反。

6. 政府的政策

政府采取鼓励投资与生产的政策(例如减税)，可以刺激生产增加供给。反之，政府采取限制投资与生产的政策(例如增税)，则会抑制生产减少供给。

2.2.3　供给函数与供给曲线

1. 供给函数

供给函数就是供给量与影响这一数量的诸因素之间关系的一种表达式，其最一般的形式可记为：

$$Q_s = f(P, P_s, C, E, \cdots)$$

式中：Q_s为对某商品的供给量；P 为某商品的价格；P_s为生产中可替代产品的价格；C 为生产要素的价格；E 为生产者对价格的预期。

为了简化分析，可以假定影响供给的其他因素不变，仅分析商品本身价格与供给量之间的关系，并以 P 表示价格，则供给函数可以表示为：

$$Q_s = f(P)$$

如果某商品供给量与价格之间是线性关系，则供给函数为：

$$Q_s = -c + dP$$

式中：c 和 d 均为参数，$d > 0$。

2. 供给曲线

同需求一样，供给也可用供给曲线较为直观地表示。供给曲线是某种商品价格与供给量之间关系的图形表示形式，即表示商品价格与供给量之间关系的曲线。

例如，供给函数为 $Q_s = -4 + 8P$，其供给曲线就如图 2.4 所示。

在图 2.4 中，横轴 OQ 代表供给量，纵轴 OP 代表价格，S 为供给曲线。供给曲线向右上方倾斜，表明供给量与价格呈同方向变动。供给曲线的形状可能是曲线，也可能是直线。如果某商品供给量与价格之间是线性关系，那么供给曲线是一条直线。

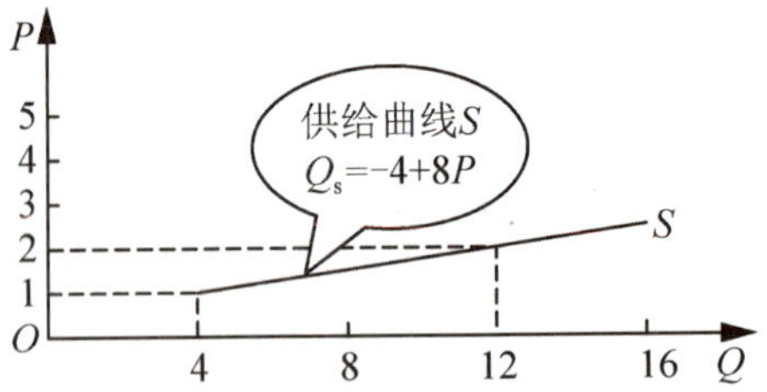

图 2.4　供给曲线

供给也分为单个供给和市场供给两种，单个供给是指单个企业对某种商品的供给，市场供给是指该商品市场所有个别供给的总和，由此行业供给曲线可以由各个企业的供给曲线横向相加而得。

2.2.4　供给的变动与供应量的变动

在经济分析中，同样特别要注意供给量的变动与供给的变动。

这里首先来说明供给量与供给的区别。在供给曲线中，供给量是供给曲线上的一个点，而供给则是指整个供给曲线。

在现实中，影响供给的各种因素既影响供给量，又影响供给。但在经济分析中，人们要区别供给量的变动与供给的变动。这里把商品本身价格变动所引起的供给数量的变动称为供给量的变动，而把商品本身价格之外其他因素变动所引起的供给数量的变动称为供给的变动。

这就是说，供给量的变动是指在其他因素不变的条件下，商品本身价格变动所引起的供给数量的变动。供给量的变动表现为同一供给曲线上点的移动，如图 2.5 所示。当价格为 P_1 时，供给量为 Q_1，当价格由 P_1 上升到 P_2 时，供给量由 Q_1 增加到 Q_2，在供给曲线上表现为从 a 点向 b 点移动。可见，在同一条供给曲线上，向左下方移动是供给量的减少，向右上方移动是供给量的增加。

供给的变动是指在商品本身价格不变的条件下，由其他因素变动所引起的供给量的变动。供给的变动表现为供给曲线的平行移动，如图 2.6 所示。在商品价格 P_0 保持不变的情况下，当收入增加时，供给由 Q_0 增加到 Q_1，供给曲线由 S_0 移动到 S_1，当收入减少时，供给由 Q_0 减少到 Q_2，供给曲线由 S_0 移动到 S_2。可见，供给曲线向左移动是供给的减少，在不同价格水平，供给量都会减少；供给曲线向右移动是供给的增加，在不同价格水平，供给量都会增加。

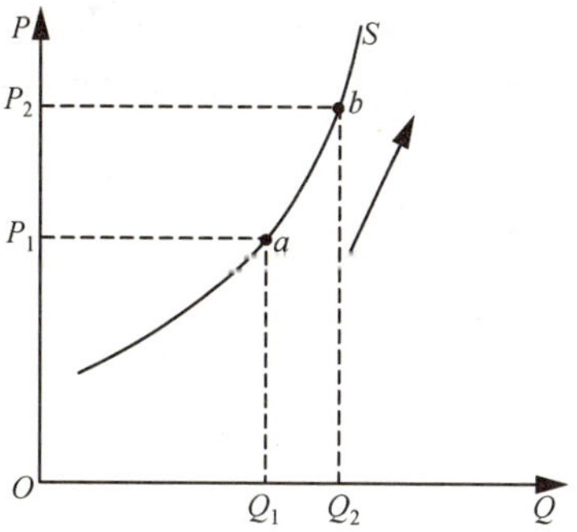

图 2.5　供给量的变动

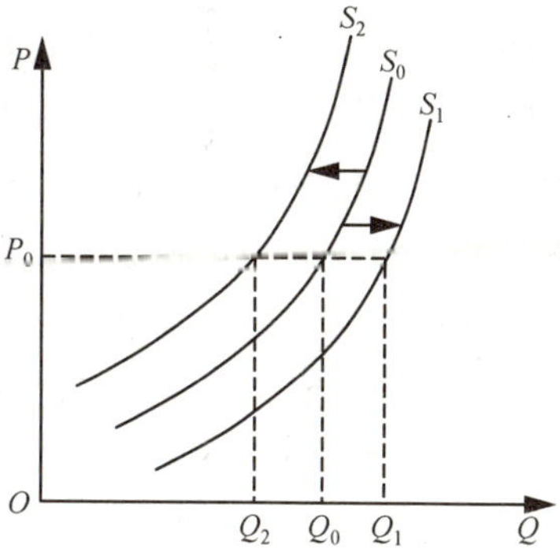

图 2.6　供给的变动

总之，需求量变动与需求变动的引发因素不同，变化表现形式亦不同，而且需求的变动都会引起需求量的变动，而需求量的变动不一定引起需求的变动。

2.2.5　供求法则

从上述关于需求与供给变动对均衡的影响分析可以将其变动结果概括为以下几点，并将其称之为供求法则(Law of Supply and Demand)。

(1) 需求的增加引起均衡价格上升，需求的减少引起均衡价格下降。

(2) 需求的增加引起均衡数量增加，需求的减少引起均衡数量减少。

(3) 供给的增加引起均衡价格下降，供给的减少引起均衡价格上升。

(4) 供给的增加引起均衡数量增加，供给的减少引起均衡数量减少。

供求法则进一步区分了供给和需求的变动对价格和数量产生的影响，因而对解释某种商品价格变动的长期趋势有用。它同时是市场机制理论的进一步深化。以上的分析是以供给和需求双方中的一方不变为前提的，假设的目的是为了揭示供求法则。但在实际经济活动中，供需双方可能会同时发生变化，共同对均衡价格和均衡数量产生影响。根据供求法则，可以分辨出价格和数量的变动中哪些是由需求变动所致，哪些是由供给变动所致。需求与供给同时变动的情况，要根据变动的程度大小来确定均衡价格与均衡数量变动的情况。

2.3　市场均衡分析

在完全竞争市场中，每一种产品都有大量的生产者和消费者，而且供给和需求又在不断地变动，那么市场是如何调节供给和需求使市场保持这种稳定状态的呢？这就是本节所分析的重点内容。

2.3.1 均衡价格与均衡数量的决定

均衡是一个物理学名词，在经济学中，均衡是指各种对立的、变动着的力量处于一种力量相当、相对静止、不再变动的状态。市场均衡是指在某段时间内，某一市场中商品的需求量正好和商品的供给量相等时的状态。

需求法则说明了消费者希望以最低的价格购买他所想买的商品，而供给法则说明了生产者希望以最高的价格销售他所想卖的商品。需求价格是指消费者对一定量商品所愿意支付的最高价格；供给价格则是指生产者为提供一定量商品所愿意接受的最低价格。在某种商品的各种可能的价格中必然会有一个双方都愿意接受的价格，这个价格即是该商品需求与供给相等时的价格，称为均衡价格。均衡价格决定下的需求量与供给量被称为均衡数量。在理解均衡价格与均衡数量时应注意以下3点。

(1) 均衡是一种状态。正如上述分析，均衡是经济中各种对立的、变动着的力量处于一种相对静止、不再变动的状态。均衡一旦形成，即使有外力使它离开原来均衡的位置，还会有其他力量使之恢复到均衡状态。由此可见，均衡价格就是由于需求与供给这两种力量的作用使价格处于一种相对静止、不再变动的状态。

(2) 决定的因素只有需求和供给。这里要强调的是，在一个完全竞争、不存在垄断的市场上，只有需求与供给两种力量，而且它们就像一把剪刀的两边一样起作用。因此，需求与供给任何一方因素的变动都会影响均衡价格与均衡数量的变动。

(3) 均衡是市场竞争的最后结果，其形成过程是在市场的背后进行的。在完全竞争市场中，由于均衡是由市场上供求双方在若干次的交合与调整过程中自发地形成的，是不存在任何外力的干预(如垄断力量的存在或国家的干预)的。那么，这种均衡的形成过程，可以以某地猪肉市场的均衡为例进行剖析。如图2.7所示，将猪肉市场的需求曲线和供给曲线放在同一图形中进行说明均衡价格的决定过程。图中D为该市场猪肉需求曲线，S为该市场供给曲线。

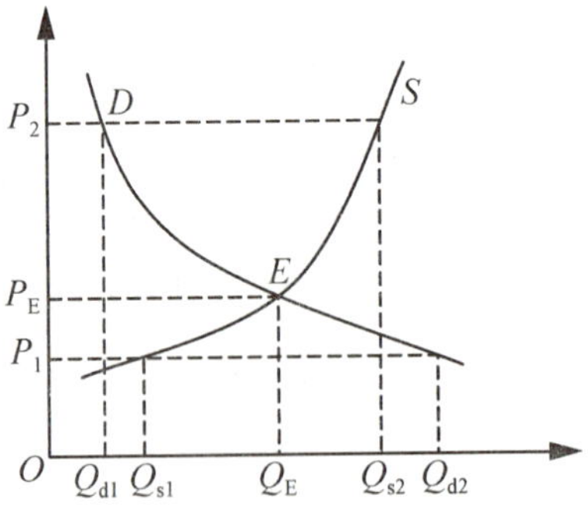

图2.7 均衡的形成

从图2.7可以看出，当市场价格为P_1时，市场上对猪肉的需求量是Q_{d2}，而生产者在这个价格下愿意供给的数量仅为Q_{s2}，需求量大大超过供给量，表明市场上猪肉供给不足，此时就会有以P_1的价格买不到猪肉的消费者，由此他们为了能买到猪肉就会抬高价格进行抢购，这就会致使市场上猪肉价格上升。此时导致不同主体两种行为的产生：一是一部分消费者减少对猪肉的需求；二是随着猪肉价格的上升刺激了生产者增加供给量的积极性。当市场价格为 P_2时，消费者对猪肉的需求量为 Q_{d1}，而此时市场上猪肉的供给量为 Q_{s2}，供给量大于需求量，出现了供过于求的现象，由此一些猪肉销售商就会压低价格进行出售剩余的猪肉，同理，随着销售价格的走低，猪肉销售商就会逐渐减少猪肉的供给量，而消费者也会逐渐增加对猪肉的需求量，这种调整过程一直持续到价格为 P_E时，需求量与供给量相等，均为 Q_E，此时实现了猪肉市场的均衡。总之，价格、需求和供给三者相互影响、相互依存、相互作用，不论从何种状态出发，都会使市场达到均衡状态。在这种状态下，需求量和供给量相等，价格既不上升也不下降，供求数量既不增加也不减少，超额需求和超额供给也都消失。从几何图形中看出，供求均衡出现在该商品的市场需求曲线与市场供给曲线相交的交点上，该点称为均衡点。均衡点以上需求与供给所夹区域为供给过剩区，均衡点以下需求与供给所夹区域为供不应求区。

综上所述，市场经济中存在着这样一条基本规律：当需求量大于供给量时会刺激市场价格上升；当需求量小于供给量时能促使市场价格下降。在这个过程中，市场上的需求者和供给者会调整自己的需求和供给，一直到供求相等时为止，市场的这种自我调节机制被亚当·斯密比作一只“看不见的手”。

均衡价格的形成过程也可以用经济模型来表示，均衡价格决定的条件如下。

需求函数：$Q_d=a-b\cdot p$

供给函数：$Q_s=-c+d\cdot p$

市场均衡条件：$Q_d=Q_s$

【例 2.1】 某商品的市场需求函数为 $Q_d=100-2P$，供给函数为 $Q_s=50+3P$，求该商品的市场均衡价格及均衡数量。如果政府对该商品实行支持价格政策支持价格 20 将有多少产品过剩？政府应如何处置这些过剩产品？

令 $Q_d=Q_s$，即 $100-2P=50+3P$

解得 $P=10$，

将 $P=10$ 带入 Q_d得，$Q=80$

故均衡价格是 10，均衡数量是 80。

若支持价格是 20，则 $Q_d=100-40=60$，过剩产品是 $80-60=20$ 件。

如何处理：政府应该建立和预拨专项基金作为应急资金，就像建立和预拨自然灾害方面的应急资金一样。当出现某种产品滞销时，政府就及时拿出来这部分资金购买这些产品，并把这些产品分赠给需要的穷人或其他需要的人群。

2.3.2　需求与供给变动对均衡的影响

从图 2.7 可以看出，一种商品的均衡价格是由该商品的市场需求和供给共同作用的结果，并在图形上表现为需求曲线与供给曲线的交点。因此，需求曲线或供给曲线位置的移动都会使均衡发生变动，也就是说需求或供给的变动将引发均衡的变动。

例如，某商品的需求曲线为 D_0，供给曲线为 S_0，均衡价格为 E_0，均衡数量为 Q_0，这里将用图形来说明需求和供给变动对其均衡的影响。

1. 需求变动对均衡的影响

如前所述，需求的变动是指由商品自身价格以外的因素引起的需求变化。如相关物品的价格、收入的变化，预期的变化等，当这些因素发生变化影响到需求时，会导致需求曲线的平行移动，这里用图 2.8 来说明需求的变动对均衡价格与均衡数量的影响。

若需求增加，需求曲线向右上方移动，如图 2.8 所示，需求曲线由 D_0 移动至 D_2，D_2 与 S_0 相交于 E_2，决定了新的均衡价格为 P_2，均衡数量为 Q_2。这说明需求增加将会引起均衡价格的上升和均衡数量的增加。

需求减少，需求曲线向左下方移动，如图 2.8 所示，需求曲线由 D_0 移动至 D_1，D_1 与 S_0 相交于 E_1，决定了新的均衡价格为 P_1，均衡数量为 Q_1。这说明需求减少将会引起均衡价格的下降和均衡数量的减少。

结论：需求的变动引起均衡价格和均衡数量同方向变动。

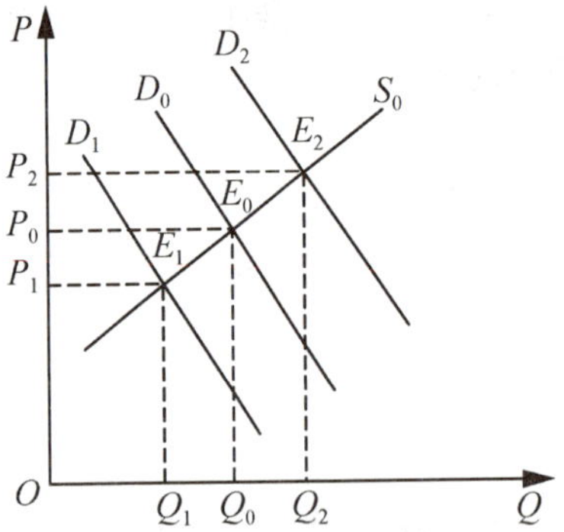

图 2.8　需求变动效应

2. 供给变动对均衡的影响

如前所述，供给变动也是指由商品自身价格以外的因素引起的供给变化。如相关物品的价格、生产成本的变化，自然条件的变化等，当这些因素发生变化影响到供给时，导致供给曲线的平行移动，这里用图 2.9 来说明供给的变动对均衡价格与均衡数量的影响。

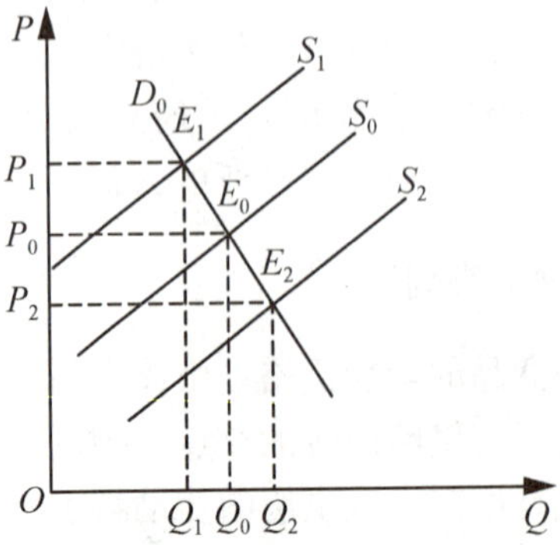

图 2.9　供给变动效应

供给增加，供给曲线向右下方移动，如图 2.9 所示，供给曲线由 S_0 移动至 S_2，S_2 与 D_0 相交于 E_2，决定了新的均衡价格为 P_2，均衡数量为 Q_2。这说明供给增加将会引起均衡价格的下降和均衡数量的增加。

供给减少，供给曲线向左上方移动，如图 2.9 所示，供给曲线由 S_0 移动至 S_1，S_1 与 D_0 相交于 E_1，决定了新的均衡价格为 P_1，均衡数量为 Q_1。这说明供给减少将会引起均衡价格的上升和均衡数量的减少。

结论：供给的变动引起均衡价格反方向变动，均衡数量同方向变动。

2.4　弹性及其应用

如果进一步考察需求量的变化，可以发现它与价格变化之间，以及与其他诸因素变化之间存在一定的数量关系。“弹性”是物理学中广泛应用的概念，是指一物体对外界作用力的反应能力。例如对皮球来说，弹性就是球弹的高度对拍球的力量的灵敏度，即在人们稍微多用一点力气拍球时，球会多弹起多少高度。弹得高说明弹性大，否则弹性小。在经济学中，弹性是指当经济变量之间存在函数关系时，因变量对自变量变化的反应程度。反应程度的大小即弹性的大小可用弹性系数来表示，弹性系数是因变量 Y 变动的比率与自变量 X 变动的比率的比值，用 E 来表示，公式为：

$$E=\frac{\text{因变量变动的百分比}}{\text{自变量变动的百分比}}=\frac{\Delta Y/Y}{\Delta X/X}=\frac{\Delta Y}{\Delta X}\cdot\frac{X}{Y}$$

式中：E 为弹性系数；ΔX、ΔY 分别为变量 X、Y 的变动量。

若经济变量的变化量趋于无穷小，即当 $\Delta X\to 0$，且 $\Delta Y\to 0$ 时，弹性公式为：

$$E=\lim_{\Delta X\to 0}\frac{\frac{\Delta Y}{Y}}{\frac{\Delta X}{X}}=\frac{\frac{\mathrm{d}Y}{Y}}{\frac{\mathrm{d}X}{X}}=\frac{\mathrm{d}Y}{\mathrm{d}X}\cdot\frac{X}{Y}$$

由于弹性消除了量纲，因而在经济分析中可以加以比较，具有较边际分析更为广泛的意义。本节将着重讨论需求价格弹性、需求收入弹性及需求交叉弹性。

2.4.1　需求价格弹性

需求价格弹性(Price Elasticity of Demand)简称需求弹性，是指在其他条件不变的情况下，某种商品或劳务价格变动所引起其本身需求量的变动程度，它反映了需求量变动对价格变动的敏感程度。一般来说，不同商品需求量变动对价格变动的敏感程度是不同的，即需求弹性不同，一般用需求弹性系数来表示弹性的大小，以 E_d 来表示，Q 代表需求量，ΔQ 代表需求量的变动量，P 代表价格，ΔP 代表价格的变动量，则需求弹性系数可用下列公式表示：

$$E_d=\frac{\text{价格变动的百分比}}{\text{需求量变动的百分比}}=-\frac{\Delta Q/Q}{\Delta P/P}=-\frac{\Delta Q}{\Delta P}\cdot\frac{P}{Q}$$

在计算及应用过程中需要注意的是，对于正常商品，由于需求量与价格呈反方向变动，因而需求价格弹性系数为负值，但在实际运用中，为方便起见，一般将负号省略。如

$E_d=1.8$，其含义是价格每上升 1%，会引起需求量下降 1.8%，或是价格每下降 1%，会引起需求量上升 1.8%。

1. 需求价格弹性的计算

需求价格弹性的计算，一般包括点弹性和弧弹性两种。

1）需求价格点弹性

需求价格点弹性是指，某商品需求曲线上某一点的需求价格弹性，它衡量在需求曲线某一点上的需求量的无穷小变动率对于价格的无穷小的变动率的反应程度。

如果知道了需求曲线的函数形式，则可以用微分法来计算点弹性。公式为：

$$E_d=-\lim_{\Delta P\to 0}\frac{\Delta Q/Q}{\Delta P/P}=-\lim_{\Delta P\to 0}\frac{\Delta Q}{\Delta P}\cdot\frac{P}{Q}=-\frac{dQ}{dP}\cdot\frac{P}{Q}$$

【例 2.2】 某商品的需求函数为 $Q=18-2P$，计算价格为 3 和 4 时的点弹性。

解：

根据上述公式，可得需求点弹性表达式如下：

$$E_d=-\frac{dQ}{dP}\cdot\frac{P}{Q}=-(-2)\cdot\frac{P}{Q}=2\frac{P}{Q}$$

当 $P=3$ 时，$Q=18-2\times3=12$

$$E_d=2\times3/12=0.5$$

当 $P=4$ 时，$Q=18-2\times4=10$

$$E_d=2\times4/10=0.8$$

2）需求价格弧弹性

需求价格弧弹性是指，需求曲线上两个价格/数量点之间所具有的平均弹性。假设，在某需求曲线上有两点 $A(Q_1, P_1)$ 和 $B(Q_2, P_2)$，则价格从 P_1 到 P_2 的需求价格弧弹性计算公式如下：

$$E_d=\frac{\text{需求量变动的百分比}}{\text{价格变动的百分比}}=-\frac{\Delta Q/Q}{\Delta P/P}=-\frac{Q_2-Q_1}{P_2-P_1}\cdot\frac{P_1+P_2}{Q_1+Q_2}$$

【例 2.3】 求点弹性。若需求函数为已知，即可根据上式求出任一价格下的点弹性系数。

设某商品的需求函数为：$Q=30-5P$

$\because dQ/dP=-5$

$\therefore E_P=|-5\times P/Q|=5P/(30-5P)$

这表明点弹性 E_P 是价格 P 的函数。

若 $P=2$，则 $Q=20\to E_P=0.5$

若 $P=3$，则 $Q=15\to E_P=1.0$

若 $P=4$，则 $Q=10\to E_P=2.0$

结论：对一个既定的需求函数，在不同的价格之下会有不同的弹性值。

图 2.5 中，B 为中点，当 $BC=AB$ 时，$E_P=1$；

当 $BCB\to C$ 时，因 $BC\to0$，所以 $E_P\to0$；

当 $BC>AB$ 时，$E_P>1$，位于 B 点左上方任一点的弹性系数的绝对值大于 1，而且距

A 点越近的弹性系数，其绝对值越大。

当 $B \to A$ 时，因 $BA \to 0$，所以 $E_P \to \infty$。

价格弹性与需求曲线的斜率是两个不同的概念，但二者有所联系。价格弹性与需求曲线的斜率 $\Delta P/\Delta Q$ 成反比，与 P/Q 的值成正比。因此，如果需求曲线是一条<a>直线，尽管这条直线上各点的斜率不变，但由于 P/Q 的值是变动的，所以这条直线上的价格弹性也是变动的。但如果其他条件相同，那么，平坦的需求曲线弹性大，陡的需求曲线弹性小。

2. 需求价格弹性的分类

由于各种商品的需求弹性不同，由此根据需求价格弹性系数的大小可以把需求价格弹性划分为不同的种类。通常情况下将其归为以下5类。

(1) 需求完全无弹性，即 $E_d=0$。在这种情况下，无论价格如何变动，需求量都不变动。例如糖尿病患者对胰岛素这种药品的需求就是如此。胰岛素是糖尿病患者维持生命所必需的，无论价格如何变，他们都不会改变购买量。这时，需求曲线是一条与横轴垂直的线，如图2.10中的 D_1。

(2) 需求有无限弹性，即 $E_d \to \infty$。在这种情况下，当价格为既定时，需求量是无限的。例如，银行按一固定价格收购黄金，无论有多少黄金都可以按这一价格收购，银行对黄金的需求是无限的。这时，黄金的需求弹性为无限大，需求曲线是一条与横轴平行的线，如图2.10中的 D_2。

(3) 需求单位弹性，即 $E_d=1$。在这种情况下，需求量变化幅度等于价格变化幅度。这时，需求曲线是一条正双曲线，如图2.10中的 D_3。

以上3种情况都是需求弹性的特例，在现实生活中是很少的。现实中常见的是以下两种。

(4) 需求缺乏弹性，即 $E_d<1$。在这种情况下，需求量变化幅度小于价格变化幅度。例如，米、面、食盐这些生活必需品，以及农产品、住房、保险等属于这种情况。这时，需求曲线是一条比较陡峭的线，如图2.10中的 D_4。

(5) 需求富有弹性，即 $E_d>1$。在这种情况下，需求量变化幅度大于价格变化幅度。例如，空调、汽车等高档生活用品，以及旅游和专业服务等属于这种情况。这时，需求曲线是一条比较平坦的线，如图2.10中的 D_5。

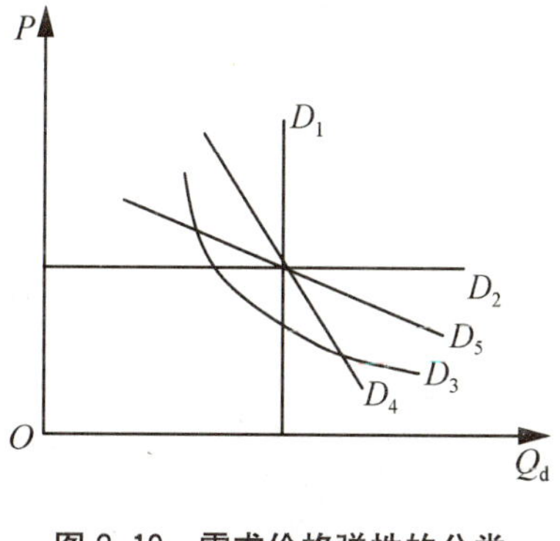

图2.10　需求价格弹性的分类

2.4.2 影响需求价格弹性的因素

由于需求价格弹性对于经营决策有着十分重要的意义，经济管理人员必须注意培养对商品需求价格弹性的直觉判断能力，以便能在缺乏经济学论证数据的情况下，迅速地做出判断。不同商品的需求价格弹性不同，造成这种差异的原因主要是以下几种。

(1) 消费者对某种商品的需求程度。一般来说，属于生存所必需的商品，像粮食、油、盐、酱、醋等生活必需品的需求价格弹性就小，即需求量不会因价格变动而有较大幅度的波动。而那些属于享受需要的奢侈品，像珠宝、首饰、汽车等高档消费品，人们可以需要它，也可以不需要它，因而在价格变动时需求量的变动也就比较大，需求价格弹性也就较大。

(2) 商品的可替代程度。对于可替代程度较高的商品，如果提高这种商品的价格，那么许多消费者就会减少对该商品的购买，转而购买它的替代品，如果该商品价格下降，消费者就会增加对该商品的购买，而减少对其替代品的购买。所以，拥有完全替代品的商品，其需求价格弹性也是完全的，几乎没有替代品的商品使消费者不管价格如何变动，仍坚持购买，这种商品需求价格弹性就很小。例如，食盐和食糖，两者虽然同样都是生存的必需品，但食盐几乎没有替代品，而食糖可以在不同程度上用淀粉、水果、蜂蜜等来替代，因此，食盐的需求价格弹性比食糖的需求价格弹性小得多。

(3) 商品消费支出占消费者收入的比重。如果商品消费支出占消费者收入的比重小，商品价格变动对需求的影响就小，需求价格弹性就小，如毛巾、香皂、火柴之类的商品。反之，消费支出占消费者收入比重大的商品，如空调、珠宝之类的商品，价格变动对需求的影响就大，其需求弹性也大。

(4) 商品本身用途的广泛性。一般来讲，用途较广的商品，当其价格上涨时，消费者就会只买较少的数量用于其最重要的用途上，而当其价格下降时，消费者的购买量就会逐渐增加，将商品越来越多地用于其他用途，因而其需求价格弹性就大；相反，用途较窄的商品，其需求价格弹性就小。

(5) 消费者适应新价格所需的时间。消费者适应新价格的时间越长，它就越容易找到该商品的替代品，该商品的需求就越富有弹性。香烟的价格变动就是一个很好的例子。当香烟的价格刚刚上调时，香烟的嗜好者们纷纷下“决心”从此“戒烟”，香烟的需求量一时大减，需求价格弹性似乎很大。但过了一段时间，香烟的嗜好者们仍抵挡不住诱惑，“戒烟”告一段落，对香烟的需求量又几乎恢复到以前的水平。

上述是影响商品价格弹性的5种主要因素。某种商品的需求弹性到底有多大，是由上述这些因素综合决定的，不能只考虑其中的一种因素。当然，同样的商品在不同的国家、不同的时期、不同的地方、不同的人群，需求价格弹性是不相同的，故在对商品进行弹性分析时不能简单地照搬照抄。

2.4.3 需求价格弹性的应用

需求价格弹性在现实经济活动与决策中具有十分广泛的运用。

1. 生产者对产品的价格和销售量进行市场预测

任何一个进行科学经营管理的企业，都应该经常了解其商品产销现状及中、短期的变化趋势。其中，重要的一个方面就是了解商品的市场价格变化会引起市场购买量发生怎样的变化。这时，生产者需要了解商品需求价格弹性。

【例2.4】 假设市场调查结果表明：2014年5月份某地汽车市场上汽车销售量为24 000辆，且汽车的需求价格弹性为1.2～1.8。在其他条件不变的情况下，如果该地的汽车市场销售商欲将汽车价格下降3%，那么市场上汽车销售量将会发生怎样的变化(假设汽车销售量与需求量相等)？

解：

依据需求价格弹性公式 $$\text{需求价格弹性}=-\frac{\text{需求量变动的百分比}}{\text{价格变动的百分比}}$$

可得：

$$\text{需求量变动的百分比}=-\text{需求价格弹性}\times\text{价格变动的百分比}$$

如果价格下降：

当价格弹性为1.2时，需求量增加的比率＝1.2×3%＝3.6%

此时，需求量即销售量＝24 000×(1＋3.6%)＝24 864(辆)

当价格弹性为1.8时，需求量增加的比率＝1.8×3%＝5.4%

此时，需求量即销售量＝24 000×(1＋5.4%)＝25 296(辆)

答：当汽车价格下降3%时，汽车销售量将增加3.6%～5.4%，销售量也将达到24 864～25 296辆。

2. 消费者进行消费市场分析

任何一个合理理财的家庭，都应该了解市场状况，尤其掌握家庭喜好的商品的价格和需求价格弹性，以便做出合理的安排。对于耐储存的必需品应在价格较低时大量购买，买足买够，不必分批购买，因为，该商品价格不宜降低。而对于奢侈品应在最需要用时购买，不要做储备，因为，该商品价格降价是必然的。

3. 企业用于制定灵活、科学的价格策略

企业要科学地对商品的销售价格做出正确的决策，就必须了解需求价格弹性，并根据各商品不同的需求价格弹性的类型，分别做出提价销售或者降价销售等决策。

(1) $E_d>1$ 的情况。即价格变动1%，会使需求量即销售量变动超过1%。对于这类商品，如果降价，则需求量增加获得的收入大于价格下降而减少的收入，降价不仅增加销售量，而且增加销售收入。以电视机为例，假定电视机的需求是富有弹性的，$E_d=2$，当价格为500元，即 $P_1=500$ 元，销售量为100台，即 $Q_1=100$ 台时，销售收入 $TR_1=P_1\cdot Q_1=500\times100=50\ 000$ 元。现在假定电视机的价格下降10%，即 $P_2=450$ 元，因为 $E_d=2$，所以销售量将增加20%，即 $Q_2=120$ 台，这时销售收入 $TR_2=P_2\cdot Q_2=450\times120=54\ 000$ 元。

$$TR_2 - TR_1 = 54\ 000 - 50\ 000 = 4\ 000(元)$$

这表明：由于电视机价格下降，销售收入增加了。

又假定电视机的价格上升10%，即$P_2=550$元，因为$E_d=2$，所以销售量减少20%，即$Q_2=80$台，这时销售收入$TR_2 = P_2 \cdot Q_2 = 550 \times 80 = 44\ 000$元。

$$TR_2 - TR_1 = 44\ 000 - 50\ 000 = -6\ 000(元)$$

这表明：由于电视机价格上升，销售收入减少了。

由此可以得出：对于需求富有弹性的商品，其价格与销售收入呈反向变动。企业对这类商品不应轻易提价，应尽量降低价格，以扩大销售量，增加销售收入，即适宜采取薄利多销的竞争策略。

(2) $E_d<1$的情况。即价格变动1%，会使需求量即销售量变动不到1%。对于这一类商品，如果降价，由需求量增加而获得的收入就小于价格下降而减少的收入，也就会导致销售收入下降；而如果提高价格，尽管会使销售量有所减少，但却能增加销售收入。由此，对这类商品可采取适当提价的策略。但考虑到市场竞争和消费者的利益，企业也不能单纯用提价来增加销售收入，最主要的还是靠更好地满足消费者需要、适销对路、扩大销量来增加经济效益。

(3) $E_d=1$的情况。需求量增长所增加的收入正好等于价格降低所减少的收入，这时，企业可针对不同情况，采取灵活的价格策略，如为了提高市场占有率，可适当降价；为了树立优质优价的形象，就可适当提价。

综上分析，商品的需求价格弹性与销售收入之间的相互关系可归结为表2-1。

表2-1 需求价格弹性与销售收入的关系

价格变动	富有弹性($E_d>1$)	单位弹性($E_d=1$)	缺乏弹性($E_d<1$)
价格上升	销售收入下降	销售收入不变	销售收入上升
价格下降	销售收入上升	销售收入不变	销售收入下降

由价格弹性与销售收入的关系可以看出：提价或降价都能够增加销售收入。至于企业采取提价还是降价的策略，其关键取决于商品的价格弹性，而不是凭借管理者的主观想象。

2.4.4 需求收入弹性

通过上述分析，可以知道，消费者收入的变动对不同商品的需求也会产生不同的影响，这种影响程度可以用需求收入弹性来衡量。

1. 需求收入弹性的含义与计算

需求收入弹性(Income Elasticity of Demand)是指假定需求函数中的其他影响因素都保持不变，仅由收入发生变动时，消费者收入的相对变动所引起的某种商品或劳务需求量的相对变动程度。

如果以E_I表示需求收入弹性系数，Q代表需求量，ΔQ代表需求量的变动量，I代表消费者收入，ΔI 代表收入的变动量，则需求收入弹性系数的一般表达式为：

$$E_1 = \frac{\text{需求量变求量变动的}}{\text{收入变入变动的百}} = \frac{\Delta Q/Q}{\Delta I/I} = \frac{\Delta Q}{\Delta I} \cdot \frac{I}{Q}$$

一般来讲，对于正常商品，消费者的收入与需求量是同方向变动的，所以，需求收入弹性系数一般是正值。

同计算需求价格弹性一样，计算需求收入弹性的方法有两种：一种是弧弹性，另一种是点弹性。计算方法也类似。

【例 2.5】 某企业生产 A、B 两种产品，日产量 100 台，若 A 的需求收入弹性在 0.8～1.0，B 的需求收入弹性为 0.8～1.8，估计社会居民收入在本期内将增加 10%。那么，该企业生产量应如何调整?

解：

由需求收入弹性计算公式可得：

需求量变化率＝需求收入弹性×收入变动率

因产品 A 的需求收入弹性大于零，故需求量将随收入的增长而增长，其增长幅度为：

0.8×10%＝8%；1×10%＝10%

故，企业应增加产品 A 的生产量，增长幅度为 8%～10%，增长量为 8～10 台。

同理，产品 B 的需求量也将随收入的增长而增长，其增长幅度为：

0.8×10%＝8%；1.8×10%＝18%

故，企业也应增加产品 B 的生产量，增长幅度为 8%～18%，增长量为 8～18 台。

2. 需求收入弹性的分类

由上述可知，不同商品的需求收入弹性大小可能会有所不同，依据需求收入弹性数值，可将商品分为以下两种。

(1) 正常品。正常品的需求收入弹性系数为正值，说明这种商品的需求量将随着收入的增加(减少)而增加(减少)。其中需求收入弹性系数介于 0 和 1 之间的商品，需求量变动的幅度小于收入变动的幅度，经济学上称为必需品，如粮食、普通服装等；而需求收入弹性系数大于 1 的商品，需求量变动的幅度大于收入变动的幅度，经济学上称为奢侈品，如珠宝、笔记本计算机等。

(2) 劣等品。劣等品的需求收入弹性系数为负值，说明这类商品的需求量将随着收入的增加(减少)而减少(增加)，如黑白电视、一般收音机等。

3. 需求收入弹性的应用

(1) 选择投资方向。随着人们收入的增加，人们会增加对高质量的高档消费品的消费。因此，在预期居民收入会增加的情况下，企业就应当扩大那些需求收入弹性大的商品生产，以取得更大的销售收入。而对于那些需求收入弹性小的生活必需品，就要十分注意，即使人们的收入有较大的增加，其消费量也不会增加很多，市场需求增加有限，企业就应当大体维持原来的生产，不宜过分地扩大。对于低档消费品则更要谨慎，在人们收入增加时，会减少对该种商品的需求量，市场会萎缩，企业要及时地收缩生产。因此，企业应选择那些 $E_I>1$ 的商品(产业)作为主导商品或主导产业。

(2) 产品定位。通常，需求收入弹性大的商品可能给企业带来较大的利润，但风险较大，而需求收入弹性小的商品，销售收入比较稳定，风险较小，但利润也相应较少。这样，企业要想有较好的利润，风险也不大，就应同时经营需求收入弹性较大的商品和需求收入弹性较小的商品。具体地说，在进行产品决策时，企业一方面要注意高档品、生活必需品的动态组合，另外，还应在产品标准化及变形能力上多下工夫，这样在标准型产品上增加一些零部件就成为高档豪华型产品，减少一些零部件就可以成为低档普及型产品。

案例 2-2

腾讯微信如何正确定位

腾讯微信 5.0 版本即将折叠公众账号的内容推送，业界普遍认为是在打压过于活跃的“自媒体”，引起一片仓惶，后知后觉的新浪微博拾人牙慧，开启蓝 V 认证、私信推送等功能向“自媒体”伸出橄榄枝，却并不被领情，戏剧性的故事，调侃之余，关于“微信究竟如何定位”的话题又被推上风口浪尖，上海某 PR 公司刚推出微信营销的业务模块，其中包括为企业账号每日更新内容的协议，报签了多家客户，估算营业额的上涨之后喜上眉梢，直到听闻微信 5.0 企业账号可能会被限制为每月只能推送一条内容！“创新”即是“改变”，“改变”带来“得失”。像 Facebook 和豆瓣这样与用户联系紧密的社交网站，历次改版都会引发地震一般的抗议，足以说明“得失”背后的代价交易。微信，是腾讯紧紧攥住的移动互联网“门票”，到了如今的体积规模，所以，微信往后发展如何定位成为现今的巨大问题。同学们，你们怎么看呢?

(3) 制定合理的收入政策。利用需求收入弹性可以分析国民经济各部门、各地区的收入现状，便于制定合理的收入政策。对同一商品来说，如果在某地区的需求收入弹性大于另一地区的收入弹性，则说明该地区的收入水平还相对落后，国家就可以想办法有针对性地制定收入调节措施，以达到地区间的收入平衡。

(4) 协调国民经济各种商品发展的合理比例。由于各种商品的需求收入弹性不一致，相同的收入变动比率所要求的需求量变动也不一致。因此，在制订国民经济发展计划时，就不应强求发展速度的一致，对需求收入弹性较大的商品，其发展速度可以超过国民经济发展速度，占比例也大。反之，那些需求收入弹性较小的商品，其发展速度可以低于国民经济发展速度，占比例小些。

案例 2-3

液晶彩电的收入弹性

随着收入和生活水平的提高，越来越多的家庭购买了住房，因此，都想拥有一台大屏幕彩电。越来越多的液晶电视加入了动态对比度和自然光调节技术，除了提升画面的显示效果外，还有效改善了动态画面的拖尾现象。另外在提升画面显示效果的同时，还加入了智能音效，通过这一技术的加入，用户可以享受到影院般的视听效果。更多的液晶电视同时拥有娱乐机的产品属性，在娱乐功能方面有着不俗的表现，用户除了可以实现主流视频文件的播放外，还可以通过网络的连接对资讯进行在线浏览以及软件的升级，充分满足了用户的日常使用需求。进入新世纪，我国液晶电视产业呈加速发展态势，取得了令人可喜的成绩。2005 年中国液晶电视市场总体销量达到 134 万台，比 2004 年增长 452.3%，其中，零售市场销量达到 127 万台，比 2004 年增长 480.3%，销售额达到 126 亿元，比 2004 年增长 492.0%，液晶彩电大画面、高画质、美观大方。特点有：零辐射、高亮度、轻一半、薄八寸、能接收多媒体信号。所以，自液晶彩电登陆中国大陆市场以来，销售量一直稳步增长，近两年增长更为明显。其产品需求量发生了数倍乃至数百倍的增长。液晶彩电的发展速度远远超过人均收入的增长，表明这种彩电的收入弹性很高，是一种高档消费品。

2.4.5 需求交叉弹性

当消费者要满足某一需要时，往往不只消费某一种商品，而可能同时消费两种或两种以上的商品。那么，在假定消费者收入不变的情况下，当一种商品的价格发生变化时，就不只是影响对该商品的需求量，而且对其他商品的需求量也可能会产生影响。这就需要引入需求交叉弹性来解释和说明。

1. 需求收入弹性的含义与计算

需求交叉弹性(Cross-Price Elasticity of Demand)是需求交叉价格弹性的简称，它表示一种商品的需求量变动对另一种商品价格变动的反应程度。

若以 X、Y 代表两种商品，P_Y表示 Y 商品的价格，ΔP_Y表示 Y 商品价格的变动量，Q_X表示 X 商品原来的需求量，ΔQ_X表示由 Y 商品价格的变动所引起的 X 商品需求量的变动量，E_{XY}表示需求交叉弹性系数，则需求交叉弹性系数的一般表达式为：

$$E_{XY}=\frac{\text{Y 商品价格变动的百分比}}{\text{X 商品需求量变动的百分比}}=\frac{\Delta Q_X/Q_X}{\Delta P_Y/P_Y}=\frac{\Delta Q_X}{\Delta P_Y}\cdot\frac{P_Y}{Q_X}$$

同计算需求价格弹性一样，计算需求交叉弹性的方法有两种，一种是弧弹性，另一种是点弹性。计算方法也类似，在此不再阐述。

2. 需求交叉弹性的主要应用

(1) 判定商品关系的类型。许多商品之间存在需求交叉弹性，但是不同商品之间的需求交叉弹性系数取值的符号是不一样的。根据 E_{XY}的正负号可以将商品之间的关系分为 3 个类别。

① $E_{XY}>0$ 时，表明一种商品的需求量变动方向与另一种商品的价格变动方向成同向变动关系，此时说明 X 与 Y 具有替代关系，互为替代品。例如，苹果和香蕉、肥皂和洗衣粉，其需求交叉弹性为正值。表示随着 Y 商品价格的上升，消费者会减少对 Y 商品的购买进而增加对其替代品 X 商品的需求量。而且需求交叉弹性越大，两种商品之间的替代性就越强。

② $E_{XY}<0$ 时，表示随着 Y 商品价格的上升，消费者会减少对 Y 商品的购买，即表明

一种商品的需求量变动方向与另一种商品的价格变动方向成反向变动关系，此时说明X与Y具有互补关系，互为互补品。例如，汽车和汽油、录音机和录音带。而且需求交叉弹性系数的绝对值越大，两种商品之间的互补性就越强。

③ $E_{XY}=0$ 时，说明X商品的需求量不会随Y商品的价格变动而发生变动，即X商品不受Y商品的影响，说明两种商品既不是替代品，也不是互补品，由此表明两种商品在需求上是互相独立的，属于独立商品。需要说明的是，在现实中商品之间真正具有独立关系的情况并不多见。

(2) 划分产业或部门。需求交叉弹性的绝对值越大，说明这两种产品之间的相关程度就越大，此时表明这两种产品属于同一产业或部门；需求交叉弹性的绝对值越小，说明这两种产品的相关度越小，在经济上不属于同一产业或部门。这一应用的典型案例是制定反托拉斯法。依据托拉斯法，垄断一种商品的生产是非法的，对于任何商品都会有一种或几种替代品，如果该商品与这些替代品之间的需求交叉弹性很低，那么该商品就形成了垄断。

(3) 开拓市场。如果一个企业一时无力与名牌产品竞争，就可以生产名牌产品的互补品，这样随着这种名牌产品销售量的增加，本企业的产品也就会随之增加。

2.4.6 供给弹性

1. 定义与类别

我们仅研究供给价格弹性(Price Elasticity of Supply)，简称供给弹性。

供给价格弹性表示：在一定时期内某一商品的供给量的相对变动对该商品价格相对变动的反应程度，即商品供给量变动率与价格变动率之比。用 E_s 表示。其计算公式为：

$$E_s = \frac{\text{供给量变动百分比}}{\text{价格变动百分比}}$$

在通常情况下，商品的供给量和商品的价格是同方向变动的，供给的变动量和价格的变动量的符号是相同的。

供给价格弹性根据 E_s 值的大小也分为5个类型。$E_s>1$ 表示富有弹性；$E_s<1$ 表示缺乏弹性；$E_s=1$ 表示单元弹性或单位弹性；$E_s=\infty$ 表示完全弹性；$E_s=0$ 表示完全无弹性，如图2.11所示。

图(a)中的线性供给曲线上的所有点弹性均大于1。例如在 A 点，因为 $BC>OB$，所以 $E_s>1$。图(b)中的线性供给曲线上的所有点弹性均小于1。例如在 A 点，因为 $BC<OB$，所以 $E_s>1$。图(c)中的线性供给曲线上的所有点弹性均为1。例如在 A 点，因为 $BC=OB$，所以 $E_s=1$。

由此可以得到这样的规律：若线性供给曲线的延长线与坐标横轴的交点位于坐标原点的左边，则供给曲线上所有的点弹性都是大于1的；若交点位于坐标原点的右边，则供给曲线上所有的点弹性都是小于1的；若交点恰好就是坐标原点，则供给曲线上所有的点弹性都为1。

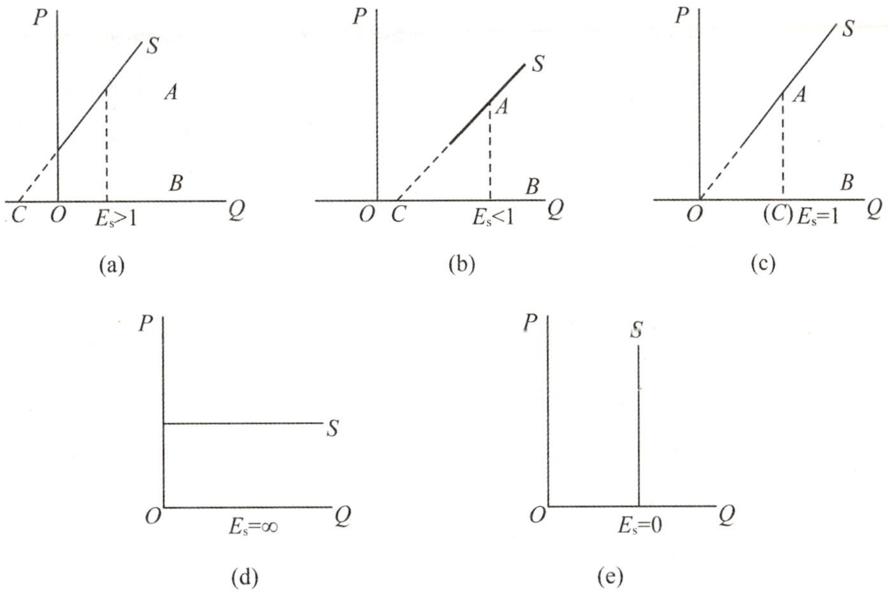

图 2.11 线性供给曲线的点弹性的五种类型

2. 影响供给弹性的因素

(1) 行业生产能够增加的程度。如果在现行市场价格下很容易购买到投入品，就像纺织行业的情况那样，那么微小的价格上升，就会引起产量大幅度的增加，这意味着供给弹性相对较大。假定生产能力受到严重限制，就像南非金矿开采那样，即使黄金价格急剧上升，南非的黄金产品也只能做出微小反应。

(2) 时间因素是一个很重要的因素。当商品的价格发生变化时，厂商对产量的调整需要一定的时间。在很短的时间内，厂商若要根据商品的涨价及时地增加产量，或者根据商品的降价及时地缩减产量，都存在不同程度的困难，相应地，供给弹性是比较小的。但是，在长期内，生产规模的扩大与缩小，甚至转产，都是可以实现的，供给量可以对价格变动做出较充分的反应，供给的价格弹性也就比较大了。

(3) 生产成本随产量变化而变化的情况，也是影响供给的价格弹性的另外两个重要因素。就生产成本来说，如果产量增加只引起边际成本的轻微的提高，则意味着厂商的供给曲线比较平坦，供给的价格弹性可能是比较大的。相反，如果产量增加只引起边际成本的较大的提高，则意味着厂商的供给曲线比较陡峭，供给的价格弹性可能是比较小的。

(4) 产品生产周期的长短。在一定的时期内，对于生产周期较短的产品，厂商可以根据市场价格的变化较及时地调整产量，供给的价格弹性相应就比较大。相反，生产周期较长的产品的供给的价格弹性就往往较小。

2.5 需求估计与需求预测

如果企业管理者能知道自己产品的需求函数与需求曲线，以及各种需求弹性，便可以根据经营市场环境的变化预测企业产品市场的需求状况。然而，现实中的企业怎样才能得到企业产品的需求函数与需求曲线及各种需求弹性呢？这就需要利用科学的方法进行需求估计与需求预测。

2.5.1 需求估计与方法

需求的估计不是从公理出发进行演绎推理，而是在经验估计的基础上得到的。估计的方法大体上可分为两类：一类是市场调查，另一类是统计分析。这两种方法是不能分割的，对调查所得资料的分析和判断，离不开统计方法；而当统计资料不足时，也需要以市场调查资料作补充，才能进行统计分析。

1. 市场调查

市场调查就是通过对消费者直接进行调查，来估计某种商品的需求量与各个影响因素变量之间的关系。即通过调查来了解顾客在不同的价格、不同的收入以及不同的相关产品的价格等条件下，他们愿意购买某种商品的数量。市场调查的方法通常有访问调查法和市场实验法两种。

（1）访问调查法。访问调查法又称询问调查法，是指调查人员将所拟调查的项目，采用访谈询问的方式向消费者了解情况的一种方法。它是调查中最常用、最基本的调查方法。

访问调查的最大特点在于，整个访谈过程是调查者与被调查者相互影响、相互作用的过程，也是人际沟通的过程。因此，访问调查要取得成功，不仅要求调查者做好各种调查准备工作，熟练掌握访谈技巧，还要求被调查者的密切配合。访问对象可根据调查项目的要求来选择，或采用抽样方法确定。通常这种调查的目的是要了解到底具有哪些人口特征(如年龄、教育程度、收入水平等)的人最有可能购买这种产品，以及了解不同的价格政策将会如何影响其购买决策。调查能否做好，取决于调查人的调查技巧。提问题不要含混不清；调查对象的选择要有代表性；要注意调查方式，以使较多的人愿意回答提出的问题且不带偏见。

在需求估计中采用访问调查法的优点主要表现在3个方面：①能广泛了解各种类型调查对象的需求倾向；②能灵活处理访谈过程中的问题；③能提高访谈的成功率和可靠性。同其他方法一样，访问调查法也有局限性，如有的人可能是从个人利益角度来回答的，有的人的回答也可能是为了讨调查人的喜欢，其回答带有一定的主观性；再者，从调查中得到的关于消费者需求量的信息一般不会太准，因为往往有些问题，被调查人感到无法回答，或者是出于别的目的，由此访问调查获得的材料有许多需要进一步查证、核实；另外，访问调查费人力、财力、时间。正因如此，在实际运用过程中最好是把这种方法与其他方法结合起来使用。

有时候通过访问调查法获得的数据不一定能真正反映消费者的实际行为，即被调查者不一定都按他们所说的去做，市场实验法就能克服这一缺点。

(2) 市场实验法。市场实验法(Experiment Survey)是指在既定条件下，通过对不同市场进行商品销售实验对比分析，从中获得市场现象中某些变量之间的因果关系及对其发展变化过程加以观察分析的一种调查方法。

市场实验法通常是在一种新产品全面进入市场之前，或执行一项新的经营政策之前，以有限的规模在有代表性的市场内试销，然后得出销售效果。为了进行市场实验，首先要选好供实验的市场。它可能是由若干城市所组成的，也可能包括一个地区。市场实验的目的，可能是为了获知顾客对一种新产品的接受程度，也可能是为在不同城市(或地点)通过对一种现有产品定出不同价格来确定它的需求曲线和需求弹性。

市场实验法与访问调查法相比体现出两大优点：①市场实验法的结果具有一定的客观性和实用性，它通过实地实验来进行调查，将实验与正常的市场活动结合起来，因此，取得的数据比较客观，具有一定的可信度；②市场实验法具有一定的可控性和主动性。调查中，调查者可以成功地引起市场因素的变化，并通过控制其变化来分析、观察某些市场现象之间的因果关系以及相互影响程度，是研究事物因果关系的最好方法。由此通过市场实验所获得的数据能真正反映消费者的行为。但同访问调查法一样，市场实验法也有自己的缺点：①有风险，如果产品在实验时提高了价格，一部分顾客就会转购竞争者的产品，实验结束后，这些顾客就很难再回来；②实验的结果可能因为受企业所不能控制的因素的变化影响，从而不易相互比较，由于市场现象与自然现象相比，随机因素、不可控因素更多，政治、经济、社会、自然等各种因素都会对市场发生作用，因此，必然会对检验结果产生影响，完全相同的条件是不存在的，如在实验过程中天气、经济条件或竞争者的经营策略在实验期间发生了变化等，而将影响实验结果；③市场实验法仅限于对现实市场经济变量之间关系的分析，而无法研究过去和未来的情况。

2. 统计分析

估计需求的统计方法可以有多种，但最主要的是回归分析法。用回归分析法进行需求估计就是依据多组观察数据，根据最小二乘法的基本原理，找出拟合这些数据点的最佳拟合曲线，从而确定出影响需求量变化的诸因素对需求量变化的影响的关系式，并用确定的需求函数描绘出来。

运用回归分析法估计需求，一般可分为以下几个步骤。

(1) 确定自变量。影响某一种商品的需求的因素很多，如商品价格、消费者收入、相关产品的价格、消费者的人数(N)等。但不同的商品，所要确定的自变量是不一样的。例如，对于耐用消费品，就要充分考虑商品的信誉；对于季节性商品就要考虑天气条件等。

确定自变量的一个原则是避免忽略有重要影响的变量，从而使结果有很大偏差；也要注意避免引进过多的变量，这会使需求函数估计困难，并使估计需求函数工作的成本大为增加。

(2) 取得观察数据。观察数据可分为两种：时间序列数据和横截面数据。同一调查对象在不同时点(每年、每月、每周、每日)的数据，即时间序列数据；不同调查对象(不同的企业、不同的家庭、不同的地区等)在同一时点的数据，即横截面数据。

在估计需求函数时，实际使用的数据取决于数据的可得性，对于一些不易得到的变量数据，有时就不得不用其他数据来代替。应尽可能避免使用难以量化的变量。对于需求函数的估计，除利用历史数据进行统计分析外，还可以利用市场调查法。

(3) 选择回归方程的形式。常用的需求函数的形式有两种：线性函数和幂函数。其中，线性函数的形式可写成：

$$Q_x = a_0 + a_1 P_x + a_2 I + a_3 N + a_4 P_r + \cdots + e$$

系数 a_0、a_1、a_2、a_3、a_4就是要估计的参数。上式表明：需求量随着自变量的变动而变动的关系，都是彼此独立的，且呈线性关系，e 则是统计误差项。实际的经验也表明：许多需求关系在一般所遇的数据范围内，大体上是线性关系。而且，对这样的方程式，用最小二乘法可以很方便地估计出需求函数的系数。

幂函数的形式可写成：

$$Q_x = aP_x^{b_1} I^{b_2} \cdots$$

幂函数形式能更好地反映自变量对需求量的边际影响。在所考察的数据范围内，自变量的指数 b_1常可以被看作是常量，从数学上不难证明，自变量的指数在数值上正好等于该自变量的需求点弹性，式中的 b_1是需求价格点弹性，b_2是需求收入点弹性。

(4) 估计回归参数。有了数据并确定函数形式以后，用最小二乘法来估计需求函数的参数有固定的程序，用计算机不难解决。为了检验回归模型的可靠程度，还要进行统计检验，常用的统计检验有 R^2 检验、F 检验、t 检验和 $D-W$ 检验等。

(5) 经济检验。由于假定的需求函数形式和选定的变量不一定合适，因而估计的结果就不一定准确，即使从数学角度看可以通过统计检验，但还是要进行经济检验，如检验每一个估计系数的正负号是否符合经济意义，其大小是否符合实际。如对于一个正常商品而言，它的需求价格弹性应当为负值，若回归分析的结果为正值，那么就要重新确定方程的形式或变量。只有依靠深入的经济分析和丰富的实际经验，并注意多方面征求专家和有关人员的意见，对分析结果进行反复检验，需求函数的估计才能有比较准确的结果。

2.5.2 需求预测与方法

需求预测是预测消费者、用户在一定时期、一定市场范围内，有货币支付能力的对某种商品的需求。它包括需求量的预测和需求商品的品种、规格、花色、型号、款式、质量、包装、品牌、商标、需要时间等变动趋势的预测。

对产品需求预测，有利于企业改善经营决策，提高经济效益。在商品经济的条件下，企业的生存和发展与市场的需求密切相关，如果不了解市场动态和发展趋势，盲目经营，势必带来损失。只有掌握了市场的需求动态，及时做出相应决策，完善经营管理，才能提高效益。此外，对需求进行预测也有利于长期经营规划。企业通过对市场发展变化趋势的预测，自觉地调整产品结构和各方面的比例关系，以期在长期经营中避免风险。

需求预测通常是从经济活动总体水平的宏观形势观测开始的。这是由于对企业所提供产品和服务的需求，在很大程度上是由宏观环境所决定的。例如，社会经济结构的变动、城乡人口的变动、消费与积累比例的变动、物价总水平的趋势、利息率的变动等，都影响着需求的变动，它是企业进行预测的前提条件。市场需求预测的方法很多，从简单到复杂，从定性到定量，每种方法都有其适用的情况，很难简单地说哪种方法好，哪种方法不好。为了使预测的结果更具有客观性，人们通常同时使用两种以上的方法，再结合管理者的分析判断，最后确定预测的结果。下面是几种常用的预测方法。

1. 经验判断预测法

经验判断预测法是指预测者根据占有的历史资料和现实资料，凭借自己的直觉、主观经验、知识和综合判断能力，对需求量的未来发展趋势做出判断的预测方法。

经验是人们长期实践积累的结晶，是对客观经济现象本质及规律性的认识，是感性认识升华到理性认识的质的飞跃，它来源于实践，又高于实践。因此，预测质量的高低不仅取决于预测方法的科学性，而且也取决于预测者的经验和悟性。经验判断预测法能够在信息数据不充分和有些因素难以量化的情况下对需求做出预测。这种方法还具有简便易行、直接可靠、预测速度快、预测费用低等特点。

经验判断预测法的不足是：人们依据经验对复杂的数量变动关系单凭人脑记忆和判断，容易出现疏漏和失误；经验判断容易受预测者的心理、情绪、知识结构、个人素质等因素的影响，会产生主观片面性。

尽管数理统计方法和电子计算机在市场预测中得到广泛应用，但经验判断预测法在市场预测中仍处于非常重要和不可替代的位置。在运用经验判断预测法时，应注意做到以下几点：①加强市场调研，努力掌握影响市场的各种因素的变化，为经验判断提供更多的依据；②尽量使定性分析数量化，在定性分析的基础上做出定量估计；③要科学合理地组织预测过程，努力发挥集体的智慧；④可用多种判断方法进行预测，并在比较各种方法预测结果的基础上，得出合理的预测值。

2. 德尔菲预测法

德尔菲预测法，又称专家预测法，是指有关专家根据过去和现在的资料，以及个人的知识、经验和分析能力，对未来的市场需求做出判断和推测的方法。其具体方法主要是：按规定的程序，采用函询的方式，依靠专家小组背对背地做出判断分析，来代替面对面的会议，以利于专家发表自己的见解，经过客观分析和几次征询及反馈，使各种不同意见趋于一致，从而得出比较符合市场发展规律的预测结果。

德尔菲预测法一般分为以下几个步骤。

(1) 根据预测要求，设计意见征询表。将预测内容写成含义十分明确的问题，规定统一的评价方法，提供齐全的相关背景材料。要求征询的问题简单明确，数量不多，并尽可能地接近专家熟悉的领域。

(2) 选择专家，征询意见。专家选择是预测成败的关键。一般应邀请经验丰富、分析判断能力强、有一定声望的业务专家。适当选择一些不同专业领域的专家，以便多角度全面征询意见。专家人数一般为20人左右。主持单位以通信或邮寄的方式与专家联系，专家之间互不联系。

(3) 专家反馈意见。专家采用通信的方式，对主持单位所提出的预测问题提出自己的意见，并说明其依据和理由。为避免综合各小组成员答案时受“权威”人士的影响，各专家以匿名方式回答预测问题。

(4) 综合意见后，再征询，再反馈，统计归纳，收集各位专家的意见后，对每个问题进行定量统计归纳。通常用回答的中位数反映专家的集体意见。将统计归纳后的结果再反馈给专家，进行再次征询，由于每个专家已经看到了各成员意见的综合材料，经过慎重地考虑其他专家的意见，然后补充修改自己原有的意见，或提出坚持自己原有意见的理由和依据。主持单位收到新的反馈意见后，再综合再反馈；如此几经反复，直到各成员的看法逐渐趋向一致或者对立的不同意见十分明显为止。

(5) 做出预测结论。主持单位将全部资料综合整理出来，以作为预测的结果提供给有关方面做参考。

德尔菲预测法采用匿名的方式，创造了平等自由的气氛，集思广益，充分发挥专家的集体力量。预测结果几经征询修正，避免主观片面性，提高了预测质量，其具体优点主要有3个方面。①反馈性。采用专家预测法要多次轮番征询意见。每次征询，都必须把预测主持者的要求和已经参加应答的专家意见反馈给他们。经过多次反馈，可以不断修正预测意见，使预测结果比较准确可靠。②统计性。这种方法重视对专家意见和预测结果做出定量化的统计归纳。它对各种不同类型的预测问题，采用相应的不同统计数理方法。专家的意见经过几轮反馈后，有可能趋向集中，统计结果趋于收敛。③集思广益。在整个预测过程中，每一轮都将上一轮的许多意见与信息进行汇总和反馈，可以使专家们在背靠背的情况下，充分了解各方面的客观情况和别人的意见以及持不同意见的理由，有助于专家们开拓思路，集思广益。

德尔菲预测法虽然有很多其他预测方法所不可比拟的优点，但由于它主要是凭专家们的主观判断进行预测，缺乏客观标准，且进行过程常要经过几次反复，用时较长，责任分散。一般适用于不确定因素较多、缺乏数据资料总额的长期预测，对于区域、产品大类等具体的预测，可靠性较差。

3. 市场调研预测法

市场调研预测法是以市场实地调查获得的资料为基础，经分析判断，推算市场未来需求(或销售)量的预测值。常用的推算方法有市场试销法、市场因子推演法、联测法。

(1) 市场试销法。市场试销也称销售实验，是指在某一特定的市场上试销某种商品，依据试销结果进行需求预测。试销的商品一般是那些还未在当前市场上销售过或还未正式进入市场的新产品或改进的老产品。这种方法应用范围广，但它要求所选定的市场必须有代表性。

利用市场试销法进行预测时常用的需求量预测模型是：

$$Y=Q\times N\times D$$

式中：Y代表年(月)销售量预测值；Q代表每单位用户(家庭)年(月)平均消费量；N代表整个市场的总用户(家庭)数；D代表用户中重复购买率。

【例2.6】 某食品公司试制一种食品，选择某城市中一典型的区域试销该产品。试销结果表明：该消费区域中有60%的家庭试用过这种食品，而且其中有30%的家庭重复购买。试销区每年每个家庭消费量为5袋。若已知该城市的家庭户数是100万户，那么试预测该年内消费者对产品的需求量。

解：

该产品的年需求量可用下面的预测模型来推算：

$$Y = Q \times N \times D$$

将典型试销区的试销结果Q=5袋、N=1 000 000户、D=60%×30%代入上述公式，则：

$$Y = 5 \times 1\,000\,000 \times 60\% \times 30\% = 900\,000(\text{袋})$$

即这种新产品在该城市的年需求量为900 000袋。

(2) 市场因子推演法。市场因子推演法是通过分析市场因子来推算某类商品的市场潜量。市场因子是指市场中能引起对某种商品需要的相关因子，通常指能决定某类商品的使用者的实际需要因素。例如，每年的结婚对数是家具、耐用家电商品的需求量的市场因子；婴儿出生率是婴儿用品需求量的市场因子等。

利用市场因子推演法进行市场需求预测时常用的模型是：

$$Y = Q \times N$$

式中：Y代表预测期商品市场潜量；Q代表相关的单位市场因子购买的商品数量。

【例2.7】 某家具公司通过市场调查得知当地市场中，每100对新婚夫妇需要购买的成套家具(床、床头柜、电视柜等)为60套。根据调查历年当地市场的结婚对数资料推测下一年度结婚对数为6 000对。试用市场因子推演法预测下年度新婚市场家具的市场潜量。

解：

依据市场潜量计算模型：

$$Y = Q \times N$$

根据上面的调查资料可知，当地市场每对新婚夫妇用于购买家具的数量为60/100=0.6套。因而下年度用市场因子推演法预测的家具市场潜量为：

$$Y = 0.6 \times 6\,000 = 3\,600(\text{套})$$

因而，下一年度该市场新婚夫妇购买家具的市场潜量为3 600套。

(3) 联测法。联测法就是以某一个企业的普查资料或某一个地区的抽样调查资料为基础，进行分析、判断、联测，从而确定某一行业以至整个市场的预测值。运用联测法进行需求预测的关键在于局部普查资料应具有典型性，抽样调查的样本应是母体的缩影，即能反映母体的全貌，否则会出现难以估计的误差。该方法的具体应用以例2.8进行说明。

【例2.8】 某计算机公司为开拓3个城市的产品市场，拟用联测法预测2014年这3个城市居民家庭对计算机的需求量，已知这3个城市的居民收入水平和消费结构大致相当。通过市场调查收集到2013年这3个城市的居民家庭计算机的销售量见表2-2。

经调查得知，2013年A城市每1 000户对计算机的需求量为60台。试预测这3个城市2014年居民家庭对计算机的需求量。

表 2-2 居民家庭计算机销售量

城市	A	B	C
销售量/台	3 000	2 000	4 000
居民家庭/万户	6	5.2	6.8

解：

首先计算 3 个城市 2013 年的计算机销售率即计算机销售量占居民户数的百分比。

A 城市：3 000/60 000=0.05

B 城市：2 000/52 000=0.038

C 城市：4 000/68 000=0.059

再计算 3 个城市 2014 年对计算机的需求率。

根据给定的 2013 年 A 城市每 1 000 户对计算机的需求量为 60 台，可得 A 城市的需求率为 60/1 000=0.06。

假设两城市的销售率之比近似此两城市的需求率之比。

$$\frac{\text{A 城市销售率}}{\text{A 城市需求率}}=\frac{\text{B 城市销售率}}{\text{B 城市需求率}}=\frac{\text{C 城市销售率}}{\text{C 城市需求率}}$$

则 B 城市的需求率为 0.038×0.06/0.05=0.045 6。

C 城市的需求率为 0.059×0.06/0.05=0.070 8。

最后依据 3 个城市的需求率计算需求量。

A 城市需求量为 0.06×60 000=3 600(台)。

B 城市需求量为 0.045 6×52 000=2 371(台)。

C 城市需求量为 0.070 8×68 000=4 814(台)。

根据以上计算结果可知，2014 年居民家庭对计算机的需求量 A 城市为 3 600 台，B 城市为 2 371 台，C 城市为 4 814 台。

4. 时间序列预测法

时间序列预测法是指将过去的历史资料及数据，按时间顺序加以排列构成一个数字系列，根据其动向，预测未来市场需求趋势。

时间序列预测法的特点是：以时间推移研究和预测市场需求趋势，不受其他外界因素的影响。不过，在外界发生较大变化，如国家政策发生变化时，根据过去已发生的数据进行预测往往会有比较大的偏差。

时间序列预测法是将过去的销售序列 Y 分解成趋势(T)、周期(C)、季节(S)和不确定因素(I)等组成部分，通过对未来这几个因素的综合考虑，进行销售(市场需求)预测。这些因素可构成线性模型，即

$$Y = T+C+S+I$$

也可构成乘数模型，即

$$Y = T\cdot C\cdot S\cdot I$$

还可以构成混合模型，如

$$Y = T \cdot (C+S+I)$$

5. 需求统计分析法

时间序列分析法是把过去和未来的销售都看作是时间的函数，即销售仅随时间的推移而变化，不受其他任何现实因素的影响。然而，任何产品的需求(销售)都要受到很多因素的影响。需求统计分析法就是运用一整套统计学方法发现影响需求的最重要的因素以及这些因素对需求影响的相对大小。需求统计分析法所涉及的因素主要有价格、收入、人口和促销等。

例如，运用统计分析方法得知，某软饮料的需求主要受年平均温度和人均收入的影响，它的表达式为：

$$Q=-145.5+6.46X_1-2.37X_2$$

式中：X_1为该地区年均温度(华氏)；X_2为该地区人均收入(百美元)。

如果该地区预计下一年年均温度为54(华氏度)，年人均收入为24(百美元)，利用上述公式可预测该地区人均软饮料的需求量为：

$$Q=-145.5+6.46\times54-2.37\times24=146.46$$

在运用需求统计分析法进行需求预测时，应当充分注意影响其有效性的问题。如观察值过少、各变量之间高度相关、变量与销售量之间的因果关系不清，或是未考虑到新变量的出现等。

案例研究

2012年旱灾对供给的冲击

2012年8月6号，在美国的50个州中，已有32个州的1 452个县成为干旱受灾区。这表明，美国这场半个世纪以来最严重的旱灾蔓延范围正在不断扩大。当年的玉米产量比原来雨季下降35%，黄豆产量下降超过20%，小麦产量下降超过10%，有必要对其后果做出预测，以便供政府参考，制定有关应变措施。而他们的预测依据并不是什么特别高深的手段和理论，而是有关供求关系的基本法则。

首先我们确定一件事，即这场旱灾已经大幅度减少了谷物的产量，供不应求的局面已经不可避免。因此这场旱灾可以看作是将谷物的供给曲线向左移动，我们由此得出结论：在需求曲线一定的前提下，供给曲线大幅度左移应该导致农产品价格大幅度上升。具体而言就是当年夏末时节玉米价格已经迅速上升80%，黄豆价格也上升了接近70%，而小麦价格则上升50%。

由于谷物是许多其他产品(尤其是畜牧产品)的基础，经济学家同时运用供求关系模型预测这场旱灾对其他产品的供求状况的影响。例如，谷物是牲畜的主要食粮，随着谷物价格的上升，养殖牛羊等各种牲畜的利润便相应下降，农民的积极性难免受到负面影响。因为牲畜每天都需要喂养，多留一天无疑意味着耗费更多的谷物，成本也相应提高，于是农场里出现了农民纷纷提前宰杀牲畜出售的现象。结果在当年，市场上可供选择的肉类供应量稍稍上升，虽然只是短期现象，却引起了肉类价格的轻微下降。

另外一个例子就是谷物作为养鸡场的主要饲料来源，其价格大幅度上升必然导致鸡的数量下降，鸡肉和鸡蛋供给曲线向左移动，价格因此略上升。与此同时，农产品的价格上升引起相关替代产品的需求曲线向左移动，即需求上升。结果证明这样的分析相当准确，仅在当年7月间，不受中西部旱灾影响的其他农产品(包括蔬菜和水果)的价格已经上升5%，而且继续看涨。

本章小结

需求是指在一定时期内，在一定条件下，在每一价格水平上消费者愿意而且能够购买的某种商品或劳务的数量。影响需求的因素有很多，但主要包括商品自身价格、相关商品价格、消费者收入、消费者偏好、消费者对未来的预期、人口数量与结构的变动，以及政府的经济政策等。需求弹性反映需求量对其影响因素变化的反应程度，它等于需求量变动率与影响因素变动率之比。为了更准确地分析企业产品的需求，将需求弹性分为需求价格弹性、需求收入弹性和需求交叉弹性等。利用这些影响因素与需求量之间的变动关系可以为企业在制定相应决策如价格决策、生产决策等时提供理论指导。需求估计是在经验估计的基础上得到的。估计的方法可分为市场调查法和统计分析法两类。经验到科学化、现代化的质的转变。管理经济学的研究方法主要有边际分析法、均衡分析法、抽象分析法和数量经济模型等。

习　　题

1. 思考题

(1) 影响需求的因素有哪些？

(2) 需求量的变动与需求的变动有哪些区别？

(3) 什么是市场均衡价格？阐述均衡价格的形成过程。

(4) 需求估计的方法有哪些？阐述它们的适用条件及优缺点。

2. 单项选择题

(1) 如果照相机的价格大幅度降低，则胶卷的需求曲线(　　)。

A. 向左平移　　B. 向右平移　　C. 保持不变　　D. 发生扭曲

(2) 行业供给曲线可由行业内各个企业的供给曲线(　　)求得。

A. 横向相加　　B. 纵向相加　　C. 求和　　D. 简单相加

(3) 某企业由于原材料价格大幅度上涨，造成产品成本上升，使供给曲线(　　)。

A. 向左平移　　B. 向右平移　　C. 保持不变　　D. 发生扭曲

(4) 影响需求量的主要因素中不包括(　　)。

A. 产品价格　　B. 消费者收入　　C. 广告费用　　D. 产品成本

(5) 某地通过调查发现甲产品与乙产品的交叉价格弹性为0.75，下列说法正确的是(　　)。

A. 甲产品要增加销售量，应当降低乙产品价格

B. 甲产品要增加销售量，应当提高乙产品价格

C. 甲产品是正常品

D. 甲产品是低档品

(6) 过去几年，自来水公司一直处于亏损，你认为该公司应采取何种价格策略？(　　)

A. 提价　　B. 降价　　C. 价格不变　　D. 无法确定

(7) 一种产品价格的大幅度提高，导致另一种产品销售量的减少，这两种产品属于(　　)。

A. 低档品　　B. 互补品　　C. 替代品　　D. 独立品

(8) 某行业由于利润较高，吸引大量企业进入，从而造成供给曲线(　　)。

A. 向左平移　　B. 向右平移　　C. 保持不变　　D. 发生扭曲

(9) 过去几年，人均年收入递增5%，而某行业年均增长3%，则该行业的产品最可能属于(　　)。

A. 必需品　　B. 高档品　　C. 低档品　　D. 选购品

(10) 价格弹性与需求曲线的斜率(　　)。

A. 相等　　B. 成正比　　C. 无关　　D. 成反比

(11) 随着收入水平的提高，从前需求价格弹性较大的产品，其价格弹性会(　　)。

A. 逐步降低　　B. 逐步提高　　C. 无法预测　　D. 没有改变

(12) 如果某产品需求曲线是一条倾斜的直线，则该需求曲线上每一点的价格弹性(　　)。

A. 相等　　B. 都大于1　　C. 等于0　　D. 不等

(13) 某公司估计其产品的需求收入弹性为0.8，如果国民经济处于快速发展时期，那么该公司的发展速度应(　　)。

A. 快于国民经济发展速度　　B. 小于国民经济发展速度

C. 等于国民经济发展速度　　D. 以上3个答案都不对

(14) 需求的价格弹性与销售收入存在着一定的关系，如果某种商品的需求是富有弹性的，那么提高价格会使销售收入(　　)。

A. 上升　　B. 下降　　C. 不变　　D. 或上升或下降

(15) 下列商品中，需求收入弹性较小的是(　　)。

A. 工艺美术品　　B. 旅游　　C. 高级消费品　　D. 生活必需品

(16) 当需求的收入弹性为负值时，则这种产品应为(　　)。

A. 低档商品　　B. 高档商品　　C. 一般商品　　D. 都有可能

(17) 交叉弹性为(　　)时，说明X产品价格的变动对Y产品的需求量没有影响，表明这两种产品互相独立，互不相关。

A. 大于零　　B. 小于零　　C. 等于零　　D. 不一定

(18) 需求的交叉弹性是衡量(　　)。
A. 一种物品的需求量对另一种物品价格变动的反应程度
B. 某种物品的需求量对其价格的反应程度
C. 一种物品需求的价格弹性对另一种物品需求的价格弹性变动的反应程度
D. 一种物品的需求价格弹性对收入变动的反应程度
(19) 当某种商品处于(　　)时，不管价格上升还是下降，其销售收入均保持不变。
A. 弹性需求　　B. 单元弹性需求
C. 非弹性需求　　D. 价格弹性大于1

3. 多项选择题

(1) 影响供给量的因素有(　　)。
A. 产品成本　　B. 替代品价格
C. 产品价格　　D. 需求量的变动
E. 政府对产品征税
(2) 影响需求量的因素有(　　)。
A. 产品价格　　B. 互补品价格
C. 成本　　D. 利润
E. 消费者收入
(3) 需求曲线可以分为(　　)。
A. 社会需求曲线　　B. 个人需求曲线
C. 行业需求曲线　　D. 企业需求曲线
E. 地区需求曲线
(4) 引起供给曲线平移的因素有(　　)。
A. 产品成本的变动　　B. 替代品价格的变动
C. 产品价格的变动　　D. 需求量的变动
E. 政府对产品征税
(5) 某种商品的供给曲线的移动是由于(　　)。
A. 商品价格的变化　　B. 互补品价格的变化
C. 生产技术条件的变化　　D. 生产这种商品的成本的变化
E. 政府向生产企业提供补贴
(6) 供给曲线可以分为(　　)。
A. 个人供给曲线　　B. 企业供给曲线
C. 社会供给曲线　　D. 行业供给曲线
E. 国家供给曲线
(7) 产品需求价格弹性(　　)。
A. 与需求曲线斜率成反比　　B. 在替代品越多时，弹性越大
C. 受时间因素影响　　D. 受企业目标影响
E. 受商品定义的宽窄影响

(8) 根据需求价格弹性的大小，可将商品分为(　　)。

A. 缺乏弹性　　B. 富有弹性　　C. 单位弹性

D. 完全无弹性　　E. 完全弹性

(9) 下列说法哪些是正确的？(　　)

A. 对于富有价格弹性的商品，提高价格总销售收入会减少

B. 对于缺乏价格弹性的商品，提价可增加销售收入

C. 某产品提价，会导致其互补品需求量的增加

D. 某产品提价，会导致其替代品需求量的增加

E. 居民收入增加，必需品的需求量会增加

(10) 根据需求交叉价格弹性的大小，可以将产品之间的关系分为(　　)。

A. 高档品　　B. 低档品　　C. 互补品

D. 替代品　　E. 独立品

4. 计算题

(1) 已知居民住房的需求收入弹性为 1～1.5，估计居民 2014 年的收入将上涨 5%，问住房的需求量将如何变动？变动多少？

(2) 市场调查表明：目前我国市场上汽车的价格弹性为 1.2，收入弹性为 3。试计算：

① 如果汽车价格下降 3%，那么市场上汽车销售量会出现什么变化？

② 如果居民收入提高 2%，那么市场上汽车销售量会出现什么变化？

(3) 假定某企业的需求曲线方程为 $Q=30-5P$。求：$P=2$、$Q=20$ 处的点价格弹性。

5. 分析讨论题

(1) 假设一个坐标图上有两条形状为直线但斜率不同的需求曲线，在这两条需求曲线的相交点的需求价格弹性是否相等？哪条较大？

(2) 为使利润最大化，为什么企业在制定产品的价格时最好不定在非弹性需求处？

(3) 西瓜的价格会随着季节的变化而波动，如果假设影响消费者对西瓜需求的因素不变，试结合图形分析西瓜市场上需求与供给变动对均衡的影响。

第3章

消费者行为理论

教学目标

通过本章的学习，明确消费者行为理论的主要内容和学科地位，提高对需求理论的认识。主要掌握效用、边际效用、消费者均衡、消费者剩余等几个方面的内容。并通过学习能够对生活中消费者的行为进行简单的分析。

教学要求

知识要点	能力要求	相关知识
基数效用论	(1) 能够明白基数效用论的作用 (2) 能够计算效用的大小	(1) 基数效用论的相关概念 (2) 基数效用论的性质 (3) 基数效用论中几个概念的关系
序数效用论	(1) 能够明白序数效用论的作用 (2) 能够分析消费者的效用	(1) 序数效用论的相关概念 (2) 序数效用的性质
无差异曲线	(1) 能够利用无差异曲线分析消费者的不同效用 (2) 能够利用无差异曲线比较与基数效用论的一致性	(1) 无差异曲线的概念 (2) 无差异曲线的特征
预算线	(1) 能够利用预算线说明消费者的消费预算 (2) 能够利用预算线与无差异曲线分析消费者均衡	(1) 预算线的概念 (2) 预算线的种类

导入案例

把每一分钱都用在刀刃上

消费者均衡就是消费者购买商品的边际效用与货币的边际效用相等。这就是说消费者的每一元钱的边际效用和用一元钱买到的商品边际效用相等。假定一元钱的边际效用是5个效用单位，一件上衣的边际效用是50个效用单位，消费者愿意用10钱购买这件上衣，因为这时的一元钱的边际效用与用在一件上衣的一元钱的边际效用相等。此时消费者实现了消费者均衡，也可以说实现了消费(满足)的最大化。低于或大于10元钱，都没有实现消费者均衡。我们可以简单地说在你收入既定、商品价格既定的情况下，花钱最少得到的满足程度最大就实现了消费者均衡。

我们前边讲到商品的连续消费边际效用递减，其实货币的边际效用也是递减的。在收入既定的情况下，你存货币越多，购买物品就越少，这时货币的边际效用下降，而物品的边际效用在增加，明智的消费者就应该把一部分货币用于购物，增加它的总效用；反过来，消费者则卖出商品，增加货币的持有，也能提高它的总效用。通俗地说，假定你有稳定的职业收入，你银行存款有50万，但你非常节俭，吃、穿、住都处于温饱水平。实际上这50万足以使你实现小康生活。要想实现消费者均衡，你应该用这50万的一部分去购房，用一部分去买一些档次高的服装，银行也要有一些积蓄；相反如果你没有积蓄，购物欲望非常强，见到新的服装款式，甚至借钱去买，买的服装很多，而效用降低，如遇到一些家庭风险，没有一点积蓄，便会使生活陷入困境。

经济学家的消费者均衡的理论看似难懂，其实一个理性的消费者，他的消费行为已经遵循了消费者均衡的理论。比如在现有的收入和储蓄下是买房还是买车，你会做出合理的选择。你走进超市，见到琳琅满目的物品，你会选择你最需要的。你买服装肯定不会买回你已有的服装。所以说经济学是选择的经济学，而选择就是在你资源(货币)有限的情况下，实现消费满足的最大化，使每1分钱都用在刀刃上，这就实现了消费者均衡。

消费品的多样化和消费者需求的多层次性决定了消费者的选择具有多样化特点。换言之，在一定收入水平下，消费者可以购买数量繁多的商品，即消费中包含的元素可能是很多的。为了使下面的分析简单化，这里假定消费者在两种商品之间进行选择。显然，这样的假定是非现实的，但在以后的分析中可以看到，这种只有两种商品的选择理论可以被用来说明多种商品的情况，因为这样的假定既不失一般性，又可以使分析大大简化。注意，微观经济学中常常用这种方法分析经济问题，因为非现实的假定往往并不是坏的假定。

消费者对商品的需求量与其结构之间具有反方向关系，生产者对商品的供给量与价格之间具有同方向关系。为什么会有这种特定的关系呢？要回答此问题必须进一步探讨决定商品需求的消费者行为，本章分别采用两种分析工具或分析方法来考察消费者行为。

3.1　边际效用分析

3.1.1　效用、总效用与边际效用

经济学认为，产品价值的多少是由产品的效用大小决定的。任一物品的效用，是指消费者从消费该物品所感到的满足。因此这里所谓的效用，不仅在于物品本身具有的满足人

们某种欲望的客观的物质属性，而且它有无效用和效用大小，还依存于消费者的主观感受。效用的大小因人而异、因地而异、因时而异，但经济物品的性质对消费者效用的影响无法准确给出，在烈日炎炎的沙漠中，水比电视机有更大的效用，而当人们坐在家中欣赏NBA 篮球赛时，通常电视机比水有更大的效用。

总效用的概念可以表述为消费者消费一定数量商品或劳务所获得的满足的总量。效用函数(Utility Function)是指消费者的总效用与其消费的各种商品的数量的函数关系。例如，消费者消费 n 种商品，其数量分别为 $X_i(i=1, \cdots, n)$，则其效用函数为：

$$U=U(X_1, X_2, \cdots, X_n)$$

边际效用是指该物品的消费量每增加(减少)一个单位所引起的总效用的改变量的大小。或者换一种说法，边际效用是指所消费物品的一定数量中最后增加的那个单位提供的效用。例如，一个人吃包子，从第一个吃到第 5 个，每一个给他带来的满足程度是不一样的，最后一个包子所带来的效用即为此时的边际效用。

其数学表达式为：

$$MU_x=(\Delta TU_x)/(\Delta Q_x)$$

式中：MU_x 为边际效用；TU_x 为总效用；Q_x 为商品数量。

总效用与边际效用的关系如下。

(1) 总效用是边际效用的累加，把每一单位消费品的边际效用累加起来，就是总效用。表 3 - 1 说明了消费者消费包子的边际效用和总效用的关系。

表 3 - 1　商品的总效用和边际效用

商品 X 的消费量	总效用	边际效用
0	0	
1	8	8
2	12	4
3	13	1
4	13	0
5	12	−1
6	10	−2

(2) 当边际效用为零时，总效用最大。这是因为，尽管边际效用是递减的，但只要边际效用大于零，总效用就会增加，但当边际效用为负时，总效用开始下降。所以边际效用为零时，总效用达到最大。这一结论可以用数学方法进行如下证明。

$U=U(X)$ 最大化的必要条件是 $\mathrm{d}U/\mathrm{d}X=0$，充分条件是 $\mathrm{d}U^2/\mathrm{d}X^2<0$，故充分条件满足，由边际效用的定义可知 $MU=\mathrm{d}U/\mathrm{d}X=0$，图 3.1 也说明了这样的关系。

(3) 边际效用递减规律决定了总效用曲线是一条下凹(或上凸)的曲线，这是由于总效用曲线的斜率就是边际效用，所以，边际效用递减必然导致总效用曲线下凹。

关于边际效用递减规律，后面再详细讨论。

需要指出，通常理性的消费者的消费数量不会超过 X_0 点，这里为便于解释，在图上做出了边际效用为负的情况。

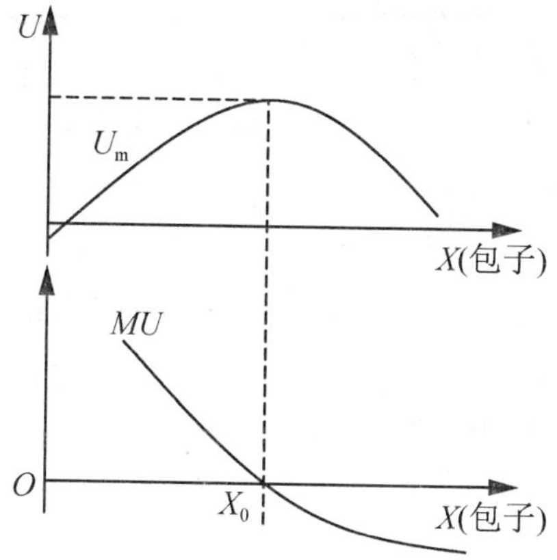

图 3.1　总效用与边际效用的关系

根据效用的概念，可以把现实中的商品分为 3 类。

（1）经济商品。在增加其消费量时能增加总效用，或边际效用为正的物品。

（2）经济负商品。增加某种物品的消费，会使总效用下降，或其边际效用为负的物品。

（3）经济中性商品。增加其消费既不会增加、也不会减少总效用，或其边际效用为零。

边际效用分析在其发展过程中有基数效用与序数效用之别。采用基数效用的概念，可以用某种单位计算其数值并加以加总求和(例如 1kg 大米的效用为 3 个效用单位，1m 布是 8 个效用单位)。其次，当涉及同时消费 X 和 Y 这两种物品的效用时，X 和 Y 的效用是各自独立、互不影响的。

后来有些经济学家虽然仍采用基数效用的概念，但当同时消费 X、Y 两种物品时，X、Y 的效用与边际效用并不是互相独立而是互相影响的，这时要求出 X 的边际效用，则必须令 Y 的效用不变。

案例 3－1

最好吃的东西

兔子和猫争论，世界上什么东西最好吃。兔子说：“世界上萝卜最好吃。萝卜又甜又脆又解渴，我一想起萝卜就要流口水。”猫不同意，说“世界上最好吃的东西是老鼠。老鼠的肉非常嫩，嚼起来又酥又松，味道美极了！”兔子和猫争论不休，相持不下，跑去请猴子评理。猴子听了，不由得大笑起来：“瞧你们这两个傻瓜蛋，连这点儿常识都不懂！世界上最好吃的东西是什么？是桃子！桃子不但美味可口，而且长得漂亮。我每天做梦都梦见吃桃子。”兔子和猫听了，全都直摇头。那么，世界上到底什么东西最好吃？

3.1.2 边际效用递减规律

边际效用递减规律(图 3.2)是指随着一个人所消费的某种物品数量的增加，其总效用虽然相应增加了，但物品的边际效用随着所消费物品数量的增加有递减的趋势。总效用达到一个极大值后，边际效用变为负数。例如，某消费者同时消费的物品有衣服和食物，具体情况见表 3-2。

表 3-2 某消费者的总效用(*TU*)和边际效用(*MU*)

衣服	TU_C	MU_C	食物	TU_F	MU_F
0	0		0	0	
1	30	30	1	40	40
2	58	28	2	75	35
3	83	25	3	105	30
4	105	22	4	130	25
5	125	20	5	150	20
6	143	18	6	165	15
7	160	17	7	175	10
8	175	15	8	180	5

边际效用递减规律用数学语言来表达即如下所述。

设效用函数为：$TU = U(X)$

则边际效用为：$MU = (\mathrm{d}TU)/(\mathrm{d}X)$

$$MU = \frac{\mathrm{d}U(X)}{\mathrm{d}X} > 0\ ;\ \frac{\mathrm{d}MU}{\mathrm{d}X} = \frac{\mathrm{d}^2U(X)}{\mathrm{d}X^2} < 0$$

为什么边际效用会递减呢？一是生理与心理上的原因：消费一种物品的数量越多，生理上得到的满足或心理上对重复刺激的反应就递减了。二是若一种物品有几种用途，当只有一个物品时，其一定会用来满足最重要的用途，再多一个再用于次要的用途，因此后一个单位的效用一定小于前一个单位的效用。边际效用递减规律如图 3.2 所示。

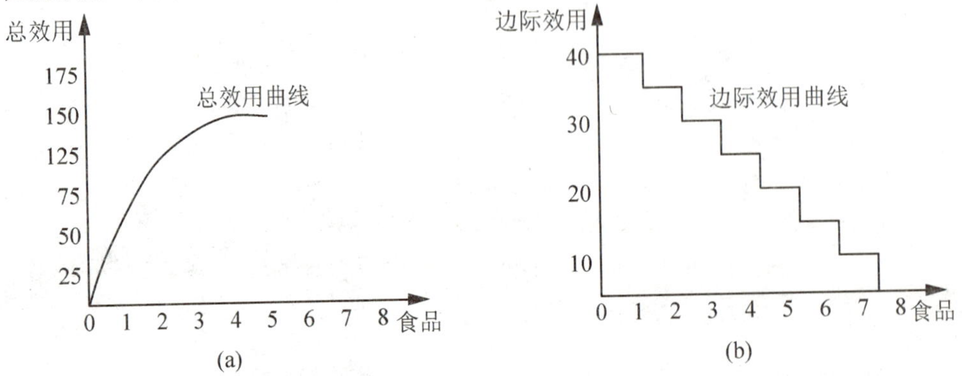

图 3.2 边际效用递减规律

大多数商品符合边际效用递减规律，但也有极个别商品的边际效用是递增的。例如，集邮爱好者收集一套邮票时，如果把每枚邮票看成是一种无差异商品，则边际效用是递增的。

案例 3-2

玉米卖出肉价钱

在几家超市看到，今年的头茬嫩玉米已经抢“鲜”上市，1.2元/个的身价吸引了市民的注意。记者了解到，一般情况下一亩地能种3 500株玉米，目前从农田里收购的价格在0.7元/个左右，一茬玉米可能换来2 400余元的收入，刨除多增加的地膜成本，也几乎是普通耕作方式的两倍。

2013年的夏播玉米刚播种不久，就已经有农民将嫩玉米抢“鲜”搬上了超市的柜台。今天，记者在位于张店区华光路上的一家超市看到，商家打出了1.2元/个的标签。随后记者联系到了周村区北郊镇种植鲜玉米的村民张先生，据其介绍为保证玉米能卖个好价钱，必须得打个时间差。为抢鲜上市，村民们早春时节使用地膜覆盖，尽管成本有所增加，但是目前农田收购价格在0.7元/个左右，将嫩玉米论个卖，收入还不错。“早卖了钱早安心，比成熟打粒后跟粮食贩子讨价还价要强。”

在今年玉米价格持续走高的背景下，将玉米作为嫩玉米销售合算还是等待成熟打粒合算？记者了解到，山东地区玉米收购价最高为1.2元/斤，受用粮企业开工率走高、南方港口库存量低等因素影响，玉米收购价可能继续小幅攀升。不过目前的价格已经在刷新纪录。如果按照平均亩产千斤计算，种玉米的收入大概在1 200元/斤左右。加上种植一茬小麦，当前的市场收购价在1.1元/斤左右，同样按照亩产千斤计算，总收入大概在1 100元左右。普通耕作方式，一年下来大概收入2 300元。

而如果专门种玉米抢“鲜”上市，收入则要翻倍。淄博市农科院粮食作物研究所相关负责人告诉记者，一般来说玉米的种植密度大概在3 500株/亩。如果按照这个密度计算的话，卖嫩玉米大概一亩地的收入在2 400多元。“一般来说4月份种上，80多天就能收嫩玉米。现在收了后，再整理土地，到秋收这段时间还可以种点别的，相比来说这个时间段更宝贵”。种了这么多年地，才知道玉米可以“等着卖”。

3.1.3 消费者均衡

现在要讨论的问题是：为了使花费一定量货币获得的总效用达到极大值，消费者将怎样把这些货币分配使用于各种消费品？先做如下假定。

(1) 消费者的嗜好与偏好是给定的，即各种消费品的效用与边际效用是已知和既定的。

(2) 两种消费品X、Y的价格P_X、P_Y已知。

(3) 消费者的收入(M)既定。

(4) 收入全部用来购买商品X、Y。

他买进的X与Y的数量应各为多少才使他支付M买进的X与Y提供的效用总和达到最大？

当M一定时，购买X越多，Y就越少，X的边际效用递减，Y的边际效用递增，为了使M得到的总效用最大，他将调整X与Y的数量，直到他买进的X与Y的边际效用之比，恰好等于X的价格与Y的价格之比时，总效用最大，换一种说法就是，他花费的每一元钱所购买的每种商品的边际效用都相等。

设效用函数： $TU=U(x,\ y)$ (3.1)

$$P_X X+P_Y Y=M \quad (3.2)$$

将式(3.2)改为： $M-P_X X-P_Y Y=0$

然后以不等于零的变数 λ (Lagrange)乘以上式：$\lambda(M-P_X X-P_Y Y)=0$

将上式与原来的效用函数相加得拉格朗日函数：

$$Z=U(X,\ Y)+\lambda(M-P_X X-P_Y Y) \quad (3.3)$$

由于 $\lambda(M-P_X X-P_Y Y)=0$

故式(3.3)与式(3.1)的极大值并无区别，Z 是 X、Y、λ 的函数，故 Z 取极大值的必要条件是所有一阶偏导数都为零：

$$\begin{cases} Z_x = dZ/dX = U_x - \lambda P_x = 0 \\ Z_y = dZ/dY = U_y - \lambda P_y = 0 \\ Z_\lambda = dZ/d\lambda = M - P_x Y = 0 \\ U_x = dU(X,Y)/dX = dTU/dX = MU_x \\ U_y = dU(X,Y)/dY = dTU/dY = MU_y \end{cases}$$

解得：$U_x/U_y=P_x/P_y$ 或 $U_x/P_x=U_y/P_y$

即效用函数 $U(x,\ y)$ 的总效用达到极大值的必要条件是：

(X 的边际效用 U_x)/(X 的价格 P_x)=(Y 的边际效用 U_y)/(Y 的价格 P_y)

由 $U_x-\lambda P_x=0$ 和 $U_y-\lambda P_y=0$ 得：

$U_x/P_x=U_y/P_y=\lambda$ 为最优购买条件下每单位货币的效用。

3.1.4 消费者剩余

消费者按他对物品效用的评价来决定他愿意支付的价格，但市场上的实际价格并不一定等于他愿意支付的价格。消费者愿意对某物品所支付的价格与他实际支付价格的差额就是消费者剩余。消费者剩余这一概念是 19 世纪末 20 世纪初由英国经济学家马歇尔提出来的，他给这一概念所下的定义是："他宁愿付出而不愿得不到此物的价格，超过他实际付出的价格的部分，是这种剩余满足的经济衡量，这部分可称为消费者剩余。"

这里通过下面的例题来理解消费者剩余的概念。

【例 3.1】 假设货币的边际效用为 2，磁盘的市场价格为 2 元，磁盘的边际效用见表 3-3，当磁盘的购买量为两张时，问消费者剩余为多少?

表 3-3 消费者剩余

磁盘购买量/张	边际效用/效用单位	意愿价格/元	市场价格/元
1	6	3	2
2	4	2	2
3	2	1	2
4	0	0	2

分析：意愿价格 $P=\frac{MU}{MU_{m}}$，因为 $MU_{m}=2$，所以当购买第一张磁盘时，消费者愿意支付的价格为 $P=6/2=3$(元)，当消费者购买第二张磁盘时，消费者愿意支付的价格为 $4/2=2$(元)。

由此可知：购买两张磁盘，实际支付 $2\times2=4$(元)，愿意支付 $3+2=5$(元)。

消费者剩余 $5-4=1$(元)(或者可以说是两个效用单位)。

在表 3-3 中，各单位的意愿价格是根据各单位的边际效用与货币的边际效用的比计算出来的，而市场价格则是由整个市场的供求关系确定的，不以某一个消费者的意志为转移。某一个消费者对该物品的购买仅占市场上一个微不足道的比例，无法影响价格，因此市场价格是固定的。随着消费者购买某种物品数量的增加，他愿意付出的价格在下降，而市场价格始终不变。这样，随着消费者购买物品的增加，他从每单位物品购买中所获得的消费者剩余在减少。

值得注意的是，消费者剩余是一种心理现象，消费者在购买过程中并未真正得到实在的利益，只不过他在心理上认为得到了。商家有时将此作为一种促销手段，先将价格(故意)定得很高，然后打折，报出一个比原价低很多的价格。

如果用几何图形来表示，则消费者剩余可以用消费者需求曲线以下、市场价格线之上的面积来表示，如图 3.3 所示。其中，P_0 为市场价格，$P^d=f(Q)$ 为消费者需求曲线。

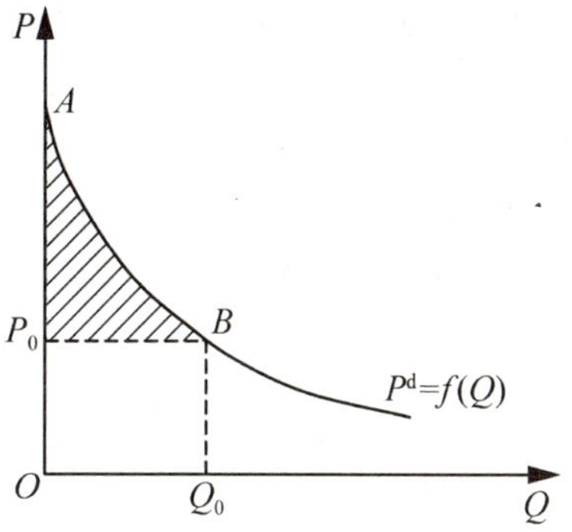

图 3.3　消费者剩余

如果用数学公式表示，则可以表示为：

$$CS=\int_{0}^{Q_0} f(Q)\,\mathrm{d}Q-P_0Q_0$$

有了消费者剩余这个概念，就可以来回答经济学史上著名的水一钻石之谜。现在可以通过总收益与边际收益来解决这个悖论。人们从水的消费中得到的总效用可以说是十分巨大的。但是由于水资源是如此丰富，人们从消费的最后一单位水中得到的边际效用十分低。在这种情况下，水的价格很低，而带给消费者的剩余则很高。钻石正好相反，由于产量相对于需求很小，边际效用很高，但钻石带来的总效用和消费者剩余都很小。因此，就消费者剩余来看，钻石无法与水抗衡，水给消费者带来了巨大的净收益；就其稀缺性来看，水难以与钻石匹敌，任何人想拥有钻石都必须付出高昂的代价。

3.2 无差异曲线分析

20 世纪初，洛桑学派的意大利经济学家帕累托引申出无差异曲线这个工具，建立了以序数效用论和无差异曲线为基础的一般均衡价格理论。

3.2.1 序数效用论

序数效用论是指用先后顺序或优劣对比来表示与分析人们对某种商品的主观评价的效用理论。序数效用论是为了弥补基数效用论的缺点而提出来的另一种研究消费者行为的理论。序数效用论者认为效用是用来表示个人偏好的，但个人的偏好是心理活动，因此效用的量在理论上和实际上生来就是不可计量的，只能根据消费者的偏好程度将它们排列为第一、第二、第三等顺序，而不能用基数 1、2、…来表示它们量的大小。

例如，某女性消费者消费了一块巧克力与一张唱片，她从中得到的效用是无法用基数来衡量的，也无法加总求和。但她可以比较从消费这两种物品中所得到的效用。如果她认为消费巧克力所带来的效用大于消费唱片所带来的效用，那么就可以说，巧克力的效用第一，唱片的效用第二。

序数效用论在分析消费者行为时，将无差异曲线作为自己的分析工具。最先提出无差异曲线的是英国的埃奇沃斯，但他的无差异曲线分析仍然是以效用的可测性为基础的。后来洛桑学派的帕累托在其《政治经济学教程》中，最早阐述了使用无差异曲线分析消费者行为的方法。此后，这种方法经希克斯等人加以完善，运用于许多问题的分析。此外，序数效用论又提出预算线，预算线表明：在收入与商品价格既定的条件下，消费者可能购买到的各种商品的全部数量组合，将无差异曲线与预算线相结合，即可找到实现消费者均衡的具体条件。

与基数效用不同的概念是，从序数效用函数中，可以知道不同选择中哪个是第一、哪个是第二、哪个是第三，但是这些第一、第二、第三之间没有数量关系，只有序列关系。序数效用函数被假定满足下列 4 个条件。

(1) 多比少好。如果两组商品仅在数量上不同，那么数量多的一组被选择。

(2) 一致性或传递性。如果 A 优于 B，B 优于 C，那么 A 优于 C。

(3) 边际替代率递减原则。

(4) 设效用函数为 $U=f(x, y)$，假定 $U=f(x, y)$ 是连续的，并且有连续的一阶与二阶偏导数。

3.2.2 无差异曲线的含义和特点

1. 无差异曲线的含义

无差异曲线表示对于消费者来说能产生同等满足程度的各种不同商品组合点的轨迹。无差异曲线也叫作效用等高线。

如果令效用为一个常数，即 $U=U_0$，则效用函数为 $U_0=f(x, y)$，由于效用函数是连续的，故有无数组 x、y 的组合可以满足 $U_0=f(x, y)$，这种不同的 x、y 的组合可以用图来表示，如图 3.4 所示，其表示达到同一效用(U_0)的不同商品的数量组合，所以，称为无差异曲线。

若令 $U=U_1$，则有 $U_1=f(x, y)$；$U=U_2$，则有 $U_2=f(x, y)$(其中，$U_0<U_1<U_2$)。

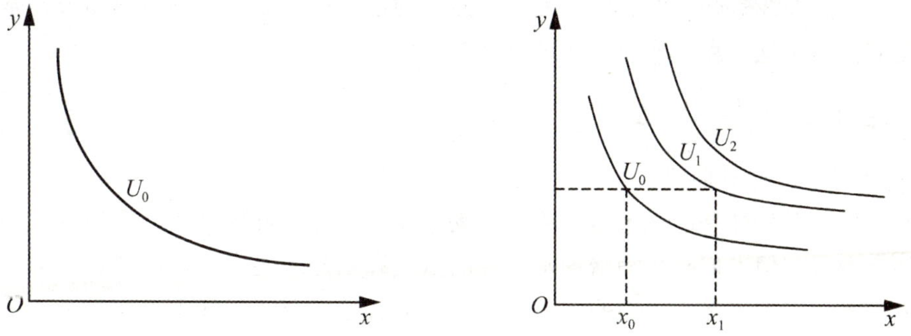

图 3.4　无差异曲线

2. 无差异曲线的特点

由于效用函数是连续的，所以存在着无数条无差异曲线，这里将这无数条无差异曲线称为无差异曲线族，在平面上称为无差异曲线平面。无差异曲线具有 4 个基本特点。

(1) 无差异曲线是一条向右下方倾斜的曲线，其斜率为负值。为保持总效用的不变，如果增加食物的消费，衣服的消费必须相应地减少。

若曲线斜率为正，那么曲线上总是有一些点同时包含更多的食物和衣服，根据“多比少好”的原则，前者的效用应大于后者，这与同一无差异曲线上所有点效用相同是矛盾的，如图 3.5 所示。

(2) 离原点越远的无差异曲线代表越高的效用水平。如图 3.4 所示，U_0 与 U_1 比较，当 y 相同时，$x_1>x_0$，故越远，U 越高。任何一条无差异曲线都是同某一既定价格和收入水平相对应的。

(3) 同一无差异曲线图上任何两条无差异曲线不可能相交，如图 3.6 所示。

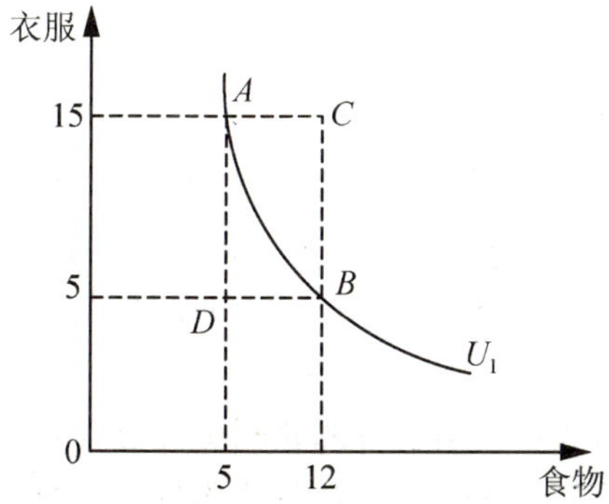

图 3.5　食物和衣服的无差异曲线

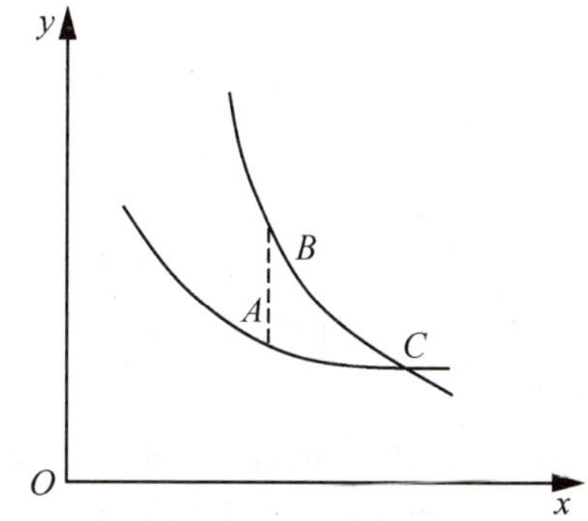

图 3.6　任何两条无差异曲线不可能相交

证明：

根据规则：$B>A$

根据一致性：$B=C$，$A=C$

根据传递性则有：$B=A$

两者相互矛盾，因而两条无差异曲线不能相交。

(4) 无差异曲线是凸向原点的。无差异曲线的这一特点是由商品的边际替代率递减规律所决定的。关于这一点，将在下面进行详细的说明。

3. 无差异曲线的特殊情况

1) 自由品的无差异曲线

自由品的重要特征是取之不尽、用之不竭，而且不存在替代关系，例如空气和阳光就是这样的自由品。但人们必须消费一定数量的空气和阳光才能生存，超过这一数量，也并不能给人带来更大的满足水平。假定消费者不会因过量消费空气和阳光而带来不适，那么消费者对空气和阳光的无差异曲线就是一定范围内的平面，如图 3.7 所示，Q_1和Q_2分别为消费者对空气和阳光的必要消费数量，阴影区内的各点都是无差异的。

如果两种物品中有一种是自由物品，另一种为经济物品，则无差异曲线是一条平行于自由品数轴的直线。图 3.8 给出了消费者消费食品和阳光时的无差异曲线，其中，Q_2为阳光的基本数量。

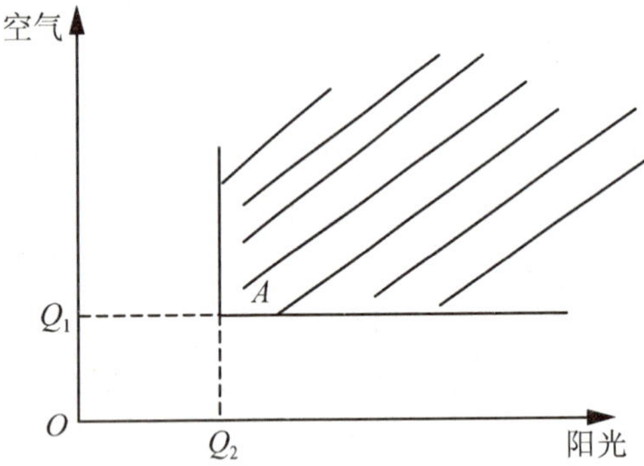

图 3.7 消费两种自由品的无差异曲线

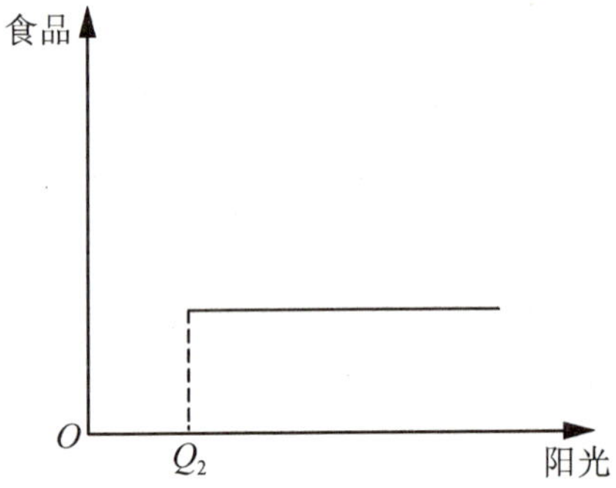

图 3.8 消费一种自由品的无差异曲线

如果食品的数量增加，那么无差异曲线将平行向上移动。

2) 有害品的无差异曲线

当消费者消费一种有害品和一种经济物品时，随着有害品数量的增加，需要同时增加经济物品的数量来弥补有害品增加带来的满足水平的下降，以维持满足水平不变，这时的无差异曲线的斜率为正。图 3.9 给出了消费者消费污染和保健品的无差异曲线图。

当消费者消费两种有害品时，有害品数量的增加会使消费者的状况更加恶化，对于有害品，消费者的非满足性假定不能成立，应该修正为：无比有好，少比多好。可见，无差异曲线离开原点越远，消费者的满足水平越差。同时，有害品之间又有一定的替换性，这是因为减少一种有害品，同时相应增加一定数量的另一种有害品，可以使消费者维持既定的满足水平。图 3.10 给出了消费者消费两种有害品时的无差异曲线，注意，此时的无差异曲线是凹向原点的。显然，$C>B>A$。

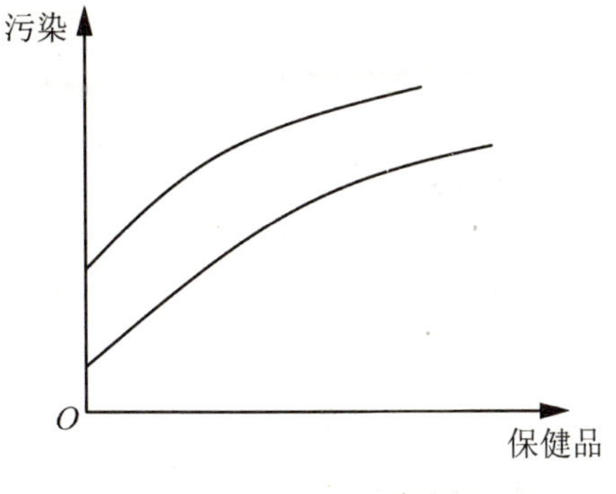

图 3.9 消费者消费一种有害品和一种经济物品的无差异曲线

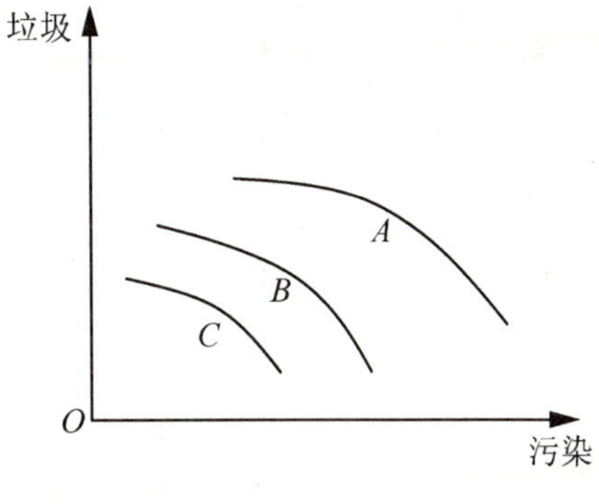

图 3.10 消费两种有害品的无差异曲线

3) 完全替代品的无差异曲线

完全替代品是指可以以固定比例彼此替代的两种或多种商品。

例如，面额为 10 元的人民币和面额为 1 元的人民币总可以以 1∶10 的比例互相替代(假定不考虑携带不便)，这对持币人(消费者)来讲是完全替代品。图 3.11 给出了这种情况下的无差异曲线，这是一条斜率为负的直线。在维持满足程度不变的前提下，消费者总可以以恒定不变的比例(1∶10)把两种面额的货币进行兑换。

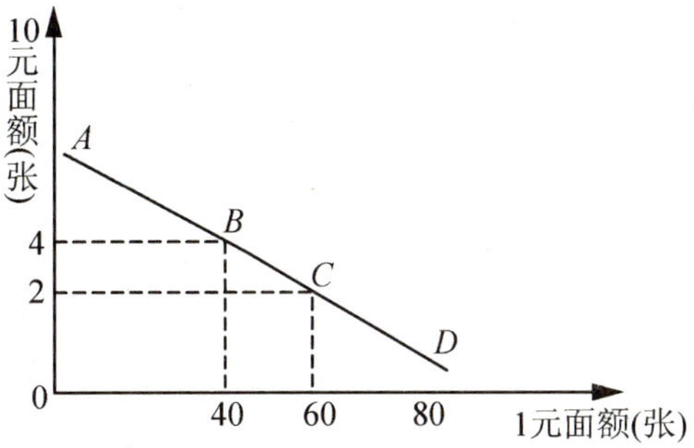

图 3.11 完全替代品的无差异曲线

完全替代的产品在现实生活中并不多见，严格说来，上例中的两种面额货币并不是严格的完全替代品，特别是当数额较大时，消费者携带 10 元面额的货币更加方便。

无差异曲线的斜率反映了两种商品替换的比例。

4) 完全互补品的无差异曲线

完全互补品是指必须以固定比例搭配起来才能满足消费者某种需求的两种或多种商品。

例如，人们穿的左鞋和右鞋，眼镜的镜片和镜框等可看成是完全互补品，它们必须分别以 1∶1 和 2∶1 的恒定比例结合起来才能满足消费者的需求。完全互补品的无差异曲线是直角线，图 3.12 给出了消费 1 只左鞋、1 只右鞋，2 只左鞋、2 只右鞋和 3 只左鞋、3 只右鞋的满足程度，除此以外的点如 D 点(2 只左鞋和 1 只右鞋)的满足程度依然和 A 点的满足程度相等，因为多余的 1 只左鞋没有任何价值。

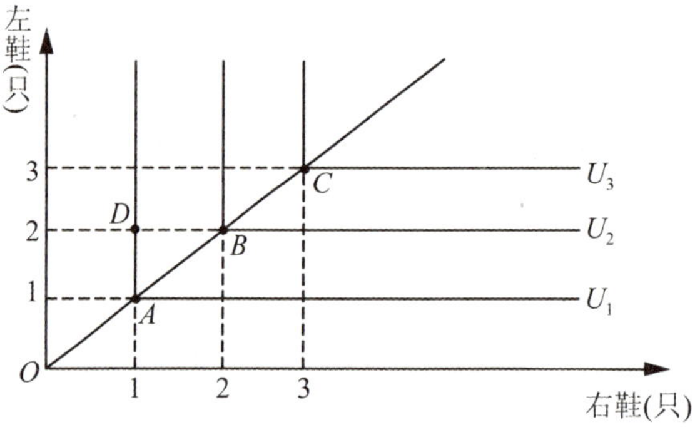

图 3.12　完全互补品的无差异曲线

上例中不同满足水平的无差异曲线的直角点都在同一条射线 OA 上，OA 的斜率反映了两种商品配合的比例。

无差异曲线的特殊性背离了前面给定的无差异曲线的性质，原因是消费品的范围和性质被放宽了。

无差异曲线分析法是微观经济学中重要的分析方法，是消费者选择理论的基础，所以读者应该很好地掌握。

由于完全互补品的严格互补性，它们往往被同一个生产者在同一时间内进行生产，而且被在同一地点进行销售。

3.2.3　边际替代率

边际替代率是指在维持效用水平或满足程度不变的前提下，消费者增加一单位某种商品的消费时所需放弃的另一种商品的消费数量。以 MRS 代表商品的边际替代率，设有两种商品 X 与 Y，X 对 Y 的边际替代率 MRS_{XY}是指为了保持效用不变，X 每增加一个单位所需减少的 Y 的数量。即

$$MRS_{XY}=\Delta y/\Delta x$$

当 $\Delta x\to 0$、$\Delta y\to 0$ 时，$\lim\dfrac{\Delta y}{\Delta x}=\dfrac{dy}{dx}$，$dy/dx$ 这个导数的数值，即是无差异曲线上任一点的斜率。所以无差异曲线上任一点的边际替代率 MRS_{XY}可以用过该点对无差异曲线所做的切线的斜率表示，因 MRS_{XY}为负，故切线的斜率为负。

证明：

设
$$TU=U(x,\ y)$$
$$dTU=(dTU/dx)dx+(dTU/dy)dy$$

若在一条无差异曲线上移动，$dTU=0$

故
$$(dTU/dx)dx+(dTU/dy)dy=0$$
$$dy/dx=-\left[(dTU/dx)/(dTU/dy)\right]$$

因为 dy/dx 为边际替代率，$(dTU/dx)=MU_X (dTU/dy)=MU_Y$

故 $-dy/dx=MU_X/MU_Y$

上式可表述为无差异曲线上 x 对 y 的边际替代率，即是无差异曲线的斜率，它等于 X 的边际效用 MU_X 与 Y 的边际效用 MU_Y 的比率。

3.3 消费者最优选择分析

3.3.1 预算线

无差异曲线只是表示消费者主观上对两种商品不同组合的偏好，边际替代率则表示消费者对这两种商品相互替代能力的主观评价，消费者要决定对这两种商品的购买量还必须知道这两种商品的价格以及用于支出的收入，在以上 3 个变量既定不变的情况下，消费者如何获得最大效用？设 x 的数量为 X，价格为 P_X，设 y 的数量为 Y，价格为 P_Y，收入预算为 M，则收入限制可以写为：

$$M = P_X X + P_Y Y$$

或
$$Y = \frac{M}{P_Y} - X\frac{P_X}{P_Y}$$

若令
$$X=0,\ 则\ Y = \frac{M}{P_Y}$$

若令
$$Y=0,\ 则\ X = \frac{M}{P_X}$$

如果价格不变，收入增加，则预算线向右上方平行移动；收入减少，预算线向左下方平移，如图 3.13 所示。

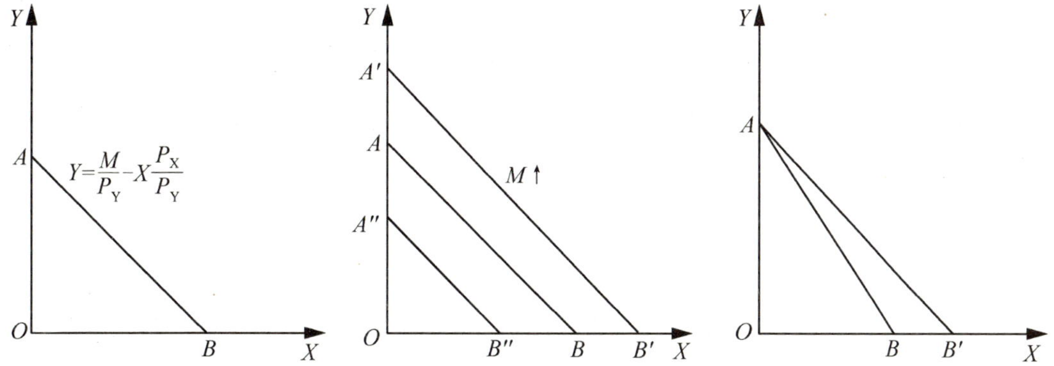

图 3.13 预算线的移动

如果收入不变，某一种商品价格下降，则预算线发生平移。

3.3.2 消费者最优选择——效用最大化

在消费者的偏好和预算线约束已知的前提下，就可以分析消费者对最优商品组合的选择。具体做法是把消费者的无差异曲线和预算线结合在一起，来分析消费者追求效用最大化的购买行为。这里必须满足两个条件：第一，最优的商品购买组合必须是消费者最偏好的商品组合，也就是说，最优的商品购买组合必须是能够给消费者带来最大效用的商品组合；第二，最优的商品购买组合必须位于给定的预算线上。

消费者在预算线 AB 的限度上，所能获得的最大效用是与预算线相切的无差异曲线，如图 3.14 所示，两条线相切的条件是斜率相等，无差异曲线的斜率 $MRS=MU_X/MU_Y$，预算线的斜率为 $-P_X/P_Y$，故消费者效用最大化的条件为 $MU_X/MU_Y=P_X/P_Y$。

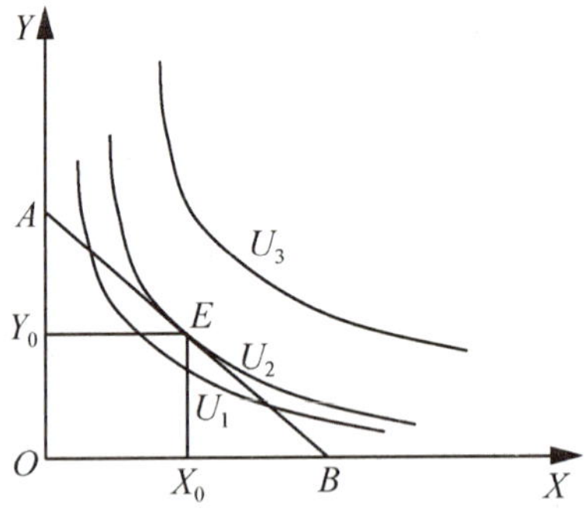

图 3.14 消费者的均衡

它表示：在一定的预算约束下，为了实现最大的效用，消费者应该选择最优的商品组合，使两商品的边际替代率等于两商品的价格之比。或者是说，在消费者的均衡点上，消费者愿意用一单位的某种商品去交换的另一种商品的数量，应该等于该消费者能够在市场上用一单位的这种商品去交换得到的另一种商品的数量。

3.3.3 替代效应、收入效应与消费者需求

1. 替代效应和收入效应

一般来讲，一种商品的价格变化后，会影响消费者的选择。商品价格变化所产生的影响可以分为两个方面。

(1) 由于商品的相对价格发生变动，消费者增加跌价商品的购买量以代替价格相对上涨商品的现象，称为替代效应。

(2) 如果消费者的偏好不变，商品的价格也不变，但由消费者收入水平发生变化而引起的向另一条无差异曲线移动从而导致购买量变化的现象称为收入效应。一般消费品的需求量与人们的收入呈同方向变化，这种类型的消费品称为正常商品。在总支出增加时，人们对它的购买量反而减少的商品，称为劣质商品。

收入效应和替代效应结合起来，就是价格变化带来的总影响，也称为价格效应。

收入效应与替代效应的影响可以用图 3.15 加以说明。假定 Y 商品的价格不变而 X 商品的价格下降，降价前消费者在 A 点达到均衡状态，在这一点无差异曲线 U_1 与预算线 Y_0X_0 相切。当 X 商品的价格下降后，会引起预算线发生变化，新的预算线为 Y_0X_1，预算线的斜率变小，此时消费者在 B 点达到新的均衡。

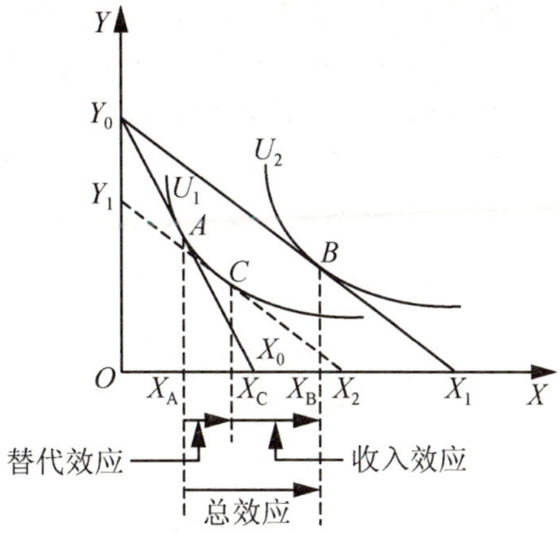

图 3.15　正常商品的替代效应和收入效应

比较 A 点与 B 点可以看出，商品 X 的价格下降后，消费者对商品 X 的购买量由 X_A 增加到 X_B，(X_B-X_A) 就是价格变化所产生的总效应，它又可以分解为替代效应与收入效应两个部分，其中 (X_C-X_A) 为替代效应的影响，(X_B-X_C) 为收入效应的影响。

替代效应是指在保持消费者满足程度不变的前提下，由商品价格变化而引起的需求量的改变量。显然，由于 B 点的总效用要大于 A 点的总效用，所以要使消费者效用不变，必须回到无差异曲线 U_1 上来。可作一条平行于 Y_0X_1 的直线，并使它与无差异曲线 U_1 相切于 C 点。这条支线可以看作是剔除了降价所引起的消费者实际收入的增加后，按照目前的价格体系，消费者在维持与降价前相同效用情况下的选择。

收入效应是指在名义收入不变的前提下，由商品价格的变化引起实际收入变化，从而导致商品消费量的改变。在图 3.15 中，预算线从 Y_1X_2 平移到 Y_0X_1 意味着在保持价格不变的前提下，仅仅由收入的变化引起商品消费量的改变时，消费者均衡进一步由 C 点移动到 B 点。

由于价格变化所引起的总效应等于替代效应与收入效应之和，替代效应一般与商品价格变动的方向相反，即价格提高后商品消费量减少，价格下降后商品消费量增加。而收入效应与价格变动之间的关系取决于商品的特征。如果商品为正常商品，那么实际收入增加会导致消费量的增加；如果商品为低档商品，那么实际收入增加反而会导致消费量的减少。

因此，当一种商品的价格改变后，替代效应与收入效应的叠加有不同的可能。

(1) 替代效应与收入效应作用的方向相同。如果一种商品的价格下降，该种商品的消费量将增加；反之，价格提高则导致商品消费量的减少。图 3.15 所示就是这种情形。

(2) 替代效应与收入效应作用的方向相反，但替代效应大于收入效应。这类商品为低档商品，当商品的价格下降时，替代效应使商品的消费量增加，收入效应使商品的消费量减少，但总效应是消费量增加。这种情形如图 3.16 所示。

(3) 替代效应与收入效应作用的方向相反，但替代效应小于收入效应。与上述情形所不同的是，当这种商品的价格下降后，其消费量不是增加，而是减少，如图 3.17 所示。这类商品是一类特殊的商品，称为吉芬商品。吉芬商品与一般商品不同，其需求曲线的斜率为正值，即商品的需求量与商品的价格呈同方向变化。例如，粗粮是低收入家庭的主要食物，当这种商品的价格下降时，消费者可以用节省下来的钱去购买数量更多的细粮。因此，当粗粮价格下降时，消费者对粗粮的购买量就减少了。

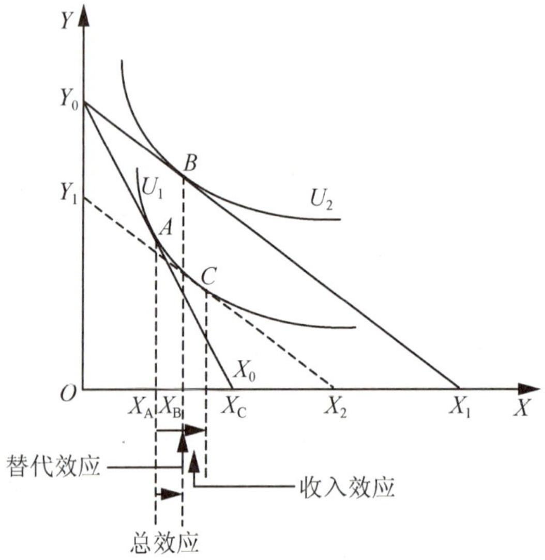

图 3. 16　低档商品的替代效应和收入效应

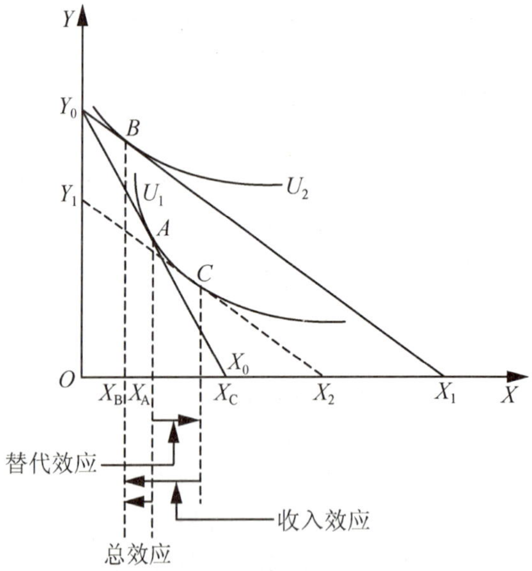

图 3. 17　吉芬商品的替代效应和收入效应

值得注意的是，低档商品与吉芬商品是有区别的。所有的吉芬商品都是低档商品，但并非所有的低档商品都是吉芬商品。

正常商品、低档商品和吉芬商品的替代效应与收入效应的结论可综合于表 3 - 4 中。

表3-4　商品价格变化所引起的替代效应与收入效应

商品类别	替代效应与价格关系	收入效应与价格的关系	总效应与价格的关系	需求曲线的形状
正常商品	反方向变化	反方向变化	反方向变化	向右下方倾斜
低档商品	反方向变化	同方向变化	反方向变化	向右下方倾斜
吉芬商品	反方向变化	同方向变化	同方向变化	向右上方倾斜

案例3-3

保姆赚“小费”的故事

记得在初学经济学时，无论是运用Slutsky还是Hicks分解方法，总觉得消费支出中的价格效应，包括替代效应和收入效应不怎么好理解。最近听说一个保姆的故事，却很好地体现了其原理，又一次体会到“经济学原来就在生活之中”的道理。本文先讲述这个故事，再进行简要的分析，以让更多的人分享。

一个朋友虽事业蒸蒸日上，但为特别爱哭泣的小孩伤透了脑筋。为此两口子想了不少办法，但收效甚微，经过一段时间的摸索，最后总算找到了偏方：小孩特别爱吃一种小颗粒糖，也爱玩，所以每当小宝贝快要哭的时候，给一两个欢乐球或吃几粒糖，小孩很快就会安静下来，若多些球或糖，小孩甚至还会高兴得手舞足蹈。要是不让宝贝哭，每周至少得破费50多元(大约54元)，包括购买100多个(大约为105个)价格为0.25元的欢乐球和约280粒价格为0.1元的糖。

有一天，他们从保姆市场雇了一个保姆专门照顾小孩，基本要求是不能让宝贝哭，当然每周的预算仍然是54元左右。在主人的帮助下，保姆很快学会了如何买球和糖以及对付小孩哭泣的招数。然而，一个多月以后，欢乐球降价了，由原来的0.25元降到0.15元。保姆当然很高兴，因为现在虽然买280粒糖仍需28元，但买105个欢乐球就不需要26元了，而只需要16元，每周就可以省出10元。但保姆没有把省出的钱交还给主人，而是进了自己的腰包，算是赚点“小费”。就这样，降价后保姆每次花约44元买105个球和280粒糖，并赚10元小费，主人全然不知。日复一日，循环往复，但保姆总琢磨着，既然球降价了，为什么不多买点球，而少买点糖。经过不断尝试，她觉得花上44元，买45个球和220粒糖效果最好，不仅能制止小孩哭泣，有时还会看到小孩的笑脸。

一次周末，保姆利用每周给的一天假，到正在上经济系研究生的哥哥处串门，并洋洋得意地把在主人家的故事一五一十地讲给哥哥听。哥哥听后，觉得挺有意思，夸妹妹有心计，但仔细想想，心计还不够，因为让小孩高兴当然好，但这并不是妹妹的本职工作，她完全可以在不让小孩哭泣的前提下，更好地组合球与糖，省出更多的钱，赚更多的“小费”。经此点拨，妹妹觉得言之有理。回去之后，又经过不断地尝试，她每次买大约140个球和210粒糖，花费约42元，就能保证小孩不哭。结果，每次可赚约12元“小费”，比哥哥点拨前多赚两元。

转眼间已是春节临近，保姆打算回家过年，期间只能由主人替代去买东西和照顾小孩。她知道，如果主人去买东西，必使其赚“小费”之事暴露无疑。为此，她以退为进，开始将每次能省出的12元分文不要，即把主人所给的54元全部购买球和糖。至于购买的数量，经尝试，最后觉得每周买180个球和270粒糖，能使小孩最高兴。见此情景，主人当然非常高兴，夸保姆很能干，而保姆就将球降价的事告诉主人，还得了个“诚实”的美名。

这虽然只是一个保姆赚"小费"的故事，却揭示了消费中包括的替代效应和收入效应原理，有趣的是还体现了 Slutsky 和 Hicks 两种分解方法。在此不妨假设小孩不哭为低的无差异曲线 1，小孩高兴为较高的无差异曲线 2，而小孩最高兴为无差异曲线 3。起初在糖和球的价格分别是 0.25 元和 0.1 元的条件下，总预算为 54 元就达到了无差异曲线 1，糖和球的均衡量分别为 105 个和 280 粒。当球的价格降至 0.15 元后，理性的保姆经过调整商品组合，不仅赚了 10 元"小费"，还使小孩的效用提高到无差异曲线 2。事实上，在这里体现了 Slutsky 分解方法，这 10 元"小费"是 Slutsky 补偿预算线形成的成本差额，球由 105 个增至 145 个，这增加的 40 个就是球的替代效应。后来在哥哥的指点下，她又调整了商品组合，体现了 Hicks 分解方法。所赚 12 元"小费"就是 Hicks 补偿预算线形成的补偿变量，而球的均衡数量由降价的 105 个增至 140 个，这增加的 5 个就是替代效果。最后，由于怕暴露目标保姆放弃所能得到的"小费"，达到了最高的无差异曲线 3 的效用水平，球的均衡数量达到了 180 个，比降价前增加了 75 个，这就是欢乐球的全部降价效应。很显然采用不同的分解方法，收入效应也是不一样的，Slutsky 和 Hicks 分解的结果分别是 35 和 40。

由此可以看出，Slutsky 和 Hicks 两种分解方法的总效应是一样的，但由于补偿预算线的不同，导致了两者的替代效应和收入效应各异，前者替代效应应大于后者，而收入效应则相反，但两者差异很小，所以结果大同小异。

资料来源：《经济学消息报》，2001 年 12 月 28 日。

2. 价格-消费曲线与收入-消费曲线

1) 价格-消费曲线

假定消费者的收入水平不变，商品的价格发生变化，这一变化将会使消费者改变对各种商品的购买量。

商品价格对消费者选择的影响可以用图 3.18(a)进行分析。

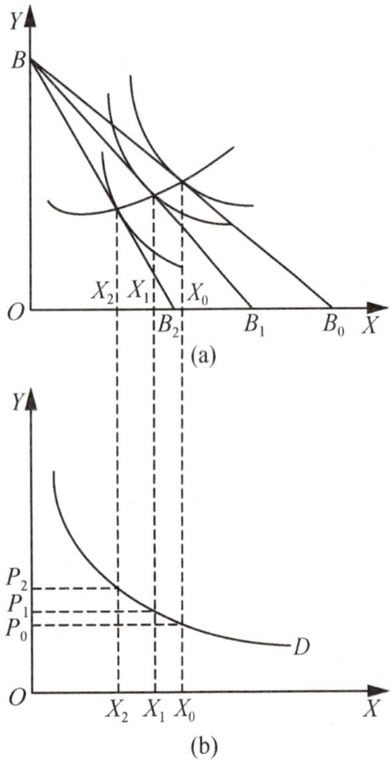

图 3.18 价格-消费曲线和消费者的需求曲线

假定商品 Y 的价格不变，商品 X 的价格提高，那么，预算线的斜率将会增大。如果商品 X 的价格连续变化，将得到一组斜率不同的预算线，每一条预算线都会与一条特定的无差异曲线相切，切点对应着在每一个不同条件下消费者的最佳选择。如果把这些切点连接起来，可以得到一条曲线，这条曲线称为价格-消费曲线(简称 PCC)。价格-消费曲线表示了当消费者收入保持不变时，仅仅由于商品价格的变化而导致的商品消费量的变化。

价格-消费曲线如图 3.18(b)所示，由于消费者收入水平及商品 Y 的价格没有变化，只有商品 X 的价格发生了变化。因此，对应于每一个商品 X 的价格 P_X，都有一个均衡点，这些均衡点都对应着一个商品 X 的消费量 Q_X，如果把商品 X 的价格与对应的消费量画在价格-消费量空间上，并将这些点连接起来，所得到的轨迹就是需求曲线。

2）收入-消费曲线

假定商品的价格不变，消费收入的变化将导致预算线发生平移。当收入连续变化时，就有一组平行的预算线，每一条预算线都与一条无差异曲线相切，这些切点代表了不同收入水平下消费者的选择，如图 3.19 所示。

在图 3.19 中，随着消费者收入的增加，消费者将改变对商品的购买量。收入越高，消费者能够达到的满足程度也越大。如果商品为正常商品，那么收入的增加将导致消费量的增加；如果商品为低档商品，收入的增加则会导致商品消费量的减少。

把图 3.19 中所有的均衡点连接起来，可以得到一条曲线，该曲线称为收入-消费曲线（简称 ICC）。收入-消费曲线给出了由收入变化所引起的各种商品消费量变化的轨迹。利用这条曲线，可以推导出恩格尔曲线，如图 3.20 所示。恩格尔曲线描述了某种商品的消费量与消费者收入之间的对应关系。

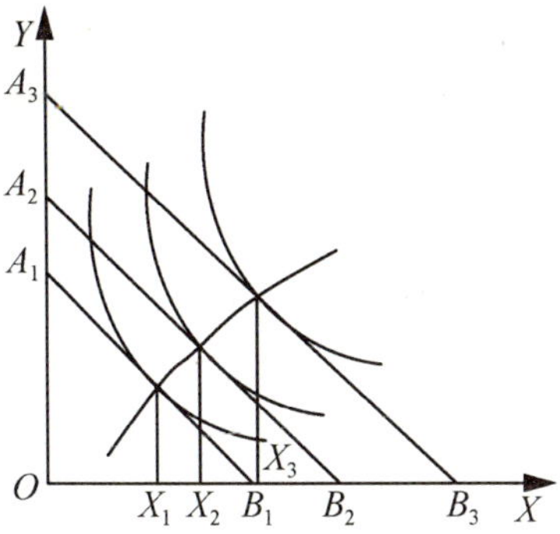

图 3.19　收入-消费曲线

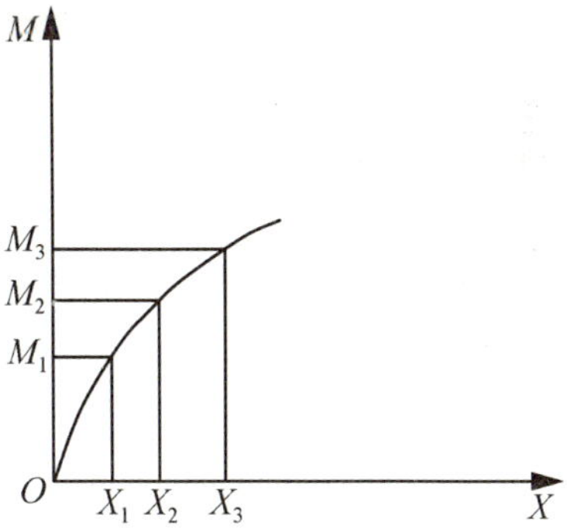

图 3.20　恩格尔曲线

【例 3.2】 假定某消费者只消费两种商品，衣服（Q_c）和食物（Q_d）。它的效用函数为：

$$V(Q_c, Q_d) = Q_c \cdot Q_d$$

衣服和食物的边际效用分别为 MU_c 和 MU_d，而且 $MU_c = Q_d$，$MU_d = Q_c$。

该消费者的收入（I）是 120 元，衣服的价格（P_c）和食物的价格（P_d）都是 1 元。

（1）求该消费者的预算线。

（2）求该消费者的收入-消费曲线。

（3）要使该消费者的效用最大，应分别消费多少 Q_c 和 Q_d？

（4）假定该消费者的收入固定在 120 元，P_d 固定在 1 元，求该消费者消费衣服的需求曲线。

（5）假定对每单位食物收 1 元的税，要使效用最大，该消费者需要做何改变？

（6）假定用总量税来代替每单位的税，要使效用最大，该消费者需要做何改变？

（7）上面（5）和（6）的措施使政府获得了同样多的收入，但对于消费者来说，更喜欢哪种方式？

解：

（1）预算线为：

$$Q_c + Q_d = 120(\text{元})$$

(2) 要使效用最大，则 $\frac{MU_c}{P_c}=\frac{MU_d}{P_d}$

将 $MU_c=Q_d$ 、$MU_d=Q_c$ 、$P_c=P_d=1$ 代入，有：

$$Q_c=Q_d$$

(3) 由(1)、(2)知 $\begin{cases}Q_c+Q_d=120\\Q_c=Q_d\end{cases}$

解得：$Q_c=60$，$Q_d=60$。

(4) 由 $120=P_c\cdot Q_c+P_d$ 、$Q_d\cdot Q_c=Q_d$ 可得：$Q_c=120/(P_c+1)$。

(5) 1 元的税使食物的税后价格变为 2 元。

由 $\frac{MU_d}{MU_c}=\frac{P_d}{P_c}=2$

又 $MU_d=Q_c$、$MU_c=Q_d$

可得：$Q_c/Q_d=2$。

令收入预算线为：

$$120=Q_c+2Q_d$$

联立，求得：$Q_c=60$，$Q_d=30$。

(6) 在(5)中，该消费者买了 30 个食物，应纳税 30×1=30(元)，因此扣除 30 元税后，该消费者的净收入为 120－30=90(元)。

解方程组 $\begin{cases}Q_c+Q_d=90\\\frac{Q_c}{Q_d}=\frac{MU_d}{MU_c}=\frac{P_d}{P_c}=1\end{cases}$

可得：$Q_c=45$，$Q_d=45$。

(7) 该消费者的总效用 $V(Q_c, Q_d)=Q_c\cdot Q_d$

实行从量税后：$V=60\times30=1\ 800$。

实行总量税后：$V=45\times45=2\ 025$。

因 2 025>1 800，故消费者更倾向于实行总量税。

案例研究

有用的经济学：边际效用递减

边际效用递减规律在经济学中意义重大。以农业为例，当人们增加劳动后产出会大大增加——田地得到更加精细的耕作，更整齐的灌溉沟渠，装束更鲜艳的稻草人。但是，增加的劳动带来的产出却越来越少。一天中的第 3 次除草和第 4 次给机器上油只能增加很少的产出。最后，当大量劳动力涌向农场，产出几乎不会再增加。过多的耕作会毁坏农田。

边际收益递减规律可解释为什么亚洲许多国家如此贫穷。在拥挤的中国和印度，生活水平之所以低，是因为在每一英亩的土地上有如此众多的劳工，而不是因为农民在经济激励面前无动于衷。

这里也可以使用学习中的例子来说明边际收益递减规律。人们也许会发现一天中学习经济学的第一个小时的收效最大——学习新的定律和数据，增长新的见识和体会。第二个小时中可能会稍微有些失神，学到的东西减少了。而在第3个小时中，边际收益递减规律——报复的形式出现，使人们在第二天根本想不起第3个小时中所学的任何东西。边际收益递减规律是否表明考试前的学习时间应该分散而不是挤在一起？

本章小结

消费者行为理论在管理经济学中占有非常重要的地位，对消费者行为的分析正确与否，将影响到一个家庭或个人的消费决策，进而会影响到企业的决策。对消费者均衡的分析主要采用基数效用论和序数效用论两种方法。重点是序数效用论的分析方法。

习　题

1. 思考题

（1）说明为什么一段时间内消费的商品减少，其边际效用会增加。

（2）某消费者原来每月的煤气开支为10元，煤气的某些用途，如取暖等，可用电来替代，现在煤气价格上涨了10%，其他商品价格不变。政府给予该消费者10元作为价格补贴，问该消费者处境是改善了，还是恶化了？

（3）试解释水和金刚钻的价值悖论。

（4）既然效用是不能衡量的，为什么边际效用理论仍然有用？

（5）为什么消费者对大多数商品的需求曲线均向右下方倾斜？试用西方序数效用理论加以说明。

（6）说明为什么在$MU_X/P_X>MU_Y/P_Y$的条件下，增加消费X的数量，减少消费Y的数量能使总效用增加。

2. 计算题

（1）一位大学生即将参加3门功课的期终考试，他能够用来复习功课的时间只有6小时。又设每门功课占用的复习时间和相应的成绩见表3-5。

表3-5　某学生的复习时间与相应的成绩

小时数	0	1	2	3	4	5	6
经济学分数	40	54	65	75	83	88	90
数学分数	40	52	62	70	77	83	88
统计学分数	70	80	88	90	91	92	93

现在要问：为使这3门课的成绩总分最高，他应怎样分配复习时间？并说明理由。（提示：利用边际效用分析）

(2) 计算填表 3-6。

表 3-6　练习题 2 用表

玉米花/包	效用	边际效用	点心/块	效用	边际效用
1	20		1	14	
2	36		2	26	
3	50		3		10
4		12	4	44	
5	72		5	51	
6	80		6	57	
7	86		7	61	

(3) 当 X 商品的价格为 20 元，Y 商品的价格为 10 元时，各种不同数量的 X 和 Y 商品的边际效用见表 3-7。

表 3-7　练习题 3 用表

Q_X	MU_X	Q_Y	MU_Y
1	16	1	10
2	4	2	8
3	12	3	7.5
4	5	4	7
5	2	5	6.5
6	1	6	6
		7	5.5
		8	5
		9	4.5
		10	4
		11	3.5
		12	3

在收入为 120 元时，购买几单位 X 商品和几单位 Y 商品可以实现效用最大化？这时货币的边际效用是多少？

(4) 若消费者张某的收入为 270 元，他在商品 X 和 Y 的无差异曲线上的斜率为 $dy/dx=-20/y$ 的点上实现均衡。已知 X 和 Y 的价格分别为 $P_X=2$、$P_Y=5$，那么此时张某将消费 X 和 Y 各多少？

(5) 若消费者张某的收入为 55 元，全部用于购买食品(F)和衣服(C)，食品和衣服的价格分别为 5 元和 10 元。已知两类商品对张某的边际效用见表 3-8，问张某购买食品和衣服各多少？

表 3-8　练习题 5 用表

消费量	消费食品的边际效用 MU_F	消费衣服的边际效用 MU_C
1	25	40
2	23	35
3	20	30
4	18	25
5	15	20
6	10	15

第4章

企业生产决策分析

教学目标

通过本章的学习，明确生产决策分析的主要内容和学科地位，提高对生产理论的认识。主要掌握企业的目标和性质、生产函数、总产量、平均产量、边际产量、边际收益递减规律、等产量线的定义和特征、等成本线、生产规模经济与范围经济、最优组合原理、最优组合方法等几个方面的内容。并通过学习能够对生活中企业的生产决策行为进行简单分析。

教学要求

知识要点	能力要求	相关知识
企业目标	(1) 能够明白企业的基本标准 (2) 能够明白企业的根本目标	(1) 企业基本标准的相关概念 (2) 企业的性质 (3) 企业的经济利润
生产函数	(1) 能够明白生产函数的作用 (2) 能够理解生产函数的几种常见形式	(1) 生产函数的相关概念 (2) 生产函数的几种常见形式
企业生产的短期、长期分析	(1) 能够理解利用边际收益递减规律分析企业的短期生产 (2) 能够利用等产量线和等成本线分析企业的长期生产	(1) 边际收益递减规律的概念 (2) 等产量线和等成本线的概念及特征 (3) 生产要素的最优组合
规模经济与范围经济	(1) 能够利用规模经济与范围经济说明现实中的经济现象 (2) 能够说明影响规模收益的因素	(1) 规模经济的概念 (2) 范围经济的概念 (3) 影响规模收益的因素

导入案例

分工与专业化

亚当·斯密在其名著《国民财富的性质和原因的研究》中根据他对一个扣针厂的参观描述了一个例子。斯密所看到的工人之间的专业化和引起的规模经济给他留下了深刻的印象。他写道："一个人抽铁丝，另一个人拉直，第三个人截断，第四个人削尖，第五个人磨光顶端以便安装圆头；做圆头要求有两三道不同的操作；装圆头是一项专门的业务，把针涂白是另一项；甚至将扣针装进纸盒中也是一门职业。"

斯密说，由于这种专业化，扣针厂每个工人每天生产几千枚针。他得出的结论是，如果工人选择分开工作，而不是作为一个专业工作者团队，"那他们肯定不能每人每天制造出 20 枚扣针，或许连一枚也造不出来"。换句话说，由于专业化，大扣针厂可以比小扣针厂实现更高的人均产量和每枚扣针更低的平均成本。

斯密在扣针厂观察到的专业化在现在经济中普遍存在。例如，如果你想盖一个房子，你可以自己努力去做每一件事。但大多数人找建筑商，建筑商又雇佣木匠、瓦匠、电工、油漆工和许多其他类型工人。这些工人专门从事某种工作，而且，这使他们比作为通用型工人时做得更好。实际上，运用专业化实现规模经济是现代社会像现在一样繁荣的一个原因。

本章将介绍企业的性质和目标等。主要从生产函数出发，以一种可变生产要素的生产函数考察短期的生产规律和不同生产阶段的特点；以两种可变生产要素的生产函数，运用等产量线和等成本线的分析方法，考察企业在长期生产中实现生产要素组合的均衡条件。

4.1　企业的性质与目标

管理经济学研究问题的出发点是企业，在社会主义市场经济条件下，运用经济理论对企业的性质、地位与作用，以及经营目标进行分析，有利于进一步提高企业管理人员在经济决策中进行理性思考和理性创新。

4.1.1　企业的性质

企业是商品经济发展、生产社会化的产物，是以盈利为目的，把各种生产资源组织起来，经过转换，为消费者或其他企业提供产品或劳务的经济实体。

1. 外部与内部交易费用

在市场经济体系中，企业作为一个经济要素存在，一方面和其他经济要素存在着千丝万缕的联系，另一方面其自身又是由更小的经济要素组成的有机整体。企业为了取得尽可能多的利润，实现资源的优化配置，对外、对内都存在关系协调的问题，从经济上也必然要付出代价。经济学家科斯的产权经济理论称之为交易费用，即指一切不直接发生在物质生产过程中的成本耗费。例如，企业对外需要收集有关产品的价格、供求关系变化，有关方针政策的调整，新技术发展的趋势等，这就要付出信息费用。为了使交易双方满意，就要讨价还价，这就要支出谈判费用。为了保证契约的实施，就需要进行监控，这也要支出费用等。企业外部交易费用主要靠市场价格协调，经济学中称之为“看不见的手”。当外部市场交易费用太高，而通过形成一个组织，并允许某个权威(企业家)来支配资源，就能节约交易费用时，企业就产生了。

但是，企业内部也有不同的分工，也需要彼此衔接配合。如进行生产过程调度，组织内部资源供应等，也要有成本耗费，这种成本耗费称为内部交易费用。企业内部交易费用主要靠规章制度、行政指令协调，俗称为“看得见的手”。当企业规模过大，以至企业内部交易增加的费用超过了市场交易节约的费用时，再扩大规模就不经济了。企业规模合理的边界，从思路上讲，就是使企业内部交易费用的增加恰好等于市场交易费用的节约。这一原则，对于指导组建企业集团是十分重要的。只图规模上扩大，不作经济分析，就很难取得满意的结果。

2. 虚拟企业

随着经济发展的国际化，市场竞争日益激烈，企业要加速自己的发展，取得尽可能多的利润，就要探索使外部、内部交易费用趋向最小化的管理策略，对传统小农经济万事不求人的“大而全”、“小而全”的模式加以变革。虚拟企业就是一种新的组织形式。用“虚拟”二字是因为企业在这样的组织形式下运作，虽然仍有设计、生产、财务、供销等功能，但不一定完全具备相应功能的组织，即有实、有虚。企业仅保留最关键的功能组织，其他功能组织以各种方式借用外力将其虚拟化。管理决策的重点在于进行整合实现聚变，创造出超过企业自身力量的竞争优势。所借用的外力，可能是把原料供应者变成自家的“第一车间”，也可能是把产品销售变成自家的“销售公司”。无论形式上如何表现，虚拟企业的基本精神都在于突破企业自身的行政界限，扩大企业资源优化配置的范围，借用外力，加速自身的发展。

虚拟企业的初级形式是外包加工、“虚拟生产”。如珠海天年高科技国际公司，于1992年自筹资金1 000万，瞄准国际尖端、国内空白的功能纤维，开发出改善人体微循环的系列产品，自己只掌握产品的核心部分技术配方，而生产环节则采用租用车间的方式，分布到全国各地，产品就地销售。既减少运输费用，又可减少市场壁垒，没花一分钱用于厂房设备投资，只用了3年时间，产值就一跃达到了2亿元。这种以科技为借力核心、实现经济腾飞的运作模式，使技术拥有者与生产加工者在经济收益上的差距十分明显，体现了少量的复杂劳动等于多量简单劳动的交换法则。

虚拟企业的高级形式是“借脑”、“集智”。科学技术是人类智慧的结晶，无形资源的主体。很多企业家都已认识到“借钱”不如“借脑”、“集资”不如“集智”，知识是实现腾飞的最强大的动力源泉。苏南企业之所以发展迅速，其重要原因之一，就是面向全国，甚至走出国门“借脑”、“集智”，广招人才，迅速把“地方游击队”改编为“跨国集团军”。如扬州虹雨集团公司，当初是资产只有1 500万元的小厂，由于提出了“每一个产品背后都有一位教授，每一项管理工程背后都有一位专家”的管理方式，至今已发展成国家级企业集团，1995年实现产值5亿多元，利税8 600万元，“虹雨”、“肤美灵”等高科技化妆品不仅在国内占领市场，而且在国际上也享有盛誉。

“借脑”、“集智”进而“权力知识化”已经成为国外著名大公司的一个重要发展趋势。1992 年 IBM 公司董事会共 19 人，其中公司内部董事 5 人，外聘董事 14 人。在外聘董事中，大学校长 3 人，律师 1 人，国际问题专家 1 人，其他公司卸职董事长以工业专家身份参加董事会者 2 人，以上以专家、学者身份参加董事会的共 7 人，此外 IBM 的客户公司董事长共 6 人，投资公司代表仅 1 人。美国其他著名大公司在 1992 前后的董事会组成人员见表 4-1。

表 4-1　美国著名公司 1992 年前后的董事会组成人员情况表

公司名称	董事会总人数	内聘董事人数	外聘董事人数	外聘董事组成				外聘董事所占比率(%)
				专家学者人数	其他公司现(前)任董事长人数	投资机构代表人数	个人投资者人数	
IBM	19	5	14	7	6	1		74
AT&T	16	3	13	5	7		1	81
阿莫科	13	4	9	1	6	2		69
英特尔	13	5	8	5	3			62
联合技术	12	2	10	5	4	1		83
DECC	11	1	10	5	5			91
美国运通	16	4	12	5	4	2	1	75

资料来源：于中宁．现代管理新视野．北京：经济日报出版社，1996.

分析这些公司董事会的组成会发现，实际上机构投资者代表在董事会中的席位很少，以各种专家、学者身份参加董事会的人较多。另有资料表明：外聘董事的任职期一般都较长，任职在 10 年以上者占到一半左右，对外聘董事相对稳定的长期聘任有利于他们了解公司，熟悉情况，特别是信息化手段，使他们不一定非要在董事会上才去研究问题。外聘董事一般在社会上有名望，以管理专家身份进入董事会，公司经营不好对他们的名望和利益有直接的损害。如果一位商学院院长任董事的公司经营得一塌糊涂，那么人们就会问，您老先生对学生讲的那一套真的管用吗？讲科学的学者岂不成了江湖术士。

更重要的是，专家们在董事会中的作用是无可替代的。他们以知识、能力和对个人名誉及利益的关注，起到了对管理权的监督作用。美国大公司董事会由于有了一个比较稳定的、占据大部分席位的知识化的外聘专家集团，从而使董事会的控制权发生了“权力的二次分离”。管理权，包括重大问题的决策建议都由以总经理为首的管理班子负责，而董事会的决策权也凸现出来。董事会的决策权实际上是个“开关阀门”，通过审议管理班子决策方案，董事会有能力说“不”，董事会的监督作用从一种心理压力转为现实的压力。美国董事会的这种变化是权力知识化的结果，也是公司制度发展的必然趋势。

4.1.2　企业在国民经济中的地位与作用

企业作为市场经济体系中的一个要素，国民经济整体中的一个细胞，必须从全局角度看待其地位与作用，因为企业资源配置效益是整体市场资源配置效益的基础。企业经济效益是国民经济整体效益的基础。从而，必须一方面提高对企业管理决策重要意义的认识，另一方面明确社会经济体系整体对企业管理决策的要求，以把握好管理决策的总体方向。

(1) 投资者要求。企业要对投资者承担资产保值增值的责任，企业必须有足够的利润，使投资者得到合理的回报。

(2) 政府的要求。企业必须遵守政府的各项法令，自觉地接受工商、税务等职能部门的监督检查。政府是国有企业的重要投资者。国有企业要保证国有资产不受侵害，防止流失，不断增值。

(3) 用户的要求。无论是消费品，还是生产资料，企业应按市场需求组织生产。提供用户满意的产品或劳务，并积极挖掘潜在需求，引导市场发展。

(4) 职工的要求。职工为企业提供劳务，必须得到相应的回报。管理决策要以人为本，必须把人放在工作的首位。

(5) 自身的要求。保证企业经济收入不断增长，树立良好的社会形象。增强持续发展的后劲，实现不断扩大再生产，创建加速成长性循环的运行机制。

企业在社会经济活动中的地位与作用的简要关系，如图 4.1 所示。当然对这些关系和要求可以进行更加详细的分析，并列举出影响管理决策的因素，但从管理决策的总体思路上，企业只有处理好各相关因素的关系，调动各因素的积极性，变不可控为可控，变消极制约为积极促进，才能使企业兴旺发达。

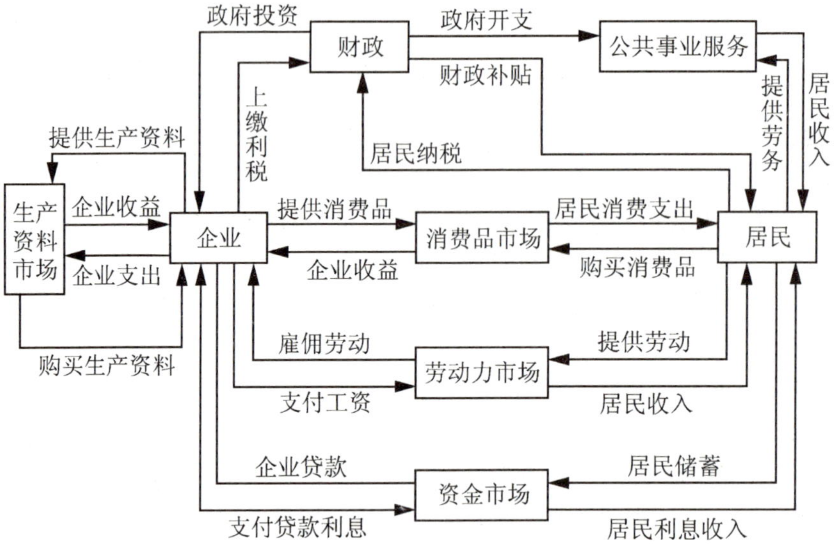

图 4.1　企业在社会活动中的地位与作用

4.1.3　企业的目标

1. 基本标准

企业作为人类社会的经济组织具有二重性：作为经济组织，企业的基本目标是在市场中取得尽可能多的利润；作为社会组织其就要承担尽可能多的社会职责。企业性质的二重性决定了企业管理目标的二重性。

美国著名管理学家德鲁克(Drucker)认为，企业管理主要有 3 项任务：第一，取得经济效益，但不是越多越好，而是合理利润；第二，使工作具有生产性并使职工有成就感，有生产性的工作是指可以衡量结果的工作，再加上充分满足职工的参与、责任、激励等要求，就能使企业成为帮助职工成长、发展、不断取得成就的满意的环境；第三，承担企业的社会影响和社会责任。第二项任务实际上是企业内部的社会责任。因此，不管列举出多少项任务，最终都可归纳为最基本的两项：经济效益与社会效益。

企业管理的目标应该体现经济效益和社会效益的统一，也就是经济基础与上层建筑的统一，但企业作为经济实体，其主要任务还是要抓经济，因为企业如果不能尽可能多地盈利，那么国家财政收入的增加、投资者利益的保障、职工工资福利的提高、企业自我积累发展，就会成为空中楼阁。当社会发展还处在以量的增长为基础的阶段时，人们把对经济效益的追求放在首位是合乎情理的。

当然，现实企业的决策目标是多样化的，如随着所有权和经营权的分离，企业经营目标在一段时间内，就不一定是利润的最大化，而是给出资的股东以最满意的回报；为了适应激烈的市场竞争，就可能采取低价倾销、让利不让市场的策略；为了开发新技术，增强发展后劲，甚至不惜举债经营；为了在社会公众心目中有个好印象，就可能慷慨解囊，一掷万金。总之，暂时减少对利润的追求致力于其他目标也是无可争议的。

管理决策要体现当前利益和长远利润相结合、经济效益与社会效益的统筹兼顾。因此，企业经营目标的基本标准可以概括为企业价值最大化，即预期利润收入现值总和的最大化。用公式表示为：

$$PV=\frac{\pi_1}{(1+r)^1}+\frac{\pi_2}{(1+r)^2}+\cdots+\frac{\pi_t}{(1+r)^t}$$

式中：PV 表示企业所有预期利润现值的总和；π_1，π_2，…，π_t 表示 t 期内每一期的利润；r 为贴现率；t 为时间的期数。

公式中引用了时间因素，因为今天的 1 元钱要比未来的 1 元钱的价值更高，今天投资 1 元，利润为 10%，明年就为 1.1 元。因此，明年 1.1 元的现值就是 1 元。

在企业经营目标中突出对未来预期利润收入现值总和的要求与一般抽象地强调利润相比，可以使管理决策更加贴近现实。其优点为以下内容。

(1) 有利于瞻前顾后管理理念的确定。企业不仅要生存，而且要发展。管理人员在做决策时，必须考虑眼前行为会给将来的利润带来多大影响。

(2) 有利于强化“时间就是金钱”的观念。人们通过银行存款取息对资金的时间价值早有认识。在企业资源配置过程中，“期”与“量”是管理决策的两个最基本的尺度。所有资源都要考虑时间因素，要把对时间的管理列入议事日程，如建立健全的时间责任制、推行“立即就办制度”等。

(3) 有利于对风险分析的认识。在市场经济中，收益与风险并存。一般风险小，收益低；风险大，收益高。时间越长，不确定因素越多，风险越大。风险分析是管理决策的重要内容，提高风险分析水平的重要途径之一，就是加强理论学习。

2. 经济利润

利润是经济学、会计学、管理学等学科中经常使用的概念。管理经济学中又引用这个概念的特殊意义所在就是从管理决策角度，即市场经济条件下资源优化配置角度，对利润进行更深层次的分析，以通过了解一个经济概念的内涵，促进经理人员观念的转换，提高在市场经济条件下管理决策的水平。

3. 利润透视

利润＝收入－成本。利大多干、利小少干、无利不干，是管理决策最常识的问题。管理经济学中对利润的研究，就是要透过其外表现象，探索其在市场经济中，进行决策时发挥作用的内在机理。

【例 4.1】 根据市场需求，组织生产是市场经济对企业最基本的要求。假设某企业在制定生产计划时，产量有 100 台、200 台、300 台 3 种方案，市场需求也可能出现 100 台、200 台、300 台 3 种状态。因此可形成 9 种决策方案，见表 4－2。

表 4－2 企业产销数量表

销量 Q_2 / 产量 Q_1	100	200	300
100	①	⑦	⑧
200	④	②	⑨
300	⑤	⑥	③

由于企业管理决策对信息掌握的不完全性，9 种方案可归纳为 3 类。

(1) 第一类为①、②、③，即产量＝销量($Q_1=Q_2$)，在这种情况下：

企业利润＝单位利润×产量(销量)

即
$$T_\pi=\pi\cdot Q_1(Q_2)$$
式中：T_π 为总利润；π 为单台利润。

(2) 第二类为④、⑤、⑥，即产量＞销量($Q_1>Q_2$)，在这种情况下，由于一部分产品卖不出去，就要降价出售，因此产生积压损失，损失额＝单台损失×积压数量。这部分费用一般在账面上是可以看到的。此时总利润为：
$$T_\pi=\pi\cdot Q_2-B(Q_1-Q_2)$$
式中：B 为单台损失。

(3) 第三类为⑦、⑧、⑨，即产量＜销售量($Q_1<Q_2$)，在这种情况下，企业产品全部售出，账面上的总利润仍为：
$$T_\pi=\pi\cdot Q_1$$
但是还有一部分利润，也就是由于 $Q_1<Q_2$ 错失机会，该得的而没有得到，即
$$\pi\cdot(Q_2-Q_1)$$
这部分利润在账面上是看不出来的，是潜在的利润，或可能取得的利润。在市场经济条件下，企业管理决策的基本标准是未来预期利润收入现值总和的最大化。这种面向将

来、向前看的决策观，要求人们对账面上没有的、可能取得的那部分潜在利润，必须引起重视。

通过上面的透视分析，可以看出，用于管理决策时主要考虑的利润与通常的会计利润是有区别的。管理经济学中把面向决策的利润称为经济利润。

4.2 生产函数

4.2.1 生产与生产要素

生产是对各种生产要素进行组合以制成产品的行为。在市场经济中，企业从事生产经营活动就是从要素市场上购买生产要素(劳动力、机器、原材料等)，经过生产过程，生产出产品或劳务，在产品市场上出售，供消费者消费或供其他生产者再加工，以赚取利润。所以，生产也就是把投入变为产出的过程。

生产要素是指生产中所使用的各种资源，即劳动、资本、土地和企业家才能。生产也是这 4 种生产要素结合的过程，产品则是其共同作用的结果。劳动是指劳动力所提供的服务，可以为体力劳动和脑力劳动。劳动力是指劳动者的能力，由劳动者提供，劳动者的数量和质量是生产发展的重要因素。资本是指生产中所使用的资金。它包括两种形式：有形的物质资本和无形的人力资本。前者指在生产中使用的厂房、机器、设备、原料等资本品；后者是指在劳动者身上的身体、文化、技术状态以及信誉、商标、专利等。在生产理论中资本指的主要是前一种物质资本。土地是指生产中所使用的各种自然资源，是在自然界所存在的，如土地、水、自然状态的矿藏、森林等。企业家才能是指企业家对整个生产过程的组织与管理工作，包括经营能力、组织能力、管理能力、创新能力。企业家根据市场预测，有效地配置上述生产要素从事生产经营，以追求最大利润。经济学家特别强调企业家才能，认为把劳动、土地、资本组织起来，演出一部有声有色生产经营话剧的正是企业家才能。

4.2.2 生产函数及其分类

1. 定义

生产函数是指在技术水平不变的情况下，一定时期内生产要素的数量与某种组合和它所能生产出来的最大产量之间依存关系的函数。它是反映生产过程中投入和产出之间的技术数量关系的一个概念。

2. 生产函数的一般表达式

以 Q 代表总产量，L、K、M、E、…分别代表投入到生产过程中的劳动、资本、土地、企业家的才能等生产要素的数量，则生产函数的一般形式可表示为：

$$Q = f(L, K, N, E, \cdots)$$

为了分析方便，通常把土地作为固定的，企业家的才能因难以估算而忽略，所以，生产函数可以简化为：

$$Q = f(L, K)$$

上式表明：在一定时期、一定技术水平时，生产 Q 的产量，需要一定数量的劳动与资本的组合。同样表明：在劳动、资本的数量与组合已知时，就可以推算出最大的产量。

3. 齐次生产函数

给定生产函数 $Q=Q(X_1, X_2, \cdots, X_n)$，$Q$ 为产出，X_i 为第 i 种要素的投入量，如果 $Q(tX_1, tX_2, \cdots, tX_n)=t^{\lambda}Q(X_1, X_2, \cdots, X_n)=t^{\lambda}Q$，则可以说 $Q=Q(X_1, X_2, \cdots, X_n)$ 为 λ 次齐次生产函数。

当 $\lambda=0$ 时，有 $Q(tX_1, tX_2, \cdots, tX_n)=Q(X_1, X_2, \cdots, X_n)$，$Q$ 为 0 次齐次生产函数。

当 $\lambda=1$ 时，有 $Q(tX_1, tX_2, \cdots, tX_n)=tQ(X_1, X_2, \cdots, X_n)$，$Q$ 为 1 次齐次生产函数。

……

当 $\lambda=n$ 时，有 $Q(tX_1, tX_2, \cdots, tX_n)=t^nQ(X_1, X_2, \cdots, X_n)$，叫作 n 次齐次生产函数。

4. 柯布-道格拉斯生产函数

1928 年，美国数学家 C·柯布与经济学家 P·道格拉斯，根据 1899—1922 年美国的劳动和资本这两种生产要素对产量影响的历史统计资料，提出了这一时期美国的生产函数，该生产函数的一般形式为：

$$Q = AL^{\alpha}K^{1-\alpha}$$

上式就是经济学中著名的“柯布-道格拉斯生产函数”。

式中：Q 为产量；L 和 K 分别为劳动和资本的投入量；A 和 α 为常数，其中 $0<\alpha<1$；α 和 $(1-\alpha)$ 分别为劳动和资本在生产中的相对重要性，α 为劳动贡献在总产量中所占的份额，$(1-\alpha)$ 为资本贡献在总产量中所占的份额。

在柯布-道格拉斯生产函数中，当劳动量与资本量同时增加 λ 倍时，上式则为：

$$A(\lambda L)^{\alpha}(\lambda K)^{1-\alpha} = \lambda AL^{\alpha}K^{1-\alpha} = \lambda Q$$

所以，产量也增加了 λ 倍，因此，柯布-道格拉斯生产函数为线性齐次生产函数。

柯布和道格拉斯对美国这一时期有关统计资料的结算，得出 A 值为 1.01，α 值为 0.75。代入上式表明：这一期间美国在资本投入量固定不变时，劳动投入量每增加 1%，产量将增加 1%的 3/4，即 0.75%；当劳动投入量固定不变时，资本投入量每增加 1%，产量将增加 1%的 1/4，即 0.25%。这就是说，劳动和资本对总产量的贡献的比例是 3∶1。西方经济学家认为，这个比例同(劳动收入—工资)和(资本收入—利息)在国民收入所占的比重大致一样，后者也是 3∶1。

4.3　短期生产分析

经济学中，在短期内固定不变的生产要素通常是指资本。这是因为资本形成需要一定的时间间隔，因此本节以只有一种生产要素可变的情形为例考察短期的生产函数。

4.3.1　总产量、平均产量和边际产量

1. 定义

经济学中，产量的概念是指实物量，而不是指产值。根据一种可变生产要素的投入与相应产量之间的对应关系，经济学上通常使用的产量概念有 3 个。现以劳动要素为例来说明这些概念。

（1）总产量(记作 TP)是指在资本投入量既定条件下由可变要素劳动投入所生产的产量总和。表达式为：

$$TP = f(L)$$

（2）平均产量(记作 AP)是指平均每个单位劳动所生产的产量。表达式为：

$$AP = TP/L$$

（3）边际产量(记作 MP)是指每增加一单位劳动投入量所增加的产量。表达式为：

$$MP = \Delta TP/\Delta L$$

需要指出，上述定义并不局限于劳动，一种可变生产要素也可以是资本或其他。根据上述关系可以做出表 4-3。

表 4-3　各产量概念相互之间的关系

资本量(K)	劳动量(L)	劳动增量(ΔL)	总产量(TP)	平均产量(AP)	边际产量(MP)
10	0	0	0	0	0
10	1	1	6	6	6
10	2	1	13.5	6.75	7.5
10	3	1	21	7	7.5
10	4	1	28	7	7
10	5	1	34	6.8	6
10	6	1	38	6.3	4
10	7	1	38	5.4	0
10	8	1	37	4.6	−1

2. 总产量、平均产量和边际产量的关系

由表 4-3 的数据可做出图 4.2。

在图 4.2 中，以劳动量 OL 为横轴，产量 TP、AP、MP 为纵轴，可以做出总产量曲

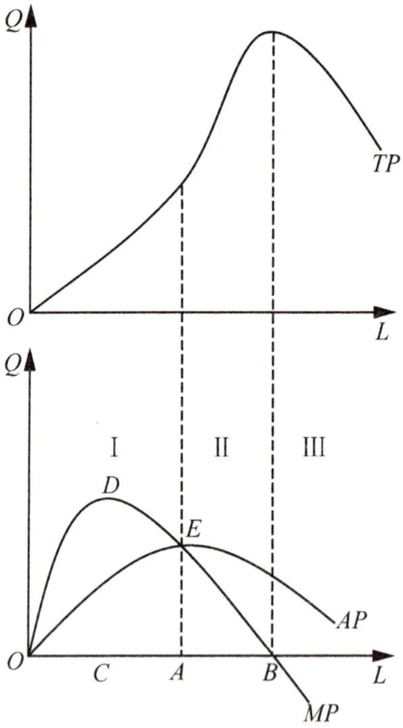

图 4.2　*TP*、*AP*、*MP* 的相互关系

线 *TP*、平均产量曲线 *AP* 和边际产量曲线 *MP*。根据这个图，可以看出总产量、平均产量和边际产量之间的关系有如下几个特点。

（1）在资本投入量不变的情况下，劳动投入量增加到 *C* 时，最初的 *AP* 曲线、*MP* 曲线都上升，并且 *MP* 曲线达到最高峰 *D* 点，这时 *TP* 曲线以递增的增长率上升。

（2）当劳动投入量增加到 *A* 时，*MP* 曲线由最高峰 *D* 点开始下降，这导致 *TP* 曲线以递减的增长率上升。并且 *MP* 曲线与 *AP* 曲线交于 *AP* 曲线的最高点 *E* 点，相交前，*AP* 是递增的，且 $MP>AP$；相交后，*AP* 是递减的，且 $MP<AP$；只在相交时，才有 $MP=AP$。

（3）当劳动投入继续增加到 *B* 之前，*TP* 曲线仍以递减的增长率上升，在 *MP* 曲线与 *OL* 轴相交于 *B* 点时，即 $MP=0$，此时 *TP* 曲线达到其最高点。当劳动投入量超过 *B* 时，$MP<0$，则 *TP* 曲线开始下降。从以上 *TP* 曲线、*AP* 曲线、*MP* 曲线都是先上升而后下降的特征看，其正是反映了边际收益递减规律作用的结果。

4.3.2　边际收益递减规律

边际收益递减规律又称收益递减规律，是指在技术水平不变的条件下，当把一种可变的生产要素投入到一种或几种不变的生产要素中时，最初这种生产要素的增加会使产量增加，但当它的增加超过一定限度时，所带来的产量增加量是递减的，最终还会使产量绝对减少。

在理解这一规律时，需要注意以下 3 点。

(1) 这一规律发生作用的前提是生产技术水平保持不变。技术水平不变是指生产中所使用的技术没有发生重大变革。当今世界，尽管技术进步速度很快，但并不是每时每刻都有重大突破，技术进步总是间歇式进行的，只有经过一定时期的准备以后，才会有重大的进展。无论是工业还是农业，一种技术一旦形成，总会有一个相对稳定的时期，这一时期就可以称为技术水平不变时期。例如，当企业选择一个特定生产技术之后，如果只有一种生产要素可以调整，那么就意味着生产处于短期，这时生产技术水平不变的假设是能够成立的。离开了技术水平不变这一前提，边际收益递减规律就不能成立。

(2) 这一规律只有在其他要素投入量保持不变的条件下才能成立。如果连同可变的生产要素一起增加其他生产要素，则这一规律就不能成立了。

(3) 在其他生产要素不变时，一种生产要素投入量增加所引起的产量或收益的变动可以分为 3 个阶段。

① 收益递增阶段，即图 4.2 中的 OA 段，劳动的平均产量由零到最高点 E，总产量也在递增。这是因为，在开始时不变的生产要素没有得到充分利用，这时增加可变的生产要素劳动，可以使不变的生产要素得到充分利用，使劳动的边际产量大于劳动的平均产量，从而使劳动的平均产量和总产量递增。

② 收益递减阶段，即图 4.2 中劳动投入由 A 到 B，总产量则继续增加到最高点 M。这一阶段，劳动的边际产量小于劳动的平均产量，从而使平均产量递减，但由于边际产量大于零，所以总产量仍能继续增加，但递减的比率增加。这是因为在这一阶段，不变的生产要素已接近于充分利用，可变生产要素劳动的增加已不能像第一阶段那样使产量迅速增加。

③ 负收益阶段，即劳动投入量超过 B，总产量开始下降的阶段。这一阶段，劳动的边际产量下降为负值，总产量也绝对减少。这是因为此时不变的生产要素已经得到充分利用，再继续增加可变生产要素只会降低生产效率，减少总产量。

案例 4-1

边际收益递减规律是说，在一定的技术条件下，使用多种投入生产一种产品时，只有一种投入是可变的，随着这种可变投入的增加，产量的增加也会越来越多，但超过一定限度后，这种增加的产量就会变得越来越少，甚至使总产量绝对地减少。这一现象普遍存在，就被称为边际收益递减规律。

从边际收益变化的角度来看，由一个和尚挑水吃到两个和尚抬水吃，说明边际收益已经递减，当发展到 3 个和尚时，已经递减到没有水吃了。这应该是对边际收益递减规律最生动的写照。

正是因为边际收益递减规律发生的作用，所以迫使企业寻求可变投入要素的合理范围。

4.3.3　单一可变要素最优投入量的确定

根据劳动投入量与总产量，平均产量和边际产量之间的关系，图 4.2 可分为 3 个区域。Ⅰ区域劳动量从零增加到 A 为第一阶段，这时平均产量呈上升趋势，并且边际产量大于平均产量，这说明在此阶段，相对于不变的资本量而言，劳动量投入不足，所以劳动量的增加不仅可以使资本得到充分利用，而且还使产量递增。由此看来劳动投入量最少要增

加到 A 点为止，否则资本无法得到充分利用。因此理性的企业不会把劳动的投入确定在这一区域。Ⅱ区域是劳动量从 A 增加到 B 这一阶段，这时平均产量开始下降，边际产量小于平均产量且递减，但仍大于零，所以总产量仍增加，但是以递减的比率增加。当劳动投入量增加到 B 点时，边际产量为零，总产量达到最大。Ⅲ区域是劳动增加到 B 点以后，此时劳动的边际产量为负值，即继续增加劳动投入不但不会增加产量，反而会使总产量绝对减少，因此企业也不会把投入确定在这一区域内。

从以上分析可以看出，理性的生产者只会把劳动的投入量选择在Ⅱ区域内，即 A 与 B 之间的区域，也被称为可变生产要素的合理投入区。合理投入区仅给出了可变生产要素的投入范围，但具体投入在哪一点上却还要考虑到其他因素。例如，首先要考虑企业的目标，若企业追求的目标是使平均产量最大，则劳动投入量增加到 A 点就可以了；若企业的目标是使总产量最高，那么，劳动投入量就可以增加到 B 点。其次，若企业以利润最大化为目标，即无论是平均产量最大或是总产量最大时，都不一定是利润最大。究竟劳动投入量增加到哪一点所达到的产量能实现利润最大化，还必须结合成本与产品价格来分析。

4.4 长期生产分析

4.4.1 等产量线

1. 等产量线的定义

等产量线就是在技术水平不变的条件下，生产同一产量的两种生产要素投入的各种不同组合点的轨迹。假如现在用劳动和资本两种生产要素的组合(L，K)，它们有 a、b、c、d 共 4 种组合方式，这 4 种组合方式都可以生产出相同的产量 Q_0。具体组合见表 4－2。

表 4－4　相同产量水平下的不同生产组合方式

组合方式	资本(K)	劳动(L)
a	6	1
b	3	2
c	2	3
d	1	6

根据表 4－4，可做出图 4.3。其中，横轴 OL 代表劳动量，纵轴 OK 代表资本量，将 A、B、C、D 点连成一条曲线，则 Q_0 即为等产量线。即以线上任意一点所表示的资本与劳动的不同数量的组合，都能生产出相等的产量。生产理论中的等产量曲线与效用理论中的无差异曲线相似，所以它又被称为“生产的无差异曲线”。所不同的是，等产量线代表的是产量，而无差异曲线代表的是效用。

2. 等产量线的特征

(1) 等产量线是一条向右下方倾斜的曲线，其斜率为负值。这意味着在生产者的资源

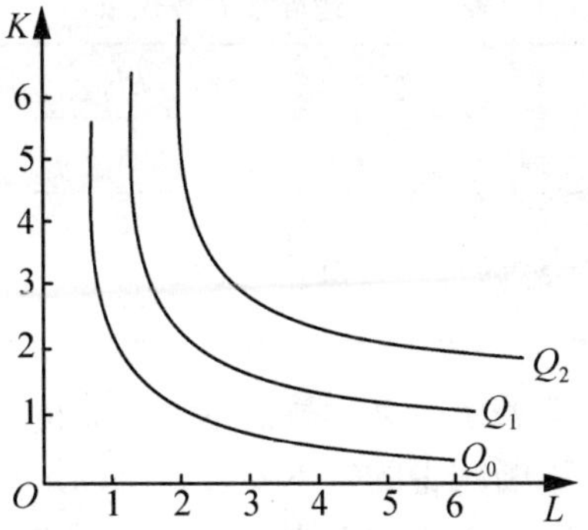

图 4.3　等产量曲线

与生产要素价格既定的条件下，为保持相同的产量，在增加一种生产要素的同时，必须减少另一种生产要素的投入量。在资源既定时，两种生产要素的同时增加是无法实现的；而两种生产要素的同时减少，又不能保持原有的产量水平。

(2) 在同一坐标平面上，可以有无数条等产量线，其中每一条都代表着一个产量，因此不同的等产量线就代表不同的产量水平，并且离原点越远的等产量线所代表的产量水平就越高。

在图 4.3 中，Q_0、Q_1、Q_2是 3 条不同的等产量线，它们分别代表不同的产量水平，离原点越远，意味着投入的劳动和资本的数量就越多，从而它所能生产的产量也就越大，故其产量水平顺序为 $Q_0 < Q_1 < Q_2$。

(3) 在同一坐标平面上，任意两条等产量线均不会相交，否则与定义相矛盾。

(4) 等生产量线是一条凸向原点的曲线。这说明两种生产要素的边际技术替代率是递减的。

3. 边际技术替代率

边际技术替代率是指在维持产量水平不变的条件下，增加的一种生产要素的投入量与所减少的另一种生产要素的投入量之比。用 ΔL 代表劳动投入的增加量，ΔK 代表资本投入的减少量，若是以劳动替代资本，则劳动对资本的边际技术替代率可表示为：

$$MRTS_{LK} = \Delta K / \Delta L$$

根据这一定义，两种生产要素的边际技术替代率等于它们的边际产量之比，因此上式也可写成：

$$MRTS_{LK} = \Delta K / \Delta L = MP_L / MP_K$$

边际技术替代率应该是负值，因为它表示要保持产量不变，当一种生产要素投入量增加时，另一种生产要素的投入量就要减少。为方便起见，边际技术替代率一般取其绝对值。

现在用表 4－4 的数字来说明边际技术替代率的变动，并由表 4－4 可做出表 4－5。

从表 4－5 可以看出，边际技术替代率是递减的。这是因为随着劳动投入量的增加，边际收益递减规律就会发生作用，结果是劳动的边际产量递减；相反，资本的边际产量会

表 4-5　边际技术替代率

变动情况	ΔL	ΔK	$MRTS_{LK}$
$a \to b$	1	3	3
$b \to c$	1	1	1
$c \to d$	3	1	0.33

随着资本投入量的减少而增加。若用劳动代替资本且又保持产量不变，那么生产者必须投入更多的劳动要素，才能代替不断减少的资本要素。所以，每增加一定数量的劳动所能代替的资本量越来越少，即当 ΔL 不变时，ΔK 越来越小。因此，边际技术替代率递减是以边际收益递减规律为基础的。边际技术替代率的几何意义是等产量线的斜率，由于前者递减，所以等产量线的斜率也递减，这就决定了等产量线是一条凸向原点的曲线。

4.4.2　等成本线

1. 等成本线的定义

等成本线又称企业预算线，它是一条表明在生产者成本与生产要素价格既定的条件下，生产者所能购买到的两种生产要素最大数量的各种组合的轨迹。

等成本线表明了企业进行生产的限制条件，即其所购买的生产要素的所有支付不能大于或小于它所拥有的货币成本。大于货币成本是无法实现的，小于货币成本又使其无法实现产量最大化。

2. 等成本线的表示

假定既定的货币成本为 C，劳动与资本的价格与购买量分别为 P_L、P_K、L 与 K。即等成本线方程可表示为：

$$C = P_L \times L + P_K \times K$$

$$K = C/P_K - P_L/P_K \times L$$

只要生产要素的价格不会因其购买量的变动而有所变动，那么等成本线就是一个直线方程，其斜率为 $-P_L/P_K$，如图 4.4 所示。

图 4.4 中的 B 点表示用既定的全部成本都购买劳动时的数量，$OB=C/P_L$；A 点表示用既定的全部成本都购买资本时的数量，$OA=C/P_K$。连接 A 点和 B 点则为等成本线 AB。在该线上任意一点，都是在货币成本与生产要素价格既定条件下能够购买到的劳动与资本的最大数量的组合。线内的任何一点，如 E 点，表示所购买的劳动与资本的组合是可以实现的，但并不是最大数量的组合，即既定的货币成本没有用完。而线外的任何一点，如 F 点，则表示所购买的劳动与资本的组合都大于线上任一点的组合，这是无法实现的，因为所需要的货币超过了既定的成本。

3. 等成本线的变动

如果生产者的货币成本变动或要素价格变动，则等成本线就会发生移动。例如在

图 4.5 中，AB 是原来的等成本线，若要素价格不变，那么当货币成本增加时，等成本线向右上方平行移动至 A_1B_1；当货币成本减少时，等成本线向左下方平行移动至 A_2B_2。

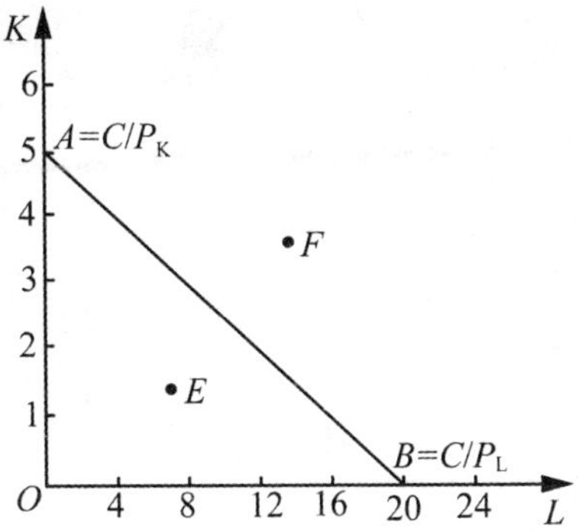

图 4.4　等成本约束线

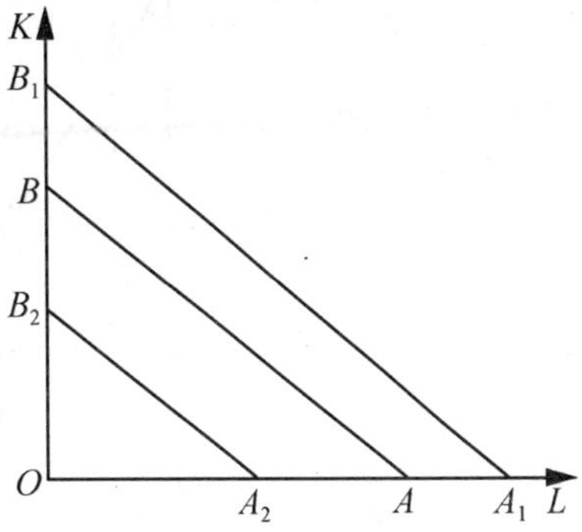

图 4.5　等成本线的变动

4.4.3　多种投入要素最优组合的确定

1. 生产者均衡

第 3 章所述消费者均衡是研究消费者如何把既定的收入分配于两种商品的购买与消费上，以达到效用最大化。两种生产要素的合理投入是研究生产者如何把既定的成本(即生产资源)分配于两种生产要素的购买与生产上，以达到产量最大，也就是达到利润最大化，此时生产要素的配合比例就叫作生产者均衡，或称企业均衡。如果其他条件不变，那么生产者就不愿意再改变这两种生产要素的配合比例。生产者均衡的研究方法与消费者均衡研究方法也基本相同，即边际分析法与等产量分析法。

2. 用等产量分析法来证明生产者均衡(两种生产要素的合理投入)

理性的企业选择生产要素最优组合的过程可以借助等产量线与等成本线加以说明。

现将等产量线与等成本线共同描绘在图 4.6 中，Q_1、Q_2、Q_3 为 3 条等产量线，按其产量大小，顺序为 $Q_1<Q_2<Q_3$。AB 为等成本线，并与 Q_2 相切于 E 点，在 E 点处就实现了生产要素的最优组合。因为在成本和生产要素价格既定时，理性的企业必然会在等成本线上不断调整生产要素的组合，当调整到等成本线与众多的等产量线相切之点时，如图中的 E 点，企业就实现了在既定成本下的最大产量。E 点也为企业生产要素的最优组合点，即 OM 劳动与 ON 资本的结合。

为什么只有在 E 点处才能实现生产要素的最优组合呢？从图 4.6 上看，C、D、E 点都在等成本线 AB 上，成本相同，但 C、D 点在 Q_1 上，而 E 点在 Q_2 上，所以 E 点时的产量是既定成本时的最大产量。再者，在等产量线 Q_2 上各点产量都是相同的，但除 E 点处以外，其他表示两种生产要素组合的点都在等成本线 AB 之外，显然其成本都大于 E 点，所以也可以说 E 点时的成本是既定产量时的最小成本。

无论是产量既定，还是成本既定，等成本线与等产量线的切点 E，就是企业的均衡

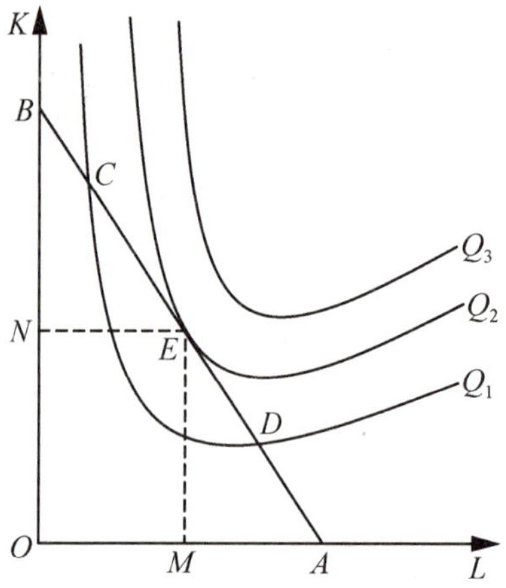

图 4.6 企业均衡

点。而在切点 E 处，等产量线的斜率与等成本线的斜率正好相等。由于等产量线的斜率的经济含义是两种生产要素的边际产量之比，即 $MRTS_{LK}=\frac{MP_L}{MP_K}$；而等成本线斜率的经济含义是两种生产要素的价格之比，即 P_L/P_K。故企业均衡或生产要素最优组合的条件是：

$$MRTS_{LK}=MP_L/MP_K=P_L/P_K$$

上式也给了生产要素最优组合的另一个解释：如果劳动和资本两种生产要素可以完全替代，那么这两种要素的配合比例不仅要视它们各组的生产力，而且还要视其各自的价格而定。即企业可以通过对两要素投入量度的不断调整，使每一元钱无论用来购买哪一种生产要素其所获得的边际产量都相等，企业才实现了既定成本下的最大产量。因为，如果 $MP_L/P_L>MP_K/P_K$，则说明企业同样花一元钱，但购买劳动所获得的边际产量大于购买资本所获得的边际产量，作为理性的企业就会用购买资本的一元钱转向购买劳动，在保持成本不变的情况下，以使总产量增加。

同理，若在 $MP_L/P_L<MP_K/P_K$ 的情况下，企业也会调整，用购买劳动的一单位成本转向购买资本，以使总产量增加，只要单位成本所获得的边际产量不同，企业就会不停地调整对两种生产要素的投入，使得增加的投入要素的边际产量递减，减少的投入要素的边际产量递增，直到二者的边际产量与价格之比相等，企业才会停止调整，这时，两种生产要素的组合才处于最优状态。

同理，此结论也可以扩展为投入多种生产要素时企业均衡的条件，即

$$\frac{MP_a}{P_a}=\frac{MP_b}{P_b}=\frac{MP_c}{P_c}=\cdots=\frac{MP_n}{P_n}$$

如果生产者的货币成本增加，则等成本线向右平行移动，不同的等成本线与不同的等产量线相切，形成不同的生产要素最适组合点，将这些点连接在一起，就得出扩张线，用图 4.7 来说明。

在图 4.7 中，A_1B_1、A_2B_2、A_3B_3 是 3 条不同的等成本线，从 A_1B_1 到 A_3B_3，等成本线向右上方移动，说明生产者的货币成本在增加。A_1B_1、A_2B_2、A_3B_3 分别与等产量线 Q_1、Q_2、Q_3 相切于 E_1、E_2、E_3。把 E_1、E_2、E_3 与原点连接起来的 OC 就是扩张线。

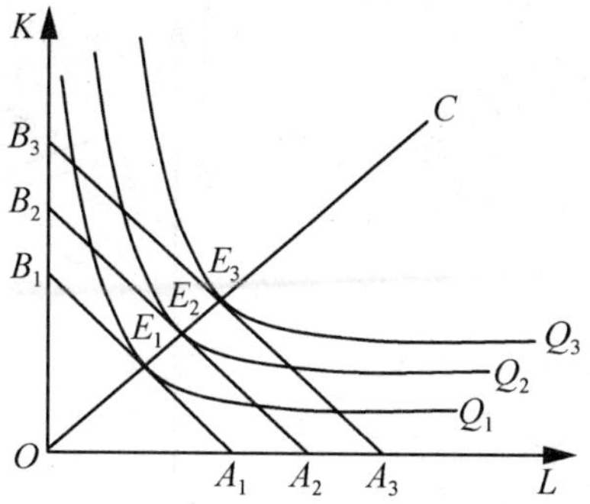

图 4.7　扩张线

扩张线的含义是，当生产者沿着这条线扩大生产规模时，可以始终实现生产要素的最适组合，从而使生产规模沿着最有利的方向扩大。

4.5　企业生产要素最优组合分析

4.5.1　最优组合原理

一个企业生产多种产品，在进行市场需求测定的基础上，根据企业现有资源条件，各种产品的产量如何组合，才能使利润最大(或成本最低)，这也是企业生产决策的基本问题。

为了便于分析，这里需要先把问题简化。假定：企业只生产两种产品 A 和 B；产品价格和投入要素的成本均为已知，而且不因产量的变化而变化；企业资源(包括土地、机器设备、劳动力等)的数量和构成也是给定的。现在的问题是，在上述假设下，怎样决定产品产量的最优组合？为此，需要使用两种曲线：一种是产品转换曲线；另一种是等收入曲线。

所谓产品转换曲线，是指这条曲线上的任意点，都代表企业在资源给定的条件下能够生产的各种产品产量的可能组合。在图 4.8 中，曲线 T_1 就是一条产品转换曲线。如果技术不变，产品转换曲线的位置就取决于企业资源的多少，如果资源增加，曲线就会向外移动到 T_2。如果产品产量组合在产品转换曲线的内侧，如图 4.8 中的 E 点所示，则说明此时企业的资源没有得到充分利用。企业只有按产品转换曲线边界上的产品产量组合进行生产，才能使资源得到充分利用。

需要指出的是，产品转换曲线的斜率始终是负的，这是因为其中一种产品的产量增加，必然会导致另一种产品产量的减少。产品转换曲线的斜率就是产品之间的边际转换率。产品 A 的边际转换率就是指增加一个单位产品 A，会使产品 B 的产量减少多少。在图 4.9 中，产品转换曲线的斜率＝产品 A 的边际转换率＝ $\Delta Q_B/\Delta Q_A$ 。

产品转换曲线还有一个重要的特征是，如果沿着产品转换曲线向右移动，产品 A 的边际转换率就会递增，即 $\Delta Q_B/\Delta Q_A$ 的值递增；如果沿着产品转换曲线向左移动，产品 A 的边际转换率就会递减，即 $\Delta Q_B/\Delta Q_A$ 的值递减。正是由于这一点，产品转换曲线的形状一般总是从原点向外凸出的。

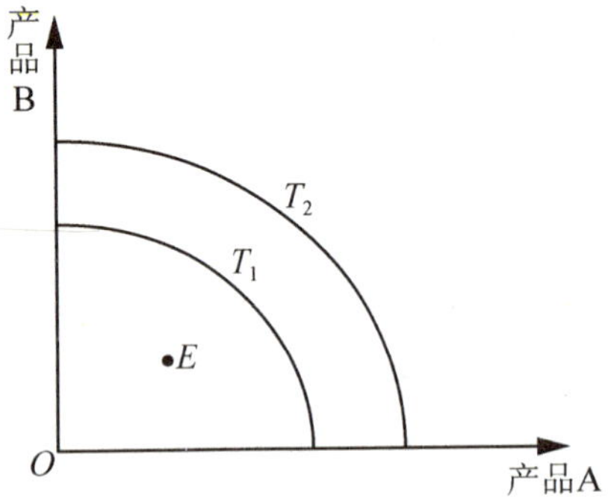

图 4.8　产品转换曲线

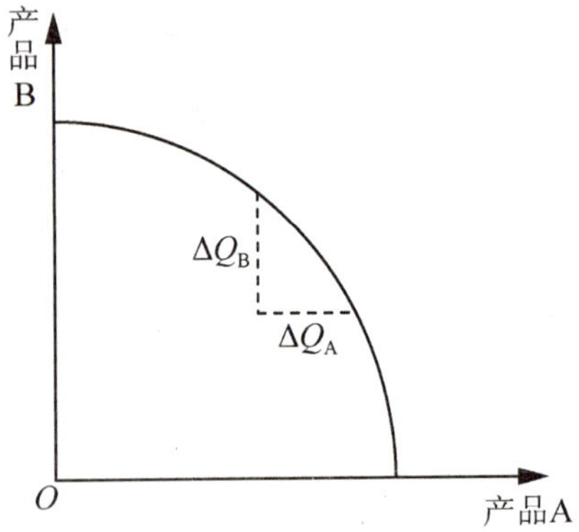

图 4.9　产品边际转换率图

所谓等收入曲线，是指在这条曲线上，各点所代表的不同的产品产量组合都能得到相同的总销售收入。由于企业的总成本是给定的(因为假定企业的资源是给定的)，所以，当总销售收入最大时，也就是总利润最大。假定 P_A为产品 A 的价格，P_B为产品 B 的价格，Q_A为产品 A 的产量，Q_B为产品 B 的产量，那么，总销售收入就等于：

$$TR = P_A \cdot Q_A + P_B \cdot Q_B$$

或

$$Q_B = \frac{TR}{P_B} - \frac{P_A}{P_B}Q_A$$

总收入函数方程表明：每一个总收入 TR 的值，都有一条等收入曲线。只要产品的价格不变，这些等收入曲线就互相平行，因为它们斜率相同，都等于 $-\frac{P_A}{P_B}$。

把等收入曲线画到产品转换曲线的图上，就可以找出这两条曲线的切点。这个切点就代表这两种产品最优的产量组合，如图 4.10 所示。这个切点 E 代表产品 A 的产量 Q_A与产品 B 的产量 Q_B相组合。这种组合是产品转换曲线上各点中能使总收入最大从而保证利润最大的组合。在这一点上两种产品的价格比率(等收入曲线的斜率)等于产品 A 的边际转换率(产品转换曲线的斜率)。

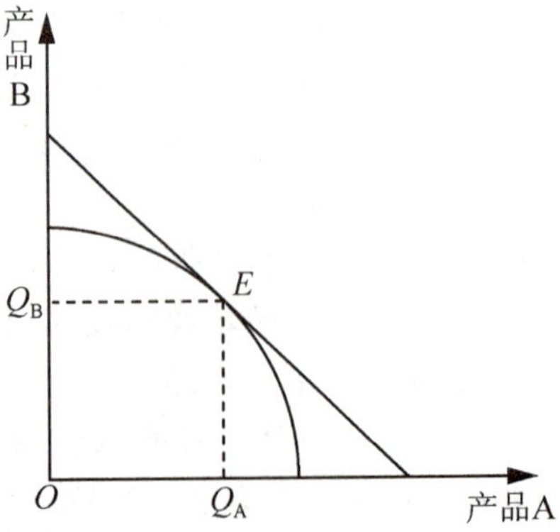

图 4.10　两种产品最优的产量组合

4.5.2 最优组合方法

上面主要是介绍多种产品产量最优组合决策的基本原理，但在实践中，由于确定产品转换曲线比较困难，更多的是用线性规划方法来进行产品产量最优组合的决策。

1. 线性规划模型结构

线性规划模型的结构取决于线性规划的定义。线性规划的定义是：求一组变量的值，在满足一组约束条件下，求得目标函数的最优解。因此，线性规划的模型结构包括下列 3 个部分。

(1) 变量。变量是指系统中的可控因素，也是指实际系统中有待确定的未知因素。这些因素对系统目标的实现和各项经济指标的完成具有决定性影响，故又称其为决策变量，例如决定企业经营目标的产品品种和产量等。其描述符号是 X_i 或者 X_{ij}，用一个或几个英文字母，附以不同的数字下标，表述不同的变量。模型变量中除决策变量外，还有一种叫辅助变量，它包括松弛变量和人工变量。它们是为模型运算时的需要而设定的，在模型中一般不起决策性作用。但可能在计算机运算输出结果中出现，可反映某种资源的剩余值。

(2) 目标函数。目标函数是指系统目标的数学描述。线性规划目标函数的重要特征之一是线性函数，即目标值与变量之间的关系是线性关系，这是线性规划模型的基本条件和假设。目标函数的特性之二是单目标，实现单目标的最优值。一般是求效益性指标，如产值、利润等的极大值，或者是损耗性指标，如原材料消耗、成本、费用的极小值。极值标准的确定要根据系统的具体情况和决策的要求来定。

(3) 约束条件。约束条件是指实现系统目标的限制因素，它涉及系统内外部条件的各个方面，如内部条件原材料的储备量、生产设备能力、产品质量要求；外部环境的市场需求和上级的计划指标等。这些因素对实现系统目标都起约束作用，故称为约束条件。根据约束因素对系统的约束要求和作用不同，约束条件的数学表达形式也不同。线性规划的约束条件有 3 种形式：大于等于(≥)；等于(=)；小于等于(≤)。前两种形式多属于效益性指标或合同要求，必须按计划及合同要求超额或如数完成；后者多属于资源供应约束，由于供应数量有限，一般不允许超出。因为线性规划的约束因素涉及的范围较广，约束幅度较大，因此，约束条件多用数学不等式形式来描述。

另外，线性规划的变量皆为非负值。

综上所述，就可列出线性规划的一般形式为：

$$Z_{\max(\text{或}\min)} = C_1X_1 + C_2X_2 + \cdots + C_jX_j + \cdots + C_nX_n$$

满足于：

$$\begin{aligned}
a_{11}X_1 + a_{12}X_2 + \cdots + a_{1j}X_j + \cdots + a_{1n}X_n\,(\leqslant = \geqslant)\,b_1 \\
a_{21}X_1 + a_{22}X_2 + \cdots + a_{2j}X_j + \cdots + a_{2n}X_n\,(\leqslant = \geqslant)\,b_2 \\
\vdots \qquad\qquad\qquad \vdots \qquad\qquad\qquad \vdots \\
a_{m1}X_1 + a_{m2}X_2 + \cdots + a_{mj}X_j + \cdots + a_{mn}X_n\,(\leqslant = \geqslant)\,b_m \\
X_j \geqslant 0\,(j = 1, 2, 3, \cdots, n)
\end{aligned}$$

根据线性规划模型的一般形式分析，线性规划具有下列特性。

(1) 线性函数。线性规划的目标函数与约束条件均为线性函数(变量均为一次项)，这是线性规划建模的前提。实际系统中的非线性关系，应属于规划论另一分支——非线性规划研究的范围。

(2) 单目标。这与经济管理中多指标的实际要求是矛盾的。一般的处理方法是抓主要矛盾，确定一个主要目标，实现最优，带动其他目标的实现，或者单目标多方案择优。不然就要用目标规划来实现多目标优化分析，这属于规划论另一分支——目标规划的研究范围。

(3) 连续函数。线性规划的最优解值是连续的，可以是整数，也可以是分数(或小数)。如果实际系统要求实现整数最优，而这时线性规划最优解是分数，满足不了决策者的要求，这就属于规划论中另一分支——整数规划研究的范围。

(4) 静态的确定值。线性规划模型参数一般要求是确定型的，参数均应是已知的，所以它只是一种实际活动的静态描述。

2. 应用举例

运用线性规划模型，对于提高企业竞争能力，提高经济效益，有着重要作用，当企业生产所需资源数量，如设备能力、原料供应量等条件已定时，对经营管理的要求就是如何根据市场需求，充分利用这些资源，从而使企业的经济效益最大。

【例 4.2】 某企业生产 A、B、C、D 这 4 种产品，生产过程须经过甲、乙、丙、丁、戊 5 个车间，每个车间根据现有条件，所能提供的工时数量及每种产品生产过程所需工时定额情况，见表 4-6，各种产品的单件成本、市场价格以及销售趋势见表 4-7。

表 4-6 工时数量及每种产品生产过程所需工时定额情况表

车间	单位产品的工时定额/小时				可利用工时/(小时/月)
	A产品	B产品	C产品	D产品	
甲	0.03	0.15	0.05	0.10	400
乙	0.06	0.12	—	0.10	400
丙	0.05	0.10	0.05	0.12	500
丁	0.04	0.20	0.03	0.12	450
戊	0.02	0.06	0.02	0.05	400

表 4-7 成本、价格、销售量表

产品	单位产品价格/元	单位产品成本/元	市场销售/件	
			最大	最小
A	10	6	6 000	1 000
B	25	15	—	500
C	16	11	500	3 000
D	20	14	100	1 000

现已知下月生产产品 B 和产品 D 的原材料供应紧张，最大供应量为 2 000m^2，若产品 B 每件需 2m^2，产品 D 每件需 1.2m^2，要求拟定出下月实现最大利润的产品搭配计划。

解：

设 X_1、X_2、X_3、X_4 分别为产品 A、B、C、D 的计划产量。

目标函数：

$$Z_{max} = (10-6)X_1 + (25-15)X_2 + (16-11)X_3 + (20-14)X_4$$
$$= 4X_1 + 10X_2 + 5X_3 + 6X_4$$

约束条件如下。

(1) 可用工时的约束。

甲车间：$0.03X_1 + 0.15X_2 + 0.05X_3 + 0.10X_4 \leqslant 400$

乙车间：$0.06X_1 + 0.12X_2 + 0.10X_4 \leqslant 400$

丙车间：$0.05X_1 + 0.10X_2 + 0.05X_3 + 0.12X_4 \leqslant 500$

丁车间：$0.04X_1 + 0.20X_2 + 0.03X_3 + 0.12X_4 \leqslant 450$

戊车间：$0.02X_1 + 0.06X_2 + 0.02X_3 + 0.05X_4 \leqslant 400$

(2) 原材料供应的约束：

$$2X_2 + 1.2X_4 \leqslant 2\ 000$$

(3) 市场销售的约束：

$$X_1 \geqslant 1\ 000$$
$$X_1 \leqslant 6\ 000$$
$$X_2 \leqslant 500$$
$$X_3 \geqslant 500$$
$$X_3 \leqslant 3\ 000$$
$$X_4 \geqslant 100$$
$$X_4 \leqslant 1\ 000$$

非负值 X_1、X_2、X_3、$X_4 \geqslant 0$

线性规划模型通常要用计算机求解，用软件包求出最优解为：

$$X_1 = 5\ 500(件)$$
$$X_2 = 500(件)$$
$$X_3 = 3\ 000(件)$$
$$X_4 = 100(件)$$

最大利润：$Z_{max} = 42\ 600$（元）。

应用模型分析评价是“理性思考”的重要特点，但必须认识到理性思考不等于简单的数学求解过程(计算机应用)，更要刻意追求观念、思路上的升华(人脑创新)。结合本例具体内容，至少从观念思路上有 3 点启示。

(1) 提高企业利润的关键在于现有资源的合理配置，而不是哪种产品单件利润高，就多生产。理性思考的重点不是比较“单件利润”，而是“资源配置”。

(2) 利用线性规划建立资源配置模型，并不涉及高深的数学问题和财务投资的业务知识，只需要把管理常识问题用数学方式加以表达，管理人员一方面要破除对模型应用的畏难心理，另一方面要努力提高理论思考水平。

例如，本例中涉及的均是常识：

总利润＝产品A利润＋产品B利润＋…

＝产品A单件利润×产品A产量＋产品B单件利润×产品B产量＋…

使用资源总量＝产品A用量＋产品B用量＋…

＝产品A使用定额×产品A产量＋产品B使用定额×产品B产量＋…

(3) 线性规划模型过程比较复杂，但用计算机求解轻而易举，对企业经理人员而言，其主要工作是整理、核实企业现有资源总量和各种消费定额的数据，购买相应计算机软件，把计算机应用从一般财务报表处理提高到辅助管理决策，利用计算机帮助企业“挖掘数据潜力”，提高企业资源优化配置的科学水平，实现财务增收的目标。

【例4.3】 某汽车配件厂用机床 Y_1、Y_2、Y_3 加工 P_1、P_2、P_3 这3种汽车零件，在一个生产周期内，各机床可以使用的机时、必须完成的各种零件加工数和各个机床加工每个零件需要的机时，以及加工每个零件的成本(单位：元)，见表4-8和表4-9，试确定如何安排各机床的生产任务，才能使加工总成本最低。

表4-8　各种零件加工数和各个机床加工每个零件需要的机时

机床 \ 单件工时	P_1/小时	P_2/小时	P_3/小时	可用机时
Y_1	0.2	0.1	0.3	800
Y_2	0.5	0.4	0.2	1 600
Y_3	0.3	0.2	0.8	1 900
零件需要数量/个	1 200	1 400	1 600	

表4-9　加工每个零件的成本　　单位：元

机床 \ 单件成本	P_1	P_2	P_3
Y_1	1	2	1
Y_2	2	1	1
Y_3	1	2	2

解：

设 X_i 分别为3台机床加工3种零件的数量($i=1, 2, \cdots, 9$)

目标函数：$Z_{\min} = X_1 + 2X_2 + X_3 + 2X_4 + X_5 + X_6 + X_7 + 2X_8 + 2X_9$

满足约束条件：

$$0.2X_1 + 0.1X_2 + 0.3X_3 \leqslant 800$$

$$0.5X_4 + 0.4X_5 + 0.2 + X_6 \leqslant 1\ 600$$

$$0.3X_7 + 0.2X_8 + 0.8X_9 \leqslant 1\ 900$$

$$X_1 + X_4 + X_7 \geqslant 1\ 200$$

$$X_2 + X_4 + X_8 \geqslant 1\ 400$$

$$X_3 + X_6 + X_9 \geqslant 1\ 600$$

$$X_i \geqslant 0 (i=1, 2, 3, \cdots, 9)$$

本例题利用软件包，按规定要求输入有关数据，得出最优解为：

$X_1=1\ 200$　　$X_2=0$　　$X_3=1\ 600$

$X_4=0$　　$X_5=1\ 400$　　$X_6=0$

$X_7=0$　　$X_8=0$　　$X_9=0$

最低加工总成本：$Z_{min}=4\ 200$(元)。

随着企业集团的组建和规模的扩大，跨地区生产与销售，即运输调度问题，在生产决策中日益引起人们的重视。在企业供销系统中，一般存在着多个生产单位和多个需求单位，由于产、需单位之间距离不同，运输方式不同，所以单件产品运费有一定差距。物资调运问题就是在产、需平衡条件下，应用线性规划模型求出总运费最少的调运方案。

【例 4.4】 某公司下属 3 个工厂：A 厂供应能力为 6 000 件，B 厂供应能力为 4 000 件，C 厂供应能力为 10 000 件。其产品供应给 3 个城市：甲城需要 5 000 件，乙城需要 7 500 件，丙城需要 7 500 件，见表 4－10。3 个工厂到 3 个城市单件产品运费在表 4－10 中相应方格的右上角标出。试求运输费用最小的调运方案。

表 4－10　调运方案表

工厂＼城市	甲	乙	丙	供应量(件)
A	8 元 X_{11}	6 元 X_{12}	7 元 X_{13}	6 000
B	4 元 X_{21}	3 元 X_{22}	5 元 X_{23}	4 000
C	7 元 X_{31}	4 元 X_{32}	8 元 X_{33}	10 000
需求量/件	5 000	7 500	7 500	20 000＼20 000

解：

应用线性规划建立模型如下。

(1) 确定变量。假设 X_{ij} 为 i 工厂供应 j 城市的产品数量。其中 $i=1, 2, 3$；$j=1, 2, 3$。总计 9 个变量，见表 4－10，即 X_{11}、X_{12}、X_{13}、X_{21}、X_{22}、X_{23}、X_{31}、X_{32}、X_{33}。其中 X_{11} 表示 A 厂供应城甲的数量，X_{21} 表示 B 厂供应甲城的数量，其他变量的含义以此类推。

(2) 确定目标函数。目标函数为在满足各个工地需要量的前提下，使总运费最小。即

$$Z_{min}=8X_{11}+6X_{12}+7X_{13}\text{(A 厂到 3 个城市的运费)}$$
$$+4X_{21}+3X_{22}+5X_{23}\text{(B 厂到 3 个城市的运费)}$$
$$+7X_{31}+4X_{32}+8X_{33}\text{(C 厂到 3 个城市的运费)}$$

其中，运费＝单件运费×数量。$8X_{11}$ 表示 A 厂运送若干件产品到甲城的费用，$6X_{12}$ 表示 A 厂运送若干件产品到乙城的费用，其他以此类推。

(3) 确定约束条件。

供应量的限制如下。

A 厂：$X_{11}+X_{12}+X_{13}=6\ 000$

B 厂：$X_{21}+X_{22}+X_{23}=4\ 000$

C 厂：$X_{31}+X_{32}+X_{33}=10\ 000$

需要量的限制如下。

甲城：$X_{11}+X_{21}+X_{31}=5\ 000$

乙城：$X_{12}+X_{22}+X_{32}=7\ 500$

丙城：$X_{13}+X_{23}+X_{33}=7\ 500$

所设变量不能是负值。即要求：

$X_{ij}\geqslant 0(i=1,\ 2,\ 3;\ j=1,\ 2,\ 3)$

利用软件包中的物资调运程序，按规定要求输入数据，得到的解为：

$X_{13}=6\ 000$(件)　　$X_{21}=4\ 000$(件)　　$X_{32}=7\ 500$(件)

$X_{33}=1\ 500$(件)　　$X_{31}=1\ 000$(件)　　(其余均为 0)

最小运费 $Z_{\min}=107\ 000$(元)。

物资调运问题要求供销平衡，即总供应量＝总需求量。但在实际工作中往往会出现下列供需不平衡的现象。

当供应量＞需求量时，为了求得供需平衡，要引入一个虚设的需求点，令其值等于供应量与需求量之差，这相当于在供应点上设立一个仓库，将供应量多余部分储存起来，多余储存物资不存在运输问题，故运费为零，不会影响目标函数的最小运费值。例如，若 B 厂的供应量为 6 000 件，而不是 4 000 件，这样总供应量为 22 000 件，如果总需求量不变，则供过于求 2 000 件，供需不平衡。在这种情况下，建立模型时，就要加上一列，引入一个虚设的需求点 D_0，增加 3 个变量 X_{14}、X_{24}、X_{34}，这个需求点同 3 个城市同样看待，其运费为零，需求量为 2 000 件，这样就实现了供需平衡，见表 4－11，再根据前面所述思路建立模型。

表 4－11　调运方案表

城市 / 工厂	甲	乙	丙	D_0	供应量/件
A	8 元 X_{11}	6 元 X_{12}	7 元 X_{13}	0 X_{14}	6 000
B	4 元 X_{21}	3 元 X_{22}	5 元 X_{23}	0 X_{24}	6 000
C	7 元 X_{31}	4 元 X_{32}	8 元 X_{33}	0 X_{34}	10 000
需求量/件	5 000	7 500	7 500	2 000	22 000 / 22 000

同理，当需求量＞供应量时，为了实现供需平衡，要引入一个虚设的供应点，这个供

应点同 3 个工厂同样看待，其运费为零，虚设供应点的供应量为供需之间的差额，在建立模型时需要在供需平衡表上加上一行，增加 3 个变量 X_{41}、X_{42}、X_{43}，列出模型后参加运算处理过程的思路与前面所述相同。

4.6　生产规模经济与范围经济

4.6.1　规模与收益的关系

规模经济性分析主要研究当所有投入要素的使用量都按同比例增加时对总产量增加比例的影响。规模大，收益不一定高。正确处理规模(数量)效益与品种(质量)效益的关系，劳力、资本等“硬”资源与知识“软”资源的关系，是企业生产决策中体现社会发展趋势要求的战略性问题。

假定 L 单位的劳动力和 K 单位的资本相结合可以生产 Q 单位产品，即 $l+k\to q$。如果 a 为 l 与 k 增加倍数，b 为 Q 增加倍数，若有 $al+ak=bq$，则可根据 b 值的大小，把规模与收益的关系分为 3 种类型。

(1) 第一种类型：$b>a$，即产量增加的倍数大于投入要素增加的倍数。规模扩大，使生产效率提高，这种类型称为规模收益递增，如图 4.11(a)所示。

(2) 第二种类型：$b=a$，即产量增加的倍数等于投入要素增加的倍数。规模扩大，生产效率不变，这种类型称为规模收益不变，如图 4.11(b)所示。

(3) 第三种类型：$b<a$，即产量增加的倍数小于投入要素增加的倍数。规模扩大，使生产效率下降，这种类型称为规模收益递减，如图 4.11(c)所示。

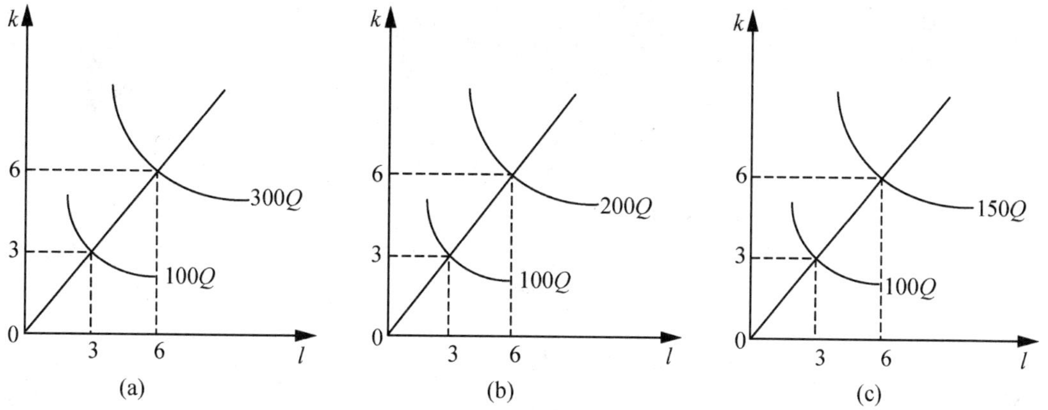

图 4.11　规模与收益的关系

案例 4-1

台湾佰鸿实现了 LED 照明销售的跨越，已完成有美国、日本、新加坡、韩国、中国香港、中国台湾、中国大陆等不同企事业单位的使用案例，树立了一个又一个照明节能的榜样。2012 年春节之后不到两个月内，仅 2 000 盏以上的订单就超过了 5 个。不仅用事实证实了用 LED 取代传统照明在技术上和经济上都是可行的，也让佰鸿产品的推广销售具有了很强的说服力，目前其销售扩张速度相当快。由于佰鸿产品具有良好的节能效果和使用寿命，不管是自己使用销售还是用于节能服务运作，都有相当大的市场和价值空间。下面是典型投资与收益对比分析。

客户使用 LED 灯代替传统灯具投资与收益对比分析(以薛氏卖出价为例)，以每天工作 20 小时，电费 1 元/度，10 000 支为例对比 1 年内的费用。

照明种类	LED T8 灯管	传统 T8 灯管
消耗功率	13W	40W
每年耗电量	94.9 度	292 度
每年消耗电费用	94.9 元	292 元
寿命	25 000 小时	3 500 小时
每年更换费用	—	8 元
人工费用	—	2 元
合计费用	94.9 元	302 元

从以上表格可以得出，1 年内一支 LED 灯管比一支传统灯管节省费用 207.1 元。1 万只则省电费 302−94.9=207.1 万元。

投入成本。

1. 灯具本身

照明种类	T8 传统灯管	LED T8 灯管
投入成本	8 元/支	168 元/支(3 年质保)
数量	10 000 支	10 000 支
合计总投入费用	8 万元	168 万元

2. 配套设施(初装时配置)

照明种类	T8 传统灯管	LED T8 灯管
支架	10 元/支	10 元/支
整流器	20 元/支	无
数量	10 000 支	10 000 支
合计投入	30 万元	10 万元

如果按初装计算，1 万支 LED 灯管初始投资成本比传统灯管多出 168+10−8−30=140 万元+16.8 万元(质保延长费 16.8 元/支)=156.8 万元(按合肥到货价，质保 5 年计算)。如果不是初装，可节省 10 万元的支架费。

结论：以 1 万支计，一次性投入 LED 灯管比传统灯管多投入 156 万元，以一年节省电费 207.1 万元计算，约 9 个月就可以收回成本。另外，由于 LED 灯用电量较少，可以用更细的电线和较小的变压器。如果批量大，也可以节省可观的投入。使用期以 5 年计算，按初装综合考虑，一万支仅电费 5 年总共净节约就可达 878.7 万元(扣除成本)，节约效果非常可观。如果以资金投资收益计算，5 年净收益总回报率在 560%或 605%(不含支架)以上，效益惊人。如果把其他方面的投资(如电线、变压器)以及由于环境的改善带来的工作效率和消费提高而产生的效益等加在一起，收益更加好。

如果按每天亮灯 12 小时算，5 年可以节省电费 641.3 万元，净收益 484.5 万元，投资总回报率 308.9%或者 336.8%(不含支架)，投资回收期约 19 个月(没计算投入资金利息)。如果按每天亮灯 8 小时算，5 年可以节省电费 444.2 万元，净收益 287.4 万元，投资总回报率 183%或者 202%(不含支架)，投资回收期约 32 个月(没计算投入资金利息)。

从上面对比可以看出，无论哪种情况，回报都很可观，十分值得用户购买使用。

【例 4.5】 生产函数为：$Q=LK$，投入 L 与 K 的价格分别为 10 和 20。试分析：当 $L=50$、$K=30$ 时，其组合是否达到最优？如否，该怎么办？为什么？

解：$MP_L=K$，$MP_K=L$，$MP_L/MP_K=K/L=10/20$ 时组合最优，$30/50\neq10/20$，因此没有达到最优。应当增加 L 的投入并减少 K 的投入，直到符合最优条件。因为 L 和 K 对产量的贡献是一样的，而 L 的价格比 K 的价格便宜一半，相应其投入量应是 K 的 2 倍。

随着生产规模从小到大，一般会先后经历规模收益递增、不变、递减 3 个阶段。由大规模生产带来的生产效率和收益的提高，称为规模经济；由规模太大引起生产效率和收益的下降，称为规模不经济；可以使收益达到最大值的规模，称为经济规模。

由此可见，一个企业、一个行业的生产规模不能太小，但也不能太大，即要有一个适度的规模。对不同的行业，适度规模的大小是不同的。通常需要投资多，生产过程复杂，适度规模也就大，如汽车、家用计算机等。反之需要投资少，生产过程简单，适度规模也就小，如服装、制鞋等。适度规模会随着时间的推移、技术的进步而不断地变化，一个企业应当注意采取措施，实行现代科学的管理方法，努力提高规模收益递增因素的作用，减少规模不经济因素的影响，这正是管理经济学的生产决策分析要考虑的更深层次的问题。

4.6.2　影响规模收益的因素

1. 规模递增因素

(1) 生产规模经济。随着生产规模的扩大，分摊到单位产品上的厂房、设备折旧费、管理费等固定成本就会减少。例如，一个年产 10 万辆汽车的企业的成本，一般不会等于两个年产 5 万辆汽车的企业的成本。

(2) 交易规模经济。一次大规模的采购或销售比分几次的小规模交易的总和，更节省时间、出差费、运输费等，更可得到批量折扣价的优惠。

(3) 专业化分工效益。大量生产就可以使用专门化的设备、技术，同时工人分工较细，熟能生巧，有利于劳动生产率的提高。

2. 规模递减因素

(1) 生产能力限度。投入增加超过了一定点，由于边际收益递减规律的作用，边际产出将会下降。规模经济不是越大越经济，而是一个适度规模、有效规模。

(2) 管理能力限度。如果管理幅度过大，管理层次太多，企业管理决策所需的信息传递速度就会变慢，甚至失真；对内各种业务之间的协调困难，对外市场变化反应迟缓，使管理效率降低，造成规模收益递减。

(3) 人的能力限度。人并不是机器的附属品，如果分工过细，长期从事单一重复性工作，就会熟而生烦，影响生产效率和产品质量。日本丰田方式管理方法的创始人，大野耐一提出把“自动化”改为“自勤化”和“一专多能”的概念，就是强调重视人的创造能力的开发。

4.6.3 技术进步

1. 基本概念

前面对生产函数的分析，都是假设在技术水平不变的前提下，研究投入和产出的关系。而在现实社会中，技术进步日新月异、突飞猛进，已经成为第一生产力。技术进步在经济发展中所起作用的大小，是当今衡量一个国家发达水平的重要标准。

技术是知识在生产中的应用。从广义说，它不仅包括技术本身的发明、创造、模仿和扩散等硬技术知识，也包括组织、管理、经营等方面的软技术知识。技术进步就是技术知识及其在生产中的应用有了进展。

在管理经济学中，技术进步主要表现为用较少的投入，能够生产出与以前同样多的产品。所以，技术进步导致生产函数的改变，这种改变可以用等产量曲线的位移来说明。

在图 4.12 中，两条等产量曲线，产量均为 Q，一个为初期，另一个为末期。末期的等产量曲线表明：用比初期较少的资本(K)和劳动力(L)，可以生产出与初期一样的产量，这说明在这期间技术进步了。可见，等产量曲线位移的程度，可以用来说明“硬”、“软”两类资源投入结合的成效，位移越大，说明成效越高。因此，人们在管理决策中，要一手抓物质“硬”要素，一手抓管理“软”要素，两手抓，两手都要硬，才是营造柔性管理机制、适应千变万化的市场的关键。

技术进步可以分为 3 种类型：劳动节约型、资本节约型和中立型。劳动节约型技术进步是指这样一种技术进步，它能使资本的边际产量比劳动的边际产量增加更快，因此，人们就会相对多用资本而少用劳动力，从而导致劳动力的节约大于资本的节约。资本节约型技术进步是指这样一种技术进步，它能导致劳动的边际产量比资本的边际产量增加更快，因此，为了提高经济效益，人们就会相对地多用劳动而少用资本，从而导致资本的节约大于劳动的节约。中立型技术进步是指这样一种技术进步，它引起的劳动边际产量的增长率与资本边际产量的增长率相等，因而人们节约劳动和节约资本的比例相等。

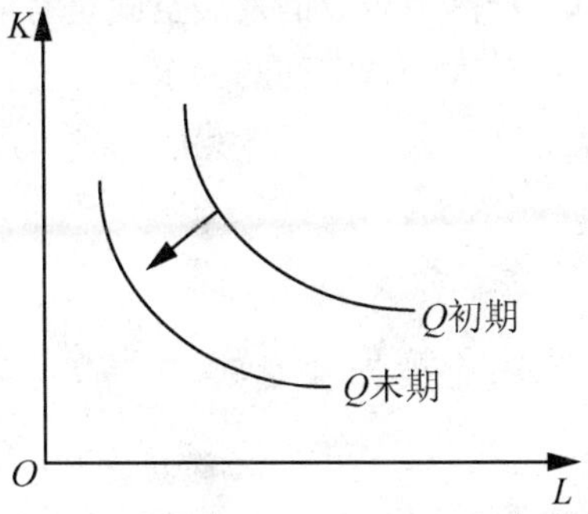

图 4.12 技术进步的作用

2. 规模效益与品种效益

规模效益与品种效益涉及企业生产决策的战略方向。扩大规模，降低成本，提高效益，至今仍是企业发展的一种重要途径。但规模效益模式，对外会本能地力图把稳定回加于市场，力图控制市场变化，只能适应垄断程度较高的平稳的市场环境，而不适应激烈竞争的市场环境；对内其管理机制是建立在标准化、规范化、制度化的基础上，人只是企业机器上标准化了的螺丝钉，机器化的人员只要给其以适当的经济刺激就可以提高效率，人们不需要大脑，只需照章办事。规模效益模式的初期可能投资很大，一旦形成规模，对科技进步的再投入和人的创造能力的开发往往明显不足。

4.6.4 范围经济

范围经济指企业通过扩大经营范围，增加产品种类，生产两种或两种以上的产品而引起的单位成本的降低。与规模经济不同，它通常是企业或生产单位从生产或提供某种系列产品(与大量生产同一产品不同)的单位成本中获得节省。而这种节约来自分销、研究与开发和服务中心(如财会、公关)等部门。经济学家称这种现象为范围经济或者多产品经济。范围经济一般是企业采取多样化经营战略的理论依据。

网络经济中自然存在着产品关联现象，包括生产过程、影响过程、服务过程等，因此范围经济是 IT 产业的一种普遍现象。例如，市话服务、长话服务、电信产品都是关联产品；ISP、ICP、IDC 也是关联产品；微软公司的操作系统、办公软件、浏览器等也是关联产品。范围经济同规模经济一样，能显著降低企业的运营成本，还能增加其抗风险能力。因此在 IT 产业中，范围经济更能加强企业的竞争优势，其重要性甚至要大于规模经济。

扩大范围之所以能产生经济效应，主要有以下 4 方面原因。

(1) 合成效应。同一个企业进行多品种生产，在研发、生产、销售等方面的成本比分别生产要低。

(2) 内部市场。多产品企业可以在更大程度上利用企业的内部市场合理配置资金和人力资源，以代替市场机制。

(3) 减少经营风险。对关联的多元化生产而言，企业将从产业生态环境中受益，从而增强抗风险能力，但是无关联的多元化对企业也可能构成发展陷阱。

（4）扩大发展空间。在单一产品上企业的发展空间是有限的，面临着来自市场和法律的限制，因此多产品经营是企业扩大经营空间的要求。

案例研究

国企改革中的减员增效

武汉重型机床厂始建于1958年，是“一五”时期苏联援建的156项重点工程之一，属于国家大型企业，曾经有过辉煌的历史。但是，在进入20世纪90年代之后，面对市场的激烈竞争，由于跟不上市场的变化，武汉重型机床厂开始落伍了。它在1996年亏损1 953万元；1997年亏损1 213万元；1998年亏损1 160万元；1999年亏损1 494万元。企业负债总额达到53 187万元，资产负债率达到92.41%，银行累计欠息8 000余万元，成为武汉市的严重亏损企业。

面对如此严重的局面，在市有关领导的关怀下，在解决资金的来源之后，企业采取了轻装上阵的重大举措，也就是坚决把富余的人员减下来，因而出现4 000余名职工同时与工厂签订下岗分流合同的局面。

这种情况并不是武汉重型机床厂一家所特有的，在国有企业的改革浪潮中，1 000多万下岗职工都如此顺应了市场改革的大潮，人员减少了，但是国有企业的效益却上去了，武汉重型机床厂后来的发展也充分说明了这一点。

问题：为什么武汉重型机床厂在减员之后可以取得成功？用所学过的原理说明。

资料来源：http：//www.shenji.org/ask/showcon't.asp？id=1847

本章小结

在日益激烈的市场竞争中，依靠提高资源配置水平，而不是依靠资源的投入数量，对中小企业的发展更具有现实意义。本章主要介绍实现资源优化配置所依据的经济学原理：边际收益递减规律、边际技术替代规律、边际产品转换规律，以及投入规模与产业效益之间非线性变化，即不按同比例变化的规律。

边际收益递减规律可表述如下：如果技术不变，增加生产要素中某个要素的投入量而其他投入要素的投入量不变，增加的投入量起初会使边际产量增加，增加到一定点之后，再增加投入量就会使边际产量递减。这个规律提示人们物极必反，管理决策中必须注意对科学组合、相关配套的研究。

总产量、平均产量和边际产量之间存在着一定的联系，运用边际值判别总值和平均值的变化趋势是管理经济学的重要特点。企业生产决策中，除了投入要素的最优组合外，更为直接的是为了实现利润的最大化。“硬资源”与“软资源”的配置水平，是影响规模效益递增，还是递减的重要因素。

习　题

1. 思考题

(1) 对照比较等产量线与无差异曲线的特点的相似之处，凸向原点的高产量线的 $MRTS$ 的特点和企业的均衡点。

(2) 规模报酬递增、不变和递减这 3 种情况与可变比例生产函数的报酬递增、不变和递减的 3 种情况区别何在？“规模报酬递增的企业不可能也会面临报酬递减的现象”，这个命题是否正确？为什么？

(3) 怎样区分固定比例生产函数和规模报酬不变的投入与产出之间的数量关系？

2. 选择题

(1) 如果要素投入的比例是固定的，那么这些要素的边际产量的数值所受影响为(　　)。

A. MP 必定等于零

B. MP 会大于比例不固定的情况

C. MP 与比例不固定的情况没有什么不同

D. 投入要素的 MP 必定相等，但不等于零

(2) 当劳动(L)的总产量下降时，(　　)。

A. AP_L是递增的　　B. AP_L为零　　C. MP_L为零　　D. MP_L为负

(3) 如果连续地增加某种生产要素，在总产量达到最大值时，边际产量曲线与(　　)相交。

A. 平均产量曲线　　B. 纵轴

C. 横轴　　D. 总产量曲线

(4) 如果一个企业经历规模报酬不变阶段，则 LAC 曲线是(　　)。

A. 上升的　　B. 下降的　　C. 垂直的　　D. 水平的

(5) 规模报酬递减是在下述哪种情况下发生的？(　　)

A. 按比例连续增加各种生产要素

B. 不按比例连续增加各种生产要素

C. 连续地投入某种生产要素而保持其他生产要素不变

D. 上述都正确

(6) 下列说法中正确的是(　　)。

A. 生产要素的边际技术替代率递减是规模报酬递减造成的

B. 边际收益递减是规模报酬递减造成的

C. 规模报酬递减是边际收益递减规律造成的

D. 生产要素的边际技术替代率递减是边际收益递减规律造成的

(7) 当劳动的边际产量为负值时，生产处于(　　)。

A. 劳动投入的Ⅰ阶段　　B. 资本投入的 Ⅲ 阶段

C. 劳动投入的Ⅱ阶段　　D. 上述都不是

(8) 在 $MPP_L/P_L > MPP_K/P_K$ 情况下，企业如何降低成本而又维持相同产量?(　　)

A. 增加劳动投入　　B. 增加资本投入

C. 提高规模经济水平　　D. 提高劳动的边际产量

(9) 同一条等产量线上的各点代表(　　)。

A. 为生产同等产量，投入要素的各种组合比例是不能变化的

B. 为生产同等产量，要素的价格是不变的

C. 不管投入各种要素量如何，产量总是相等的

D. 投入要素的各种组合所能生产的产量都是相等的

(10) 如果规模报酬不变，单位时间里增加了20%的劳动使用量，但保持资本量不变，则产出将(　　)。

A. 增加20%　　B. 减少20%　　C. 增加大于20%　　D. 增加小于20%

3. 计算题

(1) 某企业使用的要素投入为 X、Y，其产量函数为 $Q=10XY-2X^2-8Y^2$，试求 X 和 Y 的平均产量函数与边际产量函数。

(2) 已知某企业的生产函数为 $Q=L^{3/8}K^{5/8}$，又设 $P_L=3$ 美元、$P_K=5$ 美元，试求：

① 产量 $Q=10$ 时的最低成本支出和使用的 L 与 K 的数量；

② 产量 $Q=25$ 时的最低成本支出和使用的 L 与 K 的数量；

③ 总成本为160美元时企业均衡的 Q、L 与 K 值。

(3) 根据农业部资料，在一定的时间内，按表4-12草与粮食的组合搭配喂养一头奶牛均可生产出4 250kg牛奶。

表4-12　草与粮食的组合

草/kg	粮食/kg	草/kg	粮食/kg
2 500	3 077	3 250	2 211
2 750	2 727	3 500	2 014
3 000	2 446	3 750	1 847

问题：

① 根据上面的数据，画出等产量曲线；

② 计算等产量曲线上各点的边际技术替代率；

③ 讨论该等产量曲线的凸凹性；

④ 如果每kg草的价格等于每kg粮食的价格，应否按5 000kg草和6 154kg粮食的组合喂养奶牛？

第5章

企业成本与利润分析

教学目标

通过本章的学习，明确企业的成本类型及成本函数与生产函数的关系，熟练掌握企业贡献利润分析方法和盈亏平衡分析方法，能够利用平衡分析法对企业盈利情况进行分析。

教学要求

知识要点	能力要求	相关知识
企业成本	(1) 能够明白企业成本的含义 (2) 能够分清企业生产成本、机会成本、显性成本与隐性成本、沉没成本	(1) 企业成本的相关概念 (2) 企业生产成本、机会成本、显性成本与隐性成本、沉没成本的概念
企业短期成本分析	(1) 能够明白企业短期成本的含义 (2) 能够分析企业短期成本和边际成本的关系 (3) 明白成本函数与生产函数的关系	(1) 企业短期成本的相关概念 (2) 企业短期成本和边际成本的关系
企业长期成本分析	(1) 能够明白企业长期成本的含义 (2) 能够分析企业长期成本和边际成本的关系	(1) 企业长期成本的相关概念 (2) 企业长期成本和边际成本的关系
企业利润分析	(1) 能够利用利润最大化原则分析企业决策 (2) 能够利用贡献利润法分析企业行为 (3) 能够利用盈亏平衡分析法分析企业决策	(1) 利润最大化原则的概念 (2) 贡献利润的概念 (3) 盈亏平衡的概念

导入案例

大商场平时为什么不延长营业时间?

节假日期间天津劝业场和许多大型商场都延长营业时间，为什么平时不延长？现在我们用边际分析理论来解释这个问题。

从理论上说延长时间一小时，就要支付一小时所耗费的成本，这种成本即包括直接的物耗，如水、电等，也包括由于延时而需要的售货员的加班费，这种增加的成本就是我们这一章所学习的边际成本。假如延长一小时增加的成本是1万元(注意这里讲的成本是西方成本概念，包括成本和正常利润)，那么在延时的一小时里由于卖出商品而增加的收益大于1万，作为一个精明的企业家他还应该将营业时间在此基础上再延长，因为这时他还有一部分该赚的钱还没赚到手。相反如果他在延长的一小时里增加的成本是1万，增加的收益不足1万，则在不考虑其他因素情况下就应该取消延时的经营决定，因为他延长一小时成本大于收益。节假日期间，人们有更多的时间去旅游购物，使商场的收益增加，而平时工作紧张、家务繁忙，人们没有更多时间和精力去购物，就是延时服务也不会有更多的人光顾，增加的销售额不足以抵偿延时所增加的成本。这就能够解释在节假日期间延长营业时间而在平时不延长营业时间的经济学的道理。

无论是边际收益大于边际成本还是小于边际成本，厂商都要进行营业时间调整，说明这两种情况下都没有实现利润的最大化。只有在边际收益等于边际成本时，厂商才不调整营业时间，这表明已把该赚的利润都赚到了，即实现了利润的最大化。

企业的生产决策理论分析了生产要素投入量与产量之间的关系。但是，生产者为了实现利润最大化，不仅要考虑这种物质技术关系，而且要考虑成本与收益之间的经济关系。这样，就必须分析成本与收益问题，企业的利润最大化、政府公共工程的评价等，主要是建立在成本分析的基础之上，本章将在短期成本与长期成本分析的基础上，阐述收益与利润最大化等问题。

5.1 成本的含义与类型

5.1.1 成本的含义

通常来说，成本是指企业为了得到一定数量的商品或劳务所付出的代价。换言之，成本是企业生产一定数量的商品或提供一定数量的劳务所耗费生产要素的价值。它等于投入的每种生产要素的数量与每种要素单位价格之乘积的总和。

某种产品的生产成本，是该产品供给价格的主要决定因素。前面讲到，企业愿意按照一定的供给价格提供一定数量的商品。企业如何确定其产品的供给价格，最主要、最基本的决定因素就是产品的生产成本。

成本理论主要分析成本函数。成本不只是一定量货币，它总是与一定数量产品相联系。这种产品数量和相应成本之间的函数关系称为成本函数，记作：

$$C = f(Q)$$

式中：C 为成本；Q 为产量。

成本函数和成本方程不同，成本函数是成本和产量之间的关系，成本方程是成本等于投入要素价格的总和。如果投入的是劳动 L 和资本 K，其价格为 P_L 和 P_K，则成本方程是 $C=L\cdot P_L+K\cdot P_K$。成本方程是一个恒等式，而成本函数则是一个变量为产量的函数式。

成本理论之所以要讨论成本函数，是因为企业决定生产多少产量，必须比较收益和成本的关系以求利润极大化，而收益和成本都是会随产量变动的，因此，人们必须研究成本和产量的关系。

成本函数取决于两个因素：生产函数和投入要素的价格。生产函数所反映的是投入的生产要素与产出之间的物质技术关系，它揭示在各种形式下企业为了得到一定数量产品至少要投入多少单位生产要素。生产函数结合投入要素的价格就决定了成本函数。例如，某产品生产函数 $Q=K\cdot L^2$，K 代表资本，且假定为 100，即 $K=100$，L 表示劳动，再假定劳动的价格 $P_L=500$ 美元，则从生产函数可知，$L^2=\frac{Q}{K}$，即 $L=\frac{\sqrt{Q}}{10}$，因此，成本函数为：

$$C=L\cdot P_L=\frac{\sqrt{Q}}{10}\cdot 500=50\sqrt{Q}\text{（美元）}$$

由于生产函数分为长期生产函数和短期生产函数，所以成本函数也分为短期成本函数和长期成本函数。

5.1.2　成本的类型

1. 生产成本

在经济学家看来，企业生产成本由两类成本构成：一是显性成本；二是隐性成本。

(1) 显性成本是一般会计学上的成本概念，它是指企业生产一定数量的商品而用于要素购买的实际支出。这些在会计账目上一目了然，所以称为显性成本。例如企业雇用工人、管理人员支付的工资以及借入资本支付的利息，购买原材料或机器设备等的支出都属此类。

(2) 隐性成本是指企业自己所拥有的并被用于该企业生产过程的那些生产要素所应支付的费用。这些费用没有在会计成本账目上表现出来，所以叫作隐性成本。例如，使用自己拥有的资金投入而节省支付给银行的利息或用于其他用途可赚的钱就是隐性成本。

隐性成本包括：①作为成本项目记入账上的广告、机器设备等固定资产的折旧费；②企业作为业主自己投入资金的利息，企业主为该厂提供的劳务应得的薪金。第二项又可以称为正常利润，经济分析中把正常利润作为成本项目计入产品的生产成本之内。

正常利润之所以作为产品的一项成本，是因为从长期来看，这笔报酬是使得企业主继续留在该行业的必要条件。否则，如果产品的卖价仅能补偿工资、原料与固定资本的折旧，那么企业主将转移资本，该产品将不被生产出来，因此被视为生产出来所支付的代价。在经济学家看来，一笔资金的正常利润也应包含在成本之中。

因此，生产成本＝显性成本(会计成本)＋隐性成本。

2. 机会成本

上面介绍的生产成本即会计成本加隐性成本，其实在经济学里就是机会成本。那么什么是机会成本呢？为什么又叫作机会成本呢？

机会成本是指做出一项资源用途决策时所放弃的其他可供选择的最好用途所能带来的收益。例如，某人有 10 万元资金，可供选择的用途及各种用途可能获得的收入是：开商店获利 2 万元，开饭店获利 3 万元，炒股票获利 4 万元。如果某人选择把 10 万元用于炒股票，则放弃其他可供选择的用途是开商店、开饭店，其机会成本就是开饭店获利的 3 万元。

在经济学家看来，作为投入生产过程中的各生产要素花费的显性成本与隐性成本实际上都是机会成本。例如，企业支付给劳动者的工资，是显性成本，同时也可以这样理解：劳动者把劳动投入到该企业中而放弃了其他的多种工作选择，所放弃的其他所有工作选择中最高的工资报酬就是他到该企业进行劳动的机会成本，那么该企业支付给劳动者的工资至少与机会成本的数额相等。因此，工资这个显性成本就是其机会成本了。同样，其他生产投入要素的成本也是机会成本。而隐性成本则是生产者自己放弃的其他投资中的机会成本。例如，企业使用自己拥有的大楼办公，在会计人员看来，大楼没有支出，因而没有成本。但在经济学家看来，若将大楼出租，会给企业带来租金，因而这些租金就应计入企业的成本。经济学上生产成本的概念与会计成本概念的区别，就在于后者不是从机会成本而是直接从各项费用的支出来统计成本的。

为什么经济学要用机会成本的概念来分析企业的生产成本呢？这是因为经济学是从稀缺资源配置的角度来研究生产一定数量某种产品所必须支付的代价的。即当一定量的经济资源投入生产产品 A 的代价，不仅包括这一定量的经济资源的耗费，而且还包括没有用这些经济资源生产产品 B 可能获得的收益。这是因为，如果用一定量经济资源生产 A 所获得的利益抵不上生产 B 所获得的利益，那么资源就要从 A 转入到 B。因此，从资源配置的角度来看，生产 A 的真正成本，不仅包括生产 A 的各种费用支出，而且还应包括放弃的另一种用途(如生产 B)可能获得的收入。

3. 沉没成本

前面所讨论的机会成本包括隐性成本，在做决策时必须予以考虑。而与之相对应的沉没成本通常是可见的，但一旦发生以后，在做出经济决策之时就经常要将之忽略。

沉没成本用来描述过去所做选择的结果，而且目前所做的任何选择对此已经无能为力了。

例如某人花 50 元买了一张电影票，看了一刻钟之后发现电影很糟糕，他应该离开电影院，而那 50 元钱属于沉没成本。

例如某人刚刚花 2 万元买了一台笔记本计算机。一周之后，一种性能“翻番”的新型笔记本计算机只卖 1 万元，也就是说，按照性能价格比，他一周之前所买的那个笔记本计算机，如果此时市场仍然有售的话，最多只能按 5 000 元销售，他可以加 5 000 元换一台新的，问此人应该如何决策？

从沉没成本的角度来说，那就是“过去的事就让它过去吧”！综合考虑到“沉没成本”和“机会成本”，那就要“立足现在，把握未来”。

上述各种含义的成本的相互关系如下：

生产成本(机会成本)＝显性成本＋隐性成本＝会计成本＋隐性成本
＝显性成本＋折旧＋正常利润＝固定成本＋可变成本

案例 5－1

门脸房是出租还是自己经营

假如，你们家有一个门脸房，你用它开了一家杂货店。一年下来你算账的结果是挣了 5 万人民币。你觉得很高兴，用经济成本分析你恐怕就高兴不起来了，因为，你没有把隐性成本算进去。假定，门脸房出租按市场价一年是 2 万，你原来有工作年收入也是 2 万，这 4 万就是你自己经营的隐性成本，从经济学分析来看，应该是成本，是你提供了自有生产要素房子和劳务所理应得到的正常报酬。而在会计账目上没有作为成本项目记入账上。这样算的结果你一年没有挣 5 万，只是 1 万。如果再加上自己经营需要 1 万的资金进货，这 1 万的银行存款利息也是隐性成本。这样一算你自己经营就非常不合适了，应该出租；但是如果你下岗，也找不到高于 3 万的工作，还是自己经营为上策。

显性成本和隐性成本之间的区别说明了经济学家与会计师分析经营活动之间的重要不同。经济学家关心研究企业如何做出生产和定价决策，因此，当他们衡量成本时就包括了隐性成本。而会计师的工作是记录流入和流出企业的货币，结果，他们只衡量显性成本，但忽略了隐性成本。

所谓机会成本，又称替换成本，是指生产者为了生产一定数量的产品所放弃的使用相同的生产要素在其他生产用途中所能得到的最高收入。例如，某人拥有 100 万元资金，他可以把这 100 万元资金用于 3 种不同的用途：开商店获利 20 万元，开饭店获利 25 万元，投资房地产业获利 30 万元。他决定把 100 万元投资房地产业，在所放弃的用途中，最好的用途是开饭店获利 25 万元，这就是他选择投资房地产业的机会成本。经济学之所以要用机会成本的概念来分析厂商的生产成本，是因为，经济学是从稀缺资源配置的代价而不是会计学的意义上来考察成本的概念的。

5.2 企业短期成本分析

在短期内，生产要素分为固定要素和可变要素两种，因此短期成本也相应地分为固定成本和可变成本。具体地讲，短期成本可以分为 7 种：短期总成本、总固定成本、总可变成本、短期平均总成本、平均固定成本、平均可变成本和短期边际成本。

5.2.1 固定成本与可变成本

(1) 固定成本是指企业在短期内必须支付的不能调整的生产要素的那一部分成本，它不随产量的变动而变动，是固定不变的。它主要包括厂房和设备的折旧费、地租、利息及管理人员的工资等，记作 TFC 。

(2) 可变成本是指企业在短期内必须支付的可以调整的生产要素的那一部分成本，它随产量的变动而变动，是可变的。它主要包括原材料、燃料、动力及雇用工人的工资待支出，记作 TVC 。因此，短期总成本(STC)可表示为：

$$STC = TFC + TVC$$

在图 5.1 中，TFC 为固定成本曲线，它是一条与横轴平行的直线，表示与产量无关，是一个固定数，TVC 为可变成本曲线，它从原点出发，表示产量为零时就没有可变成本；STC 为短期总成本曲线，它是从固定成本出发，表示没有产量时总成本也不为零，而是等于固定成本。STC 曲线与 TVC 曲线形状完全相同，都向右上方倾斜，表明它们随产量的增加而增加的变化规律相同，并且二者之间的距离等于 TFC 。这两条曲线最初上升得比较陡峭，说明此时成本的增加率大于产量的增加率。然后又较平缓地上升，表明成本的增加率小于产量的增加率。最后又比较陡峭，说明成本的增加率又大于产量的增加率。这种变化也表明边际收益递减规律在发生作用。

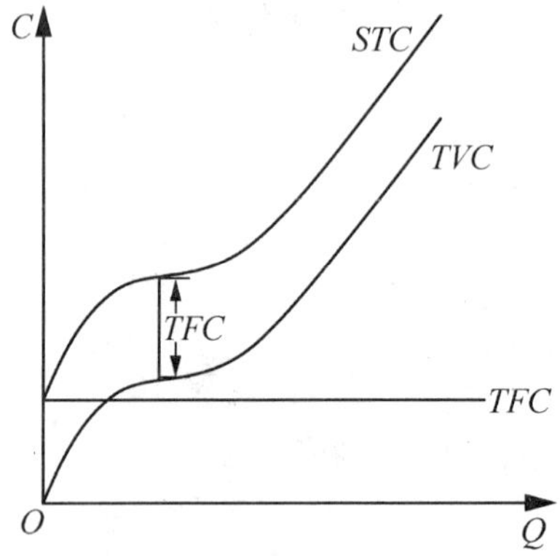

图 5.1　STC、TFC 和 TVC 之间的关系

5.2.2　总成本、平均成本与边际成本

(1) 短期总成本是指短期内企业生产既定产量所花费的成本总和。它包括固定成本和可变成本两部分，记作 STC 。

(2) 短期平均成本是指每单位产量所需要支出的成本，记作 SAC，公式如下。

$$SAC = \frac{STC}{Q}$$

由于短期总成本可分为固定成本和可变成本，所以短期平均成本也可分为平均固定成本(记作 AFC)和平均可变成本(记作 AVC)。它们之间的关系可用以下公式表示。

$$AFC = \frac{TFC}{Q}$$

$$AVC = \frac{TVC}{Q}$$

$$SAC = AFC + AVC$$

(3) 短期边际成本是指增加一单位产量所引起的总成本的增量，记为 SMC，其公式如下。

$$SMC = \frac{\Delta STC}{\Delta Q}$$

1. 短期成本曲线

在图 5.2 中，*AFC* 为平均固定成本曲线，可看出它随着产量的增加而减少，这是因为固定成本总量不变，随着产量的增加，分摊到每一单位产量上的固定成本就减少了。所以它的曲线起先比较陡峭，说明在产量开始增加时，它下降的幅度很大，以后越来越平坦，说明随着产量的增加，它下降的幅度越来越小。*AVC* 为平均可变成本曲线，它的变化规律是起初随着产量增加，生产要素的效率逐渐得到发挥，因此平均可变成本减少，但产量增加到一定程度后，又由于边际收益递减规律而增加。所以它的曲线呈先下降而后上升的 U 形。*SAC* 为短期平均成本曲线，它的变化规律取决于平均固定成本和平均可变成本，所以其曲线是 *AFC* 与 *AVC* 的叠加，也呈先下降而后上升的 U 形曲线，与 *AVC* 曲线之间的距离为 *AFC*，因此它在随产量的增加而下降时，开始时比 *AVC* 曲线陡峭，说明下降的幅度比平均可变成本大，以后的形状与 *AVC* 曲线基本相同，说明其变动规律类似于平均可变成本。二者虽随产量增加逐渐接近，但永远不能相交。

2. 短期边际成本曲线

因为在 *STC* 中，*TFC* 不随产量而变，所以增加产量只影响 *TVC*，因此 *SMC* 的变动取决于 *TVC*，其变动规律与 *STC* 曲线和 *AVC* 曲线相似，也是一条随产量增加先下降而后上升的 U 形曲线，如图 5.3 所示。

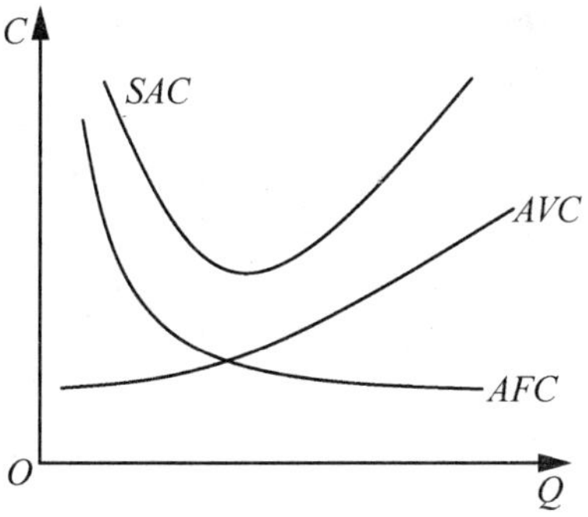

图 5.2　*SAC*、*AFC* 和 *AVC* 曲线

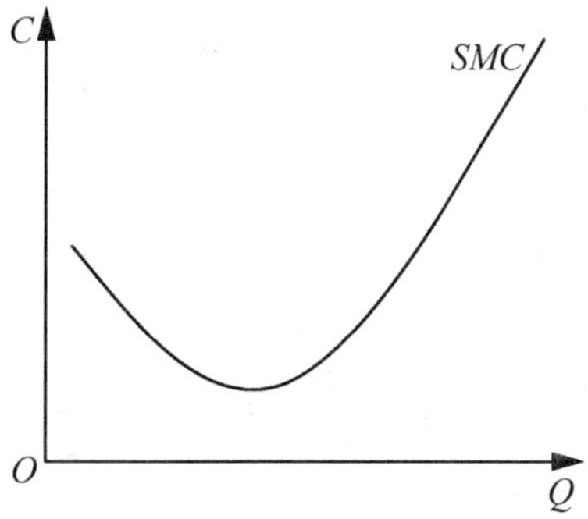

图 5.3　短期边际成本曲线

5.2.3　各类短期成本的相互关系与变动规律

在介绍短期成本的概念过程中，前面已经简单地分析了短期总成本、总固定成本和总可变成本之间的关系，以及平均总成本、平均固定成本和平均可变成本之间的关系。下面重点分析短期边际成本和其他短期成本之间的关系。

1. 边际成本与总成本和可变成本之间的关系

根据定义，边际成本是增加一单位产量所增加的总成本，因而边际成本越小，总成本增加的速度就越慢。反之，边际成本越大，总成本增加的速度就越快。因此，在边际成本曲线递减阶段，总成本曲线上升就越来越平缓；而在边际成本曲线递增阶段，总成本曲线上升就越来越陡峭。同理，边际成本曲线与可变成本曲线之间的关系也类似于其与总成本曲线之间的关系，如图 5.4 所示。

在图 5.4 中，对照(a)图与(b)图，由于边际收益递减规律，产量由零逐渐增加到 Q_0 时，边际成本也随之递减直至曲线最低点，而总成本和可变成本增长速度越来越慢，其曲线上升越来越平缓；当产量超过 Q_0 之后，边际成本曲线递增，总成本和可变成本增长速度加快，曲线上升也越来越陡峭。

2. 边际成本与平均成本曲线和平均可变成本之间的关系

与边际产量和平均产量之间的关系一样，边际成本曲线一定与平均成本曲线交于平均成本曲线的最低点 N，如图 5.5 所示。

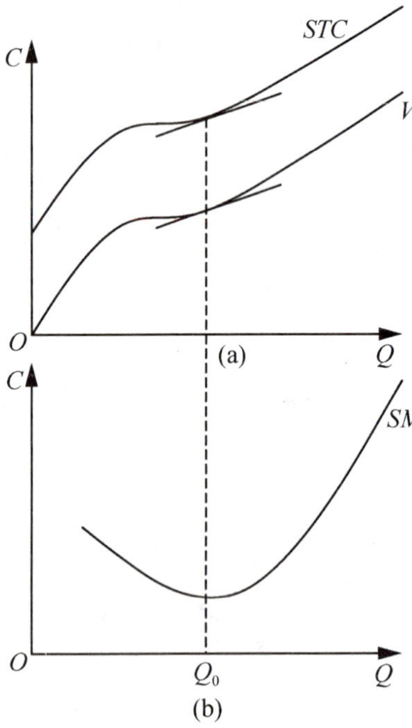

图 5.4 STC、VC 和 SMC 的关系曲线

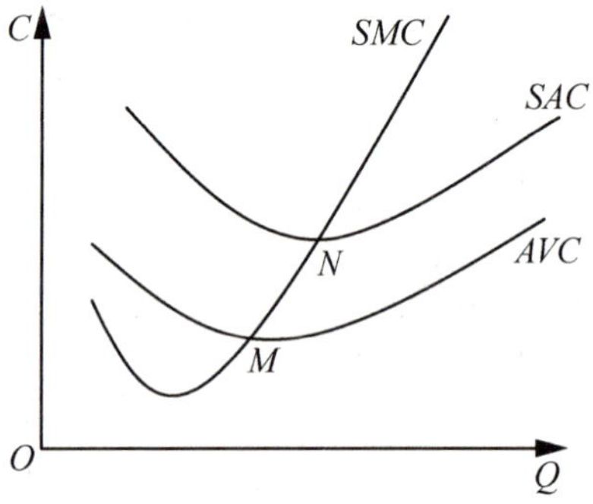

图 5.5 AVC、SAC 和 SMC 的相互关系图

在交点 N 上，$SMC=SAC$，即边际成本等于平均成本。在 N 点左侧，SAC 曲线在 SMC 曲线之上，且 SAC 一直递减，$SAC>SMC$，即边际成本小于平均成本。在 N 点右侧，SAC 曲线在 SMC 曲线之下，且 SAC 一直递增，$SAC<SMC$，即边际成本大于平均成本。

在这里，可以用大学课程的平均分数来说明 SMC 和 SAC 之间的关系。设 AG 是平均分数(即到现在为止累积分数的平均数)，而 MG 是学生一学年的平均分，这里称为“平均边际分数”，因为它是最后加入的一个学期的各种平均成绩。当 MG 低于 AG 时，MG 会使新的 AG 下降。因此如果学生前两年的 AG 是 3 分，而第 3 年的 MG 是 2 分，那么，新的 AG 在第 3 学年年底就是 8/3 分。同样，如果学生第 3 年的 MG 高于到现在为止的 AG，那么，新的 AG 就要上升。当 MG 等于 AG 时，AG 就是平坦的，或者说是不变的。平均成本和边际成本也存在着同样的关系。

可以用数学方法证明这一结论。

SAC 曲线最低点的必要条件为：

$$\frac{\mathrm{d}(SAC)}{\mathrm{d}Q}=\frac{\mathrm{d}}{\mathrm{d}Q}\left(\frac{\mathrm{d}STC}{\mathrm{d}Q}\right)=\frac{1}{Q}\frac{\mathrm{d}STC}{\mathrm{d}Q}-\frac{STC}{Q^2}\frac{\mathrm{d}Q}{\mathrm{d}Q}=\frac{1}{Q}\left(\frac{\mathrm{d}(STC)}{\mathrm{d}Q}-\frac{STC}{Q}\right)=0$$

因为 Q 不等于零，所以 $\frac{\mathrm{d}(STC)}{\mathrm{d}Q}-\frac{STC}{Q}=0$，故有 $\frac{\mathrm{d}(STC)}{\mathrm{d}Q}=\frac{STC}{Q}$，也就是 $SMC=SAC$。

SAC 曲线最低点的充分条件是：当 Q 小于对应于 SAC 最低点的 Q 时，SAC 曲线斜率为负。即 $\frac{\mathrm{d}(SAC)}{\mathrm{d}Q}<0$，$\frac{\mathrm{d}(STC)}{\mathrm{d}Q}-\frac{STC}{Q}<0$。所以 $SMC-SAC<0$。

同理，当 Q 大于对应于 SAC 最低点的 Q 时，$\frac{\mathrm{d}(SAC)}{\mathrm{d}Q}>0$，$SMC-SAC>0$，或者 $SMC>SAC$。

充分条件的含义是：SMC 必须从下面交于 SAC 的最低点 N，然后再处于 SAC 之上。

SMC 与 SAC 相交的 N 点称为收支相抵点。此时的价格为平均成本，平均成本又等于边际成本，即 $P=SMC=SAC$，企业的成本(包括正常利润在内)与收益相等。

同样的道理，边际成本曲线与平均可变成本曲线也相交于平均可变成本曲线的最低点 M。在 M 点上，$SMC=AVC$，即边际成本等于平均可变成本。在 M 点左侧，AVC 曲线在 SMC 曲线上方，且 AVC 一直递减，$AVC>SMC$，即边际成本小于平均可变成本。在 M 点右侧，AVC 曲线在 SMC 曲线之下，且 AVC 一直递增，$AVC<SMC$，即边际成本大于平均可变成本。M 点被称为停止营业点，在这一点上，价格等于平均可变成本，这时生产和不生产时的损失是一样的，即都要支付平均固定成本。如果低于这一点，价格低于平均可变成本，不能弥补可变成本，企业则无论如何也不能生产了。

从以上分析也可以看出，正是边际收益递减规律决定了企业的成本曲线的变动规律及其相互之间的特定关系。

5.2.4 成本函数与生产函数的关系

下面就短期生产条件下的生产函数和成本函数之间的对应关系作进一步的分析。

假定短期生产函数为：

$$Q=f(L,\overline{K})$$

短期成本函数为：

$$TC(Q)=TVC(Q)+TFC$$

$$TVC(Q)=\omega\cdot L(Q)$$

且假定生产要素劳动的价格 ω 是既定的。

1. 边际产量和边际成本

根据上式，有

$$TC(Q)=TVC(Q)+TFC$$

$$= \omega \cdot L(Q) + TFC$$

式中：TFC 为常数。

由上式可得

$$MC = \frac{\mathrm{d}TC}{\mathrm{d}Q} = \omega \frac{\mathrm{d}L}{\mathrm{d}Q}$$

即

$$MC = \omega \cdot \frac{1}{MP_{\mathrm{L}}}$$

由此可得以下两点结论。

(1) 上式表明边际成本 MC 和边际产量 MP_{L} 两者的变动方向是相反的。具体地讲，由于边际报酬递减规律的作用，可变要素的边际产量 MP_{L} 是先上升，达到一个最高点以后再下降，所以，边际成本 MC 是先下降，达到一个最低点以后再上升。这种对应关系如图 5.6 所示。

MP_{L} 曲线的上升段对应 MC 曲线的下降段；MP_{L} 曲线的下降段对应 MC 曲线的上升段；MP_{L} 曲线的最高点对应 MC 曲线的最低点。

(2) 由边际产量和边际成本的对应关系可以推知，总产量和总成本之间也存在着对应关系。如图 5.6 所示，当总产量 TP_{L} 曲线下凸时，总成本 TC 曲线和总可变成本 TVC 曲线是下凹的；当总产量 TP_{L} 曲线下凹时，总成本 TC 曲线和总可变成本 TVC 曲线是下凸的；当总产量 TP_{L} 曲线存在一个拐点时，总成本 TC 曲线和总可变成本 TVC 曲线也各存在一个拐点。

2. 平均产量和平均可变成本

根据上式有：

$$AVC = \frac{TVC}{Q} = \omega \frac{L}{Q} = \omega \frac{1}{AP_{\mathrm{L}}}$$

由此可得以下两点结论。

(1) 上式表明平均变动成本 AVC 和平均产量 AP_{L} 两者的变动方向是相反的。这种对应关系如图 5.6 所示，前者呈递增时，后者呈递减；前者呈递减时，后者呈递增；前者的最高点对应后者的最低点。

(2) 由于 MC 曲线与 AVC 曲线交于 AVC 曲线的最低点，MP_{L} 曲线与 AP_{L} 曲线交于 AP_{L} 曲线的最高点，所以，MC 曲线和 AVC 曲线的交点与 MP_{L} 曲线和 AP_{L} 曲线的交点是对应的，如图 5.6 所示。

在本节结束时，可以根据图 5.6 考虑这样一个问题：在第 4 章分析短期生产函数时指出，在短期内企业一定是在生产的第二阶段进行生产，在这一阶段中，MP_{L} 不仅递减，而且还小于或等于 AP_{L}。现在，根据短期生产函数和短期成本函数之间的对应关系，是否可以这样说：在短期内企业一定是在边际成本 MC 不仅递增而且还大于或等于平均可变成本 AVC 的阶段进行生产呢？这个推论是正确的。以后的分析会证明这一点。

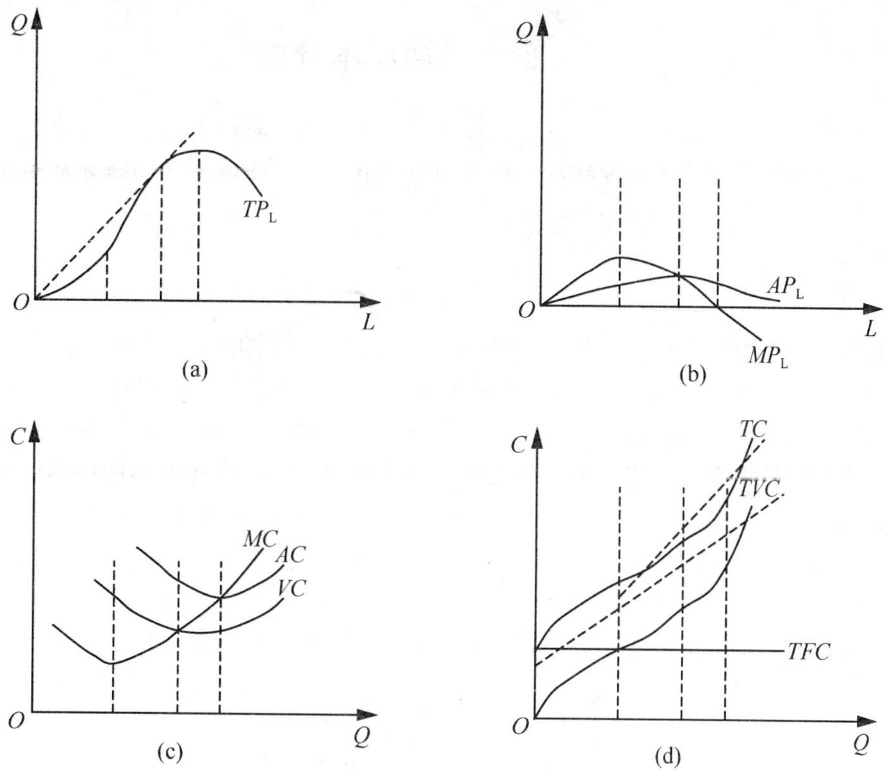

图 5.6　短期生产函数和短期成本函数之间的对应关系

案例 5-2

旅行社在旅游淡季如何经营

某旅行社在旅游淡季打出从天津到北京世界公园 1 日游 38 元(包括汽车票和门票)，我的一位朋友说不信，认为是旅行社的促销手段。一日他跟我提起这事，问我真的会这么便宜吗？38 元连世界公园的门票都不够。我给他分析，这是真的，因为旅行社在淡季游客不足，而旅行社的大客车、旅行社的工作人员这些生产要素是不变的，一个游客都没有，汽车的折旧费、工作人员的工资等固定费用也要支出。任何一个企业的生产经营都有长期与短期之分，从长期看如果收益大于成本就可以生产。更何况就是 38 元票价旅行社也还是有钱赚的，我们给它算一笔账，一个旅行社的大客车载客 50 人，共 1 900 元，高速公路费和汽油费假定是 500 元，门票价格 10 元/人则共 500 元，旅行社净赚 900 元。在短期不经营也要损失固定成本的支出，因此只要收益弥补可变成本，就可以维持下去。换个说法，每位乘客支付费用等于平均可变成本，就可以经营。另外公园在淡季门票也打折，团体票也会打折也是这个道理。

讨论题

1. 什么是短期成本？什么是长期成本？
2. 什么固定成本？什么是可变成本？什么是平均的可变成本？
3. 旅行社在什么情况下就可以经营？

5.3 企业长期成本分析

长期内企业可以对所有的生产要素进行调整，所有的生产要素都是可变投入，因而长期内没有固定成本与可变成本之分，一切成本都是可变的。这里把长期成本分为3种：长期总成本、长期平均成本和长期边际成本。

5.3.1 长期总成本

长期总成本是指企业长期生产一定数量的产品所需支付的成本总和，记为 *LTC*。在图5.7中，*LTC* 就是长期总成本曲线。它从原点出发，向右上方倾斜，表示没有产量时总成本为零，并随产量的增长而增加。当产量为 $O \sim Q_1$ 时，刚开始生产需要投入大量的生产要素，加上产量又小，这些生产要素无法得到充分的利用，因此成本增加的比率大于产量增加的比率，所以在这一段 *LTC* 曲线比较陡峭；当产量增加到 $Q_1 \sim Q_2$ 时，生产要素开始得到充分的利用，因而使成本增加的比率小于产量增加的比率，企业获得规模经济效益，所以在这一区间 *LTC* 曲线比较平坦；当产量超过 Q_2 后，由于规模收益递减，成本增加的比率又大于产量增加的比率，所以 *LTC* 曲线又变得比较陡峭。

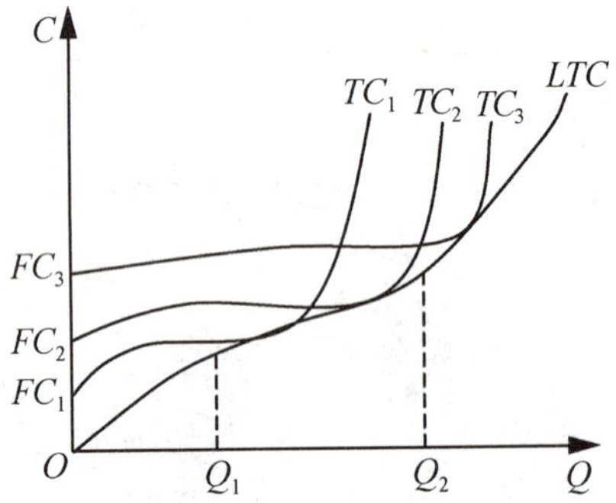

图5.7 长期总成本曲线

其实，企业生产任何一个产量水平，其在长期中所花费的成本，都是所有短期生产规模中所能达到的最低成本。不难发现，长期总成本曲线 *LTC* 位于所有短期总成本曲线的下方，并且 *LTC* 上的每一点都对应着一个短期总成本曲线与之相切的切点，因此 *LTC* 可被看成是无数条短期总成本曲线的包络线。

5.3.2 长期平均成本

长期平均成本是指企业在长期内生产每单位产品所支付的平均成本，记作 *LAC*，可表示为：

$$LAC = \frac{LTC}{Q}$$

1. 长期平均成本曲线的构成

长期平均成本曲线可以从短期平均成本曲线中推导出来，现以图5.8说明其形成。

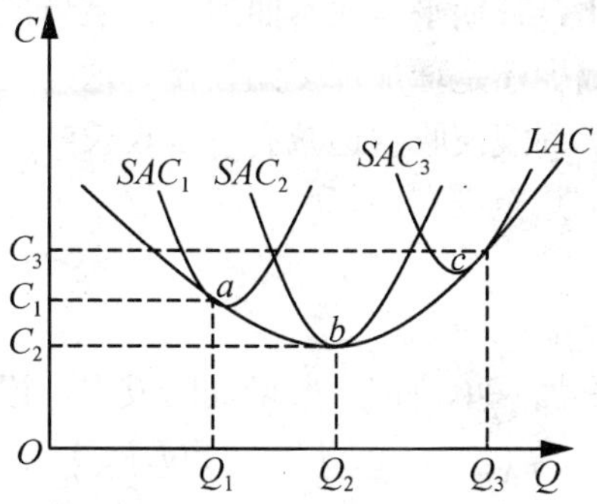

图5.8　长期平均成本曲线

假设在短期内有3个生产规模可供企业选择，其短期平均成本曲线分别为 SAC_1、SAC_2、SAC_3。企业是根据产量的大小来确定其生产规模的，其目标是使平均成本达到最低。当产量小于或等于 Q_1 时，企业会选择 SAC_1 代表的规模，因为此时平均成本 OC_1 是最低的，如果企业这时选择的是 SAC_2 这一规模，则此时的平均成本要大于 OC_1。一旦产量超过 Q_1，那么企业就会调整生产规模。同理，当产量为 Q_2 时，企业则会选择 SAC_2 这一规模，此时平均成本 OC_2 是最低的。当产量为 Q_3 时，企业会选择 SAC_3 的规模，此时平均成本 OC_3 最低。若假定长期内的生产规模可以无限细分，即相应有无数条短期平均成本曲线，且对应每一个短期，都有一个最优生产规模和最佳短期平均成本，则把这些短期平均成本曲线 SAC_1、SAC_2、SAC_3、…的最佳成本点并非短期平均成本曲线的最低点 a、b、c、…连接起来就是长期平均成本曲线。这条与无数条短期平均成本曲线相切的长期平均成本曲线在数学上叫作包络线，它将所有的短期成本曲线包络在其中。所以在长期内，企业都将按这条曲线做出生产计划，确定经营规模，因此长期平均成本曲线被称为计划曲线。

以上讨论的长期平均成本曲线是由短期平均成本曲线推导出来的，还可以根据长期平均成本公式 $LAC=\dfrac{LTC}{Q}$ 推导并画出长期平均成本曲线图，读者可自己推导，这里不再赘述。

2. 长期平均成本曲线的特征

从图5.8中可以看出，长期平均成本曲线也是一条先下降后上升的U形曲线，但与短期平均成本曲线相比其原因却并不一样。这里是用边际收益递减规律来解释短期平均成本曲线呈U形的原因的，但它却不能用来解释长期平均成本曲线。因为边际收益递减规律发生作用的一个前提条件是至少有一种生产要素的投入量是固定的，所以它只能说明短期，而不适用于长期。

西方经济学用规模经济和规模不经济来解释长期平均成本曲线的形状。规模经济是指生产者采用一定生产规模而获得的经济利益。当生产规模小时，企业就增加要素，扩大生产规模，可以有规模经济，从而导致长期平均成本降低。但是，规模经济的效益并非是无限的，当超过一定规模时，就会出现规模不经济，从而导致长期平均成本上升，故使其成为先降后上升的U形。

与短期平均成本曲线相比，长期平均成本曲线无论是降低还是上升都比较平坦，这说明在长期内平均成本无论是减少还是增加都变动较慢。这是因为长期内全部生产要素都可以随时调整，从规模收益递增到规模收益递减有一个较长的规模收益不变阶段，而在短期中，规模收益不变阶段很短，甚至没有。

5.3.3 长期边际成本

长期边际成本是指企业增加一单位产品所增加的成本，记作 LMC，可以表示为：

$$LMC=\frac{\Delta LTC}{\Delta Q}=\frac{\mathrm{d}(LTC)}{\mathrm{d}Q}$$

由公式可以看出，长期边际成本也可以看成是由长期总成本求导而来，它等于长期总成本曲线的切线斜率。根据长期总成本曲线及其斜率的变化规律可以知道，长期边际成本也是随着产量的增加而先减少后增加的，因此长期边际成本曲线是根据 LTC 曲线的斜率描绘出来的，也是一条先下降后上升的U形曲线，但较短期边际成本曲线平坦。长期边际成本曲线与长期平均成本曲线之间的关系，如图5.9所示。

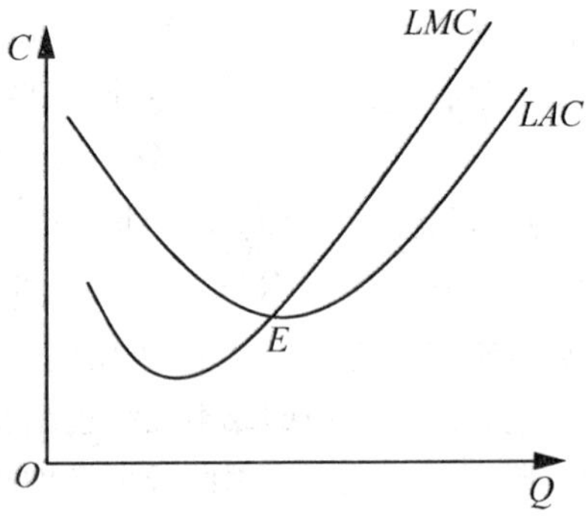

图5.9 长期边际成本曲线与长期平均成本曲线

在图5.9中，长期边际成本曲线 LMC 与长期平均成本曲线 LAC 相交于 LAC 的最低点 E，相交前，长期平均成本下降，并且 LAC 曲线在 LMC 曲线之上，即 $LMC<LAC$；在相交之后，长期平均成本上升，且 LAC 曲线在 LMC 曲线之下，即 $LMC>LAC$；在交点 E 处，$LMC=LAC$。

其实，长期边际成本曲线像长期平均成本曲线一样，也可以由短期边际成本曲线推出，这里不再赘述。

5.4 企业利润分析

企业从事生产的目的是追求利润最大化，为了使利润最大化，企业通过比较付出的成本和得到的收益，来决定生产什么、生产多少和如何生产等问题。到目前为止，已经分析了企业的生产与成本，现在则分析企业如何通过成本与收益的比较来确定产量，以实现利润最大化的目标。

5.4.1　利润最大化原则

在分析了企业的成本和收益的基础上，现在分析企业的利润最大化问题。企业的利润等于总收益减去总成本，以 π 表示利润，则有：

$$\pi = TR(Q) - TC(Q)$$

由于企业的总收益和总成本都取决于产量，因而企业的利润也是产量的函数，故上式也被称为利润函数。

企业的目标是追求利润最大化，因此其必然把产量选择在边际收益等于边际成本之点，即

$$MR = MC$$

此式被称为企业的利润最大化原则。

企业为什么把实现利润最大化的产量选择在边际收益等于边际成本之点呢？

如果企业的 $MR>MC$，则表明企业每多生产一单位产品所增加的收益大于多生产这一单位产品所增加的成本。也就是说，企业还有潜在的利润没有得到，增加生产仍可使企业利润增加，所以，此时企业没有达到利润最大化。

如果企业的 $MR<MC$，则表明企业每多生产一单位产品所增加的收益小于生产这一单位产品所增加的成本。这就意味着对企业造成了亏损，就谈不上利润最大化，因此企业必然要减少生产。

以上分析说明，无论是 $MR>MC$ 还是 $MR<MC$，企业都要调整其产量，以使利润最大化，同时说明这两种情况下企业都未能实现利润最大化。只有在 $MR=MC$ 时，企业才不会调整产量，表明已把该赚的利润都赚到了，即实现了利润最大化。

需要指出，企业的利润最大化原则只说明了企业按照边际收益等于边际成本的原则来决定最优产量，并不表明企业获得的利润一定为正数。再则，在企业成本既定的条件下，对利润的追求也不能是无限的，还要受到市场条件的限制。

现用数学方法来证明利润最大化原则。

企业获得最大利润的必要条件是：

$$\frac{\mathrm{d}\pi}{\mathrm{d}Q} = \frac{\mathrm{d}TR(Q)}{\mathrm{d}Q} - \frac{\mathrm{d}TC(Q)}{\mathrm{d}Q} = 0$$

$$\frac{\mathrm{d}TR(Q)}{\mathrm{d}Q} = \frac{\mathrm{d}TC(Q)}{\mathrm{d}Q}$$

故有：$MR = MC$。

企业获得最大利润的充分条件为：

$$\frac{\mathrm{d}^2\pi}{\mathrm{d}Q^2} < 0\text{，即}\ \frac{\mathrm{d}^2 TR(Q)}{\mathrm{d}Q^2} < \frac{\mathrm{d}^2 TC(Q)}{\mathrm{d}Q^2}$$

由 $MR = MC$ 时所决定的产量 E 称为企业均衡时的产量，将 Q_E 代入企业的需求函数，则可得出企业均衡时的价格 $P_E = P(Q_E)$。

5.4.2 贡献利润分析

在许多实际场合，企业决策者在计算决策所带来的利润时并不采用总收入减去总成本的计算方式，而仅仅考虑决策所引起的收入变化与可变成本增加之间的差额。从短期来看，企业的许多成本项目不会随产量的不同而发生变化，因而与产量的多少无关。决策者所关心的是决策引起的贡献利润为多少。所谓贡献利润，是指销售收入与可变成本之间的差额。例如，一件上衣的售价为100元，成本为80元，其中分摊的设计费、生产设备的折旧及企业管理费等固定成本为35元，而材料费、人工费等可变成本为45元，那么每生产一件上衣的贡献利润就等于55元。

如果假定产品的价格及平均可变成本不随产量的变化而变化，那么每单位产品的贡献利润可表示为：

$$ACM = P - AVC$$

式中：ACM为单位产品的贡献。

当企业的产量为Q时，总贡献利润可以表示为：

$$TCM = ACM \times Q = (P - AVC) \times Q = TFC + \pi$$

式中：TCM为总贡献利润。

从上式可以看出，总贡献利润可以用来补充固定成本并提供利润，因此贡献利润又称为对固定成本及利润的贡献。

【例5.1】 某公司生产各种计算器，一直通过它自己的销售网进行销售。最近有一家大型百货商店愿意按每台8元的单价向它购买20 000台X1－9型的计算器。该公司现在每年生产X1－9型160 000台，如果再多生产这种型号的计算器20 000台，就要减少生产更先进的X2－7型计算器5 000台。与这两个型号有关的成本、价格数据如下表所示(单位：元)。

型　　号	X1－9型	X2－7型
材料费	1.65	1.87
直接人工	2.32	3.02
变动间接费用	1.03	1.11
固定间接费用	5.00	6.00
利润	2.00	2.40
批发价格	12.00	14.40

该公司很想接受百货商店的这笔订货，但又不太愿意按8元的单价出售(因为在正常情况下，这种计算器的批发价是12元)。可是，百货商店则坚持只能按8元单价购买。问：该仪器公司要不要接受这笔订货。

解：

这个题有两种解法，一是使用机会成本的概念；一是计算总增量成本和总增量收入，而不使用机会成本概念。

解法一：如果接受订货，就要减少生产 X2－7 型计算器 5 000 台，因而，就要放弃这部分贡献。所以，这部分贡献是接受订货的机会成本。

5 000 台 X2－7 型计算器的贡献为：(6＋2.4)×5 000＝42 000(元)

20 000 台 X1－9 型计算器的增量成本为：

(1.65＋2.32＋1.03)×20 000＋42 000＝142 000(元)

20 000 台 X1－9 型计算器的增量收入为：8×20 000＝160 000(元)

所以，如接受订货，可得利润贡献为：160 000－142 000＝18 000(元)。

可见，增产 20 000 台 X1－9 型计算器，按 8 元价格卖给百货商店的方案可多得利润 18 000 元，所以是较优方案。

或者，若接受订货：

增量收入：X1－9 型 8×20 000＝160 000(元)

增量成本：

变动成本 X1－9 型 5×20 000＝100 000(元)

机会成本 X2－7 型 8.4×5 000＝ 42 000(元)

总计：142 000(元)

利润贡献：18 000(元)

利润贡献为正值，应接受订货。

或者，如果接受 20 000 台 X1－9 型计算器的订货：

贡献＝20 000×［8－(1.65＋2.32＋1.03)］－5 000×

［14.40－(1.87＋3.02＋1.11)］

＝18 000(元)

解法二：增产 20 000 台 X1－9 型和减产 5 000 台 X2－7 型计算器的总增量成本为

(1.65＋2.32＋1.03)×20 000 －(1.87＋3.02＋1.11)×5 000＝70 000(元)

增产 20 000 台 X1－9 型计算器和减产 5 000 台 X2－7 型计算器的总增量收入为：

8×20 000－14.4×5 000＝88 000(元)

所以，总的利润贡献为：88 000－70 000＝18 000(元)

可见，增产 20 000 台 X1－9 型计算器，同时减产 5 000 台 X2－7 型计算器的方案是较优方案。

5.4.3 盈亏平衡分析

1. 概述

盈亏平衡分析是通过盈亏平衡点分析项目成本与收益的平衡关系的一种方法。各种不确定因素(如投资、成本、销售量、产品价格、项目寿命期等)的变化会影响投资方案的经济效果，当这些因素的变化达到某一临界值时，就会影响方案的取舍。盈亏平衡分析的目的就是找出这种临界值，即盈亏平衡点，判断投资方案对不确定因素变化的承受能力，为决策提供依据。

盈亏平衡点越低，说明项目盈利的可能性越大，亏损的可能性越小，因而项目有较大的抗经营风险能力。因为盈亏平衡分析是分析产量(销量)、成本与利润的关系的，所以也称为量本利分析。

盈亏平衡点的表达形式有多种。它可以用实物产量、单位产品售价、单位产品可变成本以及年固定成本总量表示，也可以用生产能力利用率(盈亏平衡点率)等相对量表示。其中产量与生产能力利用率，在进行项目不确定性分析时应用较广。根据生产成本、销售收入与产量(销售量)之间是否呈线性关系，盈亏平衡分析可分为线性盈亏平衡分析和非线性盈亏平衡分析。

2. 独立方案盈亏平衡分析

独立方案盈亏平衡分析的目的是通过分析产品产量、成本与方案盈利能力之间的关系，找出投资方案盈利与亏损在产量、产品价格、单位产品成本等方面的界限，以判断在各种不确定因素作用下方案的风险情况。

投资项目的销售收入与产品销售量(如果按销售量组织生产，那么产品销售量等于产品产量)的关系有两种情况：线性和非线性。

1) 线性盈亏平衡分析

线性盈亏平衡分析——分析销售收入、生产成本与产品产量的关系。

假设如下。

(1) 产量等于销售量，销售量变化，销售单价不变，销售收入与产量呈线性关系，企业主管不会通过降低价格来增加销售量。

(2) 假设项目正常生产年份的总成本可划分为固定成本和可变成本两部分，其中固定成本不随产量变动而变化，可变成本总额随产量变动成比例变化，单一产品可变成本为一个常数，总可变成本是产量的线性函数。

(3) 假定项目在分析期内，产品市场价格、生产工艺、技术装备、生产方法、管理水平等均无变化。

(4) 假定项目只生产一种产品，或当生产多种产品时，产品结构不变，且都可以换算为单一产品计算。

该项目的生产销售活动不会明显地影响市场供求状况，假定其他市场条件不变，则产品价格不会随该项目销售量的变化而变化，故可以看作一个常数。

销售收入与销售量呈线性关系，即

$$R = PQ$$

式中：R 为销售收入；P 为单位产品价格；Q 为产品销售量。

项目投产后，其生产成本可以分为固定成本与可变成本两部分。固定成本指在一定的生产规模限度内不随产量的变动而变动的费用，可变成本指随产品产量的变动而变动的费用。可变成本总额中的大部分与产品产量成正比例关系。也有一部分可变成本与产品产量不成正比例关系，如与生产批量有关的某些消耗性材料费用，工夹模具费及运输费等，这部分可变成本随产量变动的规律一般是呈阶梯形曲线，通常称这部分可变成本为半可变成本。由于半可变成本通常在总成本中所占比例很小，在经济分析中一般可以近似地认为它也随产量成正比例变动。

总成本是固定成本与可变成本之和，它与产品产量的关系也可以近似地认为是线性关系，即

$$C = C_f + C_V Q$$

式中：C 为总生产成本；C_f 为固定成本；C_V 为单位产品可变成本。

在同一坐标图上表示出来，可以构成线性量-本-利分析图。

在图 5.10 中，纵坐标表示销售收入与产品成本，横坐标表示产品产量。销售收入线 R 与总成本线 C 的交点称为盈亏平衡点(简称 BEP)，也就是项目盈利与亏损的临界点。在 BEP 的左边，总成本大于销售收入，项目亏损；在 BEP 的右边，销售收入大于总成本，项目盈利；在 BEP 点上，项目不亏不盈。

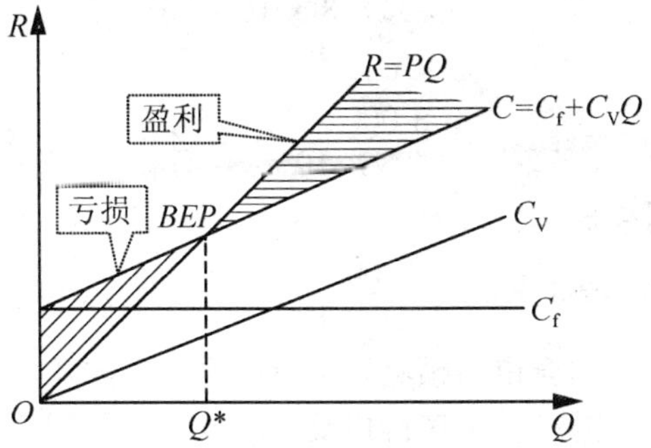

图 5.10　盈亏平衡分析

在销售收入及总成本都与产量呈线性关系的情况下，可以很方便地用解析方法求出以产品产量、生产能力利用率、产品销售价格、单位产品可变成本等表示的盈亏平衡点。在盈亏平衡点，销售收入 R 等于总成本 C，设对应于盈亏平衡点的产量为 Q^*，则有：

$$PQ^* = C_f + C_V Q^*$$

盈亏平衡产量：

$$Q^* = \frac{C_f}{P - C_V}$$

若项目设计生产能力为 Q_C，则盈亏平衡生产能力利用率如下所示。

$$E^* = \frac{Q^*}{Q_C} \times 100\% = \frac{C_f}{(P - C_V)Q_C} \times 100\%$$

若按设计能力进行生产和销售，则盈亏平衡销售价格如下。

$$P^* = \frac{R}{Q_C} = \frac{C}{Q_C} = C_V + \frac{C_f}{Q_C}$$

若按设计能力进行生产和销售，且销售价格已定，则盈亏平衡单位产品可变成本可如下所示。

$$C_V^* = P - \frac{C_f}{Q_C}$$

【例 5.2】 某工业项目年设计生产能力为生产某种产品 3 万件，单位产品售价 3 000 元，总成本费用为 7 800 万元，其中固定成本 3 000 万元，总可变成本与产品产量成正比例关系，求以产量、生产能力利用率、销售价格、单位产品可变成本表示

的盈亏平衡点。

解：

首先计算单位产品可变成本：

$$C_V = \frac{(7\ 800 - 3\ 000) \times 10^4}{3 \times 10^4} = 1\ 600\ (\text{元/件})$$

盈亏平衡产量：

$$Q^* = \frac{3\ 000 \times 10^4}{3\ 000 - 1\ 600} = 21\ 400\ (\text{件})$$

盈亏平衡生产能力利用率：

$$E^* = \frac{3\ 000 \times 10^4}{(3\ 000 - 1\ 600) \times 3 \times 10^4} \times 100\% = 71.43\%$$

盈亏平衡销售价格：

$$P^* = 1\ 600 + \frac{3\ 000 \times 10^4}{3 \times 10^4} = 2\ 600\ (\text{元/件})$$

盈亏平衡单位产品可变成本：

$$V_V^* = 3\ 000 - \frac{3\ 000 \times 10^4}{3 \times 10^4} = 2\ 000\ (\text{元/件})$$

通过计算盈亏平衡点，结合市场预测，可以对投资方案发生亏损的可能性做出大致判断。在例 5.2 中，如果未来的产品销售价格及生产成本与预期值相同，那么项目不发生亏损的条件是年销售量不低于 21 400 件，生产能力利用率不低于 71.43%；如果按设计能力进行生产并能全部销售，生产成本与预期值相同，那么项目不发生亏损的条件是产品价格不低于 2 600 元/件；如果销售量、产品价格与预期值相同，那么项目不发生亏损的条件是单位产品可变成本不高于 2 000 元/件。

2）非线性盈亏平衡分析

在生产实践中，由于产量扩大到一定水平，及原材料、动力供应价格会引起上涨等原因造成项目生产成本并非与产量呈线性关系，也由于市场容量的制约，当产量增长后，产品售价也会下降，价格与产量呈某种函数关系，因此，销售收入与产量就呈非线性关系，如图 5.11 所示。

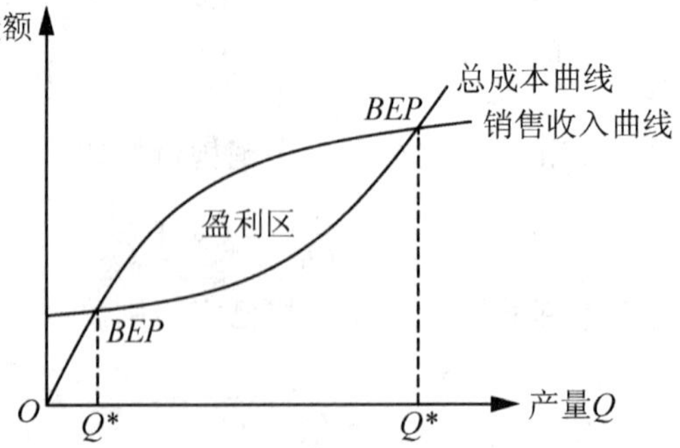

图 5.11　非线性盈亏平衡关系示意图

3）成本结构与经营风险的关系

销售量、产品价格及单位产品可变成本等不确定因素发生变动所引起的项目盈利额的波动称为项目的经营风险(Business Risk)。由销售量及成本变动引起的经营风险的大小与项目固定成本占总成本的比例有关。

设对应于预期的年销售量 Q_C 和预期的年总成本 C_C，固定成本占总成本的比例为 S，则可以得出以下公式。

固定成本：

$$C_f = C_C \cdot S$$

单位产品可变成本：

$$C_V = \frac{C_C(1-S)}{Q_C}$$

当产品价格为 P 时，盈亏平衡产量：

$$Q^* = \frac{C_C S}{P - \frac{C_C(1-S)}{Q_C}} = \frac{Q_C C_C}{\frac{1}{S}(PQ_C - C_C) + C_C}$$

盈亏平衡单位产品可变成本：

$$C_V^* = P - \frac{C_C S}{Q_C}$$

可以看出，固定成本占总成本的比例越大，盈亏平衡产量越高，盈亏平衡单位产品可变成本越低。高的盈亏平衡产量和低的盈亏平衡单位产品可变成本会导致项目在面临不确定因素的变动时发生亏损的可能性增大。

设项目的年净收益为 NB，对应于预期的固定成本和单位产品可变成本：

$$NB = PQ - C_f - C_V Q = PQ - C_C S - \frac{C_C(1-S)}{Q_C}Q$$

$$\frac{\mathrm{d}(NB)}{\mathrm{d}Q} = P - \frac{C_C(1-S)}{Q_C}$$

显然，当销售量发生变动时，S 越大，年净收益的变化率越大。也就是说，固定成本的存在提高了项目的经营风险，固定成本占总成本的比例越大，这种扩大作用就越强，这种现象称为运营杠杆效应。

固定成本占总成本的比例取决于产品生产的技术要求及工艺设备的选择。一般来说，资金密集型的项目固定成本占总成本的比例比较高，因而经营风险也比较大。

3. 互斥方案盈亏平衡分析

在需要对若干个互斥方案进行比选的情况下，如果是某一个共有的不确定因素影响这些方案的取舍，则可以采用下面介绍的盈亏平衡分析方法帮助决策。

设两个互斥方案的经济效果都受某不确定因素 x 的影响，这里可以把 x 看作一个变量，把这两个方案的经济效果指标都表示为 x 的函数。

$$E_1 = f_1(x)$$

$$E_2 = f_2(x)$$

式中：E_1 和 E_2 分别为方案 1 与方案 2 的经济效果指标。

当两个方案的经济效果相同时，有

$$f_1(x)=f_2(x)$$

解出使这个方程式成立的 x 值，即为方案 1 与方案 2 的盈亏平衡点，也就是决定这两个方案孰优孰劣的临界点。结合对不确定因素 x 未来取值范围的预测，就可以做出相应的决策。

【例 5.3】 生产某种产品有 3 种工艺方案，采用方案 1，年固定成本为 800 万元，单位产品可变成本为 10 元；采用方案 2，年固定成本为 500 万元，单位产品可变成本为 20 元；采用方案 3，年固定成本为 300 万元，单位产品可变成本为 30 元。分析各种方案适用的生产规模。

解：

各方案年总成本均可表示为产量 Q 的函数。

$$C_1=C_{f_1}+C_{V_1}Q=800+10Q$$

$$C_2=C_{f_2}+C_{V_2}Q=500+20Q$$

$$C_3=C_{f_3}+C_{V_3}Q=300+30Q$$

各方案的年总成本函数曲线，如图 5.12 所示。

由图 5.12 可以看出，3 个方案的年总成本函数曲线两两相交于 L、M、N 这 3 点，各个交点所对应的产量就是相应的两个方案的盈亏平衡点。在本例中，Q_M是方案 2 与方案 3 的盈亏平衡点，Q_N是方案 1 与方案 2 的盈亏平衡点。显然，当 $Q<Q_M$时，方案 3 的年总成本最低；当 $Q_M<Q<Q_N$时，方案 2 的年总成本最低；当 $Q>Q_N$时，方案 1 的年总成本最低。

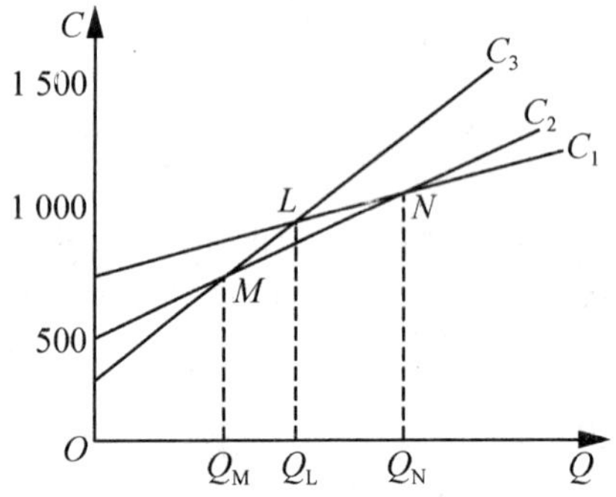

图 5.12 各方案的年总成本函数曲线

当 $Q=Q_M$时，$C_2=C_3$，即

$$C_{f_2}+C_{V_2}Q_M=C_{f_3}+C_{V_3}Q_M$$

于是：$Q_M=\dfrac{C_{f_2}-C_{f_3}}{C_{V_3}-C_{V_2}}=\dfrac{500-300}{30-20}=20$（万件）。

当 $Q=Q_N$时，$C_1=C_2$，即

$$C_{f_1}+C_{V_1}Q_N=C_{f_2}+C_{V_2}Q_N$$

于是：$Q_N=\dfrac{C_{f_1}-C_{f_2}}{C_{V_2}-C_{V_1}}=\dfrac{800-500}{20-10}=30$（万件）。

由此可知，当预期产量低于 20 万件时，应采用方案 3；当预期产量为 20～30 万件时，应采用方案 2；当预期产量高于 30 万件时，应采用方案 1。

【例 5.4】 生产某种产品有两种方案，方案 A 初始投资为 50 万元，预期年净收益 15 万元；方案 B 初始投资 150 万元，预期年净收益 35 万元。该产品的市场寿命具有较大的不确定性，如果给定基准折现率为 15%，不考虑期末资产残值，试就项目寿命期分析两种方案取舍的临界点。

解：

设项目寿命期为 x，则：

$$NPV_{\mathrm{A}} = -50 + 15(P/A, 15\%, x)$$

$$NPV_{\mathrm{B}} = -150 + 35(P/A, 15\%, x)$$

当 $NPV_{\mathrm{A}} = NPV_{\mathrm{B}}$ 时，有：

$$-50 + 15(P/A, 15\%, x) = -150 + 35(P/A, 15\%, x)$$

即

$$(P/A, 15\%, x) = 5$$

$$\frac{(1+0.15)^x - 1}{0.15 \times (1+0.15)^x} = 5$$

解这个方程，可得：$x \approx 10$（年）。

这就是以项目寿命期为共有变量时方案 A 与方案 B 的盈亏平衡点。由于方案 B 年净收益比较高，项目寿命期延长对方案 B 有利。故可知：如果根据市场预测项目寿命期少于 10 年，则应采用方案 A；如果项目寿命期在 10 年以上，则应采用方案 B。

案例研究

全球每四个微波炉就有一台格兰仕

面临着越来越广阔的市场，每个企业都有两种战略选择：一是多产业，小规模，低市场占有率；二是少产业，大规模，高市场占有率。格兰仕选择的是后者。格兰仕的微波炉，在国内已达到 70% 的市场占有率；在国外已达到 35% 的市场占有率。格兰仕的成功就运用了规模经济的理论，即某种产品的生产，只有达到一定的规模时，才能取得较好的效益。微波炉生产的最小经济规模为 100 万台。早在 1996—1997 年，格兰仕就达到了这一规模。随后，规模每上一个台阶，生产成本就下降一个台阶。这就为企业的产品降价提供了条件。格兰仕的做法是，当生产规模达到 100 台时，将出厂价定在规模 80 万台企业的成本价以下；当规模达到 400 万台时，将出厂价又调到规模为 200 万台的企业的成本价以下；而现在规模达到 1 000 万台以上时，又把出厂价降到规模为 500 万台企业的成本价以下。

这种在成本下降的基础上所进行的降价，是一种合理的降价。降价的结果是将价格平衡点以下的企业一次又一次大规模淘汰，也使行业的集中度不断提高，也使行业的规模经济水平不断提高，由此带动整个行业社会必要劳动时间不断下降，进而带动整个行业的成本不断下降。成本低价格必然就低，降价最大的受益者是广大消费者。从 1993 年格兰仕进入微波炉行业到现在的 10 年之内，微波炉的价格由每台 3 000 元以上降到每台 300 元左右，降掉了 90% 以上，这不能不说是格兰仕的功劳，不能不说是格兰仕对中国广大消费者的巨大贡献。

问题：试用成本理论分析格兰仕为什么可以成功？

本章小结

本章主要介绍了企业成本的概念，企业短期成本的分类，总成本、平均成本、边际成本、固定成本、可变成本等及其关系。企业利润的分析方法有贡献利润分析法和盈亏平衡分析法。

重点是企业成本的短期分析、企业利润分析。

难点是企业利润分析方法。

习　　题

1. 思考题

(1) 有人说，因为长期平均成本曲线 *LAC* 是短期成本曲线 *SAC* 的包络线，表示长期内在每一个产量上企业都将生产的平均成本降低到最低水平，所以，*LAC* 曲线相切于所有 *SAC* 曲线的最低点。这句话是否正确，为什么?

(2) 已知某种生产技术的短期总成本曲线，如何做出该技术的短期边际成本曲线和短期平均成本曲线?

(3) 在图形上显示短期生产函数与短期成本函数之间的关系。

(4) 说明为什么在产量增加时，平均成本 *AC* 与平均可变成本越来越接近?

(5) 为什么 *SAC* 曲线与 *LAC* 曲线都是 U 形曲线? 为什么由无数 *SAC* 曲线推导出的 *LAC* 曲线必有一点也只有一点相等?

2. 选择题

(1) 短期内边际产量最高点对应于(　　)。

A. 边际成本最低点　　B. 平均成本最低点

C. 平均可变成本最低点　　D. 平均产量最高点

(2) 等成本线的斜率表示的是(　　)。

A. 在既定成本下所能生产的各种产量

B. 生产既定产量的总成本

C. 纵轴上的要素价格对横轴上要素价格的比率

D. 横轴上要素价格对纵轴上要素价格的比率

(3) 假定某机器原来生产产品 A，利润为 200 元，现在改生产产品 B，所花的人工、材料费为 1 000 元，则生产产品 B 的机会成本为(　　)。

A. 200 元　　B. 1 200 元　　C. 1 000 元　　D. 无法确定

(4) 下面关于平均成本和边际成本的说法中哪一个是正确的? (　　)

A. 如果平均成本上升，那么边际成本可能上升或下降

B. 在边际成本的最低点，边际成本等于平均成本

C. 如果边际成本上升，则平均成本一定上升

D. 在平均成本曲线的最低点，边际成本等于平均成本

(5) 短期平均成本曲线成为 U 形的原因与(　　)。

A. 规模报酬有关　　B. 外部经济与外部不经济有关

C. 要素的边际生产率有关　　D. 固定成本与可变成本所占比重有关

(6) 由企业购买或使用任何生产要素所发生的成本是指(　　)。

A. 固定成本　　B. 隐性成本　　C. 会计成本　　D. 机会成本

(7) 若某个产量的长期平均成本等于短期平均成本，但高于长期边际成本，则(　　)。

A. 规模报酬处于递减阶段　　B. 长期平均成本正在下降

C. 短期平均成本最小　　D. 短期平均成本等于长期边际成本

(8) 在长期中，下列哪一项不存在？(　　)

A. 固定成本　　B. 平均成本　　C. 机会成本　　D. 隐性成本

(9) 当边际成本上升时(　　)。

A. 要素平均产量下降　　B. 平均成本上升

C. 要素边际产量下降　　D. 以上都对

(10) 直线通过原点，并且从下方与 TC 相切，在切点处，平均总成本(　　)。

A. 等于 MC　　B. 达到最小值

C. 等于 AVC 加 AFC　　D. 以上都对

(11) 机会成本的经济含义是(　　)。

A. 使用一种资源的机会成本是放弃这种资源另一种用途的收入

B. 放弃这种资源在其他用途中所能得到的最高收入

C. 是将其用于次优用途的收入

D. 保证这种资源现在用途继续使用而必须支付的费用

(12) 当某企业以既定的成本生产出最大产量时，其(　　)。

A. 一定获得了最大利润

B. 一定没有获得最大利润

C. 是否获得了最大利润，还无法确定

D. 经济利润为零

(13) 长期平均成本曲线为 U 形的原因与(　　)有关。

A. 固定成本与可变成本所占比重　　B. 要素的边际生产率

C. 规模报酬　　D. 外部经济与外部不经济

(14) 假如增加一单位产量所带来的边际成本大于产量增加前的平均可变成本，那么在产量增加后平均可变成本(　　)。

A. 减少　　B. 增加　　C. 不变　　D. 都有可能

(15) 下列说法正确的是(　　)。

A. 在短期内，随变动要素投入量的增加，总产量先递减地增加，后递增地增加

B. 短期内使平均产量最大的变动要素投入量，对应于平均成本最低的产量

C. 短期内使边际产量最大的要素投入量，对应于边际成本最低的产量

D. 短期内使平均产量最大的变动要素投入量，对应于边际成本最低的产量

3. 计算题

(1) 已知某企业的短期总成本函数是 $STC(Q)=0.02Q^3-0.8Q^2+10Q+5$，求该企业的最小平均可变成本值，以及此时企业的产量。

(2) 已知某企业的生产函数为 $Q=L^{3/8}K^{5/8}$ ，又设 $P_L=3$ 美元，$P_K=5$ 美元，试求：

① 产量 $Q=10$ 时的最低成本支出和使用的 L 与 K 的数量；

② 产量 $Q=25$ 时的最低成本支出和使用的 L 与 K 的数量；

③ 总成本为 160 美元时企业均衡的 Q、L 与 K 之值。

(3) 已知某企业只有一种可变要素劳动 L，产出一种产品 Q，固定成本为既定，短期生产函数为 $Q=-0.1L^3+6L^2+12L$ ，求解：

① AP_L 为极大时雇用的劳动人数；

② MP_L 为极大时雇用的劳动人数；

③ AVC 极小(AP_L 极大)时的产量；

④ 假如每人工资 $W=360$ 元，产品价格 $P=30$ 元，求利润极大时雇用的劳动人数(提示：利润极大化的条件为 $P\cdot MP_L=W$)。

(4) 假设某产品生产的边际成本函数为 $MC=3Q^2-8Q+100$，若生产 5 单位产品时总成本为 595，求总成本函数、平均成本函数、可变成本函数、平均可变成本函数。

第6章

完全竞争市场的价格与产量决定

教学目标

通过本章的学习，理解和掌握有关市场和市场结构的概念、市场结构的划分标准、不同类型市场结构的不同特点、完全竞争市场中企业的需求曲线及短期和长期决策，并会运用曲线图分析和解释完全竞争市场企业的短期和长期决策。

教学要求

知识要点	能力要求	相关知识
市场与市场结构	能够根据市场结构特征判断市场结构类型	不同市场结构定义
完全竞争市场的含义和特征	能够判断出典型的完全竞争市场	完全竞争市场的含义
完全竞争市场企业的短期均衡	能够根据资料为完全竞争市场中的企业提供正确的短期生产决策	(1) 需求曲线特征 (2) 供给曲线特征
完全竞争市场企业的长期决策	能够根据资料为完全竞争市场中的企业提供正确的长期生产决策	完全竞争市场中企业长期均衡条件

导入案例

充分竞争才是市场的最佳选择

我们以彩电市场为例，我国当前市场容量为2 000万台左右，而生产能力则有4 000万台左右，明显的供大于求注定了市场竞争将会日趋激烈。各个彩电企业又都是单独的利益主体，它们在市场竞争中当然会从争取更多的顾客和市场份额的动机出发，选择对自己有利的策略——竞相降价。但是，当一些企业在日趋激烈的价格竞争中盈利下跌，感到难以招架时，该怎么办？它们可以设法扩大规模，也可相机转产，改变原有的投资方向。这便是市场经济条件下企业争取规模效益，或是灵活调头的发展之路。如果一个企业只想靠价格联盟来形成和保持垄断利益，坐享固定的市场份额，最终会发现，在商品供大于求的背景下，去签一个自己和竞争对手们都不会认真遵守的协议(除非协议有超级监督力和强制力)，不过是徒劳之举。

对于政府部门和行业协会来说，可问一声自己有无能力或有无必要让所有彩电企业都有饭吃，致使先进企业发挥不了长处，落后企业亦不会被淘汰。如果没有，又想通过建立价格联盟而为之，岂不白费气力？近年来，价格联盟一次次的不欢而散已经说明了此理，难道今后还要花费大量资源去做本来就不会成功的事，难道让每个政府部门都搞成一个“欧佩克”，不断去发起和监督限价、限产的卡特尔活动，从不成功，而又不肯罢手，犹如唐吉·诃德同风车作战。竞争的市场是商品价格的最终决定因素。在供大于求的背景下，通过价格、品牌、服务、质量等方面的竞争，强势企业可以通过增加市场份额、兼并重组，不断扩大规模而成为市场经济下竞争产生的“巨舰”；弱势企业则需利用市场退出机制，或寻找新的投资点，以扬长避短，或者被其他企业兼并、联合，成为“巨舰”的一部分。如此，才会有具有国际竞争力的大企业产生。所有消费者也将从产品价格不断降低、质量服务日益完善中受益。国际和国内历史的经验表明，希望通过政府“拉郎配”的办法去组建大企业，或是欧佩克式的价格联盟保护垄断与落后均非好的办法。

市场与企业均衡理论是管理经济学的重要内容，其中心问题是分析不同类型市场中商品的均衡价格和均衡产量的决定问题。本章主要分析企业的类型和完全竞争市场条件下的均衡价格和均衡产量的决定问题，以后的章节主要分析不完全竞争市场条件下的均衡价格和均衡产量的决定问题。

6.1 市场与市场结构

企业要在市场竞争中生存和发展，首要的一步就是要知道自己所处的市场结构及其变化规律。只有如此才能帮助企业摆脱经验管理，实现科学管理。

6.1.1 市场结构的含义

市场是一个复杂的系统，通过这个系统就可以使买者和卖者结合起来，为实现买卖的目的而活动，以达到双方满足和彼此间的平衡。在现实中，各行各业的市场是不同的，即存在着各种不同的市场结构。所谓的市场结构(Market Structure)也叫市场类型，是指某种产品或劳务竞争程度不同的市场状态。不同结构的市场有不同的运行方式，市场上的交易主体也有着不同的行为特点，产品和需求结构也不尽相同，价格与成交量的确定方法也各不相同。

6.1.2　市场结构的决定因素

市场结构的决定因素主要有以下几个方面。

1. 买者和卖者的数量

一般来说，某种市场上买者和卖者的数量越多，单个买者和卖者对产品销量和产品价格的影响力就越小，竞争也就越充分；反之，则相反。进一步说，在某种市场上，如果卖者期望交易量多于买者，则市场均衡的力量就会偏向买方，从而形成“买方市场”，此时竞争将主要在卖者之间展开；如果卖者期望交易数量少于买者，则市场均衡的力量就会偏向卖方，从而形成“卖方市场”，而此时竞争将主要在买者之间进行。显然，如果在某种产品市场上，买者或卖者仅有一个，那么就会形成买方垄断或卖方垄断，竞争就无法充分展开。

2. 进入或退出的难易程度

市场价格和企业盈亏直接相关，并引导着企业的行为从而实现资源的合理配置。如果某行业产品的价格提高，使其生产有利可图，就会吸引新企业进入该行业；反之，如果产品价格下降，使生产得不偿失，就会引起企业的退出。企业自由进入或退出某种行业要求经济资源或生产要素具有流动性，而在不同的行业和市场上，要素的流动性、企业进入或退出的条件是不相同的，因而竞争的程度也就不同。

3. 产品的差异程度

这里所说的产品差别不是指不同产品的差别，而是指同类产品在质量、牌号、服务等方面的差别。例如，同一种产品汽车，因质量不同、牌号不同、销售和售后服务不同就构成了产品差别。有些产品差别是重要的，如质量、牌号；也有些产品差别是细微的，如颜色；还有些产品差别取决于消费者自己的心理感受，例如对某种产品的特殊偏好或消费习惯。从某种意义上说，产品差别是广泛存在的，且产品的差异程度与市场竞争的程度关系密切，例如同质的产品具有完全的替代性，顾客将在不同企业之间进行选择，这样企业就会面临广泛的竞争。反之，如果某种产品与其他产品的差异非常大，又没有可替代的产品，那么生产该种产品的企业就不会有多少竞争对手。

4. 信息的畅通情况

信息能够迅速地扩大市场的地域，缩短市场间距离。能否充分地得到市场的信息，影响着市场的竞争程度。信息充分畅通，市场竞争的程度就会加强；反之，如果个别企业垄断信息，则其他企业进入该市场的难度就增大，市场的竞争程度就相对变弱。

6.1.3　市场结构的分类

根据上述市场结构决定因素的不同，可以把市场分成以下 4 种类型。

1. 完全竞争市场

完全竞争(Perfect Competition)，又称纯粹竞争(Pure Competition)，是一种竞争不受任何阻碍和干扰的市场。通常认为，完全竞争市场具有如下基本特征。

(1) 买者和卖者很多。其数量之多，使得任何一个企业的销售量或购买量都仅占市场上很小的比例，以至于它们无力通过自己的行为来影响市场上的价格，即每个人都是既定价格的接受者(Price Taker)，而不是价格的决定者(Price Maker)。

(2) 产品是同质的(Homogeneous)。所有的生产者提供的都是标准化的产品，即都是同质的、无差别的产品。无论是在原料、加工、包装、服务，还是规格等方面都是一样的，没有任何区别。这样，对消费者来说，根本不在乎是哪家生产的产品。从而，不同生产者之间就可以进行完全平等的竞争。

(3) 生产要素完全自由流动。生产要素在各行业和各企业之间是完全自由流动的，新的企业想要进入市场没有任何障碍，老的企业要想退出市场也不会遭到阻拦，保证来去都是自由的。

(4) 信息充分完备。所有的消费者和生产者都具有充分的市场信息，完全掌握现在和将来的市场情况，都有条件做出合理的消费选择和生产选择，因而就不会有任何消费者因受“欺骗”而以高于市场价格的价格进行购买，也不会有任何生产者会以低于市场价格的价格进行销售，大家都相互知道买卖什么产品，价格是多少。

在现实生活中，除了农产品市场多少有点接近完全竞争市场外，其他市场都很难具备完全竞争市场的条件，所以，完全竞争市场只是一种纯理论的模型，是理想中的市场。但是，有了这个理想中的市场，就有了一把尺子、一面镜子来衡量现实世界中各式各样的市场，看它离人们的理想还差多远，如何使它向理想的标准靠拢。

2. 完全垄断市场

完全垄断(Perfect Monopoly)是与完全竞争截然相反的另一种市场结构。所谓完全垄断是指在这类市场上不存在丝毫竞争因素，某种产品的产销完全是由一家企业控制的状态。换言之，如果只有一家企业生产一种几乎无可替代的产品，即当一个生产部门只有一家企业时，就会出现垄断。一般来说，完全垄断市场具有如下特征。

(1) 仅有一家卖者。一种产品仅有一个生产者，因而，该商品的市场需求曲线就是该生产者所面对的需求曲线，通常情况下，它是一条向右下方倾斜的曲线。

(2) 产品是异质的。垄断者生产或提供的产品与其他产品是高差异的，一般找不到比较接近的替代品，买方只能够买这种产品。

(3) 存在很大的进入障碍。别的企业不能进入市场，如果有两家或两家以上的企业在同一市场上，就不再是垄断了。

(4) 信息受到垄断。其他企业得不到有关信息，否则就可以进入市场，参与竞争。

虽然完全垄断市场也只是一种理论上的抽象，但在现实经济生活中，多数企业都同时兼备了垄断者和竞争者这两种身份和行为特征，加之许多生产新产品的企业也都具有谋求垄断地位的经济企图和短期垄断的可能性，因此，完全垄断理论还是具有一定实践意义的。

3. 垄断竞争市场

垄断竞争市场(Monopolistic Competition)是介于完全竞争与完全垄断这两种市场结构之间的一种市场结构，因此，它的市场特征既兼具两种极端形式的市场结构特征，又不完全相同。

(1) 市场上有许多卖主。这意味着该市场由许多企业组成，这些企业对市场可以施加有限的影响，但由于数量很多，要互相完全联合起来控制市场价格，不说是不可能，至少也是十分困难的。所以，每个企业在做出决策时，不必考虑因自己的行为而引起其他企业的反应。

(2) 产品既有差别，又有一定的替代性。产品的差别性(Production Differentiation)是垄断竞争的最主要特征，它包括同种产品之间在质量、包装、牌号或销售条件等方面的差别，正是这种有差别的产品的存在引起了垄断，因为各种产品特点使这些差别产品的生产者成为自己产品的垄断者。但是，因为各种产品在一定程度上又有替代性，所以各种有差别的产品之间又形成了竞争。

(3) 企业可以比较自由地进出市场。由于每一个企业的规模不是太大，所需的资本不是很多，因而要进出市场没有多大的障碍。但也不是完全的自由进出，还是需要一定的资本量，例如一个新的企业要进入某个特定产品的市场，就必须购买一定数量的生产设备，并对其职工进行必要的生产技术培训，且支付一定的费用以取得生产经营的许可证等。

(4) 交易者的信息基本上是完全的。垄断竞争市场结构在现实中是常见的。诸如百货商店、食品店、饭店、理发馆、服装店和各种修理业就属于这类，大多数制造业，尤其是轻工业、纺织工业等也属于这种类型。这些企业数量多、产量少，但其产品和劳务是有差别的，如不同的百货商店可能名气不同；不同食品店的面包和点心可能口味不同等。所以，它们之间既有垄断性，又保持了竞争的一面。

4. 寡头垄断市场

寡头垄断市场(Oligopoly)是指几家大企业生产和销售了整个行业的极大部分产品的市场结构。在西方发达国家，寡头垄断是最主要的一种市场结构模式，如在美国，铝、汽车、计算机、电器设备、玻璃以及石油等产品都是在寡头垄断的市场条件下生产和销售的。

寡头垄断通常可分为两种：一是纯寡头垄断(或称无差别的寡头垄断)，是指在这个行业中，几家企业生产和销售的产品都是同质的，通常，原料行业，如铝、水泥、钢铁、铜等行业就属于这种寡头垄断，这类产品一般都有国家标准，顾客只要按型号、规格订货就行了，不必考虑是谁家的产品，他们关心的只是产品的价格；二是有差别的寡头垄断，是指在这个行业中，几家企业生产和销售的产品，在顾客看来是有差别的，造成这种差别的寡头垄断里，顾客不仅关心产品的价格，也十分关心产品的商标或生产厂家，属于这种寡头垄断的行业，诸如汽车、计算机、农业机械等。

不管是有差别的还是无差别的寡头垄断，寡头垄断市场均具有如下特点。

(1) 市场上的企业为数极少，只有几家企业就控制了产品的大部分供给。在这里，每一家企业在市场上都有着举足轻重的地位，对其产品价格都具有相当的影响。

(2) 企业之间相互依存。任一企业进行决策时都必须把竞争者的反应考虑在内，因为它们既不是价格的接受者，也不是价格的制定者，而是价格的寻求者。

(3) 进出市场都有障碍。其他企业进入市场相当困难，这里有自然障碍，如规模经济，要有相当的资金才能进入市场，一般人拿不出来；也有人为的障碍，原有企业之间的相互依存，设置障碍，使新企业难以进入。要退出市场也不容易，断然退出会造成很大的损失。

(4) 信息不完全。在寡头垄断市场上，交易的信息是不完全的，信息的畅通与否完全依赖于企业之间的合作情况。

案例 6-1

政府办的大型养鸡场为什么赔钱

一些城市为了保证居民的菜篮子，由政府出资办了大型养鸡场，但成功者少，许多养鸡场最后以破产告终。这其中的原因是多方面的，重要的一点则在于鸡蛋市场是一个完全竞争市场。

政府建立的大型养鸡场在这种完全竞争的市场上并没有什么优势，它的规模不足以大到能控制市场，产品也没有特色。它要以平等的身份与那些分散的养鸡专业户或把养鸡作为副业的农民竞争。但这种大型养鸡场的成本都要大于行业平均成本，因为这些养鸡场的固定成本远远高于农民养鸡成本。它们要建大鸡舍，采用机械化方式，且有相当一批管理人员，工作人员也是有工资的工人。这些成本的增加远远大于机械化养鸡所带来的好处，因为农民养鸡几乎没有什么固定成本，也不向自己支付工资，差别仅仅是种鸡支出和饲料支出。大型养鸡场由政府出资办，自然是国有企业，它也同样有产权不明晰、缺乏激励机制、效率低的共性。从这种意义上说，政府出资办大型养鸡场是出力不讨好，动机也许不错，但结果不好。其实这些完全竞争行业，完全可以让市场调节，农民去办，政府不要与农民争利，何况也争不到利。

讨论题

1. 完全竞争市场的含义与形成的条件？
2. 举例说明哪些市场接近完全竞争市场。

6.2 完全竞争市场企业的短期均衡

完全竞争是在一定条件下形成的市场结构，又称为纯粹竞争，是指不受任何阻碍和干扰，并且完全按照产品价格开展竞争的市场。完全竞争市场结构的最基本特征是：在这个市场里，产品的价格完全由市场决定，企业只是价格的接受者，对定价无能为力。因此，完全竞争市场中企业的行为模式独具特征。

6.2.1 完全竞争市场上企业的需求曲线

根据完全竞争市场的特点，在完全竞争市场中企业只是价格的接受者，无论它出售多少产品，不但不会影响自己产品的价格而且还可以按照市场现行价格出售任何数量的产品。这样，完全竞争下的企业需求曲线应具有完全弹性，如图 6.1(a)所示。

在图 6.1(a)中，d 是完全竞争企业的需求曲线，它与数量轴平行，其距离 OP 即为由行业总需求和总供给均衡决定的市场价格，如图 6.1(b)所示。在图 6.1(b)中，S 为行业总供给曲线，D 为行业总需求曲线。

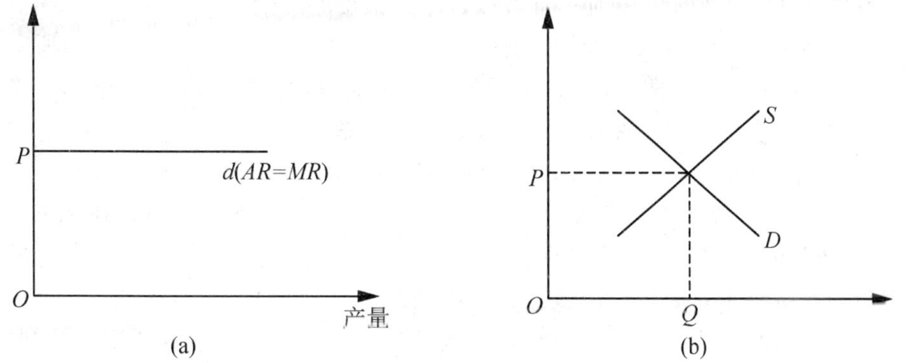

图 6.1　完全竞争下的企业需求和市场总需求

在完全竞争市场上，企业出售某一数量的产品所获得的平均收益等于价格，同时，企业每增加一个单位产品销售所获得的边际收益也等于价格。因此，完全竞争企业的边际收益、平均收益与价格相等，反映在图形上，企业的需求曲线 d、平均收益曲线 AR 和边际收益曲线 MR 重叠。

6.2.2　完全竞争市场上企业的短期决策

企业的全部决策活动服从于利润最大化目标。在完全竞争市场上，单个企业只是价格的接受者，无法进行价格决策。一旦价格确定下来，它的决策内容就归结为如何通过价格和成本的比较，选择可使利润最大化的产量。这里先讨论企业短期的产量决策。

1. 短期均衡产量的决定

在短期内，企业没有足够的时间调整厂房设备，只能通过调整可变要素的使用量来调整其产量。因而，原来从事某一行业产品生产的企业不能退出本行业，其他行业的企业也不能以新企业的资格加入这一行业。可以知道，利润最大化的条件就是总收益与总成本的差额达到最大值，也表示为边际收益等于边际成本。而在完全竞争市场上，企业的边际收益等于固定不变的市场价格，因此，企业产量决策实际上是通过总收益与总成本、市场价格同边际成本的比较进行的。图 6.2 描述了完全竞争市场上企业短期均衡产量的决定。

在图 6.2(a)中，曲线 TR 是企业在短期内的总收益曲线，因为价格是给定不变的，故每增加一单位产销量引起的收益增加量就等于价格，因此，TR 是一条从原点出发的直线，其斜率就是市场价格或边际收益。曲线 TC 是企业短期的总成本曲线，该曲线呈“S”形，表示可变要素投入增加与产销量变化的关系服从边际收益递减规律。曲线 TR 与 TC 分别相交于 A 点和 B 点，对应的产销量分别为 q_1 和 q_2。在产量为 q_1 和 q_2 时，因为总收益等于总成本($TR=TC$)，故超额利润为零($\pi=0$)。当产量小于 q_1 或大于 q_2 时，总收益小于总成本($TR<TC$)，超额利润为负值，即出现亏损。当产量在$q_1 \sim q_2$的区间时，总收益大于总成本($TR>TC$)，企业可以获得超额利润。所以，企业必然在这个范围内决定它的产销量。从图6.2中可以看出，在曲线TR与TC的斜率相等时，两曲线的垂直距离(HE)最大，与之对应的产量是q_e。对企业来说，q_e就是利润最大化的均衡产量，因为除非价格或成本条件发生变化，否则不存在使企业改变这个产销量的激励。

也可以用另一种方法表示企业利润最大化均衡产量的决定，如图6.2(b)所示，在该图形中，MC表示边际成本曲线，AC表示平均成本曲线，边际收益和价格则用平行于横轴的同一条水平线表示。由于曲线MR和MC分别代表曲线TR和TC的斜率，且TR和TC斜率相等时利润达到极大，因此，利润极大化条件也可以表示为$MR=MC$。在完全竞争市场上，$MR=P$，故$P=MC$时的产量就是利润最大化的均衡产量。在图6.2(b)中，MR或P与MC相交于E'点，对应的均衡产量也是q_e。q_e之所以是利润最大化的均衡产量，是因为当产量小于q_e时，边际收益或市场价格高于边际成本($P>MC$)，企业若使产量减至q_e以下，边际成本减小量会小于边际收益减小量，即等于放弃了增加盈利的机会。当产量大于q_e时，边际收益或市场价格低于边际成本($P<MC$)，企业若使产量增至q_e以上，则边际成本增加量会高于边际收益增加量，增产会得不偿失。故只有在产量为q_e时，$P=MC$，企业才会实现利润最大化，并不再会有减产或增产的激励。

图6.2(b)还可以表示总利润，当产量为q_e时，单位产品的利润为$E'F$(P - AC)，总利润可由$E'F$与Oq_e相乘求出。因此，图中阴影部分$GP_eE'F$表示了产量为q_e时的总利润。

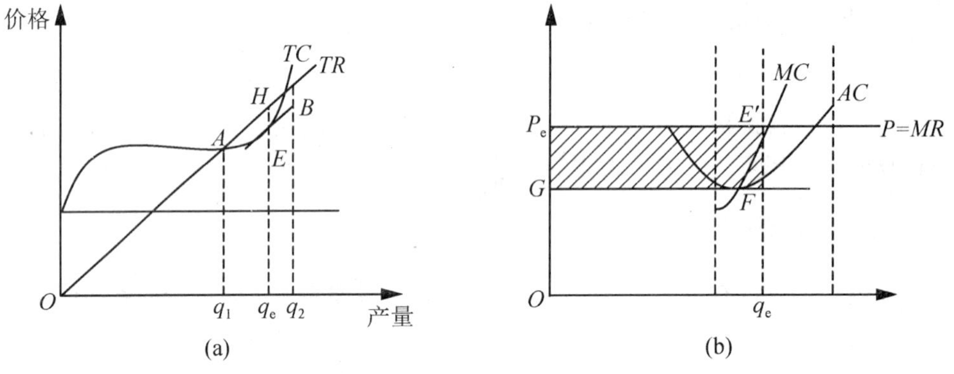

图6.2　完全竞争上企业的短期均衡产量的决定

2. 停止营业点和企业短期供给曲线

以上讨论的是在给定的市场价格下，企业通过产量调整使$P=MC$而实现利润最大化。现在进一步讨论，如果市场价格发生变化，企业对此将做出何种反应？怎样对产量决策进行调整？图6.3(a)表示市场价格逐步下降的情况下企业的产量决策过程。

在图6.3(a)中，MC仍然表示边际成本曲线，ATC为平均总成本曲线，AVC为平均可变成本曲线。平均总成本等于平均可变成本与平均固定成本之和，即$ATC=AVC+AFC$，故ATC与AVC之间的垂直距离就是平均固定成本AFC。设定价格从P_1下降到

P_4，与此相对应，企业的产量决策过程包括下列几方面。

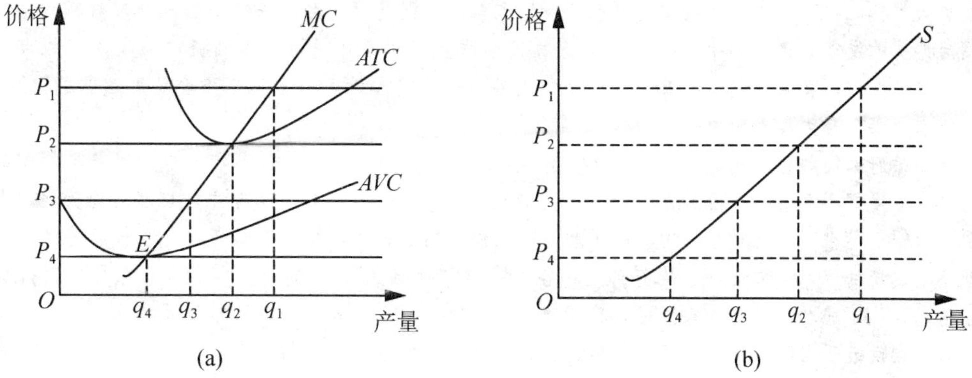

图 6.3　停止营业点和企业短期供给曲线

(1) 获得正常利润。当价格水平为 P_1 时，企业将产量确定为 q_1，此时 $P_1=MC$，企业可获取超额利润。若价格水平由 P_1 降至 P_2 时，$P_2=ATC$，价格只能抵偿全部生产成本。此时，企业仅获正常利润，超额利润消失，但也不会发生亏损，如果停产，企业就无法收回成本。因此，当价格为 P_2 时，企业仍会按 $P=MC$ 的原则确定产量，提供产销量 q_2。

(2) 使亏损最小。假如价格再降至 P_3，由于 $P_3<ATC$，所以企业将出现亏损。此时，企业能否关门大吉停止生产呢？不能。理智的选择是，企业仍按 $P=MC$ 的原则，提供产销量 q_3，以尽量减少亏损的损失。因为在 P_3 的价格水平上，企业继续经营还能收回平均可变成本和一部分平均固定成本 AFC。如果停产，亏损会更大。

(3) 选择停止营业点。当价格降至 P_4 时，$P_4=AVC$，产品的价格只能抵偿可变成本，固定成本一点也得不到补偿，这样的价格已经是企业利用已有厂房设备进行生产所能接受的最低价格了。若价格继续下降，连可变成本也收不回来，发工资、买原材料的钱都会付不起。因此，在价格为 P_4 时，企业将提高产销量 q_4。如果价格再低于 P_4，那么企业只能停止营业。因此，P_4 与 MC 的交点 E 也就代表了停止营业点。

因为在 $P<AVC$ 时，企业不会提供任何产量，而只有在 $P\geqslant AVC$ 时，才会有企业供给行为的发生，所以，MC 高于 AVC 曲线最低点以上的部分实际上也就是企业的短期供给曲线，把这条曲线绘制在图 6.3(b)中，即 S 曲线。企业的供给曲线 S 与价格 P 呈正相关的关系，即价格升高，供给增加；价格下降，供给减少。若再将各单位企业的供给曲线水平相加，还可以求出行业供给曲线或市场供给曲线。

案例 6-2

充分竞争才是市场的最佳选择

以彩电市场为例，我国 2013 年的市场容量为 2 000 万台左右，而生产能力则有 4 000 万台左右，明显的供大于求注定了市场竞争将会日趋激烈。各个彩电企业又都是单独的利益主体，它们在市场竞争中当然会从争取更多的顾客和市场份额的动机出发，选择对自己有利的策略——竞相降价当为正常举措。但是，当一些企业在日趋激烈的价格竞争中感到盈利下跌，难以招架时，该怎么办？它们可以设法扩大规模，也可相机转产，改变原有的投资方向。这便是市场经济条件下企业争取规模效益，或是灵活调头的发展之路。如果一个企业只想靠价格联盟来形成和保持垄断利益，坐享固定的市场份额，最终会发现，在商品供大于求的背景下，去签一个自己和竞争对手们都不会认真遵守的协议(除非协议有超级监督力和强制力)，不过是徒劳之举。

对于政府部门和行业协会来说，可问一声自己有无能力或有无必要让所有彩电企业都有饭吃，致使先进企业发挥不了长处，落后企业亦不会被淘汰。如果没有，又想通过建立价格联盟而为之，岂不白费气力？近年来，价格联盟一次次的不欢而散已经说明了此理，难道今后还要花费大量资源去做本来就不会成功的事，难道让每个政府部门都搞成一个“欧佩克”，不断去发起和监督限价、限产的卡特尔活动，从不成功，而又不肯罢手，犹如唐吉·诃德同风车作战。竞争的市场是商品价格的最终决定因素。在供大于求的背景下，通过价格、品牌、服务、质量等方面的竞争，强势企业可以通过增加市场份额、兼并重组，不断扩大规模而成为市场经济下竞争产生的“巨舰”；弱势企业则需利用市场退出机制，或寻找新的投资点，以扬长避短，或者被其他企业兼并、联合，成为“巨舰”的一部分。如此，才会有具有国际竞争力的大企业产生。所有消费者也将从产品价格不断降低、质量服务日益完善中受益。国际和国内历史的经验表明，希望通过政府“拉郎配”的办法去组建大企业，或是欧佩克式的价格联盟保护垄断与落后均非好的办法。

6.3 完全竞争市场企业的长期决策

在长期内，由于企业有足够的时间调整全部生产要素，可以自由进入或退出某一行业，以致短期内获得超额利润或亏损的均衡不能继续下去，从而达到一种新的均衡，即长期均衡。

6.3.1 企业均衡的调整

图 6.4 表示了企业在长期均衡中的调整过程。图中 D 为行业或市场的需求曲线，S_1 为起初的供给曲线，起初形成的市场价格为 P_1。MC 为代表性企业的边际成本曲线，AC 为平均成本曲线。

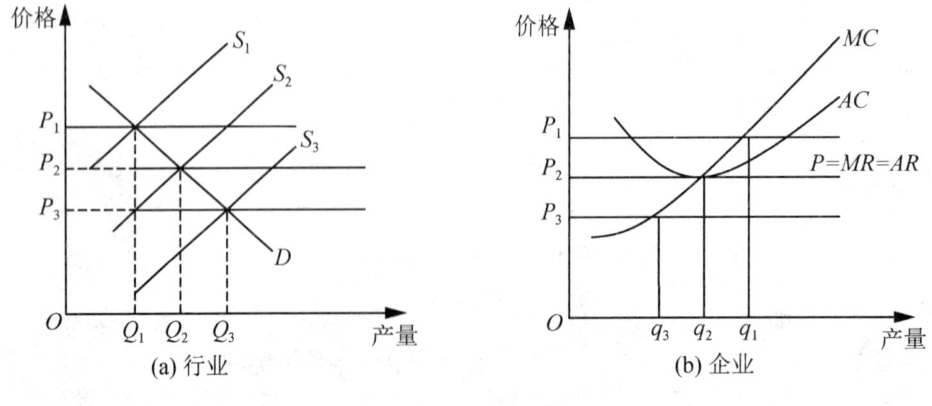

图 6.4 完全竞争行业和企业的长期均衡

由于 $P_1 > AC$ 的最低点，故企业可以获得超额利润，但这只是暂时的，在长期中，超额利润的存在会给新企业的进入提供激励，增加行业供给，使 S_1 曲线向右移动。新企业的进入将会持续到何时为止呢？由图 6.4 可知，当行业供给曲线移至 S_2 时，将会形成新的均衡价格 P_2。因为 $P_2 = AC$，超额利润消失，新企业也就丧失了继续进入的动力，从而实现了行业和企业的长期均衡。此时，代表性企业的均衡产量也由 q_1 减至 q_2，表明新企业的进入已使它丧失了一部分市场份额。在价格 P_1 时超额利润的刺激作用是如此之大，以至蜂拥而来的新企业的进入使行业供给曲线右移至 S_3，从而形成价格 P_3。显然，$P_3 < AC$，行业生产过度，企业将会出现亏损。这会引发一些企业的退出行为。退出的过程也会持续到行业供给曲线左移到 S_2 时为止。如果仍是在 P_2 的价格水平上，那么企业不赔不赚，既无企业的退出，也无企业的进入，即实现了长期均衡。

总之，在完全竞争市场上，企业的长期均衡只有在超额利润为零时才会发生。这也就是说，企业长期均衡不仅要求价格等于边际成本，还要求价格等于平均成本。在长期中，平均成本不仅指短期平均成本 SAC，也指长期平均成本 LAC。这里已经知道，边际成本 MC 总是与平均成本 AC 的最低点相交，由于长期平均成本 LAC 的最低点仅有一个，故完全竞争企业长期均衡的条件是市场价格与企业的长期平均成本、短期平均成本、长期边际成本、短期边际成本均相等，用公式表示为：$P = LAC = SAC = LMC = SMC$。

6.3.2 行业的长期供给曲线

如前所述，在短期内，企业的供给曲线可由该企业边际成本曲线 MC 位于平均可变成本曲线 AVC 之最低点以上的部分来表示。行业的供给曲线则由各企业的供给曲线水平轴(数量轴)的数值加总而成。当市场需求增加后，各企业将在原有厂房设备基础上增加可变要素的投入量以增加产品供给量。所以，在短期内，由于市场需求增加引起的行业供给量的增加，必然伴随着价格的上升，即短期的行业供给曲线必然自左向右上方倾斜。而在长期调整过程中，不仅企业的厂房设备的规模随产量的变化而变化，而且企业的数目也会因为企业的进入和退出而发生变化。所以，市场需求的扩大引起行业产量的增加，即并不是通过原有企业扩大其供应量，而是通过企业数目的增加来扩大供应量。行业的长期供给曲线是由市场需求的扩大(或缩减)引起的行业供求平衡时各企业 LAC 曲线之最低点轨迹，这决定了行业长期供给曲线的形状可能有 3 种情况：水平直线、向右上方倾斜和向右下方倾斜，它们分别对应于行业的需求增加和生产扩大时，行业的成本状况是固定不变、递增和递减 3 种情况。

1. 成本固定不变行业的长期供给曲线

如图 6.5 所示，假设开始时行业的长期均衡点为 E，均衡价格为 P，均衡产量为 Q。现在市场对该产品的需求从 D 增加到 D_1。在短期内，价格从 P 上升到 P_1，这使该行业既有企业利用原有设备扩大供给，又赚得超额利润，行业的供给量从 Q 增加到 Q_1。原有企业赚得超额利润吸引新的企业进入该行业，新企业提供的产量导致行业供给曲线从 S_1 向右下方移动到 S_2。假如行业产量扩张引起的对所需生产要素需求的增加并未引起要素价格上升，则该产品的成本不会增加，因而新旧企业的长期平均成本曲线不会上下移动。新企业进入引起市场供给量增加导致供给曲线从 S_1 移到 S_2，迫使价格下跌。只要该行业继续存在超额利润，新企业的进入和行业产量的增加就会继续下去，直到产品价格恢复到原来的水平 P，超额利润完全消失为止。新的行业均衡产量的增加完全是由新增企业提供的。在这种场合下，行业的长期供给曲线就是一条水平线，即图中由 E 点和 E_2 点连接起来的直线 LRS。由于这样的行业的单位产品成本不因产量的增加而发生变化，所以被称为成本固定行业(Constant-Cost Industry)。

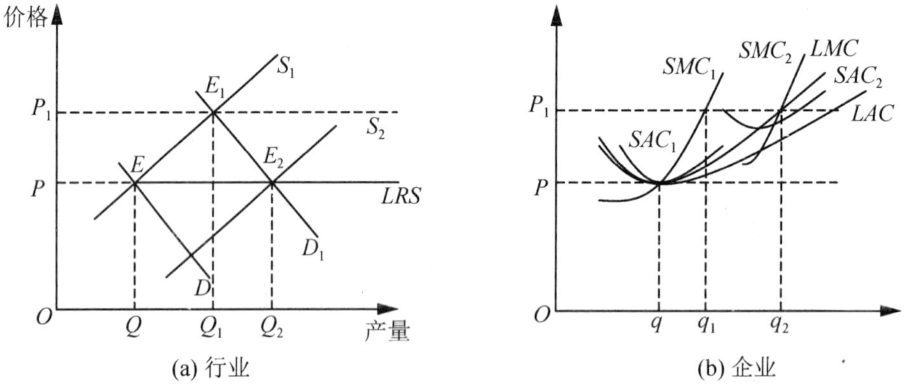

图 6.5　成本固定不变行业的长期供给曲线

2. 成本递增行业的长期供给曲线

如图 6.6 所示，假设在初始均衡状态下，产品的均衡价格为 P_1，企业和行业的均衡产量分别为 q_1 和 Q_1，企业的短期和长期平均成本曲线分别为 SAC_1 和 LAC_1。现在市场需求从 D_1 扩大到 D_2，在短期内价格从 P_1 上升到 P_2，原有企业扩大产量为 q_2，并使行业产量增至 Q_2 以赚得超额利润。这会导致新企业进入该行业，新企业进入该行业又会导致 S_1 向右下方移到 S_2。假如行业产量扩张引起的对所需生产要素的增加会导致要素价格上升，那么新旧企业的长期平均成本曲线就会由 LAC_1 移到 LAC_2。企业 LAC 曲线的上移和 S 曲线的右移会一直进行下去，直到 S 曲线的移动使价格从 P_2 下降到等于已经上移的 LAC_2 曲线之最低点为止。这时，超额利润完全消失，行业与企业再次处于均衡状态。如果需求继续扩大，则该行业将趋向另一更高的均衡。在这种场合下，由于对产品需求增加引起行业产量增加的同时，产品的均衡价格也相应上升，因而行业的长期供给曲线表现为图中 A、B 两点的自左向右上方倾斜的 LRS 曲线。

3. 成本递减行业的长期供给曲线

如图 6.7 所示，假设初始的行业均衡点 A 对应的均衡价格为 P_1，均衡产量为 Q_1，各企业均衡产量为 q_1。现在市场需求增加，即 D_1 向右上方移到 D_2。在短期内，价格从 P_1 上升到 P_2，原有企业利用已有厂房设备扩大产量，并赚取超额利润。超额利润吸引新的企业进入该行业，导致市场供给扩大，供给曲线从 S_1 向右下方移到 S_2；与此同时，企业的长期平均成本曲线从 LAC_1 下移到 LAC_2。新企业的进入将继续进行下去，一直到价格从 P_1 降到 P_3，即价格再次等于长期平均成本曲线之最低点，每个企业的超额利润完全消失为止。把图中的 A、B 连接成一条曲线，即可得出一条自左向右下方倾斜的成本递减行业的长期供给曲线。

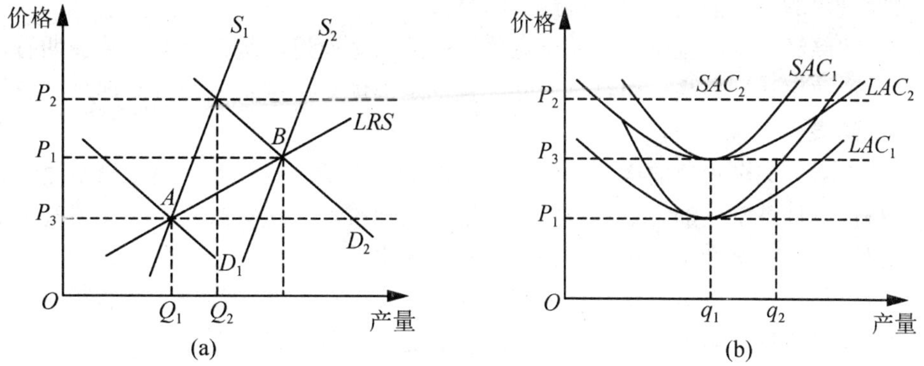

图 6.6　成本递增行业的长期供给曲线

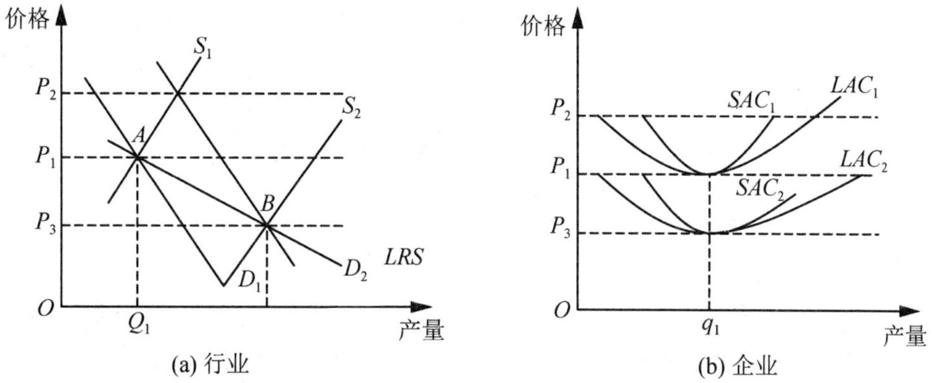

图 6.7　成本递减行业的长期供给曲线

6.4　完全竞争市场经济效率的评价

经济学家们认为，市场结构的竞争程度越高，经济效率就越高；反之，垄断程度越高，经济效率就越低。所以经济效率最高的是完全竞争的市场结构。因为按照经济学家们的分析，各种资源或生产要素发挥最大效率的条件是企业必须达到这样的产量水平：①使自己的成本达到成本曲线的最低点；②同时使边际成本等于价格，即 $P=MC=AC$。只有完全竞争的市场结构才能同时满足这两个条件。

（1）$P=AC$ 的最低点，说明企业在既定的技术水平下已经最充分地利用了各种生产资源，因而生产效率达到最高。资源的最充分利用既有利于生产者，也有利于经济社会。

（2）$P=MC$，说明从社会资源合理分配的角度看，企业的产量水平也处于最优。因为价格代表社会对企业每多生产一件产品的价值评价，边际成本则代表多生产一件产品所需追加资源的价值。如果企业生产出来的产品的价值大于所投入资源的价值，则说明企业的产量水平不是最优，因为这时如果企业增加产量，还能进一步增加社会的总财富。反之，若企业生产某种产品，产量水平处于 $P<MC$ 的情况，则表明生产出来的产品价值小于投入资源的价值。所以只有当 $P=MC$ 时，从整个社会资源的合理分配角度看企业的产量水平才是最优的，即能为社会提供最大的财富。

因此，按照经济学的理论，在完全竞争条件下，企业追求最大利润，从长期看，不仅能使企业生产效率达到最高，而且资源的配置也是最优的。这是市场机制这只“看不见的手”作用的结果。

从理论上看，完全竞争的市场的确是一种理想的市场结构，但上述结论是建立在一系列严格的假设条件基础上的，如完备的信息、产品同质等，这些假设条件在现实生活中难以得到满足，因而完全竞争的市场结构在现实经济生活中是根本不存在的。

市场竞争是市场经济运行和发展的伴生物，只要存在市场，竞争就必然存在。社会主义市场竞争具有市场竞争的一般特点，即①利益性，竞争是建立在利益基础上的，各主体为了自身的利益而进行角逐和较量；②排他性，竞争的利益性必然产生排他性行为，企业在市场竞争中总是力求加强自己在本行业的领先和支配地位，并力图将竞争对手挤出市场；③强制性，由于竞争是由利益矛盾引起的，也就表现为不以人的主观意志为转移的强制过程，一切市场主体都无法回避市场竞争；④风险性，竞争的机制在于优胜劣汰，风险就是被淘汰的风险，正是有风险才迫使竞争者奋发向上，正确把握市场行情变化，以降低风险；⑤自发性，它与市场主体的独立地位相关，是市场经济活力的体现，表现为企业积极主动地调整花色品种、质量性能等，以使产品适销对路。

案例研究

目前，我国已经成为世界啤酒第一产销大国，啤酒市场进入成长性。加入世界贸易组织之后，越来越多的国际资本正以势不可挡的趋势涌入中国，与急需增强资本优势开拓国际国内市场的中国啤酒企业展开合作，优势互补，共同开拓中国啤酒市场。

外资第一次大规模进入中国啤酒市场是在20世纪90年代初期，50多家外资啤酒品牌全面进军中国，当时国内大多数大中型啤酒企业被外资控股或收购，市场上出现大量外资啤酒品牌。近年，由于中国啤酒市场地方保护严重，且经价格战等一系列恶性竞争，绝大多数外资啤酒企业水土不服，大规模撤出中国市场。中国加入WTO后，外资又纷纷重新抢占中国啤酒市场。现在，外资在策略上已经比较成熟和现实，找到了更为可行的介入方式——“改用资本说话”，绝大部分采用参股控股国内强势企业的策略。目前，我国三大啤酒品牌(青岛、燕京和珠江)都有外资参股控股。这样，啤酒市场在外资推动下，新一轮的品牌整合将渐次展开，寡头垄断竞争格局有可能出现。分析人士指出，就啤酒业而言，国际啤酒市场趋于饱和，近10年增长缓慢。中国啤酒市场有很大潜力，每年有5%～10%的增长。中国人均消费量约19升，如果要达到国际中等人均消费水平30余升，我国啤酒产量将达到4 000万吨，市场空间巨大。随着啤酒产品结构的改善和西部、农村地区消费需求的进一步挖掘，啤酒市场，尤其是中低档啤酒市场的春天会再次来临。

讨论题

(1) 啤酒市场竞争可以看作是什么类型的竞争？为什么？

(2) 进入中国啤酒行业的外资为什么大规模撤出中国？

(3) 啤酒市场一旦形成寡头垄断竞争格局，对啤酒价格、产量的影响如何？

本章小结

市场和市场结构的概念、市场结构的划分标准、市场结构不同类型的不同特点是市场结构理论的基础。通过对以上基本概念和基本理论的学习，本章主要分析完全竞争市场上企业的需求曲线、企业的短期和长期决策，并运用曲线图结合实际案例分析完全竞争市场企业的短期和长期决策。

习　　题

1. 名词解释

市场结构	完全竞争市场	完全垄断市场
垄断竞争市场	寡头垄断市场	停止营业点

2. 思考题

(1) 影响市场竞争或垄断程度的因素有哪些?
(2) 为什么完全竞争条件下企业的需求曲线具有完全的弹性?
(3) 试述完全竞争行业的长期供给曲线。

3. 选择题

(1) 如果一个完全竞争企业生产的产量使价格等于平均总成本，那么(　　)。
A. 将停止营业　　B. 收支相抵
C. 仍然回获得经济利润　　D. 处于有经济亏损状态
(2) 以下都是完全竞争的特征，其中哪一种不是垄断竞争的特征?(　　)
A. 有许多企业　　B. 企业生产无差别产品
C. 企业一利润最大化为目标　　D. 自由进入
(3) 在短期中，企业所能出现的最大经济亏损是(　　)。
A. 零　　B. 其总成本
C. 其可变总成本　　D. 其固定总成本
(4) 下面都是垄断竞争的特征，其中哪一种不是寡头的特征?(　　)
A. 每个企业面临着向右下方倾斜的需求曲线
B. 企业以利润最大化为目标
C. 一个企业的销售量对其他企业没有什么影响
D. 在该行业中不止一家企业
(5) 下列哪一种说法不是完全竞争市场的特征?(　　)
A. 存在许多企业
B. 每个企业都生产略有差别的产品

C. 对进入该行业不存在限制

D. 该行业的企业不比潜在的新进入者有什么优势

(6) 如果一个企业面临着对它的产品有无限弹性的需求，那么(　　)。

A. 它不是一个价格接受者

B. 它将降低自己的价格来增加销售量

C. 它将提高自己的价格来增加总收益

D. 它的边际收益等于产品的价格

(7) 一个完全竞争企业利润最大化的条件是(　　)。

A. 边际成本等于价格，价格高于最低平均可变成本

B. 边际成本等于价格，价格高于最低平均固定成本

C. 总收益最大化

D. 平均可变成本最小

(8) 对一个完全竞争企业来说，平均收益曲线(　　)。

A. 和企业的需求曲线一样，边际收益曲线在企业的需求曲线之下

B. 在企业的需求曲线之上，边际收益曲线在企业的需求曲线之下

C. 和边际收益曲线都与企业的需求曲线相同

D. 在企业的需求曲线之上，边际收益曲线与企业的需求曲线相同

(9) 价格接受的含义是企业(　　)。

A. 如果想多销售自己的产品就要降价　　B. 要接受垄断者所确定的价格

C. 不能影响其产品的价格　　D. 处于有经济亏损的状态

(10) 在短期内，如果价格低于最低平均可变成本，那么，该企业(　　)。

A. 将不进行生产

B. 将有经济亏损，但在短期内会仍然继续生产

C. 将使产量达到边际成本等于价格时

D. 不一定会有经济亏损

4. 计算题

(1) 某完全竞争市场中一个小企业的产品单价是640元，其成本函数为 $TC=240Q-20Q^2+Q^3$（正常利润包括在成本中）。假设这个企业在该行业中有代表性，问这一行业是否处于长期均衡状态？为什么？

(2) 假设厂商面临的需求曲线为 D_1：$P=4-0.05Q$，厂商的边际成本保持在1的水平上。假定支付10元的广告费，使需求曲线移动到 D_2：$P=6-0.1Q$。问该厂商做广告是否合算？

(3) 一个完全竞争的厂商使用劳动和资本进行生产。在短期内，劳动的数量可变，而资本的数量不变。厂商根据劳动和资本估计出的成本曲线如下：

$$LTC=(2/3)Q^3-16Q^2+180Q$$

$$STC=2Q^3-24Q^2+120Q+400$$

① 厂商预期的长期最低价格是多少？

② 如果产品价格为 120 元，那么在短期内厂商将生产多少产品？

（4）一个完全竞争的厂商，每天利润最大化的收益为 5 000 元。此时，厂商的平均成本是 8 元，边际成本是 10 元，平均变动成本是 5 元。求厂商每天的产量是多少？固定成本是多少？

第7章

完全垄断市场的价格与产量决定

教学目标

通过本章的学习与讨论，理解完全垄断市场的含义、特征和垄断产生的原因；主要掌握垄断企业的短期和长期的价格、产量决策；掌握垄断企业的价格歧视策略；能够比较出完全垄断市场与竞争市场的区别，并从中了解垄断给社会带来的影响以及政府如何实行管制。初步学会运用这些分析框架和理念对一些实际问题进行分析。

教学要求

知识要点	能力要求	相关知识
完全垄断市场	(1) 理解完全垄断市场的含义 (2) 掌握完全垄断市场的特征 (3) 理解完全垄断市场产生的原因	(1) 市场力的概念 (2) 市场力的衡量 (3) 垄断的创造
垄断企业行为	(1) 熟悉垄断企业的需求曲线、收益曲线 (2) 掌握垄断企业的短期、长期均衡	(1) 需求曲线和边际收益曲线的关系 (2) 企业均衡的一般原理
差别定价	(1) 了解差别定价的前提条件 (2) 掌握差别定价的3种类型 (3) 掌握差别定价的应用	(1) 价格歧视 (2) 消费者剩余 (3) 两步收费制

导入案例

铁路部门的垄断定价还能掌握多久?

近20年的中国季节性大迁徙——“春运”，已成为中国特色。“春运”市场提供了世界上罕见的爆发性最大的商机。2001年“春运”，自1月9日开始至2月17日结束，共40天时间，全国运送客员约16.6亿人次，比2000年增长2.7%。据国家有关部门的数字统计分析，在16.6亿人次中，公路将承担14.9亿人次的运力，铁路春运1.34亿人次，使用这两种交通工具者占有中国春运预计总数的90%以上。这是中国改革开放20年来最高峰值的一次“春运”。据广东省及“珠江三角洲”的资料显示：仅春运40天时间，竟能够创造一些客运“专业户”本年度至少50%以上的营业总额；而70%以上的参加者，在这40天“工作”中所创造的价值可抵本年度价值的120%以上，甚至可以在未来这一年内什么都不用做也能够正常维持。这一切很大程度上要归功于涨价。

铁道部春运办有关人士解释，涨价是为了“削峰平谷”，以达到“均衡运输”的目的，以关键的广州铁路为例，2006年1月16日涨价后的事实证明：广东铁路客运高峰更为尖锐，超过历史日最高峰，“均衡运输”就当然成了画饼充饥；对于中国大多数老百姓而言，出门坐火车是首选交通工具，无论火车票涨不涨价，该回家的还得回家，涨价根本无法削峰平谷，只能让铁路部门狠狠赚一笔。据北京一家报纸报道，节前15天，北京西站和北京东站客票收入增长了50%，收入近3亿，只是在15天取得的。春节给了铁路部门一个极为厚重的大礼包。有舆论指责，这是“垄断行业大发横财”。

不过，中国老百姓这次不买账了。河北律师乔占祥首先就铁路调价方案向铁道部提出行政复议。这无疑是破天荒的。2006年2月12日，中国消费者协会也致函铁道部，要求就涨价问题给个说法。当然，现在还不能过于乐观。但相比以往习惯于沉默的中国老百姓，今天终于有了维权的意识，“铁老大”再要“唯我独尊”，恐怕不那么容易了。

完全垄断市场与完全竞争市场在假设条件上极为相似，均属于极端的市场结构。在现实经济生活中并不多见，但由于通过该市场结构的分析，可以为企业家提供一些非常重要的决策信息，因此，对其内容进行深刻的理解具有一定的现实意义。

7.1 完全垄断市场的含义与特征

7.1.1 完全垄断市场的含义

完全垄断市场，通常是指在一个具有相当高的进入壁垒的市场上只有一个企业生产高度差异化的产品。简单地说，完全垄断市场是指整个行业中只有唯一的一个企业的市场组织。具体地说，完全垄断市场的含义主要有以下几点。

(1) 市场上只有唯一的一个企业生产和销售商品，不存在其他的竞争对手，由于整个行业存在唯一的供给者，所以企业即行业。这是完全垄断市场的最基本特征，其他假设是这一假设的保证条件。

(2) 该企业生产和销售的商品没有任何相近的替代品，需求的交叉弹性为零，产品高度差异化。这是完全垄断市场的关键假设，若没有此假设，其他企业将以自己的产品替代垄断产品，完全垄断企业就不可能成为唯一的供给者。

(3) 存在着相当高的市场进入壁垒，其他任何企业进入该行业都极为困难或不可能，以至于即使该市场有很高的利润率，外面的企业也只能“望洋兴叹”。若其他企业容易进入市场参与竞争，完全垄断企业也不可能成为唯一的供给者。

(4) 完全垄断企业能够控制整个行业的价格，成为市场价格的制定者。正是由于完全垄断企业控制了行业的供给，企业可以有两个决策变量：以较高价格出售较少产量，或以较低价格出售较多产量。

在这样的市场中，排除了任何的竞争因素，独家垄断企业控制了整个行业生产市场的销售，所以，垄断企业可以控制和操纵市场价格，甚至被称为价格的制定者。

(1) 价格制定者。完全垄断企业，面对一条倾斜的需求曲线，企业不能决定需求但可以决定供给，从而决定了市场价格，因此完全垄断企业被称为价格制定者。

(2) 价格接受者。完全竞争企业，面对一条水平的需求曲线，个别企业的供给对市场价格影响微不足道，只能接受市场价格，因此完全竞争企业被称为价格接受者。

完全垄断仅仅是理论上的假设，在现实生活中并不存在。即使有垄断存在，也是在一定范围内和一定时期内存在，大多数垄断不会永久持续，它们随着技术的变化而出现或消失。例如，铁路运输一般属于垄断事业，但也有公路、水路和空中运输与之竞争；电力供应一般也属于垄断事业，但也有煤气、石油等其他能源的供应与之竞争等。完全垄断市场的主要特征不在于企业是否做广告，而在于垄断行业企业是否唯一，产品是否不可替代，行业进入是否受到限制。

7.1.2 完全垄断市场的特征

按照划分市场结构的标准，完全垄断市场的特征主要有 5 个方面：一是整个市场上只有一个买者或卖者，这里仅指只有一个卖者即垄断企业；二是产品是独一无二的，没有合适的、相近的替代品(该产品与其他产品的需求交叉弹性很小)；三是进入市场被封锁，不存在竞争者威胁，也无潜在竞争对象；四是垄断企业拥有比其他市场类型的企业都强的市场力量，企业是价格的独立制定者，所以垄断企业有可能实行价格歧视策略；五是信息不完全，作为交易的一方对另一方是不完全了解的。

7.1.3 完全垄断的根源及原因

垄断市场的形成主要是由于“行业壁垒”的存在造成的，较强的进入壁垒使别的企业无法进入，造成独家经营；也可能是竞争的结果，使行业内只剩下一家企业。垄断市场行业壁垒的产生有经济方面的原因、技术方面的原因，也有政治方面的原因。可能是行业的需要，不能有两个以上的生产者；也可能是因为行业的特殊性，使得其他企业难以进入。具体地说，造成行业壁垒的原因有很多，即进入壁垒有很多形式，这里概括出以下几种常见的情况。

1. 显著的规模经济性

由于显著的规模经济性导致的完全垄断，即规模较大的巨型企业处于垄断地位。有些行业的生产必须要有一定的规模，规模越大，长期平均成本越低，企业的长期平均成本曲线呈下降趋势，这时就会产生很强的进入壁垒。一家企业独占市场比两家或多家企业分割市场的成本更低，行业内不宜有两家以上的企业存在。一旦一家企业占领市场之后，别的企业就不可能以更大的规模、更低的成本进来竞争。

假设在某行业内有 4 家企业，每家的年产量为 20 万件产品，在这个领域内存在着较强的规模经济效应，在目前的价格水平下，整个市场的年销售量恰好为 80 万件。所以，除非价格水平产生大幅下降，否则，即使其他企业可以得到融资支持，从而达到年 20 万件的生产水平，市场也没有多余的空间可以让这些企业进入。即使新企业以年 50 万件的生产水平进入市场，由于规模经济的存在，新企业的单位成本也远高于市场中已经存在的竞争者的成本，也就是说市场中不存在允许新企业以与竞争者相同的成本进入市场的空间。在这种情况下，规模经济产生了进入壁垒。

2. 要素壁垒

由于控制了原材料或其他生产要素而形成的垄断，也即由于占有了独特的资源而形成的垄断。独家企业控制了生产某种商品的全部资源或关键资源的供给。这种对生产资源的独占，排除了经济中的其他企业生产同种产品的可能性。这些要素可以是原材料、技术工人，也可以是资本、品牌、体育明星等。

多年来，美国铝业公司控制了北美几乎所有的铝矾土矿。对原料的控制，加上拥有生产专利权，使美国铝业公司在当时获得了绝对垄断的地位。在第二次世界大战以后，联邦法院才打破了其在制铝业中的垄断地位。在历史上还有过其他类似的例子，但目前很少存在由于控制原材料而独享垄断的案例。

要素壁垒的另一个例子是资本市场的作用。比起新公司来，在市场中已经存在了一段时期的老公司由于拥有较好的历史收益水平，更能通过有利的利率进行融资活动。试想一个人随便走进银行，要求贷款 1 亿元来开办一家大型电器商场，多数银行会以非常怀疑的眼光看待他。因为银行知道这家新公司会与国美、苏宁等一些公司处于同一领域，所以很可能拒绝这项贷款业务。即使银行同意借款，新公司贷款所应付的利率也会远高于其他公司。因此，当需要以大规模投资进入市场时，资本市场便产生了进入壁垒。

企业或产品的品牌也是一种非常特殊的资源。这种资源最初的获得对于每个企业都是公平的。一旦品牌形成，随着企业的精心经营和维护，这种品牌效应就会成为企业重要的市场力量。当潜在的竞争者试图进入该市场时，往往会发现进入所需要花费的促销成本可能大于其潜在的市场收益，于是望而却步。这样，品牌效应这一无形资源就转化为市场的进入壁垒。

3. 技术壁垒

一项新技术发明之后，发明者在一段时间是垄断的，这便使得某家企业可以在一定的时期内垄断该产品的生产。发明专利受到法律的保护，从而使其他企业不能从事该产品的生产，专利法的实施是对发明和创新的保护，是为了促进新产品和新技术的发展。我国的专利法规定，发明者拥有某种商品或使用某种特殊工艺的独占权可达 15 年(美国是 17 年)。另外，有的老技术(如祖传秘方等)，如果不外传，也具有垄断性；技术太“高、精、尖”(如航天飞机等)，别人掌握不了，也是一种垄断。

不仅技术专利权，软件的版权、著作的版权等都是典型的知识财产，可以产生垄断。美国微软公司在视窗系列的版权，显然是其奠定全球软件领导者地位的重要基础。可口可乐公司因其拥有可乐的特殊配方而始终在饮料产业独树一帜。随着知识经济时代的到来，特殊的知识财富对于企业市场力量的形成起着很大的作用。

然而，对专利与版权的保护并不总是能够有效地维持垄断，利润会吸引潜在的竞争者研究开发与专利产品相近的替代品或专利生产过程，从而找到进入市场的途径。专利权能够给予产品以表面上的保护，但替代品的发展还是能够迅速地破坏这个保护层的。

案例 7-1

美国法案逼企业入死胡同

4月13日，美国《消费品安全改进法案》生效，打了中国企业一个措手不及。

金融危机让美国政府捂紧钱袋，这份CPSC法案体现前所未有的苛刻——所有全地形车进口商都要提交一份合格的“行动计划”和含铅认证、符合美国国家标准的第三方检测报告，“否则都视为违法行为，将面临严厉的处罚”。而此前，美国并没有针对全地形车的强制性标准。

美国设定“安全标准”，意在限制中国廉价全地形车大量涌入美国。

一位官员私下向记者透露，制定标准要有一个执行期，不能一下子把产业治死，美国突如其来的法案是非常典型的技术壁垒，实际就是针对中国企业的。事实证明了这种判断，美国行动计划批准速度极其缓慢，CPSC官方网站公布的全球获批准企业(含进口商)共25家，中国仅有5家企业获批，这意味着大部分申请企业无法出口。CPSC还要求提供符合美国国家标准的第三方检测报告，但第三方检测机构不明确，目前该检测认证只能在美国完成，这也大大增加了企业的认证时间、费用。

“寒冬”突袭将中国全地形车企业逼向死亡边缘，上游产业和外协配套厂家损失惨重，应刚毅对本刊记者无奈地摊了摊手，“今年3月到8月ATV行业基本就没有出口到美国去，就是零。”作为第三届中美消费品安全峰会的核心，中美全地形车产业外展会议格外引人关注。魏传忠副局长领队的国家质检总局与特纳鲍姆主席领队的美国消费品安全委员会反复进行交涉，众多中国全地形车生产企业与美国进口商表现敏感，沟通让多方“脑力透支”。中国企业迫切希望美方政策松口，迅速打回美国市场，但CPSC却异常低调地坚守严谨口风，以保障安全为挡箭牌。

“作为美国联邦政府机构，我们主要职责是对消费产品使用的安全性制定标准和法规并监督执行”，CPSC主席特纳鲍姆女士满脸微笑，这位美国总统奥巴马6月新提名的女主席一直强调产品安全的重要性，多次用美国发生的ATV事故论证“行动计划”的合理性，接受本刊记者专访时她一再表示：“我们也不想破坏和中国之间的贸易往来，我们只是要强调安全。”但这个借口几近牵强。记者了解到，早在之前，国家质检总局和海关总署便联合下发《关于对全地形车等产品进行强制性出口检验管理的公告》，正式将出口全地形车纳入法检目录，有针对性地设定5种检验监管方式。次年8月，全国四轮全地形车标准化技术委员会成立，上海机动车检测中心负责全地形车行业的标准化归口管理。

中国有成熟全地形车质量检验体系，安全性可以得到监控，美国CPSC却反应冷淡。内因复杂，显然不像特纳鲍姆的言辞简单。

资料来源：《市场经济案例评析》，韩刚，2013

4. 政府特许

有些行业，政府因某种需要而特许某个企业进行垄断。其中有的是出于经济原因，如烟酒行业；有的是出于国家安全的需要，例如，军事工业、航天工业、印钞及设备、广播电台、电视台、药品等，同时政府也对这些行业加以管理和控制。政府通常会通过发放许可证和营业执照的制度对这些市场进行限制，只有拥有执照的企业，才被允许经营该项业务。例如，我国目前获得移动通信业务许可的只有中国移动和中国联通两家公司，虽然中国电信等公司也非常希望进入该领域经营，但在获得营业执照之前，是不允许它们在市场上存在的。又如，许多城市要求每一个交通工具拥有一个许可证，从而限制城市中出租车、货车等的数量。如果新的公司申请在城市中利用货车提供运输服务的许可证被拒绝了，那么现有的垄断运输公司就得以提出高于边际成本的价格。

5. 自然垄断

产品的性质是决定行业中企业数量的关键因素。有些行业的生产具有这样的特点：生产的规模经济效益需要在一个很大的产量范围和相应的巨大资本设备的生产运行水平上才能得到充分的体现，以至于整个行业的产量只有由一个企业来生产时才有可能达到这样的生产规模。而且，只要发挥这一企业在这一生产规模上的生产能力，才可以满足整个市场对该种产品的需求。在这类产品的生产中，行业内总会有某个企业凭借雄厚的经济实力和其他优势，最先达到这一生产规模，从而垄断整个行业的生产和销售。这种由于规模经济造成的垄断被称为自然垄断。

自然垄断是指一个产业中只有一家企业，它的平均总成本曲线在整个产出范围内向下倾斜，且最小有效规模大于市场规模。如果最小有效规模只是市场规模的一小部分，那么就会存在许多企业。电力公司、市政、自来水公司、铁路运输、市内电话等都是典型的具有规模经济的企业。这些行业亦具有自然垄断的性质，通常都由一家企业独家经营。这种独家经营通常由政府授予，同时政府也对这些行业加以管制。

案例7-2

北京首起反垄断诉讼案宣判 界定“相关市场”概念

12月18日上午，北京市第一中级人民法院公开开庭宣判了原告唐山市人人信息服务有限公司(简称唐山人人公司)诉被告北京百度网讯科技有限公司(简称百度公司)垄断纠纷案，判决驳回原告唐山市人人信息服务有限公司的诉讼请求。本案是《反垄断法》正式实施后北京法院做出判决的第一起案件。本案的裁判不仅给出了“相关市场”和“市场支配地位”的界定方法，而且对如何认定“滥用市场支配地位的行为”进行了有益探索，因而有着深远的意义。

原告唐山人人公司诉称，由于其降低了对百度搜索竞价排名的投入，被告即对全民医药网(www.qmyyw.com)在自然排名结果中进行了全面屏蔽，从而导致了全民医药网访问量的大幅度降低。而被告这种利用中国搜索引擎市场的支配地位对原告的网站进行屏蔽的行为，违反了我国《反垄断法》的规定，构成滥用市场支配地位强迫原告进行竞价排名交易的行为。故请求法院判令被告赔偿原告经济损失1 106 000元，解除对全民医药网的屏蔽并恢复全面收录。

被告百度公司辩称，被告确实对原告所拥有的全民医药网采取了减少收录的措施，实施该措施的原因是原告的网站设置了大量垃圾外链，搜索引擎自动对其进行了作弊处罚。但是，该项处罚措施针对的仅仅是百度搜索中的自然排名结果，与原告所称的竞价排名的投入毫无关系，亦不会影响原告竞价排名的结果。其次，原告称被告具有《反垄断法》所称的市场支配地位缺乏事实依据。被告提供的搜索引擎服务对于广大网民来说是免费的，故与搜索引擎有关的服务不能构成《反垄断法》所称的相关市场。因此，请求人民法院判决驳回原告的诉讼请求。

7.2 垄断企业均衡价格和产量的决定

7.2.1 垄断企业的需求曲线

由于垄断市场只有一个企业，所以，市场的需求曲线就是垄断企业所面临的需求曲线，这一特征是垄断企业区别于其他市场结构下企业的关键所在。垄断企业所面临的需求曲线是一条向右下方倾斜的曲线(如图 7.1 所示，d 即是垄断企业的需求曲线)，所以价格和边际收益是不等的，这与完全竞争不同。假定企业的销售量等于市场的需求量，于是，向右下方倾斜的垄断企业的需求曲线就表示：垄断企业可以用减少销售量的办法来提高市场价格，也可以用增加销售量的办法来压低市场价格。即垄断企业可以通过改变销售量来控制市场价格，而且垄断企业的销售量与市场价格构成反方向变动规律。

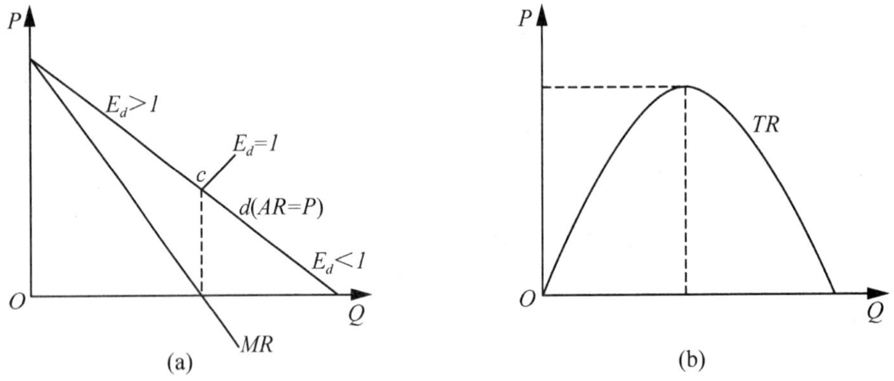

图 7.1 垄断企业的需求曲线和收益曲线

7.2.2 垄断企业的收益曲线

企业所面临的需求状况直接影响企业的收益，这便意味着企业的需求曲线的特征将决定企业收益曲线的特征。垄断企业的需求曲线是向右下方倾斜的，其相应的平均收益 AR 曲线、边际收益 MR 曲线和总收益 TR 曲线的一般特征如图 7.1 所示。

1. 平均收益曲线

平均收益被定义为总收益除以产量，也就是 $AR=TR/Q$，因为总收益 TR 等于价格乘以数量($P\times Q$)，所以平均收益 $AR=TR/Q=(P\times Q)/Q=P$，因此企业的平均收益 AR 可以简单地表示为商品价格 P，所以在图 7.1 中，垄断企业的 AR 曲线和需求曲线 d 重叠，都是同一条向右下方倾斜的曲线，换言之，需求曲线不仅表示了每一产量下的价格，也表示了每一产量下的平均收益。

2. 总收益曲线

一开始垄断企业增加产量时，总收益上升。但是当产量增加时，收益增加的数量则越来越少，并最终开始下降。随着产量的变化，总收益的变化情况可以通过图 7.1 来说明，从图中可以看出，总收益有一个最大值。尽管垄断企业有影响价格的力量，但这并不意味着它能随意得到它想要的任何高收益。为什么总收益随着产量的提高而增长得越来越慢，并最终开始下降呢？这是因为要销售出更多的产品，垄断企业必须降低产品的价格，这就导致总收益增长得越来越慢。当价格降到非常低的水平时，总收益就开始下降了。

3. 边际收益曲线

人们知道，在完全竞争的市场条件下，边际收益曲线 MR 和平均收益曲线 AR 以及需求曲线即市场价格是三线合一的，都是那条水平线。但在完全垄断时，其实在所有不完全竞争的场合下，边际收益曲线 MR 和平均收益曲线 AR 是分开的，而且边际收益曲线 MR 总在平均收益曲线 AR 的下方，如图 7.1 所示，MR 在 AR 的下方，正是这两条线的分离导致最终均衡时，市场价格高于边际成本。

造成边际收益与平均收益分离的原因是企业面临的需求曲线向下倾斜。需求曲线向下倾斜，表示如果企业希望多出售些产品，就必须把价格降低。这种价格的降低并不是只对那些增加出售的产品，而是对所有出售的产品。所以，如果企业决定多出售一个产品，由此引起的总收益的变化，即边际收益可以分为两部分：一部分是这个产品的销售收入，即该产品的价格，也是这时的平均收益；另一部分是因价格降低造成的损失，这等于价格降低的幅度乘以总销售量。边际收益是这两部分变化之和，而第二部分总是负的，所以边际收益总是小于平均收益。因此表现在图形上就是边际收益曲线 MR 总是在平均收益曲线 AR 的下方。

边际收益曲线 MR 不仅在需求曲线的下方，而且二者还有更密切的关系。假定垄断市场的需求函数是线性的，垄断企业面临的需求曲线是直线型的，若需求曲线假设为：

$$P=a-bQ$$

则相应的总收益曲线和边际收益曲线分别为：

$$TR=aQ-bQ^2$$

$$MR=a-2bQ$$

比较需求曲线和边际收益曲线可知，若需求曲线为直线，则边际收益曲线也为直线，它们在纵轴上的截距相等，边际收益曲线的斜率是需求曲线斜率的两倍，边际收益曲线在横轴上的截距是需求曲线在横轴上的截距的一半。说明在成本不变的情况下，产品的价格随着销售量的增加而下降，而企业的边际收益则以更快的速度下降。由于垄断者在增产的同时必须降价，其最后的产出增量所带来的边际收益就不可能等于其销售价格，而是必须减去因降价所造成的非增量部分的收益。

4. 边际收益、价格和需求的价格弹性

当垄断企业所面临的需求曲线是一条向右下方倾斜的曲线时，企业的边际收益、价格和需求的价格弹性三者的关系如下。

$$TR(Q) = P \times f(Q)$$

$$AR = \frac{TR(Q)}{Q} = \frac{P \cdot Q}{Q} = P$$

$$MR = \frac{\mathrm{d}TR}{\mathrm{d}Q} = \frac{d}{\mathrm{d}Q}[P \times f(Q)]$$

$$MR = P + f(Q)\frac{\mathrm{d}P}{\mathrm{d}Q}$$

根据价格弹性计算公式：

$$E_{\mathrm{d}} = \frac{P \cdot \mathrm{d}Q}{Q \cdot \mathrm{d}P}$$

$$\frac{P}{E_{\mathrm{d}}} = \frac{Q \cdot \mathrm{d}P}{\mathrm{d}Q}$$

$$MR = P(1 - 1/|E_{\mathrm{d}}|)$$

从该公式中可看出：

(1) 当 $|E_{\mathrm{d}}| > 1$ 时，有 $MR > 0$，此时，TR 曲线斜率为正，表示企业总收益 TR 随销售量 Q 的增加而增加；

(2) 当 $|E_{\mathrm{d}}| < 1$ 时，有 $MR < 0$，TR 曲线斜率为负，表示企业总收益随销售量 Q 的增加而减少；

(3) 当 $|E_{\mathrm{d}}| = 1$ 时，有 $MR = 0$，此时，TR 曲线斜率为零，表示企业的总收益 TR 达到极大值点。

在这样的关系中，可以判断：垄断的企业绝不会在边际效益等于零或负数时生产。在需求弹性大于 1 时(即图 7.1 中的需求曲线 C 点以上的部分)，价格下跌，总收益会增加，因此边际收益为正值。当弹性变成 1 时，价格变化，总收益不变，因此，边际收益等于零。当弹性小于 1 时，价格下跌，总收益会下降，因此，边际收益就变成了负值。从这样的关系中可以看出，追求利润最大的垄断企业，也就只会在需求曲线弹性大于 1 的部分生产。

最后需要指出的是，以上对垄断企业的需求曲线和收益曲线所做的分析，对于其他不完全竞争市场条件下的企业也同样适用。只要不完全竞争市场条件下企业所面临的需求曲线是向右下方倾斜的，相应的企业的各种收益曲线就具有以上所分析的基本特征。

7.2.3 垄断企业的短期均衡

作为价格的决定者，垄断企业可以通过调整产量和调整价格两种手段获得最大利润，这是和完全竞争企业的不同之处。要获得最大利润，垄断企业就要按照边际成本等于边际收益的原则行事。尽管垄断企业可以通过控制产量和价格去获得最大利润，但是在短期内未必能够得到利润，因为对于垄断企业来说，在给定了产量之后，价格当然越高越好，但有个极限，不能超过消费者愿意支付的价格，即不能超过需求曲线。实际上，垄断企业的产量一旦确定，市场价格也就确定了，反过来，垄断企业确定市场价格的同时，也就确定了其产量。所以企业的赢利状况和市场需求有很大的关系，受到市场需求一定程度的制约。因而存在 3 种可能性：得到超额利润、得到正常利润和发生亏损。造成这 3 种可能性的基本原因，来自于垄断企业的成本和市场需求之间的具体关系。下面结合图形对这 3 种情况逐一分析。

1. 垄断企业取得超额利润

如图 7.2 所示，取得超额利润，除了满足 $MR=MC$ 的条件外，还必须满足市场价格即平均收益大于平均成本的要求。从成本和需求的具体关系来看，在 $MR=MC$ 时，需求要大于平均成本，即需求曲线 $D(AR)$在 $MR=MC$ 时，位于平均成本曲线 AC 的右上方。

从图中所表示的曲线可以看出，垄断企业按 $MR=MC$ 的原则，在其交点 E 上确定产量 Q。对产量 Q，需求曲线 $D(AR)$的对应点为 A，对应的价格为 P，而平均成本曲线 AC 的对应点为 B，表示的平均成本为 C。显而易见，价格 P(平均收益)大于平均成本 C。此时总收益为 $OPAQ$ 的面积，总成本为 $OCBQ$ 的面积。收益减去成本后的净余额为 $PCBA$ 的面积，这就是垄断企业获得的超额利润。

2. 垄断企业得到正常利润

如图 7.3 所示，垄断企业按照 $MR=MC$ 的原则决定产量。在图中表示为 MR 与 MC 的交点 E，确定其产量为 Q；需求曲线 $D(AR)$的对应点为 A，确定的价格为 P；而平均成本曲线 AC 的对应点也是 A，确定的平均成本同样为 P。由此可见当垄断企业满足 $MR=MC$ 时，如果价格即平均收益等于平均成本，即图中 AC 线与 $D(AR)$线切于点 A，这时企业的总收益 $POQA$ 等于总成本 $POQA$，垄断企业得到正常利润。

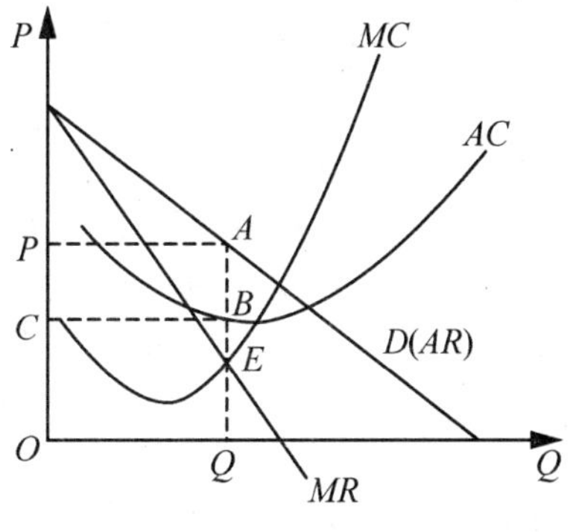

图 7.2　垄断企业的短期均衡(一)

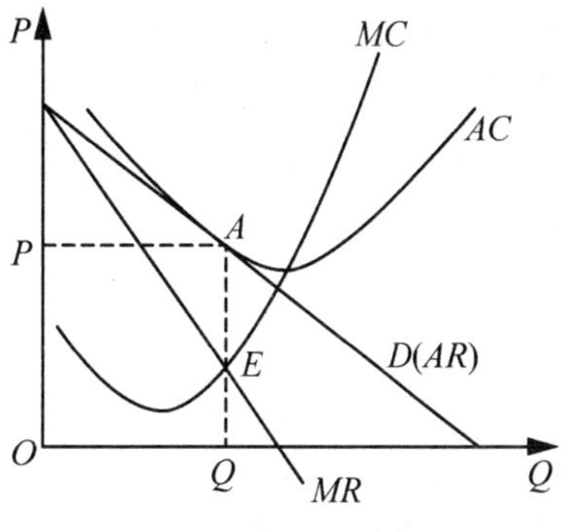

图 7.3　垄断企业的短期均衡(二)

3. 垄断企业发生亏损

如图 7.4 所示，垄断企业的 MR 与 MC 的交点 E 所对应的产量为 Q，对应的 AR 线与 AC 线所确定的价格为 $P(AR)$，平均成本为 C。此时 $C>P(AR)$，总收益为 $OPBQ$ 的面积，总成本为 OCAQ 的面积。成本减去收益后的净余额为 PCAB 的面积，即企业出现亏损。因此，当 $MR=MC$ 时，如果价格即平均收益小于平均成本，垄断企业便发生亏损。在图中这一特点表现为 AC 线位于 AR 线的右上方。

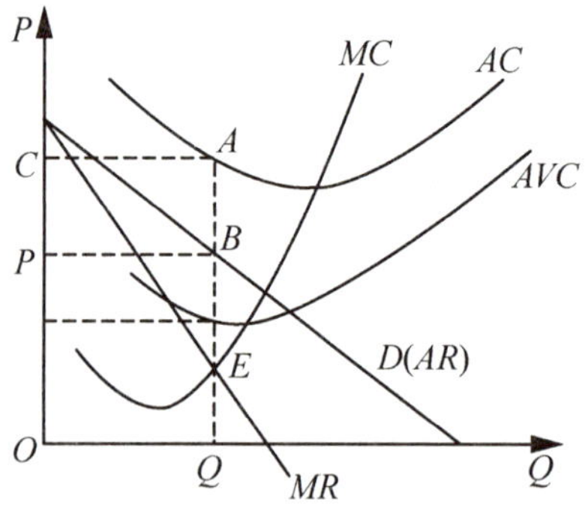

图 7.4　垄断企业的短期均衡(三)

短期内垄断企业亏损的最大限度是平均收益等于平均可变成本，即企业销售产品而收回投入的可变成本，损失的是不变成本，短期内企业还能维持经营。因为不论生产与否，企业都要蒙受不变成本的损失。这就是前面提到的“停止营业点”，如果价格即平均收益小于平均可变成本，企业必然停止营业。在图 7.4 中，价格 P 被假定为高于平均可变成本，所以企业可以继续生产。综上所述，垄断企业短期均衡的条件是：$MR=MC$。垄断企业要确保利润最大或者亏损最小，就必须按照这一原则进行运营。

另外，在需求曲线为直线的条件下，垄断企业的利润最大化产量必然在 $MR>0$ 处，也就是在需求的价格弹性充足的区间中，即 $|E_d|>1$ 时。

7.2.4　垄断企业的长期均衡

垄断企业在长期内可以调整全部生产要素的投入量即生产规模，从而实现最大的利润。由于垄断行业的排他性，如果垄断企业在短期内获得利润，那么它的利润在长期内是可以保持的。

垄断企业在长期内对生产的调整可能有 3 种结果：第一种，垄断企业在短期内亏损，在长期内又不存在一个可以使其获得利润(或者是亏损为零)的生产规模，于是该企业退出生产；第二种，垄断企业短期内亏损，在长期内，它通过对最优生产规模的选择，摆脱了亏损状况，甚至获得利润；第三种，垄断企业在短期内获得利润，在长期内，通过对生产规模的调整，使自己获得更大的利润。至于第一种情况无需分析，第二种和第三种是类似的，下面用图 7.5 来分析。

图中的 D 曲线和 MR 曲线分别表示垄断企业所面临的市场的需求曲线和边际收益曲线，LAC 曲线和 LMC 曲线分别表示垄断企业的长期平均成本曲线和长期边际成本曲线。假定开始时垄断企业是在由 SAC_1 曲线和 SMC_1 曲线所代表的生产规模上进行生产。短期内，垄断企业只能按照 $MR=SMC$ 的原则，在现有的生产规模上将产量和价格分别调整为 Q_1 和 P_1。在短期均衡点 E_1 上，垄断企业获得的利润为图中的矩形面积 HP_1AB。

在长期中，垄断企业通过调整生产规模，进一步增大利润。按照 $MR=LMC$ 的长期均衡原则，垄断企业的长期均衡点为 E_2，长期均衡产量和均衡价格分别为 Q_2 和 P_2，垄断企业所选择的相应的最优生产规模由 SAC_2 曲线和 SMC_2 曲线所代表。此时，垄断企业获得更大的利润，其利润量相当于图中的矩形面积 IP_2FG。由此可见，垄断企业之所以能在长期内获得更大的利润，在于长期内企业的生产规模是可变的且市场对新加入的企业是完全关闭的。

如图 7.5 所示，在垄断企业的 $MR=LMC$ 长期均衡产量上，代表最优生产规模的 SAC 曲线和 LAC 曲线相切，相应的 SMC 曲线、LMC 曲线和 MR 曲线相交于一点。所以，垄断企业长期均衡的条件是：

$$MR=LMC=SMC$$

垄断企业在长期均衡点上可以获得利润。

最后，由于垄断企业所面临的需求曲线就是市场的需求曲线，垄断企业的供给量就是全行业的供给量，所以，本节所分析的垄断企业的短期和长期均衡价格及均衡产量的决定，就是垄断市场的短期、长期的均衡价格和均衡产量的决定。

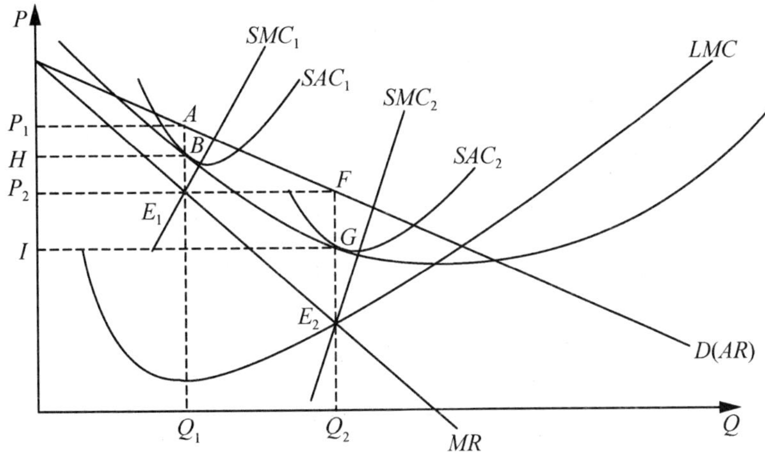

图 7.5　垄断企业的长期均衡

7.2.5　垄断企业的供给曲线

供给曲线是企业在每一价格水平上愿意并能够提供的商品数量。在完全竞争条件下，可以确定产品价格与供给量之间的唯一关系，这种关系可用行业的供给曲线表示，即边际成本曲线在平均可变成本最低点以上的部分线段。而在完全垄断市场上情况却不同，垄断企业不存在有规律的供给曲线。

虽然完全竞争与完全垄断企业都按照 $MR=MC$ 的原则决定产量。但是在完全竞争条件下，边际收益等于边际成本的点可以有很多个，因而表现为价格与产量的不同数量组合，只要由供求双方共同决定的均衡价格 P(边际收益)改变，就会有按 $P=MR=MC$ 确定的产量与之对应，也就是说价格和产量之间存在一一对应的关系，并且按这种关系所形成的点都在 MC 曲线上。所以在完全竞争条件下可以形成企业和市场的短期与长期的供给曲线。

由于完全垄断条件下企业的价格和产量是同时决定的，两者之间并无一一对应的关系。如果需求曲线发生变动，由于边际收益曲线与需求曲线之间的关系，均衡点也相应地发生变动，有可能出现同一均衡价格对应不同的均衡产量，或者同一均衡产量对应不同的均衡价格的现象；也有可能出现市场价格上升，供给量不变甚至反而下降的现象。从表面上看，这种价格与供给量不能同方向变动，违背了供给法则，实际上，这是垄断企业需求变动的结果。

这些都说明在完全垄断市场中，价格与产量之间无一一对应的关系。

在图7.6(a)中，MC曲线是固定的，当需求曲线为D_1时，相应的边际收益曲线为MR_1，按照$MR=MC$的原则，垄断企业生产Q_1的产量水平，对应的价格是P_1，如果需求曲线由D_1移到D_2，相应的边际收益曲线移到MR_2，此时企业生产的产量为Q_2，对应的价格仍为P_1。

在图7.6(b)中，MC曲线也是固定的，假定需求曲线由D_1移到D_2，则相应的边际收益曲线由MR_1移到MR_2，产量水平保持不变，仍然生产Q_1的产量水平，对应的价格分别为P_1和P_2。

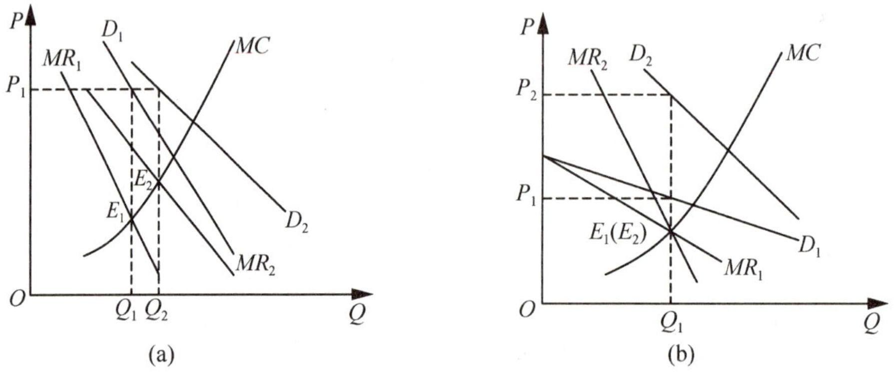

图7.6 垄断企业的产量和价格

由此可知，垄断企业的产量和价格之间不存在唯一的对应关系，因而完全垄断市场上也不存在供给曲线。同样的道理，垄断竞争市场和寡头垄断市场都不存在确定的短期供给曲线。

在完全垄断条件下，边际收益等于边际成本的点只有一个。只有在这一个点上的利润最大，企业不会改变由这一点决定的产量，所以企业不存在供给曲线。因为在垄断市场上，企业是价格的决定者，可以控制和左右市场，这是垄断企业没有供给曲线的基本原因。

这一结论可推广到带有不同程度垄断因素的不完全竞争市场中。

7.3 垄断企业的差别定价

7.3.1 价格歧视的目的和条件

在有些情况下，垄断企业会对同一种产品收取不同的价格，这种做法往往会增加垄断企业的利润。这种做法就是运用了价格歧视或差别定价的基本策略。狭义的价格歧视又称为差别定价，它是指一家企业在同一时间对同一产品向不同的购买者索取两种或两种以上的价格，或者对销售给不同购买者的同一种产品在成本不同时收取相同的价格，或者以不同的价格向不同的消费者销售同一种产品。广义的价格歧视还包括成本差别很小，但价格成本比率却相差较大，简单地说，两种产品的成本差别不是很大，但其价格却相差很大。例如，同一商品的外销价格和国内市场的销售价格不同；工业用电和生活用电的价格不同；电影院对学生实行票价优惠；手机话费分为闲时和忙时两个时段来收取。这些都表明现实生活中价格歧视的存在。企业实行差别定价，其目的是为了在一定的条件下获得更高的利润。垄断企业实行价格歧视，必须具备以下基本条件。

(1) 企业必须具有一定的垄断能力。企业有一定的市场支配能力，可以操纵价格，才可以实行价格差别。完全竞争企业对价格没有任何影响力，也就不可能实行价格歧视策略。

(2) 各个市场的需求弹性必须各不相同。需求的价格弹性不同，消费者才愿意支付不同的价格。市场的消费者具有不同的偏好，且这些不同的偏好可以被区分开。这样，企业才有可能对不同的消费者或者消费群体收取不同的价格。例如，本地居民与外地居民对旅游景点的旅游目的不同，旅游的需求强度也不同，可以划分为本地游客和外地游客、国内游客与国际游客，这等同于把市场分割为若干个分市场，各个分市场的需求弹性互不相同。

(3) 不同的消费群体或者不同的消费市场是互相隔离的。这样就排除了中间商以低价买进商品，转手又高价出售商品而从中获利的情况。在同一市场上，商品不可能或不容易被他人转卖。若商品容易被转卖，市场就会存在套利行为，低价买入，高价售出，获取价差，垄断企业就丧失了对市场价格的控制力。例如，某旅游景点对本地居民以居民身份证为准分割游客市场，游客凭证件购买门票，凭门票与证件旅游消费，就限制了门票的转卖。

也有学者认为：价格歧视不同于差别定价。差别定价是不同成本的相似产品按不同价格出售，例如，电力公司所采取的不同时间段的用电定价——对高峰时期的用电收取高价，因为此时边际成本递增，相同产品具有不同的成本，这种定价不能作为价格歧视。电力公司对居民用电和企业用电的不同的用电定价，就是价格歧视。价格歧视就是相同成本的产品，企业向不同消费者索取不同的价格，仅仅是因为消费者对该产品的需求强度差异。

7.3.2　价格歧视的 3 种类型

价格歧视可以分为一级、二级和三级价格歧视，下面逐一分析。

1. 一级价格歧视

一级价格歧视也称为完全价格歧视，是指垄断企业按照消费者需求价格而实行的定价，即垄断企业按照不同消费者购买不同数量产品愿意支付的最高价格分别定价。从理论上讲，垄断企业采取一级价格歧视，就能够占有全部消费者剩余。

虽然垄断企业实行一级价格歧视对于社会资源配置是有效率的，但在现实中一级价格歧视是很少见的。实行一级价格歧视的难处在于，垄断企业必须了解每一个消费者所愿意支付的最高价格，否则企业就无法实行一级价格歧视。比较近似于一级价格歧视的情况是艺术品的拍卖市场。通过消费者之间的相互竞价，消费者自己报出自己愿意支付的最高价格，每件艺术品都可能按其最高的价格出售。

垄断企业实行一级价格歧视的现实做法，只能是垄断企业对消费者的保留价格进行估计，然后根据这个估计来近似地实行一级价格歧视。例如，医生、律师、会计师、建筑师等专业人员，对自己的客户比较了解，能够估计客户的意愿支付价格，因而能够因人而异地确定价格或收费标准。医生可能向那些收入较低或低医疗保险的患者降低收费标准，而向那些高收入或高医疗保险的患者收取更高收费。

假如垄断者知道每一个消费者为了能买进每一单位产品所愿付出的最高价格，并据此确定每一单位的销售价格，这就表示垄断者实行着一级价格歧视。如图 7.7 所示，当价格低于 P_4，例如价格为 P_3时，消费者为了能够买进 X_1单位的产品愿意支付的最高价格为 P_3；当价格降为 P_2时，消费者愿意付出 P_2的价格再买进 X_2单位。

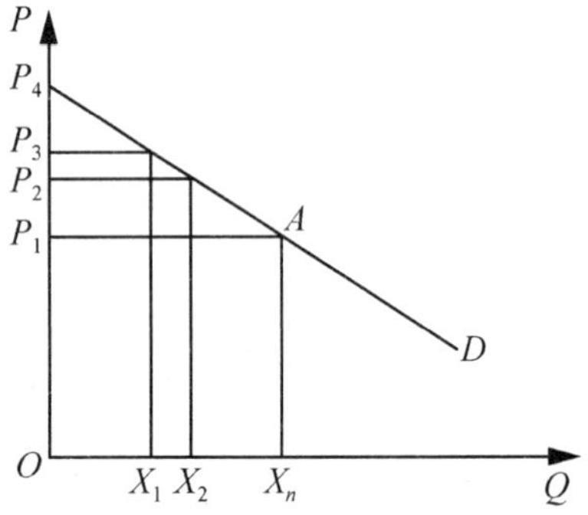

图 7.7　一级价格歧视

所谓一级价格歧视意指垄断企业对 X_1单位产品索取的价格为 P_3，对 X_2单位产品索取的价格为 P_2，…，对最后一个单位产品索取的价格为 P_1。这样，由需求曲线表示出来的代表商品边际效用的消费者买进一定量的产品所愿意支付的价格，即成为垄断者的边际收入曲线，这样单一定价下的消费者剩余全部转化为垄断者由于实行一级价格歧视的垄断利润。

案例 7－3

美国国库券的拍卖市场

美国财政部发行国库券，作为向民间借款的工具。美国国库券的出售方式是以买方写标单的方式投标出售，购买者在写单时必须注明愿意支付的价格。财政部根据个人投标的价格高低，依次把国库券配售给买者，直到国库券配售完毕。国库券的销售价格一般会是获得配售的购买者当初投标价格中的最低价格(新加坡的汽车牌照也是按照这种方式投标售出的)。但有时也会采用所谓的“歧视法”来改变销售方式，即每个中标者必须根据其投标价格支付国库券。在这种情况下，每个购买者所支付的价格各不相同，从而形成了一个比较标准的一级价格歧视现象。称其比较标准，因为毕竟还不是完全的价格歧视。因为美国财政部无法确切掌握投标者实际的保留价格，而投标者大都会有意压低他们的标单价格，以便获取一些消费者剩余。

2. 二级价格歧视

二级价格歧视又称为非线性定价，是指垄断企业按购买量的多少决定单位产品的价格，对不同购买数量采取不同的价格，但购买数量相同的人支付相同的价格。例如，零售与批发，零售价高于批发价。

二级价格歧视不如一级价格歧视那么严重。一级价格歧视要求垄断者对每一单位的产品都制定一个价格，而二级价格歧视只要求对不同的消费数量段规定不同的价格。

图 7.8 所示为公用事业单位实行的二级价格歧视。假定 D 是一个城市的家庭对电力的需求。收费率表或者价目表是这样的：每月最先消费的一部分电力假设为 Q_1 单位时，收费高，如按 P_1 收费；当消费量从 Q_1 增加到 Q_2 时，增加消费的部分(Q_1Q_2)按照 P_2 收费；当消费量超过 Q_2 单位时，按照 P_3 收费。假设按 P_3 价格消费者愿意消费的电力为 Q_2Q_3 单位。

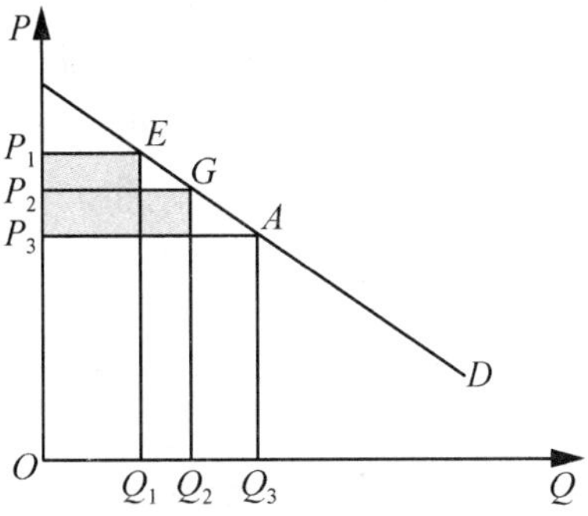

图 7.8　二级价格歧视

假如该电力公司只获准收取一种价格，则每单位电力的销售价格为 P_3，销售量为 Q_3，总收益由 OP_3AQ_3 这个矩形的面积来表示。但若按照 3 种价格收费，总收益由 $P_1 \times OQ_1$，加上 $P_2 \times Q_1Q_2$，再加上 $P_3 \times Q_2Q_3$ 三者之和构成。在这种场合中，垄断者攫取的消费者剩余由图中的阴影部分表示出来，没有得到的消费者剩余是图 7.8 中的 3 个小三角形面积的总和，它们恰好是买主保留的那部分消费者剩余。实行二级价格歧视获取的利润比一级价格歧视少，但是比单一价格定价的利润多。

当然，二级价格差别有时采取相反的定价方式，即对消费量多的客户定较高的价格，对消费量少的客户定较低的价格。例如，由于供水、供电紧张，一些城市规定在基本消费的范围内采取低价供应，在基本消费之上则收取高价。

在一定意义上，二级价格歧视可视为对自然垄断行业进行规制的一种措施。若垄断企业按单一价格确定价格与产量，则价格过高，需求量过少，垄断企业的生产能力得不到充分的利用。若垄断企业实行二级价格歧视确定价格与产量，需求量大大增加，垄断企业的产量可达到较高水平，从而充分利用生产能力，降低平均生产成本。一方面，对于自然垄断行业来说，生产能力的充分利用意味着其生产成本的大幅度降低，有利于资源的有效配置；另一方面，通过二级价格歧视将可能获得一定的超额利润。这种定价方法是基于两个经济学原理：一是消费者的边际效用递减规律在起作用，随着消费量的增加，边际效用递减，愿意付出的代价也随之减少；二是，规模经济的作用。

一般来说，对那些消费数量较易测定的商品，如自来水、电话、煤气、电力等行业，采用二级价格歧视是较为可行的。

3. 三级价格歧视

三级价格歧视又称为局部价格歧视，是指垄断企业的同一种产品对不同类型的消费者或对不同市场的消费者制定不同的价格。例如，同种产品，在富人区的价格高于贫民区的价格；同样的学术刊物，图书馆购买的价格高于学生购买的价格；旅游产品在“黄金周”和非“黄金周”的价格不一样等。

下面具体分析三级价格歧视的做法。分析中假定某垄断企业在两个分割的市场上出售同种产品，两个市场产品的价格和产量如何确定呢？

图 7.9 所示是完全垄断企业对消费者市场实行价格歧视的模型。假定垄断企业把市场划分为两个子市场，需求曲线分别为 D_1 和 D_2，相应地可得两个子市场的边际收益曲线 MR_1 和 MR_2，垄断企业的边际成本为一个常数 MC。垄断企业实行局部价格歧视，仍然依据 $MR=MC$ 定理，使得各市场的边际收益 $MR_1=MR_2=MC$，以分别确定各市场的价格与供给量。垄断企业的总利润等于两个市场的利润之和。

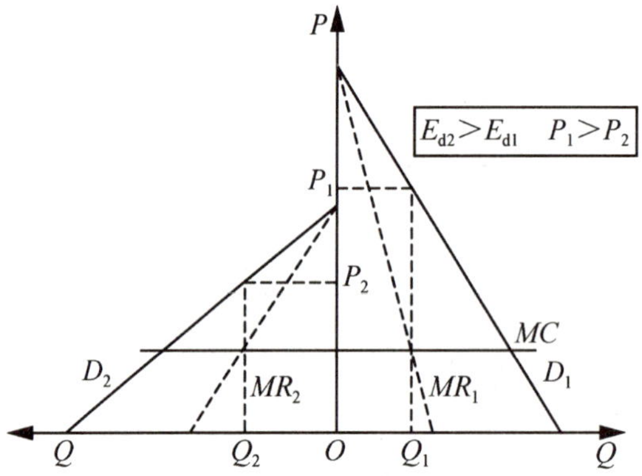

图 7.9 三级价格歧视

首先，企业应该根据 $MR_1=MR_2=MC$ 的原则来确定产量。这是因为，第一，就不同的市场而言，企业应该使各个市场的边际收益相等。只要各市场之间的边际收益不相等，企业就可以通过不同市场之间销售量的调整，来获得更大的利益。例如，当 $MR_1>MR_2$ 时，企业自然会减少市场 2 的销售量而增加市场 1 的销售量，以获得更大的利益。这种调整一直会持续到 $MR_1=MR_2$ 为止。第二，企业应该使生产的边际成本 MC 等于各市场相等的边际收益。只要两者不等，企业就可以通过增加或减少产量来获得更大的利益，直至实现 $MR_1=MR_2=MC$ 的条件。

其次，根据 $MR=P(1-1/E_d)$，在市场 1 有：$MR_1=P_1(1-1/E_{d1})$。

在市场 2 有：$MR_2=P_2(1-1/E_{d2})$。

再根据 $MR_1=MR_2$ 的原则，可得：$P_1(1-1/E_{d1})=P_2(1-1/E_{d2})$。

整理得：$P_1/P_2=(1-1/E_{d2})/(1-1/E_{d1})$。

由此可得，三级价格歧视要求在需求的价格弹性小的市场提高产品价格，在需求的价格弹性小的市场降低产品价格。实际上，针对对价格变化反应不敏感的消费者制定较高的价格，而针对对价格变化反应敏感的消费者制定较低的价格，则有利于垄断者获得更大的利润。

7.3.3　价格歧视的影响和效率得失

1. 价格歧视的影响

价格歧视的影响，可以从消费者、垄断者、社会角度加以分析。价格歧视所产生的社会影响是个复杂的议题，它既涉及收入分配和公平的问题，又涉及效率的问题，很难简单地判定是“好”是“坏”。但总的来看，实行价格歧视策略与采取单一价格相比，价格差别使垄断企业把单一价格下的消费者剩余转化为自己的收益，在这个意义上，消费者受到了损失。但垄断企业在这一价格政策下比单一价格政策生产和销售更多的产品，详见以下3方面。

(1) 对消费者来说：对一部分消费者而言，实行价格歧视，使其消费者剩余减少，客观上对他们不利，而对另一部分消费者讲，低价满足了他们的消费需求，客观上有利于其福利的增加。

(2) 对垄断企业来说：实行价格歧视，使其经济利润增加，对垄断企业是有利的。

(3) 对整个社会而言，实行价格歧视，增大了经济剩余，提高了经济福利。

① 价格歧视使得向特定市场提供商品和劳务成为可能。例如，一个医生的服务，既为富裕的患者又为贫穷的患者所需要。假设他们的需求曲线分别为 D_1 和 D_2，如图 7.10 所示，由于采用差别定价，使得作为垄断者的医生能够以 OP_1 的价格向富裕患者提供 OM_1 的服务，以 OP_2 的价格向贫苦患者提供 OM_2 的服务。但是如果他不得不指定一种价格(并希望获得最大利润)，他将以价格 OP 提供服务 OM，而这仅仅是提供给他的富裕患者的价格。

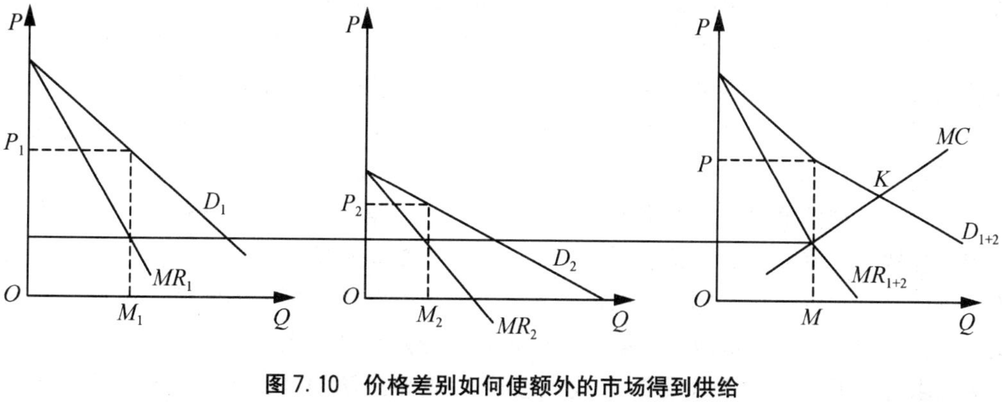

图 7.10　价格差别如何使额外的市场得到供给

② 当一种商品的单一价格无法抵偿总成本时，价格歧视也许能够使这种商品的供给成为可能。假定产品的需求和生产成本如图 7.11 所示，在单一价格下，没有任何产量可以抵偿它的总成本。但是一个城市的公共事业公司可以通过差别价格的办法使总收益能够

抵补总成本。例如，当单一价格为 P_0，产量为 Q 时，企业亏损最小。但若实行差别价格并使 $\Delta PLS=\Delta SCR$，则企业提供的 OQ 产量可以使总收益 $OPRQ$ 等于总成本 $OLCQ$。

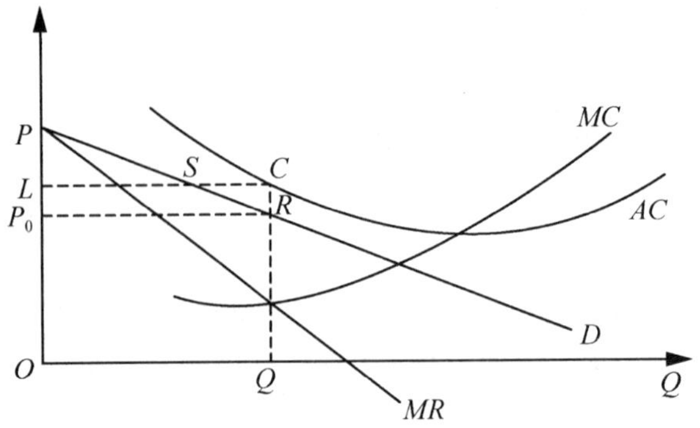

图 7.11　价格差别使供给成为可能

2. 价格歧视的效率得失

垄断企业实行 3 种价格歧视策略，各有不同的效果和影响，其效率得失也有所区别。

(1) 一级价格歧视的福利效果非常清晰。在完全的价格歧视下企业的产出达到有效率的竞争水平，但消费者剩余则被无情地剥夺了。因此，一级价格歧视没有效率损失，但导致了分配上的不公平。

(2) 二级价格歧视的效率虽然低于完全竞争状态，但比垄断企业采取单一价格时要高。实行二级价格歧视的垄断企业利润会增加，部分消费者剩余被垄断者占有。此外，垄断者有可能达到 $P=MC$ 的有效率的资源配置产量。高效用的消费者的剩余可能因为差别定价而减少，低效用的消费者，尤其是那些在单一定价时不会去购买的那些消费者的剩余会获得增加，总体来说对消费者的利益难以直接判断。

(3) 三级价格歧视的福利效果更加难以判断。在三级价格歧视下，原来也会购买的消费者一定比单一定价时付出的要多。这种结构可能优于非歧视的垄断定价，也可能差于后者，这取决于成本曲线和需求曲线的形状。三级价格歧视要求在需求的价格弹性小的市场提高产品价格，在需求的价格弹性大的市场降低产品价格。实际上，对价格变化反应不敏感的消费者制定较高的价格，而对价格变化反应敏感的消费者制定较低的价格，有利于垄断者获得更大的利润。

三级价格歧视的低效率主要来源于如下几个方面。第一是垄断的低效率。价格高于边际成本，导致产出受到限制，达不到竞争性水平。第二是消费的低效率。因为不同的消费者为同一产品支付的单价不同，所以每个消费者的边际支付意愿各不相同，彼此之间又没有交易机会，这就带来了低效率。第三是企业为了分割细分市场而投入的附加成本，和消费者为寻求低价而投入的搜索成本(如找优惠券)。这些资源的消耗显然并不创造财富，因此是一种浪费。

最后，不仅完全垄断企业实行价格歧视，现实中垄断竞争企业和寡头企业也同样实行价格歧视。

7.3.4　二重价

价格歧视的实质是垄断者利用自己的垄断势力，制定不同的价格，最大限度地占有消费者剩余并增加自己的利润。此外，除了价格歧视，二重价也是垄断者侵占消费者剩余的一种有效方法。双重收费又称为两步收费，是与价格歧视有关但不完全等同于价格歧视的一种定价策略。二重价要求消费者购买产品之前先支付一定的费用，取得购买该产品的权利，而后再按照一定的价格购买该商品。典型的例子是一些娱乐场所或旅游场所的门票和它们内部各个娱乐项目或旅游景点的单独收费构成的二重价，还有电话的初装费、月租费和话费也构成二重价。

在双重收费定价策略中，对于一个垄断者关键是如何确定进入费和使用费，以最大限度地剥夺消费者剩余。进入费为固定价，与消费量无关；而使用费是不固定的，它与消费量的变化有关。为分析方便，这里称二重价的第一个价格为入门费，用 T 来表示，二重价的第二个价格称为购买费，用 P 来表示。

如图 7.12 所示，如果企业面临的是一个消费者，或者所有消费者都是相同的，并且知道他们的需求曲线 D，那么垄断者的目的就是要同时占有生产者剩余和消费者剩余，并使二者之和最大。显然消费者将价格 P 定在边际成本等于平均收益的点即 $P=P^*$，而将 T 定为 $P=P^*$ 时的消费者剩余，这样消费者就获得了所有的社会福利，并且此时的社会福利达到了竞争水平下的最大值。

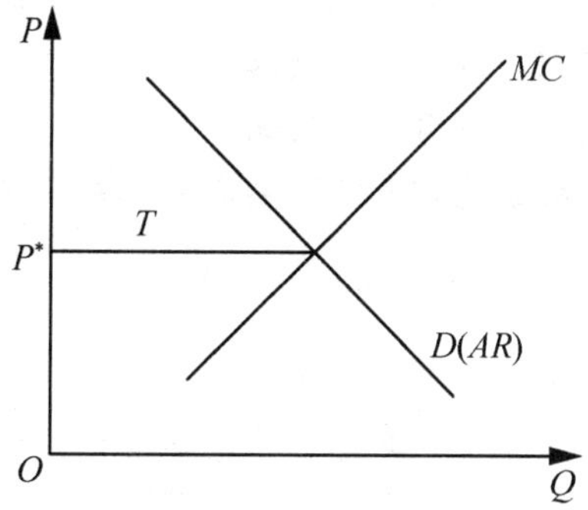

图 7.12　单个消费者的二重价

但如果垄断者面临众多不同的消费者，他们拥有不同的需求曲线，则二重价的制定就变得复杂起来，消费者可以选择较低的 T 和较高的 P，使较多的消费者获得消费的权利，再以较高的购买价消费产品，也可以选择较高的 T 和较低的 P，这样虽然有较少的消费者能够购买，但由于购买价低，他们将购买较多的数量。因此，可能事实上并不存在二重价能够使所有消费者的剩余都被垄断者获得，或者不存在唯一的二重价使垄断者能够最大限度地占有消费者剩余，最优的二重价受到各类消费者偏好的差别以及在市场中所占比重的影响，故没有一个固定的理论方法来获得，只能在实际中根据经验不断调整，逼近最优。并且，当消费者的偏好各自不同并且占有比重比较均匀时，二重价将失去意义，单一的垄断价格能给企业带来更多的利润。

7.3.5 捆绑销售

捆绑销售是将不同的产品用一个价格同时销售，有时也称为搭售，即如果不同的消费者对产品有着不同的需求，并且企业不能实行价格歧视，则企业可利用其垄断地位，制定一个价格，强迫消费者在购买一种产品的同时必须购买另一种产品，这样的捆绑销售能获得比单独销售每个商品更高的利润。日常生活中捆绑销售的例子很多，有些能比较明显地感受到，例如超级市场上，牙刷和牙膏捆绑在一起；玻璃杯捆绑在葡萄酒上出售；人们买回来的计算机通常都有一些基本的软件搭配在一起；事实上，微软公司把操作系统和视窗软件直接给 IBM 等计算机制造商，而后者卖掉一台计算机，要返给微软一部分利润。另外，有些捆绑销售人们常常忽视其存在。报刊是典型的捆绑销售，不过人们常常不以为然，报纸的版面越来越多，内容形形色色，广告应有尽有。很少有人会把一份报纸从头到尾全部读完，但是又不可能只买读者想要读的内容。如果某人对其中的一篇文章感兴趣，但他要买一本《读者文摘》，同样不可能只买某位歌星的一首歌，即便是只欣赏唱片里的第一首歌。

1. 捆绑销售的条件

首先，捆绑销售有利可图的前提是不同消费者对不同产品的偏好呈负向相关。或者说几种被捆绑在一起的产品对一部分人来说的效用顺序与另外一部分人可能恰好相反。例如，如果消费者 1 较消费者 2 偏好于商品 1，则消费者 2 较消费者 1 偏好于商品 2，或者如果消费者 1 比较偏好于商品 2，则消费者 2 比较偏好于商品 1，这样将商品 1 和 2 捆绑销售给消费者 1 和 2 才能获得比单独销售更大的利润。反之，如果所有消费者的偏好都是正向相关的或者一致的，则捆绑销售就变得没有意义。

其次，捆绑在一起的产品对于绝大多数顾客而言，都是不可替代的产品。

2. 捆绑销售的好处

(1) 通过合理地捆绑产品和定价，捆绑销售能获得比单独销售每个商品更高的利润。例如，消费者 1 和消费者 2 对产品 1 和产品 2 所愿意支付的最高价格见表 7-1，如果单独销售，产品 1 应该定价为 200 元，产品 2 应该定价为 350 元，企业共获利 1 100 元。因为相比较而言，消费者 1 比消费者 2 更偏好于产品 1(300>200)，而消费者 2 显然更偏好于产品 2(400>350)，因此采取捆绑销售，以 600 元的价格同时出售产品 1 和产品 2，获得收益为 1 200 元，大于单独销售的收入 1 100 元。

表 7-1 消费者偏好表

	产品 1	产品 2
消费者 1	300 元	350 元
消费者 2	200 元	400 元

(2) 捆绑销售可以提高效率。捆绑销售的效率性是顾客接受这种销售方式的主要原因之一。人们购买的鞋子与鞋带，是一种搭配销售，但这种捆绑销售降低了消费者的交易费用，提高了其效率。

（3）捆绑销售对企业的一个重要功能是避开价格管制。一些企业之间在价格方面有默契，为避免轮番降价而造成的利益损失，企业可以通过捆绑销售来实现间接给予价格折扣。

当然，现实生活中的情况比较复杂，捆绑销售并不总是奏效，顾客的消费者剩余并不是总能转化为企业的利润，市场的竞争激烈程度有效地影响着顾客的价值转移程度。

7.3.6　时间价格歧视和高峰价格歧视

（1）时间价格歧视类似于三级价格歧视，在三级价格歧视下，人们根据不同类型的消费者分割市场，确定不同的价格，因为各类消费者拥有不同的需求曲线。而时间价格歧视，是由于消费者对同一产品的需求曲线随时间的变化而变化，垄断企业依次可以在不同的时间制定不同的价格，换句话说，垄断者按时间的不同将消费者分了类，不同类别的消费者拥有不同的需求曲线，在这个意义上，时间价格歧视是三级价格歧视的一种具体形式。其定价方法完全相同于三级价格歧视，企业定价的原则是从各类消费者所获得的边际收益都等于同一边际成本。

那些收入和地位较高、工作较忙的人对于时间价值的认同感通常比较强。或者是他们在单位时间内创造的财富比较多，或者是单位时间的利用效率比较高，总之，对他们来说，时间占有的机会成本就比较高。反过来，如果节省了时间，他们愿意付出的费用也会比较大。所以，运用时间价值上的差异作为细分市场之间的“防火墙”，常常会有很好的效果。这可以解释许多新产品(如高级数码摄像机、计算机软件、电影和书等)在刚推出市场的时候，其价格都要比 3 个月或半年以后贵出不少。在有些场合，降价是由于成本或竞争的缘故；而在更多的场合，降价是价格歧视的因素在起作用。

为了使价格歧视能够有效地实现，企业常会把产品加以改头换面再推出。书的价格歧视通常是以精装本与平装本的差别出现的，两者的价格相差 2～3 倍。虽然很可能在第一次印刷和装订时两种书就同时完成，但为了实现价格歧视的目标，出版商会有意把平装书推迟半年上市。电影的价格歧视基本上是通过电影院和录像带出租两种不同的形式体现的。

（2）高峰价格歧视类似于时间价格歧视。对某些产品的需求，会在特定的时间出现高峰，需求曲线向右上方移动，如果在高峰期制定较高的价格，则垄断者的利润水平将被提高。需要注意的是，在高峰时期，由于需求大量增加，垄断者的供给也必须大量增加，可能引起垄断者边际成本曲线的移动，结果是高峰期和非高峰期各自按照边际原则定价，边际收益不再相等。实行高峰价格歧视策略主要是由于这些商品的供给和需求是不协调的，并且通常是不能储存的产品，如电力、蔬菜、交通等产品会用到这种策略。

7.4　垄断市场与完全竞争市场的比较

7.4.1　企业需求曲线比较

当市场处于完全竞争的状态时，企业面临的需求曲线斜率为零，随着市场垄断程度的提高，需求曲线变得越来越陡峭，如图 7.13 所示，D_1是完全竞争企业的需求曲线，D_2是完全垄断企业的需求曲线。

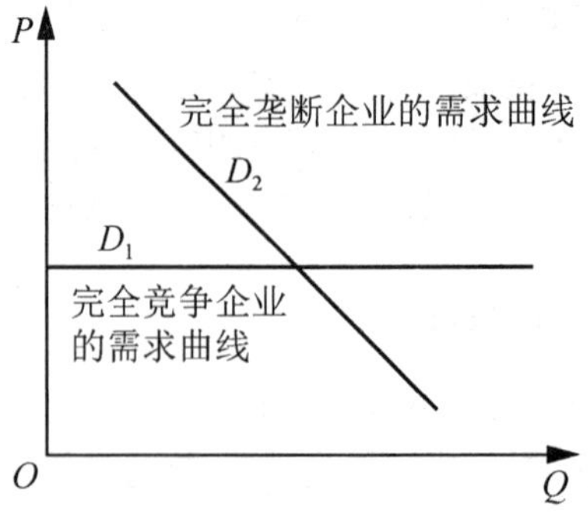

图 7.13　需求曲线比较

在完全竞争条件下，每个企业可以按照市场决定的价格卖出它愿意出卖的任何数量的商品，即市场对该企业的需求弹性是无穷大的，也就是说单个企业的产品的需求曲线是与横轴平行的直线。由于不管产销量如何增加，单位产品的边际收益始终等于固定不变的销售价格，故边际收益曲线、平均收益曲线和需求曲线重合，即“三线合一”，$P=AR=MR$。

在完全垄断条件下，垄断者代表一个行业，垄断者面临的需求曲线就是行业的需求曲线，而行业的需求曲线是一条自左向右下方倾斜的曲线。由于垄断者的需求曲线是向右下方倾斜的，当价格下降后，不仅新增加的产销量要按照下降后的价格出售，连原来的产销量也要按下降后的价格出售，因此，从新增一单位产销量按新价格出售而取得的收益中，减去原有产销量按新价格出售而得到的收益，才是新增一单位产销量而增加的总收益，所以边际收益小于平均收益，且小于价格，即边际收益曲线位于需求曲线的左下方。

7.4.2　长期均衡比较

1. 长期均衡的条件不同

完全竞争企业长期均衡的条件是 $P=MR=SMC=LMC=LAC=SAC$，垄断企业的长期均衡条件是 $MR=LMC=SMC$。

2. 长期均衡点的位置不同

完全竞争企业长期均衡产生于长期平均成本曲线的最低点，而完全垄断企业长期均衡不可能产生于长期平均成本曲线的最低点。

3. 获得利润不同

完全竞争企业在长期均衡时只能获得正常利润，而垄断竞争企业由于其他企业无法进入该行业，故可以获得超额垄断利润。

7.4.3　资源利用效率比较

图 7.14(a)所示，反映了完全竞争条件下的长期的均衡情况；图 7.14(b)所示，反映了完全垄断条件下的均衡情况。

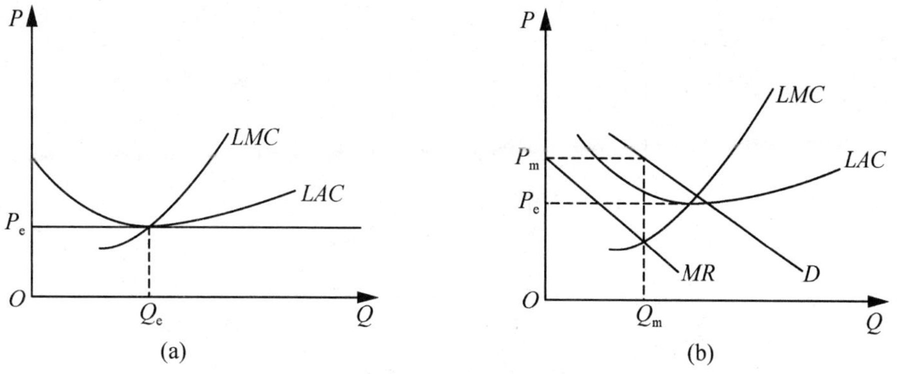

图 7.14　完全竞争与垄断比较

在完全竞争条件下，竞争的压力促使企业选择最优的生产规模，而每个企业都是在长期平均成本的最低点进行生产的。在垄断条件下，不存在促使企业达到最优规模以便最大限度地降低长期平均成本的压力。垄断企业不是在长期平均成本最低点处生产，企业的长期均衡产量低于长期平均成本最低点所对应的产量。所以说，与完全竞争企业相比，垄断企业以较高的成本进行生产。从图 7.14 中可以看出，完全垄断条件下的成本水平高于完全竞争时 LAC 最低点所表示的成本。

垄断企业价格较高但产量较低。完全竞争市场结构的产量高于完全垄断市场结构，而价格却低于完全垄断市场结构，即 $P_m > P_e$。完全竞争企业在 LAC 的最低点进行生产，即 $P_e = LAC$，而且其销售价格等于边际成本，即 $P_e = LMC$，如图 7.14(a)所示。但是完全垄断企业的价格却高于边际成本，即 $P_m > LMC$，说明其产量不足。从整个社会的角度看，如果每种产品的价格都等于其边际成本，即 $P_e = LMC$，那么所有资源在各种用途上的配置就达到最高的效率，而垄断市场没有实现这一条件。因此，社会资源在完全竞争行业里比在完全垄断行业里更能得到有效的利用。而且也没有在长期平均成本的最低点生产，即 $P_m > LAC$，如图 7.14(b)所示。

总的来说，与竞争市场相比，垄断者没有有效地配置资源。垄断者生产的产量小于社会合理的产量，而且收取的价格高于边际成本。

7.4.4　垄断的效率损失

在完全竞争的情况下，$MC = AR$，消费者剩余和生产者剩余的和达到最大，没有效率损失，而在完全垄断的情况下，由于 $MC = MR$，垄断者生产的产量低于社会最优的产量，造成效率损失。这种损失用消费者剩余和生产者剩余的总和减少来衡量，是垄断造成的主要的社会成本。如图 7.15 所示，P_m 和 Q_m 分别为垄断价格和垄断产量，P^* 和 Q^* 分别为完全竞争的价格和产量，阴影部分所示为社会损失的福利。

有研究表明：某些产业(如机动车运输、医疗和石油等)的净损失高达 30%。在中国，一些政府垄断产业的效率低下也一直是舆论批评的焦点。此外垄断企业为维持自己的垄断地位，可能会以非生产性的方式采取一些措施，例如游说政府的“寻租”行为也造成了社会资源浪费；垄断企业为维持自己的垄断地位，阻止可能的进入者，会有意使自己的生产

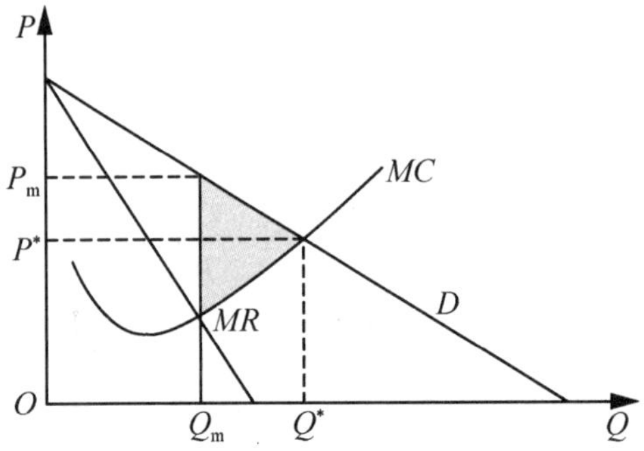

图 7.15　垄断的效率分析

能力有一定的过剩，以形成可信的威胁，这就进一步降低了资源利用效率。这些行为，无论其合法与否，因其本身并不创造财富而导致了资源的浪费。由“寻租”行为衍生的一系列的政府腐败现象更是很大的社会成本。

7.4.5　垄断的社会效益

虽然完全垄断存在净损失，但垄断并不总是给市场带来低效。垄断产业与竞争产业的效率不应如前面那样简单地比较。

1. 缺乏规模经济、成本较高

垄断企业往往是一些大企业，可以进行大规模的生产，因而能够获得规模经济，可以大大地降低成本和价格。同时，这种规模经济可以更有效地集中采购，并有实力研发投资等。另外大规模生产所产生的更强烈的促销手段可能会增加市场需求。在很多行业如钢铁、冶金、汽车、石油化工等都是如此，而在有的行业，引入竞争机制反而会造成社会资源的浪费或损害消费者的利益，例如城市居民的取暖、邮政等。所以，如果把一个垄断企业分拆成若干个小企业，由于需求和成本的变化，故最终的社会福利并不一定会优于垄断时的情形。

2. 垄断可以将经济的外部性内部化

当产业存在“外部不经济”时，竞争性市场可能导致生产过度。例如，造纸厂和化工厂在生产过程中会排放出大量的有害气体和污水，如果没有政府对其排污的强行管制，那些企业可能就会不愿意承担处理有害气体和污水的高额成本；而将其直接向外排放，让社会来共同承担环境污染的成本；如果社会允许这种现象存在，那么这类企业就可能过度生产，直至因其污染而造成的社会成本超过了该企业所获得的社会收益为止。公共水域的过度捕捞也是一个典型的例子，与此相类似的还有森林的过度砍伐和农民对土地的过度使用等。相反地，垄断可以调节产量向社会福利最大化方向发展。

另外，当知识产权保护机制不完善时，竞争性市场可能会导致研发投入不足，垄断可能有所弥补。例如农民通常不会在农副产品的改良方面进行较大的投资，这是因为他们的市场份额总是很小，而即使改良成功，其他农民也会很快效仿，所以产品改良后的新增收益可能并不能抵消前期的投资。也就是说，对于那些存在“外部经济”的行为，竞争性企业容易投入不足，市场份额越大，其投资行为的溢出效应就越小，投资动机就越强。

总之，在实际的经济活动中，判断一个市场垄断的效率得失，需要系统地考察各方面因素，而不能轻易下结论。

案例研究

垄断者就该上天堂?

——评歌华有线随意涨价——完全垄断

北京歌华有线电视网络股份有限公司(以下简称“歌华有线”)有线收视费由原来的12元上涨到18元，增幅高达50%。此举引起了媒体和社会各界普遍关注，对其没有经过价格听证就随意涨价表示强烈不满。歌华有线用户220万户，每户每月多收6元，一年多收1.584亿元。这新增的1.584亿主业收入扣除上缴国家税收以外，基本上都是公司的净利润。

每一个用户在装歌华有线时都不会忘记，住楼房的用户交300元初装费；住平房的用户交320元的初装费，如果按最少300元计算，歌华有线已经从220万用户的口袋中最少收走6.6亿元。每月再交12元的收视费已经不算少了，为什么还要一下上涨50%?歌华有线说了提高收费的理由：“北京地区每户每月12元的有线电视收看维护费标准是在以微波方式传送的情况下制定的，已远远不能满足当前有线电视光缆网络的日常维护管理、缆线入地建设和技术升级改造等方面的支出需求，如继续执行现行收费标准将难以维持北京有线电视网络的正常运营和稳定发展”。歌华有线涨价还有一个所谓的充分理由是设备改造。固定资产的投入怎么能让消费者来承担呢?北京市物价局根据今年年初歌华有线的涨价申请，核算了他们的运营成本，同意涨价。至于为什么没开价格听证会，物价局说有线电视价格不在听证目录之列。一台29寸的彩电在不到10年间，从7 000～8 000元跌到了不到2 000元，而技术的进步、质量的提高更是如日中天。这样惊人的降幅并没有断送中国的彩电业，反而使中国的彩电业成为世界上首屈一指的、最强大的彩电业。为什么彩电、冰箱、微波炉、计算机等产品价格越来越低、质量越来越好、品种越来越丰富，这就是竞争与垄断的不同。而歌华有线怎么就能如此反其道而行之，说涨就涨，而且如此霸气?原因很简单：都是垄断惹的祸。歌华有线是北京市政府批准的唯一一家负责建设、管理和经营北京市有线广播电视网络的公司，是垄断行业的垄断企业，具有极高的垄断性和经营的稳定性。

众所周知，垄断行业的成本是最难估算的，电信部门说市话亏损，邮政部门说普通信件业务亏损，民航公司说航运亏损，自来水公司说亏损，有线电视公司也说自已亏损。但是人们都怀疑是不是真的亏损，搞不清亏损是怎么形成的，因为没有一个独立的会计或审计部门告诉我们垄断行业的成本到底是如何构成的。现在随处可见IP电话卡以6至8折“挥泪”大甩卖，电信部门却仍可泰然处之。民航票价更好比是进了自由市场，各航空公司竞相大打折价牌，你今天打出6折票价，他明天就打出3折，甚至于出现了一折“跳楼价”，老百姓真不知其中的利润到底有多大。

有线电视行业具有比电信更加垄断的特点，目前有线电视用户没有任何可以选择的余地：唯一的网络接入商、唯一的服务内容。比如北京用户只有选择歌华有线电视网络，而且只能选择歌华提供的唯一一种服务。北京的用户说“我不想多交钱，我也用不着看50多套节目，以前的20多套节目就够了，但我不能选择交原来20套的钱，只能被它牵着走。”作为企业，歌华有线当然可以利字当头。当产品市场上只有一个卖主，并且对于垄断者所出售的产品，市场上不存在相同或相近的替代品的时候，企业才拥有“想怎么样就怎么样”的自由。歌华有线当然可以理直气壮：在北京这个有着1 350万人口的城市，只有我一家有线电视网运营商——我不上天堂，谁上天堂?

本章小结

本章的分析从垄断的含义、特征和形成原因开始，企业的需求曲线与平均收益曲线是等同的负斜率曲线，且高于边际收益曲线($AR=P>AR$)，企业是价格的制定者；继而讨论了垄断企业追求利润最大化的产量和价格决策，企业实现利润最大化的原则是 $MC=MR$；分析其短期和长期均衡状态的条件和特点，企业不存在具有规律性的供给曲线；还评价了垄断对资源配置效率造成的损害以及政府对垄断进行管制的措施；并且对垄断企业的价格策略——价格歧视进行了分析。其分析内容为：垄断企业根据可分割的不同需求弹性的子市场，实行价格歧视，并分别对需求弹性大的消费者实行低位定价，对需求弹性小的消费者实行高位定价。

习　　题

1. 名词解释

垄断　自然垄断　垄断势力　差别价格　价格歧视

2. 思考题

(1) 解释为什么垄断企业总在需求曲线上弹性充足的地方进行生产。

(2) 试说明垄断企业的边际收益与价格之间的差距会随着产量的增大而增大。

(3) 为什么垄断势力会随着需求弹性的增加而减少?

(4) 与产品销售相比，劳务的销售中价格歧视或称为差别价格的现象更普通，如医疗服务可按人们收入的不同收取不同的费用；交通运输服务可按年龄的不同而定价。解释这种现象。

(5) 简述完全垄断市场上企业的短期均衡和长期均衡。

(6) 为什么在完全竞争市场上平均收益等于边际收益，而在完全垄断市场上却是平均收益大于边际收益?

(7) 短期均衡时，完全竞争企业与完全垄断企业有何不同?

(8) 垄断企业短期均衡时一定取得经济利润吗? 为什么?

(9) 垄断如何导致低效率?

3. 选择题

(1) 对完全垄断企业来说，(　　)。

A. 提高价格一定能够增加收益

B. 降低价格一定会减少收益

C. 提高价格未必能增加收益，降低价格未必减少收益

D. 以上都不对

(2) 当垄断市场的需求富于弹性时，*MR* 为(　　)。

A. 正　　B. 负　　C. 0　　D. 1

(3) 在完全垄断企业的最好或最优产量处(　　)。

A. P=MC　　B. $P=SAC$ 最低点的值

C. P 最高　　D. $MR=MC$

(4) 如果完全垄断企业在两个分割的市场中具有相同的需求曲线，那么垄断企业(　　)。

A. 可以实行差别价格　　B. 不能实行差别价格

C. 可以实行差别价格也可以不实行　　D. 以上都不对

(5) 在完全垄断市场上，平均收益与边际收益的关系是(　　)。

A. 平均收益大于边际收益　　B. 平均收益等于边际收益

C. 平均收益小于边际收益

(6) 在完全垄断市场上，企业(　　)。

A. 可以任意定价　　B. 价格一旦确定就不能变动

C. 根据市场来定价

(7) 在完全垄断市场上，企业长期均衡的条件是(　　)。

A. $MR=LMC$　　B. $MR=SMC$

C. $MR=LMC=SMC$

(8) 在完全垄断市场上，企业的需求曲线是一条(　　)。

A. 向右下方倾斜的曲线　　B. 与横轴平行的曲线

C. 与横轴垂直的曲线

(9) 平均收益等于边际收益的市场是(　　)。

A. 完全竞争市场　　B. 完全垄断市场

C. 垄断竞争市场

(10) 在短期均衡时，完全垄断企业可能发生(　　)。

A. 收支相抵　　B. 取得经济利润

C. 发生亏损　　D. 以上情况都可能发生

(11) 垄断企业面临的需求曲线是(　　)。

A. 向右下方倾斜的　　B. 向右上方倾斜的

C. 垂直的　　D. 水平的

(12) 垄断企业利润最大化时，(　　)。

A. $P=AR=MC=MR$　　B. $P>MR=AC$

C. $P>MR=MC$　　D. $P>MC=AC$

(13) 一个市场上只有一个企业，且其生产一种没有替代品的产品，这样的市场结构被称为(　　)。

A. 完全竞争　　B. 完全垄断　　C. 垄断竞争　　D. 寡头竞争

(14) 对垄断企业来说，下述哪种说法是不正确的？(　　)

A. 面临的需求曲线向右下方倾斜

B. 在利润最大化产量上，价格等于边际收益
C. 边际收益与平均收益不相等
D. 在利润最大化产量上，价格高于边际成本
(15) 完全垄断企业长期均衡产量上可以有(　　)。
A. $P>LAC$　　B. $P=LAC$
C. $AR>LAC$　　D. $AR=LAC$

4. 计算题

(1) 已知垄断者成本函数为 $TC=6Q+0.05Q^2$，产品需求函数为 $Q=360-20P$，求：
① 利润最大的销售价格、产量和利润；
② 如果政府试图对该垄断企业采取规定产量措施使其达到完全竞争行业所能达到的产量水平，求解这个产量水平和此时的价格，以及垄断者的利润；
③ 如果政府试图对垄断企业采取限价措施使其只能获得生产经营的正常利润，求解这个限价水平以及垄断企业的产量。
(2) 假设企业分别在 A、B 两个不同的子市场上销售同一种产品，两个子市场的需求曲线分别为 $P_A=60-0.5Q_A$ 和 $P_B=110-3Q_B$，企业生产该产品的成本函数为 $C=1\ 000+9Q+0.1Q^2$。
试分别计算企业实行差别定价和统一定价时的企业利润，比较哪种情况下利润更大?
(3) 某完全垄断市场的需求函数和完全垄断企业总成本函数分别为 $q=800-p$、$TC=1\ 200+80q-4q^2+0.1q^3$，求该垄断企业的均衡产量、总利润或总亏损。
(4) 某垄断企业面对的需求曲线上某一点的点弹性为 $E_d=5$，商品的价格为 $P=6$，假定在该点实现了短期均衡，求相应的边际收益 MR 与边际成本 MC 值。
(5) 一个垄断者每周的短期总成本为 $STC=0.1Q^3-6Q^2+140Q+3\ 000$，其中总成本单位为元，产量单位为 t/周。为实现利润最大化，他每周生产 40 t，在这个产量水平下，其每周利润为 1 000 元。
① 计算需求曲线在均衡点的点弹性。
② 假设需求曲线为一条直线，求需求曲线方程。
③ 由于开始征收单位产品税，使垄断者的利润最大化，产量下降到 39 单位，则每单位产品的税收为多少?

第8章 垄断竞争与寡头垄断市场的价格与产量决定

教学目标

通过本章的学习，了解垄断竞争市场的结构特征、垄断竞争企业的需求曲线特点；掌握垄断竞争所导致的生产能力的剩余；熟练掌握垄断竞争企业短期和长期均衡的条件；了解寡头垄断市场的结构特征，掌握寡头垄断市场的各种竞争模型：古诺模型、斯威齐模型和价格领导模型，了解斯塔克伯格模型、伯特兰模型，了解博弈论初步知识，熟悉囚徒困境和卡特尔合作模型等。

教学要求

知识要点	能力要求	相关知识
垄断竞争	(1) 能够识别现实生活中的垄断竞争市场 (2) 掌握垄断竞争企业的需求曲线特点 (3) 会分析垄断竞争企业短期和长期均衡 (4) 知道非价格竞争的几种形式以及对它的评价 (5) 能够比较完全竞争和垄断竞争的区别和联系	(1) 主观、客观需求曲线 (2) 剩余的生产能力 (3) 非价格竞争
寡头垄断	(1) 能够举出寡头垄断市场的几个例子 (2) 讲述寡头垄断企业之间决策的相互依赖性 (3) 会计算几种模型的均衡解	(1) 寡头垄断的概念 (2) 寡头垄断的特点 (3) 寡头垄断企业的合作和独立决策
博弈论	(1) 熟悉博弈论的基本知识 (2) 结合囚徒困境，分析现实生活中的一些博弈现象	(1) 博弈论的概念 (2) 博弈论的分类 (3) 博弈论的基本要素

导入案例

机票价格同盟一周分崩离析

商报讯(记者 肖玮)自从4月20日起，国内机票实行新的运价体系，出售的机票将只显示价格，不再显示折扣。同时国内机票价格出现普涨，机票折扣将不低于3折。这一消息立刻引起了各界质疑。

随后，中国民航局有关负责人澄清，国内航空运输价格管理政策没有发生任何变化，票价体系调整只是航空企业的营销手段。航空公司之间也不存在“密谋”涨价，但改变运价系统的中国民航信息网络股份有限公司却表示，新运价系统是按航空公司要求调整的。

在这一罗圈架中，目前谁是国内机票涨价的始作俑者仍不明朗，但消费者更为关心的是未来是否要为这次莫名奇妙的涨价而多掏腰包。对此，机票销售网站游易网负责人王一力表示：“决定机票价格的主要因素是市场需求，航空公司制定价格时会考虑客源、运力、竞争环境、运营成本等多种因素。”

有行业专家指出，就算几大航空公司为提高收益而建立所谓的价格同盟，消费者也无需过于担心，因为历史早已证明，不符合市场规律的包括“家电价格同盟”、“地产价格同盟”等都以失败告终。

才不过一周的时间，被指结成价格同盟合作导演国内机票价格普涨的五大航空公司，便开始土崩瓦解，纷纷悄悄推出超低价票。对此，不少业内人士认为，在任何行业中，任何背离市场的价格同盟都将不攻自破。

昨日记者获悉，在五大航空公司中(国航、南航、东航、海航、深航)，南航已率先在4月23日宣布，即日起推出特价票，提前15天通过公司网站预订，最低可打2折。随后，海航也提出为满足广大旅客“五一”短假的出行要求，特别对西安、北京、海口、三亚等城市部分精品航线推出促销活动，航班票价最低至2.2折。同时深航也在不少航线推出特价机票。

20世纪30年代以前的经济理论普遍推崇完全竞争和完全垄断两种极端的市场理论，但随着生产力的发展和进步，以利益为基本准则的市场行为变得越来越复杂，各种企业生产的产品千差万别。针对这种行为，1933年，美国经济学家张伯伦和英国经济学家罗宾逊提出了“垄断竞争理论”和市场结构模型。

8.1 垄断竞争市场的含义

垄断竞争市场中既存在着激烈的竞争，又具有垄断的因素，是“双性质”市场，这也是“垄断竞争”名字的由来。正是因为垄断竞争市场中既垄断又竞争的特点，企业之间的关系既竞争又相互依存。市场中有许多企业生产和销售有差别的同种产品。在垄断竞争理论中，提出了“生产集团”的概念。因为，在完全竞争市场和完全垄断市场下，行业的含义是很明确的，它是指生产同一种无差别产品的企业的总和。在一定意义上，行业常常被用来表示“市场”。而在垄断竞争市场，产品差别这一重要特点使得上述意义上的行业不存在。为此，在垄断竞争理论中，把市场上大量生产具有很高接近程度的同种产品的企业的总和称作生产集团。例如，家电集团、快餐饮食集团、纺织集团等。

一般来说，垄断竞争市场具有：企业规模较小、数目多；产品有差异；进出市场自由；交易者的信息不完全；企业是价格的影响者等特征。

根据垄断竞争市场的基本条件，可以看出，垄断竞争企业对价格具有某种影响力。产品差别的存在使得垄断竞争企业在市场上对自己的产品具有一定的垄断性，从而有一定的价格控制能力，不再是市场价格的接受者。同时，产品之间很高的替代性又使各企业不能充分控制市场价格，也不可能是市场价格的制定者。

垄断竞争市场在现实生活中是常见的一种市场结构，在零售业和服务业中存在很普遍。在垄断竞争的生产集团中，各个企业的产品是有差别的，企业互相之间的成本曲线和需求曲线未必相同。但是在垄断竞争市场模型中，西方学者总是假定生产集团内所有的企业都具有相同的成本曲线和需求曲线，并以代表性企业进行分析。这一假定能使分析得以简化，而又不影响结论的实质。

8.2　垄断竞争企业的价格和产量决定

8.2.1　垄断竞争企业的需求曲线

由于垄断竞争企业可以在一定程度上控制自己产品的价格，即通过改变自己所生产的有差别产品的销售量来影响商品的价格，所以，同垄断企业一样，垄断竞争企业所面临的需求曲线也是向右下方倾斜的。所不同的是，由于各垄断竞争企业的产品互相之间都是很接近的替代品，市场中的竞争因素又使得垄断竞争企业所面临的需求曲线具有较大的弹性。因此，垄断竞争企业向右下方倾斜的需求曲线是比较平坦的，相对比较接近完全竞争企业呈水平形状的需求曲线。

由于在垄断竞争行业中企业生产的产品都是有差别的替代品，因而市场对某一企业产品的需求不仅取决于该企业的价格——产量决策，而且还取决于其他企业对该企业的价格和产量决策是否采取对应的措施。例如一个企业采取降价行动，如果其他企业不降价，则该企业的需求量可能上升很多，但如果其他企业也采取降价措施，则该企业的需求量不会增加很多。由此垄断竞争企业的需求曲线通常被区分为 d 需求曲线和 D 需求曲线，如图 8.1 所示。

1. 主观需求曲线

主观需求曲线，又叫预期需求曲线，表示在垄断竞争生产集团中的某个企业改变产品价格，而当其他企业的产品价格不变时，该企业的产品价格和销售量之间的关系，如图 8.1 中的 d 需求曲线。它是企业主观存在的一条斜率较小的需求曲线。因为在市场中有大量的企业存在，因而单个企业会认为自己的行动不会引起其他企业的反应，于是便认为自己可以像垄断企业那样，独自决定价格。这样，单个企业在主观上就有一条斜率较小的需求曲线。在图 8.1 中，假定某垄断竞争企业开始时处于价格 P_1 和产量 Q_1 的 A 点上，想通过降价来增加自己的销售量。因为，该企业认为，降价以后不仅能增加自己产品的原有买者的销售量，而且还能把买者从生产集团内其他企业那里吸引过来。该垄断竞争企业相信其他企业不会对它的降价行为做出反应。随着它的商品价格下降到 P_2，销售量会沿着 d_1需求曲线由 Q_1增加到 Q_2。因此，预期自己的生产可以沿着 d_1需求曲线由 A 点运动到 B 点。同样道理，相反，假定该垄断竞争企业相信其他企业对它将价格从 P_1提高到 P_3的行为无反应，则其会预期自己产品的销售量相应地从 Q_1减少到 Q_4，自己的生产将沿着 d_1需求曲线由 A 点运动到 F 点。

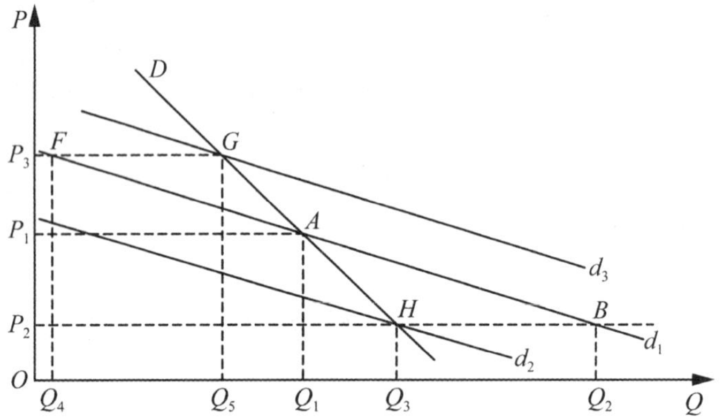

图 8.1　垄断竞争企业的需求曲线

2. 客观需求曲线

客观需求曲线，又称实际需求曲线或比例需求曲线，表示在垄断竞争生产集团的某企业改变产品价格，而集团内其他所有企业也使产品价格发生相同变化时，该企业的产品价格与销售量之间的关系，如图 8.1 中的 D 需求曲线。在现实中，当一个垄断竞争企业降低价格时，其他企业为了保持自己的市场，势必也会跟着降价，该企业因而会失去一部分顾客，需求量的上升不会如企业想象的那么多，因而就存在着另外一条客观需求曲线。在图 8.1 中，如果某垄断竞争企业将价格由 P_1下降到 P_2，那么集团内其他所有企业也都将价格由 P_1下降到 P_2，于是，该垄断竞争企业的实际销售量是 D 需求曲线上的 Q_3，Q_3小于预期销售量即 d_1需求曲线上的 Q_2。这是因为集团内其他企业的买者没有被该厂吸引过来，每个企业销售量的增加仅来自整个市场的价格水平下降。所以，该企业降价的结果是使自己的销售量沿着 D 需求曲线从 A 点运动到 H 点，d_1需求曲线也相应地从 A 点沿着 D 需求曲线平移到 H 点，即平移到 d_2需求曲线的位置。d_2需求曲线表示当整个生产集团将价格固定在新的价格水平 P_2以后，该垄断竞争企业单独变动价格时在各个价格下的预期销售量。根据同样的分析思路，该企业提价的结果是使自己的销售量沿着 D 需求曲线从 A 点运动到 G 点，d_1需求曲线也相应地从 A 点沿着 D 需求曲线平移到 G 点，即平移到 d_3需求曲线的位置。d_3需求曲线表示当整个生产集团将价格固定在新的价格水平 P_3以后，该垄断竞争企业单独变动价格时在各个价格下的预期销售量。

所以，关于 D 需求曲线，还可以说，它表示垄断竞争生产集团内的单个企业在每一个市场价格水平的实际销售份额。若生产集团内有 n 个垄断竞争企业，不论这 n 个企业将市场价格调整到何种水平，D 需求曲线总是表示每个企业的实际销售份额为市场总销售量的 $1/n$。

从以上分析可以得到 d 需求曲线和 D 需求曲线具有以下关系。

(1) 当垄断竞争生产集团内的所有企业都以相同的方式改变产品的价格时，整个市场价格的变化会使得单个垄断竞争企业的 d 需求曲线的位置沿着 D 需求曲线发生平移。

(2) 由于 d 需求曲线表示单个垄断竞争企业单独改变价格时所预期的产量，D 需求曲线表示每个垄断竞争企业在每一市场价格水平实际所面临的市场需求量，所以，d 需求曲线和 D 需求曲线相交意味着垄断竞争市场的供求相等状态。

(3) 很显然，d 需求曲线的弹性大于 D 需求曲线，即前者较之后者更平坦一些。

企业面对两条需求曲线，说明在垄断竞争中确实存在企业之间一定程度的相互依赖性。在不同的情况下，企业的价格调整会得到不同的结果：如果其他企业不做同样的价格调整，那么有效的需求曲线就是 d 曲线；否则，起作用的就是陡峭的市场份额线 D 曲线。

8.2.2 垄断竞争企业的短期决策

在垄断竞争市场中，各家企业之间存在着不同程度的相互依存性，但这种相互依存性相对较弱，以至于几乎不被垄断竞争者所认识。所以，企业在做决策时往往并不考虑竞争对手的反应。西方经济学家通常以垄断竞争集团内的代表性企业来分析垄断竞争企业的短期均衡和长期均衡。

在短期内，垄断竞争企业是在现有的生产规模下通过对产量和价格的调整，实现 $MR=SMC$ 的均衡条件，如图 8.2 所示。

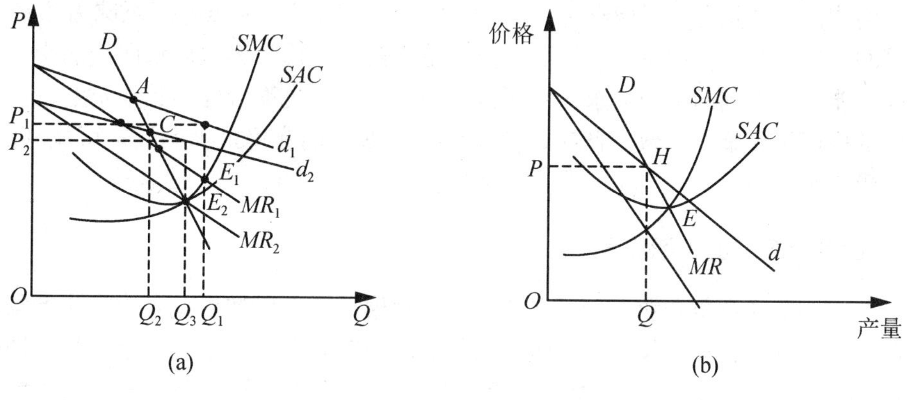

图 8.2　垄断竞争市场代表性企业的短期均衡

在图 8.2(a)中，SAC 曲线和 SMC 曲线表示代表性企业的现有生产规模，d 曲线和 D 曲线表示代表性企业的两种需求曲线，MR_1 曲线是相对于 d_1 曲线的边际收益曲线，MR_2 曲线是相对于 d_2 曲线的边际收益曲线。假定代表性企业最初在 d_1 曲线和 D 曲线相交的 A 点上进行生产，那么就该企业 A 点的价格和产量而言，与实现最大利润 $MR=SMC$ 的均衡点 E_1 所要求的产量 Q_1 和价格 P_1 相差很远。于是，该企业决定将生产由 A 点沿着 d_1 需求曲线调整到 B 点，即整个价格降为 P_1，将产量增加为 Q_1。

然而，由于生产集团内每个企业所面临的情况都是相同的，而且每个企业都是在假定自己改变价格而其他企业不会改变价格的条件下采取了相同的行动，即都把价格降为 P_1，都计划生产 Q_1 的产量。于是，事实上，当整个市场的价格下降为 P_1 时，每个企业的产量都毫无意外是Q_2，而不是Q_1。相应地，每个企业的d_1曲线也都沿着D曲线运动到了d_2的位置。所以，首次降价的结果是使代表性企业的经营位置由A点沿着D曲线运动到C点。

在C点位置上，d_2曲线与D曲线相交，相应的边际收益曲线为MR_2。很清楚，C点上代表性企业的产品价格P_1和产量Q_2仍然不符合新的市场价格水平上$MR_2=SMC$的均衡点E_2上的价格P_2和产量Q_3的要求。因此，该企业又会再次降价。与第一次降价类似，企业将沿着D曲线由C点运动到G点。相应地，d_2曲线将向下平移，并与D曲线相交于G点。依次类推，代表性企业为实现$MR=SMC$的利润最大化，会继续降低价格，d曲线会沿着D曲线不断向下平移，并在每一个新的市场价格水平与D曲线相交。

上述调整的过程实际是一个“试错”的过程，这一“试错”过程不断进行，一直要持续到代表性企业没有理由再继续降价为止，即一直持续到实现短期均衡状态为止，一直要持续到企业所追求的$MR=SMC$的均衡条件实现为止。在图 8.2(b)中，代表性企业连续降价行为的最终结果，将是达到d曲线和D曲线相交点H上的产量和价格水平，这恰好是$MR=SMC$时的均衡点E所要求的产量Q和对应的价格P。此时，企业便实现了短期均衡，并获得了利润。当然，垄断竞争企业在短期均衡点上并非一定能获得最大利润，也可能是最小亏损。这取决于均衡价格是大于还是小于SAC。在企业亏损时，只要均衡价格大于AVC，那么企业在短期内总是继续生产的；只要均衡价格小于AVC，那么企业在短期内就会停产。

垄断竞争企业的短期均衡条件是$MR=SMC$。

在短期均衡的产量上，必定存在一个d曲线和D曲线的交点，它意味着市场上的供求是相等的。这时的产量和价格决策恰好位于主观需求曲线与客观需求曲线的交点，亦即企业按自己能够感觉到的主观需求曲线所做出的价格产量决策恰好和其他企业也做出的同样调整的价格产量决策相一致。此时，垄断竞争企业可能获得最大利润，可能利润为零，也可能蒙受最小亏损。

8.2.3 垄断竞争企业的长期决策

在长期内，垄断竞争企业不仅可以调整生产规模，还可以加入或者退出生产集团。这就意味着，垄断竞争企业在长期均衡时的利润必定为零，即在垄断竞争企业的长期均衡点上，d需求曲线必定与LAC曲线相切。简单看来，这些情况与完全竞争企业的情况是相似的。但由于垄断竞争企业所面临的是两条向右下方倾斜的需求曲线，因此，垄断竞争企业的长期均衡的实现过程及其状态具有本身的特点。

垄断竞争企业的长期均衡的形成过程如图 8.3 所示。在图 8.3(a)中，假定代表性企业开始时在I点上经营，在I点所对应的产量Q_1上，最优生产规模由SAC_1曲线和SMC_1曲线所代表；企业的边际收益曲线MR曲线、长期平均成本LAC曲线和短期边际成本SMC曲线相交于E_1点，即存在均衡点E_1；d曲线和D曲线相交于I点，即市场供求相等；企业获得利润，其利润量相当于图中阴影部分的面积。

由于生产集团内存在利润，新的企业就会被吸引过来。随着生产集团内部企业数量的增加，在市场需求数量不变的条件下，每个企业所面临的市场销售份额就会减少，相应地，代表性企业的D曲线便向左下方平移，从而使企业原有的均衡点E_1的位置受到扰动。

当企业为建立新的均衡而降低价格时，d 曲线便沿着 D 曲线也向左下方平移。这种 D 曲线和 d 曲线不断地向左下方移动的过程，一直要持续到生产集团内每个企业的利润消失为止。最后，企业在图 8.3(b)中的 E_2点实现长期均衡。

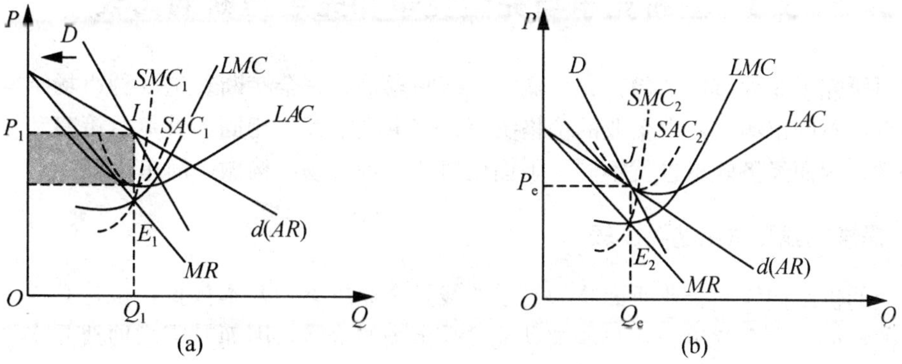

图 8.3　垄断竞争市场代表性企业的长期均衡

在代表性企业的长期均衡产量 Q 上，SAC_2 曲线和 SMC_2 曲线表示生产 Q 产量的最优化生产规模；MR 曲线、LMC 曲线和 SMC_2 曲线相交于同一均衡点 E_2，即有 $MR=LMC$；d 曲线与 LAC 曲线相切于 LAC 曲线与 SAC_2 曲线的切点 J，即有 $AR=LAC=SAC$，企业的超额利润为零；D 曲线与 d 曲线也相交于 J 点，意味着市场的供求关系相等。

以上分析了代表性企业由获得利润到利润为零的长期均衡的实现过程，至于代表性企业由亏损到利润为零的长期均衡的实现过程，其道理是一样的，只是表现为生产集团内一部分原有企业退出的一个相反过程而已，在这里不做分析。

总之，垄断竞争企业的长期均衡条件为：$MR=LMC=SMC$；$AR=LAC=SAC$。

在长期的均衡产量上，垄断竞争企业的利润为零，且存在一个 d 需求曲线和 D 需求曲线的交点。与完全竞争市场长期均衡条件不同的是，当垄断竞争企业达到长期均衡时，平均收益、平均成本、边际收益和边际成本并不都相等。

在垄断竞争条件下，长期内经济利润会由于竞争而不复存在。但这并不排除精明的决策者通过富有开创性的决策，使这种情形推后发生的可能性。企业可以并且的确会通过广告和致力改进产品质量，来延长其获取经济利润的时间。那些拥有成功营销战略的决策者有时甚至能够长时间地获利。然而，成功的营销战略很容易被出售类似产品的竞争者所模仿。这样一来，在垄断竞争条件下无论决策者采取什么样的策略，在长期内经济利润减少的趋势总是很强的。

从长期均衡的条件看，垄断竞争企业与完全竞争企业相同，但实际上却存在着很大不同，其差别如下。

(1) 完全竞争企业的 D、AR 和 MR 曲线三线合一，且为水平线；垄断竞争企业的 D 和 AR 曲线重合，且向右下方倾斜，并且 $MR<AR$。

(2) 完全竞争下长期均衡时的产量对应的平均成本处于最低点；垄断竞争下长期均衡时的产量对应的平均成本高于最低点。

(3) 完全竞争下长期均衡时价格低于垄断竞争下的均衡价格，且 $P=MC$；垄断竞争下长期均衡时价格较高，$P>MC$。

(4) 完全竞争下长期均衡的产量高于垄断竞争时的均衡产量。

8.3 垄断竞争与完全竞争和完全垄断的比较

前面研究了3种市场结构：完全竞争、垄断竞争、完全垄断。这3种市场结构具有不同的特点，不同市场结构中企业的价格决策、产量决策都不相同，其竞争策略和竞争程度也不一样，因而经济效率也就不同。下面仅对这3种市场结构做一简单比较。

8.3.1 需求曲线和供给曲线比较

企业的供给曲线和企业所面临的需求曲线是企业决策的基本依据，也是其市场的一个最基本的特征。完全竞争企业只能被动地接受市场的价格，因而其需求曲线是水平的，也就是具有完全弹性，在不同的市场价格下，企业决定自己的产量从而实现自己的利润最大化，因而其供给曲线也是可以推导的，其短期供给曲线和 SMC 曲线重合。而对不完全竞争企业来讲，不仅可以通过调整产量来追求利润最大化，而且也可以通过调整价格来追求利润最大化，因而不完全竞争企业无法推导出企业的供给曲线。不完全竞争企业都能够在一定程度上影响市场的价格(例如垄断企业本身就是市场价格的制定者，而垄断竞争企业则是市场价格的影响者)，因而其需求曲线都是向右下方倾斜的，但斜率各不相同。一般来说，垄断程度越高，需求曲线的斜率(绝对值)就越大，如图8.4所示，垄断企业的需求曲线较为陡峭，垄断竞争企业的较为平缓。

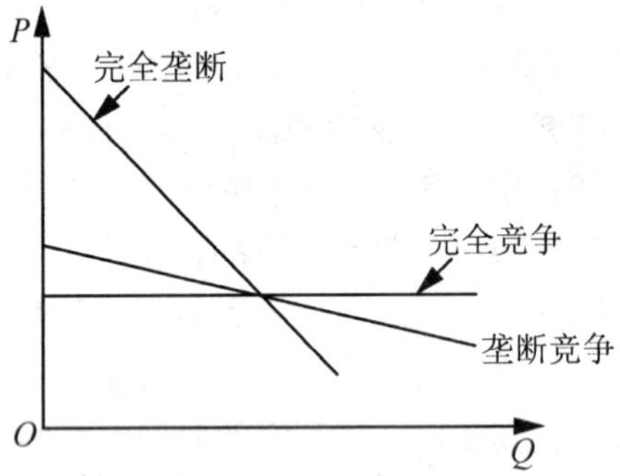

图8.4 需求曲线比较

8.3.2 经济效率比较

一个经济社会，其资源是否实现了有效配置则要看它在现有资源条件的约束下能否以最小的成本实现其最大的收益，这就是经济效率的问题。判断经济效率，可以有两个标准：一是看平均成本的高低，二是看价格是否等于长期边际成本。

在完全竞争市场条件下，企业的需求曲线是一条水平线，而且，企业的长期利润为零，所以，在完全竞争企业的长期均衡时，水平的需求曲线相切于 LAC 曲线的最低点，这时平均成本最低，产品的均衡价格最低，并等于最低的生产平均成本，产品的均衡产量最高。

在垄断竞争市场上，企业长期均衡时和完全竞争一样，企业的经济利润为零。所以，在垄断竞争企业的长期均衡时，向右下方倾斜的、相对比较平坦的需求曲线相切于 LAC 曲线最低点的左边(关于垄断竞争企业的长期均衡如图 8.3 所示)；产品的均衡价格比较低，它等于生产的平均成本；产品的均衡产量比较高；企业存在着多余的生产能力。

在垄断市场上，企业在长期内获得利润，所以，在垄断企业的长期均衡时，向右下方倾斜的、相对比较陡峭的需求曲线与 LAC 曲线相交；产品的均衡价格最高，且大于生产的平均成本；产品的均衡数量最低(关于垄断企业的长期均衡见图 7.5)。设想，垄断企业若肯放弃一些利润，那么价格就可以下降一些，产量就可以增加一些。

所以垄断程度越高，企业的长期平均成本以及产品价格就都越高，但产量却越低。平均成本高、产量低，说明企业的生产是无效率的，价格高说明消费者要为此付出更高的代价。因而从全社会的角度看，垄断程度越高，效率越低。

一个行业在长期均衡时是否实现了价格等于长期边际成本即 $P=LMC$，也是判断该行业是否实现了有效的资源配置的一个条件。商品的市场价格 P 通常被看成是商品的边际社会价值，商品的长期边际成本 LMC 通常被看成是商品的边际社会成本。当 $P=LMC$ 时，商品的边际社会价值等于商品的边际社会成本，它表示资源在该行业得到了最有效的配置，说明资源得到了充分利用，所得到的净社会价值即社会福利是最高的。倘若不是这样，当 $P>LMC$ 时，商品的边际社会价值大于商品的边际社会成本，它表示相对于该商品的需求而言，该商品的供给是不足的，应该有更多的资源转移到该商品的生产中来，以使这种商品的供给增加，价格下降，最后使该商品的边际社会价值等于其边际社会成本，这样，社会的境况就会变得好一些。

在完全竞争市场，企业的长期均衡点上有 $P=LMC$，它表明资源在该行业得到了有效的配置。在不完全竞争市场，不同类型企业的长期均衡点上都有 $P>LMC$，说明此时社会资源没有得到有效配置，是无效率的。尤其在垄断市场，独家企业所维持的低产高价，往往使得资源配置不足的现象更为突出。依据这个标准，完全竞争的效率最高，垄断的效率最低。

3 种市场结构条件下均衡状况的比较可以用表 8 - 1 来概括。

表 8 - 1　3 种市场结构条件下均衡状况比较

市场类型	完全竞争	完全垄断	垄断竞争
市场特征	企业很多，产品同质	独家经营，无相近替代品	企业较多，产品存在差异
接近的部门行业	农产品	城市电话、自来水、电等公用事业	一般日用品、轻工产品、零售业
企业需求曲线	平行于 X 轴	向右下方倾斜(更陡峭)	向右下方倾斜
AR 和 AC 的关系	AR 和 AC 最低点相切	AR 和 AC 相割	AR 和 AC 最低点左方某点相切
MR 和 AR 的关系	重叠	MR 在 AR 的左下方	MR 在 AR 的左下方

续表

均衡条件	$MR=MC$ $AR=AC$ $MR=MC=AC$	$MR=MC$	$MR=MC$ $AR=AC$
产量	$P=MR$ 和 MC 的交点对应的产量 Q^*	MR 和 MC 的交点对应的产量 Q_1，且 $Q_1<Q^*$	MR 和 MC 的交点对应的产量 Q_2，且 $Q^*>Q_2>Q_1$
价格	MR 和 MC 的交点 P^*	MR 和 MC 的交点向上延伸和 AR 相交对应的价格 P_1，$P*<P_1$	MR 和 MC 的交点向上延伸和 AR 相交对应的价格 P_2，$P^*<P_2<P_1$

8.3.3 市场垄断程度比较

1. 垄断力测度

1）产业集中指数

产业集中指数是指一个行业中产量最大的几家企业在全行业所占的产量比重，即产量明显占优势的几家企业的总产量占全行业总产量的比例。其表达式为

$$I=\frac{\sum Q_m}{Q_{全行业}}\in(0,1]$$

当市场完全竞争时，$I=0$；当市场完全垄断时，$I=1$。

2）勒纳指数

勒纳指数是指以垄断企业所定的价格比其边际成本高多少作为衡量垄断力的标准。

定义为：$I_L=\frac{P-MC}{P}$。

当市场均衡时，由于：

$$MC=MR=\mathrm{d}R/\mathrm{d}Q=P(Q)+Q*\mathrm{d}P/\mathrm{d}Q=P(Q)(1+1/E_P)$$

所以，$I_L=\frac{-1}{E_P}=\frac{1}{|E_P|}$。

其中 E_P 是产品市场需求的价格弹性，E_P 的绝对值越大，市场竞争越激烈，垄断程度越低，勒纳指数越小；反之，E_P 的绝对值越小，市场竞争越不激烈，垄断程度越高，勒纳指数越大。

3）贝恩指数

与勒纳指数不同，贝恩指数是指以垄断企业所定的价格比平均成本高多少作为衡量垄断力量的标准。

定义为

$$I_B=\frac{P-AC}{P}$$

贝恩指数的优点是在应用上较简便，但超额利润($P-AC$)与技术水平、经营水平、折

旧水平等有关，它的大小并不一定反映垄断力量的大小。在短期内，完全竞争企业也可能获得超额利润，但原因并不在于垄断。在长期内，完全竞争与垄断竞争企业都不存在超额利润，但不能说垄断竞争不存在垄断。

2. 垄断力与超额利润

(1) 假设：企业的规模收益不变；要素市场完全竞争。

(2) 分析如下。

假设企业规模收益不变，要素耗尽规则成立：$Q=\sum_{i=1}^{n}MP_i\times X_i$。并且由要素市场完全竞争、生产者均衡以及产品市场均衡，有：

$$MC=MR=\mathrm{d}R/\mathrm{d}Q=P(Q)+Q\times\mathrm{d}P/\mathrm{d}Q=P(Q)(1+1/E_P)$$

$$r_i=MR\times MP_i=P(Q)(1+1/E_P)\times MP_i$$

所以：

$$\pi=P\times Q-\sum_{i=1}^{n}r_iX_i=P\times Q-\sum_{i=1}^{n}P\times(1+1/E_P)\times MP_i\times X_i$$

$$=P\times Q-P\times(1+1/E_P)\sum_{i=1}^{n}MP_i\times X_i=-P\times Q/E_P=R\times\frac{1}{|E_P|}$$

由此可以看出：垄断企业的超额利润与其产品的需求价格弹性成反比，在市场完全竞争的情况下，需求价格弹性为无穷，超额利润为零。需求价格弹性越小，超额利润越大。

8.4　寡头垄断企业的价格和产量决定

8.4.1　寡头垄断的含义与特征

1. 寡头垄断的含义

寡头市场又称为寡头垄断市场，是一种较为普遍的市场组织。它是指少数几家企业控制整个市场产品的生产和销售，是介于垄断竞争与完全垄断之间，靠近完全垄断的一种市场结构。寡头企业之间生产的产品可以是同质的，如钢铁、水泥、石油、有色金属、塑料、橡胶等行业；而在有些行业，产品则是有差别的，如汽车、飞机、家用电器、铁路运输、电信服务业等。

2. 寡头垄断的市场特征

(1) 企业数量极少，但多于两个，买者众多，企业在一定程度上控制产品价格和绝大部分的市场份额，每个企业的行为对价格的制定都举足轻重，它们不是价格的制定者，更不是价格的接受者，而是价格的探索者。寡头企业数量很不容易确定，它与垄断竞争的界限并不是以企业数量为标准，而是主要取决于企业之间依存关系的强弱。在寡头垄断下，企业相互注视对手的行动(价格、产量、广告开支等)，并估计和注视自己采取行动后竞争对手的反应。

(2) 各企业之间相互依存，有合作也有竞争。由于市场中企业的数目较少，每个企业在市场中都占有一个很大的份额，对市场都有举足轻重的影响力。寡头垄断之间相互作用，其利害关系极为密切，双方均是估计对方的反应后再决策，所以在产量和价格上没有“确定的均衡”。一个企业的价格和产量变动，不仅影响到自己的市场份额和所得利润，而且会直接影响到其他企业的市场份额和利润，因而企业所做的价格和产量决策也很容易遭到其竞争对手的报复。所以，寡头企业在做出决策时必须把其竞争对手可能采取的对策考虑进去，而竞争对手的可能对策又是难以推测的。正因为如此，才无法推导出寡头企业的有规律的供给曲线。由于寡头企业之间相互依存的关系，寡头企业产品的需求曲线就难以确定。因为寡头企业在进行决策时，既要考虑其决策对于市场所起的直接影响，又要考虑它的对手对其决策的反应(转而又影响到自己的决策)。因此在决策时，必须假定对手的反应方式。反应方式不同，需求曲线的形状位置也不同。但是，对手的反应千变万化，不易琢磨，因而无法精确地画出自己产品的需求曲线。但在特殊的假定前提，例如企业之间组成卡特尔、价格领先制或如斯威齐模型所假定的前提下，则可以导出其需求曲线。

(3) 产品是同质的或有差异的。寡头垄断企业提供的产品可以是相同的，也可以是有差别的。由此，分为无差别寡头垄断(纯寡头垄断)市场和有差别寡头垄断市场。生产同质产品的企业叫纯寡头垄断企业，通常有原料工业，如铝、钢铁、铜、石油、水泥等行业。这类产品一般都有国家标准，顾客只要按规格、型号订货就可以了，不必考虑是谁家的产品，而只关心产品的价格。生产不同质产品的企业叫有差别的寡头垄断企业，造成这种差别的因素很多，如不同的设计、商标、包装、信用条件、服务态度等。在有差别的寡头垄断里，顾客不仅关心价格，也关心产品的商标和生产厂家，如汽车、酿酒、香烟、计算机、飞机、家用电器等。

(4) 进出市场困难，要素流动的障碍很强。存在很大的进入障碍，其他企业无法顺利地进入该行业。一种可能性是这些寡头行业存在规模经济，使得大规模的生产占有强大的成本优势和产量优势，大企业不断发展壮大，而小企业则无法生存，最终形成少数几个企业竞争的局面；有时寡头企业之间相互勾结，构筑进入的壁垒，阻止其他企业进入；寡头企业为了减少其竞争压力，也会采用收购、兼并一些小企业等形式来减少企业的数目；有些行业，寡头市场的形成直接由政府的产业政策所致。

(5) 价格相对稳定，非价格竞争更显重要。寡头垄断市场中价格一经确定，不易改变。寡头企业的竞争主要体现在产品质量、外观、设计、广告和销售方法等非价格竞争上，这和垄断竞争企业有相似之处，不同的是寡头企业在非价格竞争中意识到它们之间的相互依赖性。寡头企业清楚知道，通过削价竞争来夺取对手市场，会遭到对手报复，将给自己造成更大的危机。因此其更多的是利用非价格竞争来吸引对手的消费者购买自己的产品。

(6) 生产规模缺乏一致性。在完全竞争市场中，企业都是小型的；在垄断竞争市场中，企业规模都不大；垄断企业代表整个行业的规模。在寡头市场中，企业的生产规模缺乏一致性。有的企业规模庞大，但只是少数，更多的是小型企业，其中大部分是巨型企业的附庸，为其提供零部件和其他服务。

(7) 信息不完备。信息的不完全性和企业行为的不确定性，导致市场竞争状态的不确定性。

3. 寡头垄断市场的形成原因

寡头市场形成的原因很多：技术垄断、产品专利、政府颁发的特许权、原材料的控制等。某些产品的生产必须在相当大的生产规模上进行才能达到最好的经济效益；行业中几家企业对生产所需的基本生产资源供给的控制；政府的扶植和支持等。由此可见，寡头市场的成因和垄断市场是很相似的，只是在程度上有所差别而已。寡头市场是比较接近垄断市场的一种市场组织。

8.4.2　寡头垄断市场的企业行为

1. 寡头垄断企业决策的复杂性

以上寡头垄断市场的特征决定了寡头垄断市场价格与产量的决策具有以下特点：①价格与产量的决定具有不确定性；②价格与产量一旦确定，就有相对的稳定性，由于难以摸清竞争对手的行为，一般不会轻易变动原有均衡；③相互依存性使其容易形成某种形式的勾结。

寡头垄断企业的价格和产量决定是一个很复杂的问题。其主要原因在于：在寡头市场上，每个企业的产量都在全行业的总产量中占一个较大的份额，从而每个企业的产量和价格的变动都会对其他竞争对手以至整个行业的产量和价格产生举足轻重的影响。正因为如此，每个寡头企业在采取某项行动之前，必须首先要推测或掌握自己这一行动对其他企业的影响以及其他企业可能做出的反应，然后，才能在考虑到这些反应方式的前提下采取最有利的行动，根据利润最大化原则确定自己的决策。所以，每个寡头企业的利润都要受到行业中所有企业的决策相互作用的影响。寡头企业的行为之间的这种相互影响的复杂关系，使得寡头理论复杂化。由于寡头企业在进行决策时必须考虑到其他企业的可能对策，而其竞争对手的策略又是千变万化的，对手如何反应是事前所无法准确预计的，因此，寡头垄断企业的决策具有重要的不确定性。所以，寡头企业的价格和产量决策过程就是该寡头企业与其他寡头企业之间相互博弈的过程，价格的确定实际上是一个搜寻的过程。如果说，完全竞争企业是价格的被动接受者，那么垄断企业则是价格的主动制定者，但寡头企业则只能是“价格探索者”。

一般来说，不知道竞争对手的反应方式，就无法建立寡头企业的模型。或者说，有多少关于竞争对手反应方式的假定，就有多少寡头企业的模型，就可以得到多少不同的结果。因此，在西方经济学中，还没有一个寡头市场模型，可以对寡头市场的价格和产量的决定做出一般的理论总结。正是由于寡头企业之间价格决策的不确定性，企业之间往往尽力避免打“价格战”。在寡头行业中除价格竞争之外，更经常进行的是非价格竞争，如广告竞争、品牌竞争、服务竞争等。

根据寡头企业之间的竞争和依存关系，根据有无暗地里的联系或协议，可以将寡头模型划分为有合作(勾结)的和非合作(独立)的两类寡头模型，非合作的模型有古诺模型、伯特兰模型、斯塔克伯格模型和折拐的需求曲线模型；合作的寡头垄断有正式的合作卡特尔、价格领导模型。根据寡头企业决策的变量不同，可以将寡头模型划分为价格竞争和产量竞争两类寡头模型，价格竞争模型有伯特兰模型、折拐的需求曲线模型和价格领导模型；产量竞争寡头模型有古诺模型、斯塔克伯格模型。

2. 古诺模型

古诺模型是寡头企业之间非合作的产量决策模型。双头是一个行业中只有两个销售者(或两家企业)的市场类型，它是寡头市场的一个特例。1838 年法国经济学家古诺(Cournot)提出的古诺模型是早期双头论的代表。他假定双头都意识不到相互间的依存关系，只考虑自己的产量-价格决策对市场的影响，也就是只考虑自己的决策对市场的直接影响。张伯伦的双头理论是后期理论的代表。他假定双头都意识到相互依存关系的存在，双头一方不但考虑直接影响，而且还考虑自己的决策对对手产生的影响以及对手的反应对自己的影响，也就是考虑到自己的决策对市场的直接和间接的影响。这里只分析古诺模型。现在看起来，古诺模型过于简化，但对寡头垄断者相互依存的性质却做了精彩的说明，阐述了互相竞争而没有相互协作的企业的产量决策是如何互相作用的，以产生一个位于竞争均衡和垄断均衡之间的结果。

(1) 古诺模型的前提假定。①市场上只有两个独立的销售者，不存在勾结，出售的产品是同质的，以追求利润最大化为目标，生产时都没有花费成本(例如销售的都是矿泉水)。②企业之间的竞争是产量的竞争，即企业的决策变量是产量，特别地，企业同时决策它们的产量，并假定每家企业都会估计对方的产量，然后认为对方的产量是不变的，在这些假定下，每家企业都在给定的对方产量的基础上追求自己利润的最大化。③企业都知道产品的需求曲线，并且知道它是线性的，都接受市场价格。每个销售者以追求最大利润为目的，认定对手的供应总是维护着前一时期的水平，所要决定的是每一时期中自己的生产和销售量。

(2) 古诺模型的产量确定。如图 8.5 所示，DD' 是双头的共同的需求曲线。当全部产量 OD' 投入市场时，价格下降为零。假定双头中销售 A 先进入市场，他以 OP 价格，供应 $OM(=1/2OD')$数量，即可获得最大利润。因为这时代表总利润的矩形 $OMM'P$ 恰是直角三角形 DOD' 内的最大内接矩形。

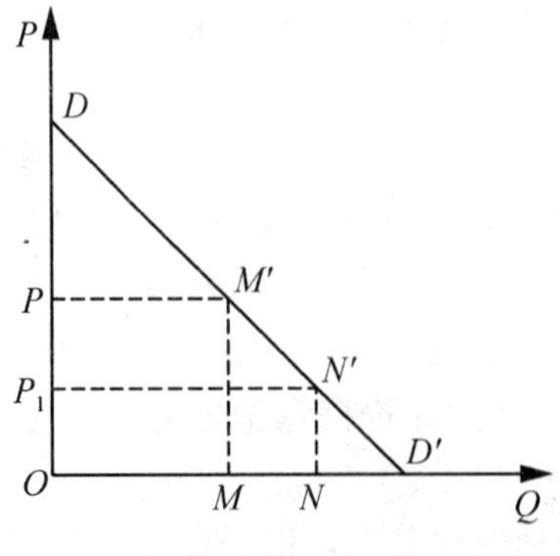

图 8.5　古诺模型

当双头中另一销售者 B 进入后，由于 A 销售 OM 数量，则 B 的需求曲线为 $M'D'$，供给量限定在 MD' 之内。B 为了获得最大利润，将以 OP_1 价格，销量 ND'（$=MN=1/2MD'$）最为有利。这时总供给量增加为 $ON(=OM+MN)$，但价格降为 OP_1。

第二轮开始时，A 假定 B 仍销售 ND'（$=MN$）数量，A 则选定供应 $1/2(OD'-ND')$，也就是供给 $1/2\ OD'$（OD' 减去 B 上一期的供给量）最为有利。由于 $1/2\ OD' > 1/2(OD'-ND')$，A 调整后的销售量比以前减少了，那么留下由 B 供应的数量范围就比第一轮 A 留下的 MD' 大，则 B 第二轮供应的量要大于 ND'。

按照这样的方式进行第 3 轮、第 4 轮至第 5 轮的供应，则 A 为 B 所逼近，逐渐减少其供应量，直到各自供应量相等为止。根据计算，这时的总供给量将是 $2/3OD'$，A、B 各供应 $1/3OD'$（$=1/2\times2/3OD'$），如果有 3 个销售者则总供给量应为 $3/4OD'$，各供应 $1/4OD'$（$=1/3\times3/4OD'$），如果销售者人数无限，则总供给量就等于 OD'，价格下降为零，如果成本为零，那么这种价格就是完全竞争的均衡价格。

(3) 反应函数与古诺均衡。古诺模型也可以用建立寡头垄断企业的反应函数的方法来说明。

首先，看反应函数的概念。反应函数表明每个企业的产量都是其竞争对手的产量函数。企业 A 的利润最大化产量是其推测企业 B 的产量的减函数。企业 B 多生产，企业 A 就少生产。这种关系称为企业 A 对企业 B 的反应函数或反应曲线，记作：

$$q_A^*(q_B)=f(q_B)$$

利用相同的方法，可以对企业 B 的产量选择做出同样的考察，同样可以导出企业 B 的反应函数或反应曲线，记作：

$$q_B^*(q_A)=f(q_A)$$

然后，这里举例说明古诺模型的反应函数及市场均衡。

在古诺模型的假设条件下，设市场的需求函数为：

$$P=1\ 800-Q=1\ 800-(Q_A+Q_B)$$

式中：P 为商品的价格；Q 为市场总需求量；Q_A 和 Q_B 分别为市场对 A、B 两个寡头垄断企业的产品的需求量，即 $Q=Q_A+Q_B$。

对 A 寡头垄断企业而言，其利润等式为($TC_A=0$)：

$$\pi_A=TR_A-TC_A=PQ_A-0=PQ_A=[1\ 800-(Q_A+Q_B)]Q_A=1\ 800Q_A-Q_A^2-Q_AQ_B$$

A 寡头垄断企业利润最大化的一阶条件为：

$$\mathrm{d}\pi_A/\mathrm{d}Q_A=1\ 800-2Q_A-Q_B=0$$

则：

$$Q_A=900-Q_B/2$$

上式是 A 寡头垄断企业的反应函数，它表示 A 企业的最优产量是 B 企业产量的函数。也就是说，对于 B 企业的每一个产量 Q_B，A 企业都会做出反应，确定能给自己带来最大利润的产量 Q_A。类似地，对于 B 寡头垄断企业来说，有：

$$\pi_B=1\ 800Q_B-Q_B^2-Q_AQ_B$$

$$\frac{\mathrm{d}\pi_B}{\mathrm{d}Q_B}=1\ 800-2Q_B-Q_A=0$$

$$Q_B=900-\frac{Q_A}{2}$$

上式是 B 寡头垄断企业的反应函数，它表示 B 企业的最优产量是 A 企业的产量的函数。

联立 A、B 两寡头垄断企业的反应函数，便得到如下方程组：

$$Q_A = 900 - \frac{Q_A}{2}$$

$$Q_B = 900 - \frac{Q_A}{2}$$

解方程组得：$Q_A = 600$，$Q_B = 600$。

此即 A、B 两企业的均衡产量。可见，每个寡头垄断企业的均衡产量是市场总容量的 1/3，即有 $Q_A = Q_B = 1\ 800/3 = 600$；行业的均衡总产量是市场总容量的 2/3，即有 $Q_A + Q_B = 1\ 200$；将 $Q_A = Q_B = 600$ 代入市场反需求函数式，可求得市场均衡价格：$P=600$。

(4) 双头古诺模型结论推广。古诺模型讨论的是两个企业的产量竞争情况，即是双寡头垄断市场的均衡。现在将古诺模型的结论推广，如果市场中不只是两个寡头，而是有很多个企业参与竞争，那么每家的均衡产量应该是多少呢?

令寡头企业的数量为 M，则可以得到一般的结论。

每个寡头企业的均衡产量为 Q_i($i=1, 2, 3, \cdots$)，行业的均衡产量为 Q_M。

$$Q_i = \frac{1}{M+1} \times 市场容量\quad Q_M = \frac{M}{M+1} \times 市场容量$$

古诺模型描述的是一种非完全竞争的均衡状态。在这个均衡位置上，市场价格通常高于企业的边际成本，所以每家企业都能获得利润。古诺模型的经济合理性体现在以下两个方面。一方面是动态地看，假定企业都能迅速地、无成本地调整自己的产量。在双寡头垄断的市场结构下，如果企业 A 发现企业 B 的当期产量为 Q_B，则企业 A 会认为企业 B 在下一期的产量仍然为 Q_B，于是其就会在此基础上优化自己的产量 Q_A，使其实现利润最大化。同样，企业 B 也会有类似的决策。这样两家企业一直调整自己的产量直到达到长期均衡点，都不再改变自己的产量，市场的价格和产量都是稳定的，就是所谓的“古诺均衡”。另一方面是假定每家企业都以自身利益最大化为目标进行选择，在这样的情况下，各方经过慎重考虑，选择的产量必然是直接实现了长期的“古诺均衡”。

古诺模型一直受到批评，因为它所依赖的每家企业对其竞争对手的选择预期是不现实的。模型的基本假定是与经济学对“经济人”的假定不一致的，特别当这种相互影响的假定在最初的决策中就被证明是错误的。正常情况下，企业都会在不同程度上从过去的错误预期中吸取教训，调整自己对竞争对手的预期。而这种调整的模式本身也是复杂的，它可能是通过调整使自己在竞争中取胜，从而使竞争更加激烈；也可能是通过调整引导对手加强合作，逐渐形成共谋。

尽管古诺模型存在着许多缺陷，它的假设不完全符合经济现实，但古诺模型在寡头垄断市场分析中具有重要的地位，它揭示了市场均衡特征在很大程度上取决于对企业之间相互影响的判断；古诺所提出的反应曲线这一概念反映了寡头垄断市场竞争的基本特性。以后许多更符合实际的理论模型都是在古诺模型的基础上建立起来的。

3. 斯塔克伯格模型

斯塔克伯格模型寡头企业之间非合作的模型，它体现的是先走一步的优势。寡头垄断的复杂性表现在市场的均衡不仅取决于市场的需求状况和企业的成本结构，还受到企业的决策顺序、信息结构等因素的影响。

古诺模型假设市场中的两家企业是同时做出决策的。现在介绍的斯塔克伯格模型则建立在两家企业决策顺序不对称的基础上。两个寡头不是同时决策，先决策的称为领导者，后决策的称为追随者。看起来似乎追随者处于有利地位，因为它决策的时候已经确切地掌握了领导者的决策信息，只需在自己的古诺反应曲线上找到与领导者真实产量对应的产量水平即可。但是在进行定量分析之后会发现事实并不如此。

同样是古诺模型所描述的双寡头的竞争问题，现在只是决策的顺序发生了变化，这会不会影响市场均衡，即两家企业的利润和市场份额是不是会发生变化呢，如果发生变化，是对先行者有利还是对后行者有利呢？在斯塔克伯格模型里起支配作用的是领导型企业的产量决策。这里需要指出两点：第一，领导者有先走一步的好处；第二，由于领导者有先走一步的权利，它就会考虑自己一旦做出产量决策，追随者是会做出反应的，于是先行一步的领导者会充分估计到自己做出的产量计划所产生的追随企业的反应函数。

(1) 模型假设。市场中有两个企业，令企业 1 为领导者，企业 2 为追随者，假定企业 1 先决定自己的产量，而企业 2 可以在确切地知道企业 1 的选择之后再进行决策。另外，两个企业面对相同的需求曲线和价格。

(2) 两寡头的产量、利润及产品价格决定。两企业的反应函数和古诺模型的反应函数相同，只是由于企业 1 居于领先者地位，可将追随者企业 2 的反应函数直接代入其目标函数，使自己的利益最大化。

企业 1 在确定了自己的产量后就可以根据这条反应曲线知道企业 2 的选择，也就确定了总供给，当然也能根据需求曲线得到相应的市场价格，企业 1 完全可以通过确定自己的产量掌控自己的利润，这里仍然假设边际成本为零。

先来看企业 1，它决策时需要考虑到企业 2 将对自己做出的反应，因此这要比古诺模型复杂一些，在古诺模型里面只是简单地把对手的产量视作一个给定的值。

首先，求出企业 2 的反映曲线如下。

由于企业 2 的利润函数为：$Max\pi_2 = P(Q) \times Q_2 - C_2(Q_2)$

并且 $MC_2 = 0$，由利润最大化的条件为一阶导数等于零，则可知：

$$P(Q) + Q_2 \times \frac{\partial P(Q)}{\partial Q_2} = 0$$

又因为 $Q = Q_1 + Q_2$，所以可求得反应函数 $Q_2 = Q_2(Q_1)$。

然后，把企业 2 的反应函数代入企业 1 的目标函数，得：

$$Max\pi_1 = P(Q_1 + Q_2(Q_1)) \times Q_1 - C_1(Q_1)$$

因为 $MC_1 = 0$，所以：

$$\frac{d\pi_1}{dQ_1} = P(Q_1 + Q_2(Q_1)) + Q_1 \times \frac{\partial P}{\partial Q} \times (1 + \frac{dQ_2(Q_1)}{dQ_1}) = 0$$

进而推出企业 1 的最优产量 Q_1^*，代入企业 2 的反应函数，可得 $Q_2^* = Q_2(Q_1^*)$。

最后，举例来说明两企业产量、利润以及价格的决定。

假设需求曲线为线性需求曲线即 $P = a - b \times Q$，其中 $a>0$，$b>0$，则：

企业 2 的反应曲线为 $Q_2 = \dfrac{a - bQ_1}{2b}$。

代入企业 1 的目标函数，则企业 1：

$$Max\,\pi_1 = \left(a - b\left(Q_1 + \frac{a - bQ_1}{2b}\right)\right) \times Q_1 - C_1$$

由一阶条件可得：

$$Q_1^* = a/2b$$

代入反应函数，求得：

$$Q_2^* = a/4b$$

进而，如果成本为零，就可以求出各自的利润和价格：

$$P = a/4\ ,\ \pi_1 = a^2/8b\ ,\ \pi_2 = a^2/16b$$

古诺模型和斯塔克伯格模型是寡头垄断市场结构下企业不合作的产量竞争模型的代表。在现实经济中，哪种模式更适合描述市场，取决于不同的产业和不同的阶段。一般情况下，对于几家企业实力相当、产品差异不大的寡头垄断市场，古诺模型可能更适合一些；而另外一种情况，市场上存在新产品或新技术的领导企业，就应该用斯塔克伯格模型来分析。

4. "折拐的需求曲线"模型

它又称折弯的需求曲线模型或斯威齐模型，反映了寡头垄断者在价格竞争上可能存在的非对称的反应模式。

经济学家总是能够很敏锐地观察到寡头垄断市场的特点：它的价格水平相对比较稳定。寡头企业之间一般进行非价格竞争而不是价格竞争，因为价格竞争也许会带来两败俱伤的后果。根据这一现象美国经济学家斯威齐(P. Sweezy)于 1939 年提出了"折拐的需求曲线"模型，也称为斯威齐模型。这一模型用来解释一些寡头市场的价格刚性现象。所谓价格刚性是指价格在某一水平固定下之后并不经常变动，即使在成本和需求状况发生较小的变化时也是如此。某些经验研究表明：在寡头垄断市场，产品的价格一般比较稳定，只有在一些成本项目的价格发生变化，使每个竞争者都必须改变价格时，市场上产品的价格才会发生变化。

该模型的基本假设条件是：如果一个寡头企业提高价格，行业中的其他寡头企业都不会跟着改变自己的价格，因而提价的寡头企业的销售量的减少是很多的；如果一个寡头企业降低价格，行业中其他寡头企业也会将价格下降到相同的水平，以避免销售份额的减少，因而该寡头企业销售量的增加是很有限的。也就是说寡头垄断企业关于价格变动的反应是不对称的。

在以上假设条件下可推导出寡头企业的折弯的需求曲线，现用图 8.6 加以说明。

图中有寡头企业的一条 D 需求曲线和一条 D' 需求曲线，D 需求曲线表示该寡头企业变动价格而其他寡头企业保持不变时该寡头企业的需求状况，D' 需求曲线表示行业内所有寡头企业都以相同方式改变价格时该企业的需求状况。假定开始时的市场价格为 D 需求曲线和 D' 曲线的交点 F 所决定的 P_0，那么，根据该模型的假设条件，该垄断企业由 F 点出

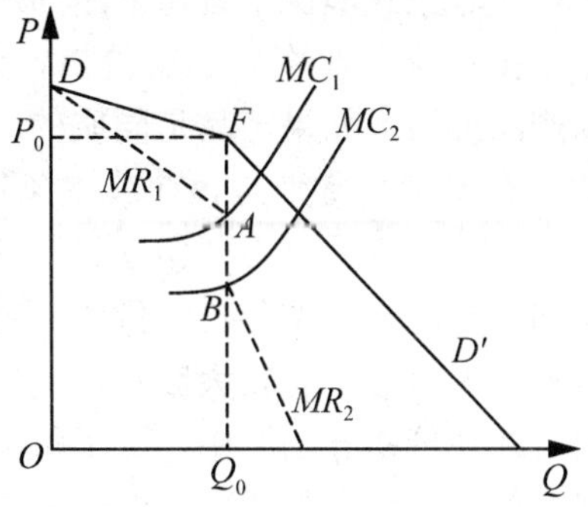

图 8.6　折弯的需求曲线

发，提价所面临的需求曲线是 D 需求曲线上的 DF 段，降价所面临的需求曲线是 D' 需求曲线上的 FD' 段，于是，由这两段共同构成该寡头企业的需求曲线为 DFD'。显然，这是一条折弯的需求曲线，折点是 F 点。这条折弯的需求曲线表示该寡头企业从 F 点出发，在各个价格水平所面临的市场需求量。

由折弯的需求曲线可以得到间断的边际收益曲线。图中与需求曲线 DF 段所对应的边际收益曲线为 MR_1，与需求曲线 FD'段所对应的边际收益曲线为 MR_2，两者结合在一起，便构成了寡头企业的间断的边际收益曲线，其间断部分为垂直虚线 AB。

利用间断的边际收益曲线，便可以解释寡头市场的价格刚性现象。只要边际成本 SMC 曲线的位置变动不超出边际收益曲线的垂直间断范围，那么寡头企业的均衡价格和均衡数量就都不会发生变化。例如，图 8.6 中的边际收益曲线的间断部分 AB，MC_2 曲线上升为 MC_1 曲线的位置，寡头企业仍将均衡价格和均衡产量保持在 P_0 和 Q_0 的水平。除非成本发生很大变化，才会影响到均衡价格和均衡水平。

折弯的需求曲线反映了寡头垄断者在价格竞争上可能存在的非对称的反应模式，它也说明了寡头垄断者的决策结果确实取决于其竞争对手的反应，与古诺模型不同，在斯威齐模型中，寡头垄断者敏锐地意识到他的竞争对手以及他们之间的价格和产量决策的相互依存关系。有的西方经济学家认为，虽然折弯的需求曲线模型为寡头市场较为普遍的价格刚性现象提供了一种解释，但是该模型并没有说明具有刚性的价格本身，如图 8.6 中的价格水平 P_0 是如何形成的。这是该模型的一个缺陷。

5. 价格领导模型

价格领导模型是非正式串谋中普遍采用的形式，它是寡头企业之间的价格竞争模型。

虽然寡头企业意识到企业之间采取合作的态度，共同提高价格来增加利润对大家都有好处，然而在现实中，企业之间的勾结(共谋)却是有很多障碍的。首先，正式的共谋，例如组成卡特尔，在一些国家是被法律所禁止的，美国有相关的反垄断法，中国的《价格法》也禁止企业之间的价格协议；另外，如果企业的共谋存在一些事实上的障碍，如生产的产品差异较大，企业之间达成一个卡特尔协议也是难以完成的。所以，企业之间往往采用非正式的串谋行为，通常是大家共同遵守一些公认的“准则”，如相互承认低价倾销是违反商业道德的；相互尊重对方的市场份额和销售区域；认可竞争行为的某些惯例等。其中最重要的当然是价格的制定，在非正式串谋中普遍采用的形式是价格领导模式。

价格领导是指在一个行业中由一家企业率先制定价格，其他企业随后以该“领导者”的价格为基准，再决定各自的产品价格。如果产品是同质的，则价格通常是一致的；如果产品是有差别的，则价格通常也有差别。特别是，在成本条件变化或需求变动的情况下，如果需要进行价格调整，则价格调整的行动也由“领导者”率先做出，其他追随者则按照与“领导者”价格变动大致相同的幅度来调整各自的价格。这里的“价格领导”可能是该行业的最大企业，在市场上占有很大份额，有较大影响，但也可能是不占统治地位的一般企业，只是改变价格的发起人。在“价格导制”中，除了跟随“领导”外，其余企业一般都不主动调价，更不敢轻易降价促销。大家都明白垄断的好处，又不便公开的合作，就采取这种“眉来眼去”、心照不宣的私下串通的方法。在某些行业中，有时也会出现领导者经常变动的情况。

按照领导企业的性质来进行区分，价格领导通常有 3 种模式，即晴雨表型价格领导、支配型企业价格领导和低成本企业价格领导。

(1) 晴雨表型价格领导模式。在晴雨表型价格领导模式中，作为领导者的企业被称为晴雨表型企业。该企业不一定是该行业中规模最大或效率最高的企业，但是它能够较准确地预测市场行情的变化趋势，能够对市场上需求的变动或者成本条件的变动做出合理的反应。当影响价格的因素发生变化时，该企业率先做出价格变化的决定，其他企业随即做出相应的价格调整，领导者在企业价格变动中所起的作用就像一个能够对天气变化做出敏感反应的晴雨表。

(2) 支配型企业价格领导模型。这里把行业中占支配地位的企业，叫作主导企业，其他的跟随者都是一些规模相对较小的企业。支配型企业可以根据其自身利润最大化原则来决策价格和产量，其余企业被动地接受支配企业制定的价格，并由此决定能使自己利润最大化的产量。图 8.7 所示是一个主导企业的定价模型，在这个模型中，主导企业首先确定价格，其他企业在此价格下来确定各自销售的数量。图 8.7 中的 D 是市场总需求曲线，S_F是其他企业的供给曲线，这样主导企业所面临的需求曲线可以由 D 与 S_F曲线的横向相减得到，为 P_1A 曲线。

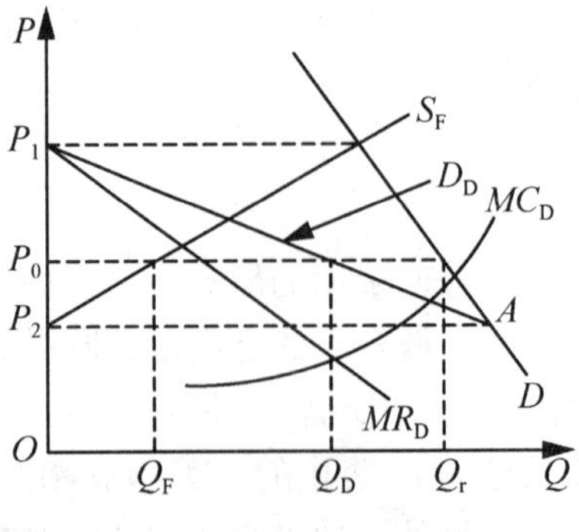

图 8.7　主导企业定价模型

可以看到 P_1为 S_F曲线与 D 曲线的交点处的价格水平，因为这时的市场总需求仅能满足其他企业的供给，支配型企业的需求为零。其他企业供给为零时的价格为 P_2，市场价

格低于 P_2，其他企业的供给都为零，因此支配型企业所面临的需求曲线就是市场总需求曲线 AD。所以，主导企业所面临的需求曲线是 P_1AD 折线所示部分。主导企业的边际收益曲线为 MR_D，边际成本曲线为 MC_D。由企业利润最大化的条件 $MR_D=MC_D$，可知主导企业一定会把产量定在 Q_D，而把价格定为 P_D。在价格领先制下，其他企业都接受主导企业的价格，把自己的价格定为 P_D。从而可知，其他企业的产量为 Q_F，总产量为 Q_T，并且满足 $Q_F+Q_D=Q_T$(这里主导企业的需求曲线就是由总需求曲线和其他企业的供给曲线横向相减得到的)。可以看出，在价格领先制下，主导企业由于占有定价的优先权而处于较有利的地位，可以分得一个较大的市场份额，而其他企业作为追随者，被动地接受主导企业的价格，因而利润最大化的决策要简单得多。

(3) 低成本企业价格领导模式。假设行业中有 3 家巨型企业，它们暗中默认，市场由 3 家企业平分，因此可假设 3 家企业面对的需求曲线相同，即 $d_A=d_B=d_C$。再假定 3 家企业生产的产品是同质的，但生产的成本不同。在这种模式中，价格领导者是成本最低的那家企业。

如图 8.8 所示，市场由 A、B、C 这 3 家瓜分，故 $d_A=d_B=d_C$。成本最低的企业 A 按利润最大化原则将产销量确定为 Q_A，价格为 P^*。如果企业 B 和企业 C 也按利润最大化原则行事，其产量将分别是 Q_B' 和 Q_C'，价格分别是 P_B 和 P_C。但是，由于假定产品是同质的，若企业 B 和企业 C 把价格分别定为 P_B 和 P_C，那么其部分顾客将被吸引到企业 A 里。所以，这两个企业将按照 P^* 的价格销售各自的产量，分享的市场份额各为 Q_B 和 Q_C。这意味着成本高的企业通过牺牲一部分利润以避免和企业 A 进行价格竞争。因为一旦发生这种竞争，便使价格降到企业 B 和企业 C 的长期平均曲线之下，那么其利润将全部消失。

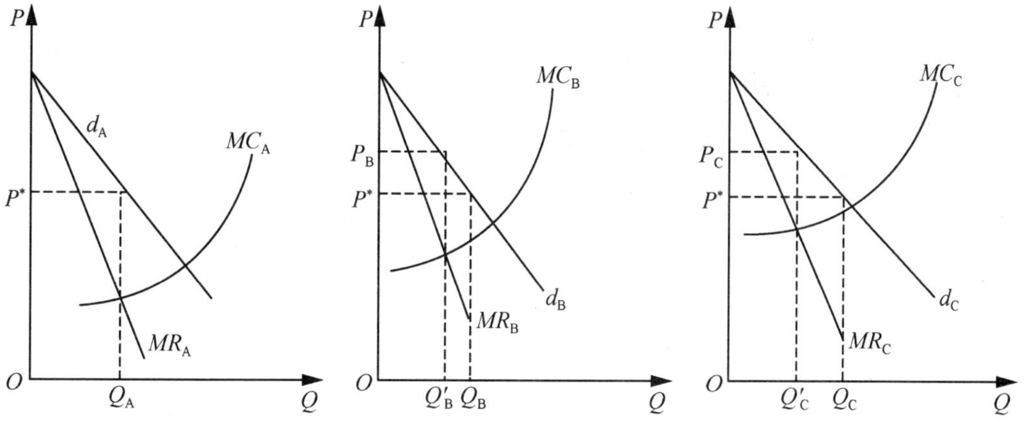

图 8.8　低成本企业价格领导模型

案例 8－1

中国石油寡头垄断案例分析

每年，中国石油集团生产原油大概 1.1 亿吨，占全国原油产量的 57.6%；中国石化集团，生产原油 4 102.5 万吨，占全国原油产量的 22.1%；中国海洋石油总公司生产原油 2 675.9 万吨，占全国原油产量的14.4%。全国共有150多家炼油企业，虽然数量不少，但几乎完全掌握在两大国家石油公司手中，处于寡头垄断状态。中国石油集团和中国石化集团是国内两家最大的炼油企业，占炼油能力的89%，其他企业占11%，形成寡头垄断的局面。

分析：寡头垄断是指一种商品的生产和销售由少数几家大厂商所控制的市场结构。在寡头垄断条件下，少数几家大厂商供给整个行业的绝大部分产品，其中每一个大厂商在整个市场上都占有相当大的份额，足以影响市场供求关系和价格。寡头垄断市场形成的原因：国家对自然垄断行业的拆分政策促成了寡头垄断市场结构的形成。通过行政手段将原来石油独家垄断行业拆分成垄断寡头，初步形成了寡头垄断的市场竞争格局。自然垄断行业的特征决定了寡头垄断市场结构的必然性。一是自然垄断产业在提供产品(或服务)时必须形成庞大的网络系统。通过做大规模来降低成本，提高规模经济效益。二是生产具有极大的范围经济效益。即指企业的联合生产销售比单独生产销售能极大地节约费用。三是有大量的“沉淀资本”，资金一旦投入就很难收回，也难改为其他用途。

寡头垄断市场结构的弊端：寡头垄断的市场结构存在着寡头之间进行“默契合谋”的可能。2007年10月，随着国际油价冲击100美元，中国广东等地随即出现了油荒，紧接着国家发改委就宣布每吨原油涨价500元，创近年来最大涨幅。涨价后原油供应紧张局面立刻缓解了，这其中“默契合谋”的可能性不能不令人生疑。寡头垄断的市场结构存在着寡头企业滥用市场支配地位损害消费者利益、构筑市场进入壁垒的可能。

寡头垄断市场结构对经济的促进作用：一是寡头垄断的市场结构有利于发挥规模效益，在寡头垄断的市场上，较高的规模水平使垄断寡头细化内部分工，改进专业设备，降低生产成本，建立广泛而高效的经销网络，减少销售费用，增加产品品种来提高管理绩效。寡头垄断的市场结构有利于大企业形成显著的品牌效应，在广大客户心目中形成较高的信任度和忠诚度。例如海尔电器、金龙鱼食用油、大众汽车等品牌获得了广大消费者的高度信赖。寡头垄断的市场结构有利于保证科技研发的投入。因为只有采用更先进的科技是竞争对手无法模仿的，只有规模经济效益的垄断寡头才有意愿和实力增加研发投入，最终占领科技制高点。二是寡头垄断的市场结构是国际化竞争的需要。随着经济全球化进程的明显加快，中国企业所面临的竞争形势相当严峻：一是经济全球化使各国经济竞争日趋激烈，取胜的关键是拥有一批在国际市场上占有较大市场份额的“巨无霸”企业；二是寡头垄断由一国范围向全球范围扩张，多个行业全球范围内的寡头垄断格局初步形成。美国、欧洲的一些跨国公司在经济全球化的旗帜下，利用品牌优势、管理经验和资金实力大肆在发展中国家进行兼并收购，谋夺行业控制权，低成本建立销售渠道，扩大自身品牌知名度，抢占销售市场。面对入世后严峻的国际经济竞争态势，我国市场结构的调整路径只能是加快实现由分散竞争到寡头垄断的转变。

6. 伯特兰模型

伯特兰模型是寡头企业之间非合作的价格决策模型。在古诺给出古诺均衡模型后大约50年，另一位法国经济学家约瑟夫·伯特兰(Bertrand)于1883年建立伯特兰模型。和古诺模型一样，它也假设市场上有两个企业，生产相同的产品。与古诺模型不同的是，伯特兰模型中企业的决策变量为价格，而它们的产量是相同的。这一决策变量的改变使寡头垄断的市场均衡完全不同于古诺均衡。这样一个很小的差别将会产生很大的影响，因为两个企业的产品是同质的，其他方面也都是一样的，仅仅是价格存在差别，所以消费者将只会从价格最低的企业那里购买商品。也就是说，如果两个企业制定不同的价格，低价的企业会拥有整个市场，而高价的企业将会丧失整个市场。如果两个企业制定相同的价格，那么对消费者来说从任何一方购买商品都是无差别的，可以认为两个企业平分市场。

在这个模型中，均衡价格与完全竞争市场均衡价格完全一致，也就是说在双寡头垄断市场上进行价格竞争的同质企业间只存在唯一的均衡，均衡情况下企业制定的价格等于边际成本，利润为零，根本不能实现企业增加利润的愿望。伯特兰均衡的含义在于，如果同行业中的两家企业经营同样的产品，且成本一样，则价格战必定使每家企业按价格等于边际成本的原则来经营，即只获得正常利润。但是，如果两家企业的成本不同，则从长期看，成本低的企业必定挤走成本高的企业。

伯特兰均衡的结论是：没有一个企业可以控制市场价格而获取垄断利润。但是这个结论在现实生活中很难令人信服，市场中企业间的价格竞争事实上往往并没有使均衡价格降到等于边际成本这一水平上，而是高于边际成本，企业仍是获得超额利润的。为什么在现实生活里达不到伯特兰均衡呢？这就是著名的“伯特兰悖论”。

经济学家对此有 3 种解法。

(1) 埃奇沃斯(Edgeworth)解。由于现实生活中企业的生产能力是有限的，所以，只要一个企业全部生产能力的可供量不能全部满足社会需求，则另一个企业对于残差的社会需求就可以收取超过边际成本的价格，这种解释叫作生产能力约束解。

(2) 博弈时序解。伯特兰均衡的证明是依赖于两家企业的竞相降价来追求消费者对降价的反应这一逻辑基础的。然而，如果伯特兰模型只是一个同时的价格博弈，则不应包括一家企业降价造成的消费反应这样一个带时序性的博弈过程。博弈时序解，即指当一家企业看到自己降价后会引起另一家企业更低的定价的竞争时，这家企业还敢降价吗？每一家企业都得比较降价在短期内带来的好处与长期内由于降价而带来的损失，这就是所谓的“勾结”。

(3) 产品差异解。伯特兰均衡假定企业间的产品是同质的，是完全可以相互替代的，这会引发企业间的价格战，使价格往边际成本靠拢。但事实上，企业间在产品上是有差异的，即使出售同一产品，在服务上也可以有大的差别，并且有些企业又占有地域上的优势，这样，优势企业定价高也是非常正常的事。

伯特兰模型在几方面受到了批评：首先，在企业生产相同产品时往往产量竞争更符合实际；其次，即使像模型所说的那样，企业在价格竞争中选择了相同的价格，那么它们也不一定会像模型所说的那样平分市场份额，因为在这个问题上有很多复杂的决定因素。但是总的来说，伯特兰模型在帮助人们理解企业决策的相互影响方面还是相当有用的。

比较古诺模型和伯特兰模型的建立，只是决策变量的假设存在差异。前者，企业分别决定自己的产量；后者，企业分别制定自己的价格。比较两个模型的均衡结果，在古诺模型的均衡状态下，价格高于边际成本，因此各企业都有利润，总供给量低于完全竞争的产量水平；在伯特兰模型中，价格等于边际成本，各企业都只有平均利润，与完全竞争均衡一致。

8.5　博弈论与竞争策略

在寡头垄断的企业决策中，人们看到企业无论是进行价格决策还是产量决策，都必须考虑竞争对手的反应。这与此前所考察的企业行为有着明显的不同。当在决策过程中必须考虑其行为对竞争对手的影响以及竞争对手的反应时，人们实际上就进入了博弈论分析的领域。传统寡头理论的缺点以及对这种理论的不满是引起以博弈论为基础的现代寡头理论得以形成发展的主要原因。

目前博弈论发展得非常深入，这里只是介绍一些初步知识。在20世纪四五十年代，由冯·诺依曼(Von Neumann)、摩根斯坦恩(Morgenstern)把对策论、运筹学引入经济学，形成了最早的博弈论。几十年来，博弈论在经济学中发挥着越来越重要的作用，1994年的诺贝尔经济学奖就授予3位博弈论学家：纳什(Nash)、泽尔腾(Selten)和海萨尼(Harsanyi)。他们都对博弈论在经济学中的应用做出了贡献。策略性活动在社会、经济、政治生活中大量存在，也可以说，整个社会、经济、政治生活都是博弈行为。因此，博弈论作为一种方法，广泛地应用在经济、政治、军事、外交中，只是博弈论在经济学中应用得最广泛、最成功。如前面介绍过的古诺均衡、斯塔克伯格均衡、伯特兰均衡，都属于经济学中的博弈过程。博弈论(Game Theory)的字面意思是游戏策略，现在多指用类似游戏中解决问题的方法，揭示解决社会、经济及其他领域问题的策略、对策，因此博弈论又称对策论。准确地说博弈论是在给定的条件下寻求最优策略，这里给定的条件包含其他人的策略以及本人的决策对其他决策主体的影响。

8.5.1 博弈论

1. 博弈论的含义

所谓博弈指的是一种决策，即每一行为主体的利益不仅依赖它自己的行动选择，而且也依赖于别人的行动选择，以至它所采取的最好行动有赖于其竞争对手将选择什么行动。博弈论是描述、分析多人决策行为的一种决策理论，是多个经济主体在相互影响下的多元决策，决策的均衡结果取决于双方或多方的决策。如下棋，最后的结果就是由下棋双方你来我往地轮流做出决策，决策又是相互影响、相互作用而得出的结果。

2. 博弈论的基本要素

它主要包括以下5个要素。

(1) 局中人。博弈中的每个决策者均被称为局中人(也可称作选手和参与者)，在具体的经济模型中，他们可以是企业，也可以是企业消费者或任何契约关系中的人，根据经济学的理性假定，局中人同样是以利益最大化为目标。在一个博弈中，最少要有两个参与者。

(2) 支付。支付(收益)是指博弈结束时局中人得到的利益。支付有时以局中人得到的效用来表示，有时以局中人得到的货币报酬来表示。局中人的利益最大化也就是指支付或报酬最大化。每个参与者的收益取决于全部参与者所采取的策略。

(3) 策略。策略是局中人为实现其目标而采取的一系列行动，它规定在何种情况下采取何种行动。参与者在某个博弈时点，根据其掌握的有关博弈信息而选择决策变量和行动计划，一个参与者的全部可行策略称为他的策略空间。

(4) 博弈规则。博弈规则指参与者、策略、结局之间的联系。它是由博弈的环境和参与者之间的相互影响决定的。

(5) 策略均衡。经济学中，均衡一般指某种稳定的状态、达到稳定的策略组合或结局。而博弈论中的均衡是策略均衡，它是指由各个局中人所使用的策略构成的策略组合处于一种稳定状态，在这一状态下，各个局中人都没有动机来改变自己所选择的策略。这样，各人的策略都已给定，不再发生变化，博弈的结果必将确定。从而，每一个局中人从中得到的支付也就确定了，每个局中人的最优决策也可以确定。可见，要解一个博弈问题，首先需确定博弈的策略均衡。

3. 博弈的分类

(1) 根据参与者之间能否通过谈判达成具有约束力的协议或合同分为合作博弈与非合作博弈。可以达成协议的为合作博弈，合作博弈强调集体理性和整体最优，如买卖双方讨价还价后成交。不能达成协议的为非合作博弈，非合作博弈强调个体理性和局部最优，如寡头之间的竞争博弈，双方的利益和目标有冲突，难以达成可以实施的协议，双方都有欺骗和违约的冲动。博弈论在经济学中的应用主要在非合作博弈领域。

(2) 根据参与者选择策略的关系及行动的先后次序来分，博弈可以分为静态博弈和动态博弈。参与者同时或独立选择策略的博弈是静态博弈。参与者按照一定的次序选择策略，后选择者了解先选择者的行动，这种博弈是动态博弈。

(3) 根据参与者对其他参与者的特征、策略空间、收益函数等信息的了解程度分为完全信息博弈与不完全信息博弈。完全信息指的是每一个参与人对所有其他参与人的特征，如策略集合及得益函数都有准确完备的知识；否则就是不完全信息。

另外，根据参与人的多少，可分为两人博弈或多人博弈；根据博弈结果的不同，又可分为零和博弈、常和博弈与变和博弈。

4. 占优策略均衡和纳什均衡

(1) 占优策略均衡。当博弈的所有参与者都不想改换策略时所达到的稳定状态叫作均衡，均衡的结果叫作博弈的解。例如在甲乙两人博弈中，如果达到一种均衡：不管甲如何选择，乙都不会改变策略，同样无论乙如何选择，甲也不会改变策略，这种均衡就叫作占优均衡。这种无论对方如何决策，自己总是会选择的策略叫作占优策略，由双方的占优策略所达成的均衡叫作占优均衡。如果，所有参与者选择的都是自己的占优战略，那么该博弈均衡又被称为占优战略均衡。即由博弈中的所有参与者的占优策略组合所构成的均衡就是占优策略均衡。

例如，在学校中，学生平时学习可能是非常努力也可能是非常懒散；老师可能把考试题出得很难，也可能出得很容易。从博弈论的角度，这里的老师和学生就构成了一个博弈，见表 8-2。

由于老师出难题比出容易题要花费更多的时间和精力，所以收益较低，从而无论学生平时努力程度如何，老师一定选择出容易的题；由于学生只要努力学习就会取得更好的成绩，所以无论老师所出考题难度如何，学生一定会选择努力学习，这同样构成一个占优均衡。

表 8-2　报酬矩阵(一)

		老师出考题	
		难	易
学生学习	努力	90，85	100，90
	懒散	50，60	90，70

(2) 纳什均衡。在一些博弈均衡中，某参与者并不存在既定的占优策略，他的占优策略随着其他参与者策略的变化而变化。在一个均衡里，如果其他参与者不改变策略，任何一个参与者都不会改变自己的策略，则为纳什均衡。纳什均衡是有条件的均衡，简单地说就是敌变我变、敌不变我亦不变。在该策略组合中，每个局中人的策略都是给定其他局中人的策略情况下的最佳反应。有一个局中人的策略发生变化，原来的策略组合就不再是纳什均衡。另外，该策略具有自我实施的功能。在纳什均衡下，没有一个局中人可以通过单方面改变自己的策略而提高自己的支付。也就是说，没有人愿意偏离均衡。这一概念是由美国数学家约翰·纳什提出的，故称为纳什均衡。

以表 8-3 来说明纳什均衡。对于甲的策略选择而言，当乙选择守约时，甲会选择守约，因为 7 大于 6；当乙选择违约时，甲会选择违约，因为 8 大于 3。显然甲没有占优策略，甲的最优策略随乙的策略的变化而变化。同样地，对于乙的策略而言，当甲选择守约时，乙会选择守约，因为 10 大于 5；当甲选择违约时，乙会选择违约，因为 9 大于 8。同样乙也没有占优策略，乙的最优策略随甲的策略的变化而变化。尽管如此，仍可以注意到，在以上的博弈过程中，对于(守约，守约)策略组合而言，只要甲选择了守约，乙就不会改变对守约的选择。同样，只要乙选择了守约，甲也不会改变对守约的选择。从这个意义上讲，策略组合(守约，守约)也达到了一种均衡状况。在表 8-3 中，(守约，守约)和(违约，违约)这两对策略组合都是纳什均衡。

表 8-3　报酬矩阵(二)

		乙	
		守约	违约
甲	守约	7，10	3，5
	违约	6，8	8，9

由此可见，占优策略均衡是比纳什均衡更强的一个博弈均衡概念。占优策略均衡要求任何一个参与者对于其他参与者的任何策略选择来说，其最优策略都是唯一的。而纳什均衡只要求任何一个参与者在其他参与者的策略选择给定的条件下，其选择的策略是最优的。所以占优策略一定是纳什均衡，而纳什均衡不一定就是占优策略均衡。

5. 博弈论范例——囚徒困境

囚犯两难困境是博弈论中一个著名的例子，讲的是甲乙两个人因涉嫌犯罪而被捕，但警察没有足够的证据指控他们确实犯了罪，除非他们两个人中至少有一个坦白交代。两个人分别被关在不同的屋子里受审，双方不能互通消息，每名嫌疑犯都面临坦白和不坦白两种选择。警察告诉他们：在两人都坦白的情况下，各判刑 10 年；在两人都不坦白的情况下，各判刑 3 年；在一人坦白另一人不坦白的情况下，坦白的一方会被从轻处罚，只被判刑 1 年，不坦白的一方则被重判 15 年。可以根据坦白后是否会受到制裁两种情况来讨论最终的均衡结果。

1）坦白后不会受到制裁时的情况

如表 8-4 所示，在乙不坦白的情况下，如果甲坦白，甲会被从轻处罚，只被判刑 1 年，乙被重判 15 年；如果甲也不坦白，由于证据不足，甲乙都只会被判刑 3 年。在乙坦白的情况下，如果甲也坦白，甲乙会被判刑 10 年；如果甲不坦白，乙会被从轻处罚，只被判刑 1 年，甲则被重判 15 年。可见，在乙不坦白的情况下，甲最好是坦白，从而可以被从轻处罚；在乙坦白的情况下，因为被判刑 10 年总比 15 年要好，甲最好也是坦白，所以甲会选择坦白。同理，无论甲如何选择，乙的最好选择也是坦白。结果双方都选择坦白，都被判刑 10 年。可见，我国公安机关“坦白从宽，抗拒从严”的心理攻势在大多数情况下都是可以奏效的。在囚徒博弈中，(坦白，坦白)这一策略组合构成一个占优策略均衡。但是，这一均衡给双方带来的支付低于策略组合(不坦白，不坦白)带来的支付。这一结果被称为是囚徒两难困境。囚徒困境带给人们的启发是，个人的理性选择有时不一定是集体的理性选择，个体理性与集体理性是冲突的。在现实社会中，人人都追求完美反而可能会导致社会变得很糟糕。生活中有很多囚徒困境的例子，如国家间军备竞赛、企业间的价格战、公共物品的搭便车问题等。

表 8-4　双方收益矩阵

		乙	
		不坦白	坦白
甲	不坦白	−3，−3	−1，−15
	坦白	−1，−15	−10，−10

2）坦白后会受到制裁时的情况

博弈论的一个重要思想就是规则改变报酬矩阵，改变了报酬矩阵就会影响到行为方式。如果犯罪组织有着严格的惩罚制度，任何一个罪犯坦白后，不论坦白的事情严重与否，犯罪组织一定会杀人灭口，并且总是能迅速做到。这个规则将改变报酬矩阵，新的报酬矩阵见表 8-5。

表 8-5　双方收益矩阵

		乙	
		不坦白	坦白
甲	不坦白	−3，−3	−∞，−15
	坦白	−∞，−15	−∞，−∞

由于坦白后将被灭口，所以收益将是 −∞。在乙不坦白的情况下，甲最好是不坦白；

在乙坦白的情况下，因为被判刑 15 年总比死去要好，甲最好也是不坦白，所以甲会选择不坦白。同理，无论甲如何选择，乙的最好选择也是不坦白。结果双方都选择不坦白，各自被判刑 3 年。

8.5.2 非价格竞争和博弈论

在不完全竞争市场中，企业之间的行为是相互影响的，所以一家企业在决策时必须考虑对方的反应，这就是博弈论研究的问题。例如，如果一家企业提价，别的企业为了增加自己产品的销路，一般不跟着提价。但如果一家企业减价，别的企业为了维护自己的销路，一般也跟着减价。这样，首先减价或提价的企业不但不能从提价或减价中得到好处，而且还要吃亏。因为如果对方减价，自己再减价，这样竞争下去的结果可能造成价格降到双方的成本以下，最后弄得两败俱伤，这就叫商战。所以，在寡头垄断市场结构中，一个重要的特点是不轻易变动价格。相互之间的竞争主要不是通过价格进行，而是通过非价格因素进行。企业往往通过改进产品品质、精心设计商标和包装、改善售后服务以及广告宣传等手段，来扩大自己产品的市场销售份额，这就是非价格竞争。

在垄断竞争和寡头垄断市场上，企业之间既存在价格竞争，也存在非价格竞争。就价格竞争而言，它虽然能使一部分企业得到好处，但从长期看，价格竞争会导致产品价格持续下降，最终使企业的利润消失。因此，非价格竞争便成为垄断竞争和寡头垄断企业普遍采取的另一种竞争方式。

1. 非价格竞争的原因

企业为什么采用非价格竞争，而不是一味地进行价格竞争，主要有两个原因。

(1) 产品的价格并不是随意制定的，而是根据利润最大化原则来确定的，如果企业为了竞争就降低价格，那么它的利润就会受到影响。

(2) 企业对价格变化比较敏感。如果一家企业降价，那么其他企业也会跟着降价，这样该企业的销售量并不会增长很多，而且可能还有下降的情况，其结果会使利润减少。

2. 非价格竞争的方式

垄断企业经常使用非价格竞争，努力造成产品的差别，产品有了差别，就可以在一段时间内取得垄断的好处。产品的差别可以从两个角度来造成：一是从产品自身品质的变异上下工夫，这就是品质竞争；二是从消费者对产品的心理效用上下工夫，这就是各种促销活动的竞争。

(1) 品质竞争。品质竞争就是企业在自己的产品上引进新的、与竞争对手不同的、能更加迎合顾客需要的特征，以吸引更多的消费者。如提高产品质量、改进产品性能和结构、增加产品用途和为顾客提供更加周到的服务等。

(2) 各种促销活动的竞争。在完全竞争市场中，产品同质，企业不需要做广告，只要按照市场价格，想卖多少就可以卖多少。但在垄断竞争和寡头垄断中，广告竞争、公共关系、营业推广、人员推销、企业形象策划、改善信贷条件、健全销售网点等一些促销活动也是企业非价格竞争的一种手段。其中广告是较常用的一种方式。

(3) 广告竞争。广告竞争的主要目的是通过媒体提供产品差异化信息、显示以至强化产品在消费者心目中的差异，从而保持“垄断”地位。一般来说，广告的传播有助于销售量的增加，同时广告的投入需要一定的费用，会增加企业的成本。因此广告费的投入不是越多越好，它会受到边际收益递减规律的影响，随着广告规模的增加，广告的边际收益就会递增。但当广告费继续增加超过一定点后，广告的边际收益又会递减(虽然需求量仍然在增加，但增加越来越慢)。原因是市场越来越接近饱和，容易接受广告宣传的顾客早已购买了这种产品，剩下的是那些不太愿意购买这种产品的人，广告对这些人就较难起作用了。由于广告的边际效益会递减，所以做广告并不总是划算的。那么，支出多少广告费才是最优的呢?

正确的决策是不断增加广告支出直至从 1 元增加的广告的边际收益 MR_A 恰好等于广告的全部边际成本，即 $MR_A = MC_A$。

3. 对非价格竞争的评价

经济学家对于非价格竞争的评价是不尽相同的。有的经济学家认为，非价格竞争作为企业之间相互竞争的一种形式，强化了市场的竞争程度，并且，非价格竞争的一些具体做法，客观上也适合消费者的某些需要。如产品差异，满足了消费者的不同需要；有些广告也节约了消费者的信息搜寻成本等。另外，非价格竞争也是企业保持自己产品的市场需求，从而获取利润的主要手段。在非价格竞争中，企业必须提高技术，改进产品，以更有利于创新。

也有一部分经济学家认为，为了造成各种产品差别，企业必须增加许多额外的支出，而有些支出并不能给消费者带来什么好处。也就是说，在这里存在不必要的资源投入，较高的生产成本意味着各种形式的浪费。同时非价格竞争增加了消费者对某些产品的依赖程度，从而使得企业加强对自己产品的垄断程度。

关于广告的作用，更是引起经济学家的广泛关注。将广告分为信息性广告和劝说性广告将有助于问题的分析。就信息性广告而言，它提供了关于商品比较充分的信息，有利于消费者做出最佳的购买决策，且节约了消费者的信息搜寻成本。而且，信息性广告之间的相互竞争，有利于经济资源的合理配置。相反，劝说性广告却很少能提供对消费者来说真正有用的信息。尽管劝说性广告也会增加企业的销售量，但被诱导的消费者往往并不能够购买到自己实际需要且真正满意的商品。在现实生活中，每一个广告宣传往往既带有提供信息的成分，又同时带有劝说的成分。因此，评价广告的作用，存在一定的困难。

8.5.3　卡特尔模型和重复博弈

1. 卡特尔模型

通过以上的模型可以知道，寡头之间的竞争会使企业受到损失，甚至导致企业亏损或者破产。为了避免出现这种情况，寡头企业经常会相互勾结(或者称串谋)，以期获得更大的利润。串谋的好处是能够使集体利益最大化，这是个体理性决策所不能达到的。企业之间的勾结形式是多样的，企业之间通过正式协议相互勾结即形成卡特尔组织。

卡特尔是一种垄断组织，是生产同类产品的企业之间一种公开的正式协议，共同来限制产量、提高价格、控制市场，各个企业通过这种协定达成某种默契以求获得共同的最大收益。在西方某些国家，卡特尔是法律允许的，因而也是较普遍的，但在美国，早在1890年就已通过谢尔曼法对公开的或秘密的共谋行为加以限制。因此，在美国不存在公开的卡特尔，企业要进行暗中串通也冒受到法律制裁的风险。如果成员企业能够结成牢固的联盟，卡特尔就可以像一个垄断者那样追求整体的利润最大化。

(1) 卡特尔的价格制定和产量分配。卡特尔制定统一价格的原则是使整个卡特尔的利润最大化。如果所有成员企业的行动能够使得它们像一个企业一样，卡特尔就可以像一个完全垄断企业那样决定价格和产量，以实现整个组织的利润最大化。在图8.9中，卡特尔的需求曲线和边际收益曲线分别为 D 和 MR，卡特尔的长期平均成本和边际成本为 $LAC=MC$。由利润最大化条件即整个组织的边际收益等于其边际成本($MR=MC$)决定的，使得组织利润最大的产量 Q_1，也是卡特尔的全部市场份额；市场统一价格为 P_1。卡特尔的所有成员瓜分这个市场份额，其产量之和等于 Q_1，以支持行业统一价格。如果某个成员的产量突破自己的份额，则会破坏行业均衡，其结果要么导致市场价格下降(低于 P_1)，要么有一部分产品卖不出去。若按照完全竞争 $P=MC$ 条件定价，则市场的产量与价格分别为 Q_2 和 P_2。显然，卡特尔通过降低行业的产量，提高了市场价格。

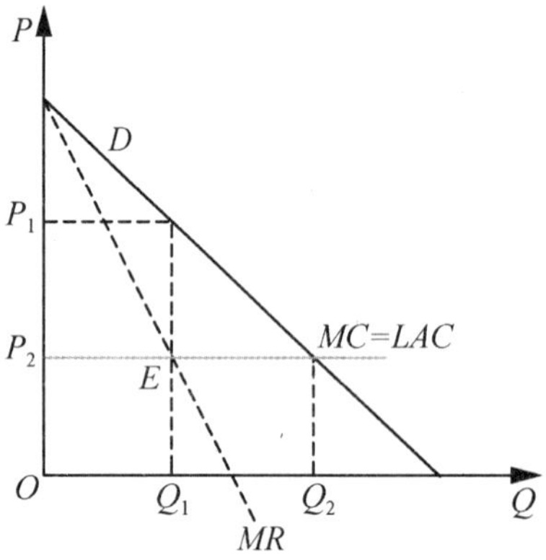

图8.9　卡特尔的需求曲线和边际收益曲线

卡特尔分配产量定额的原则是使得各个企业的边际成本相等，并且与卡特尔均衡产量的边际成本相等，这能使卡特尔的总利润最大化。

假设行业中只有两个寡头企业A和B，且两者通过卡特尔协议来瓜分市场，该卡特尔的决策行为将同一个垄断企业近似。两个企业具有不同的成本曲线，企业A的平均成本曲线 AC_A 和边际成本曲线 MC_A，如图8.10(a)所示；企业B的平均成本曲线 MC_B 和边际成本曲线 MC_B，如图8.10(b)所示；行业的边际成本曲线 MC 可由两企业的边际成本曲线横向加总得到，如图8.10(c)所示。根据市场总的需求曲线和边际收益曲线、边际成本曲线，卡特尔组织会按照 $MR=MC$ 的原则，选择使卡特尔组织利润最大化的产量 Q^* 和价格 P^*。在总产量 Q^* 一定的情况下，卡特尔组织会按照边际成本原理来给各个企业分配产量。图8.10(c)中 MR 与 MC 的交点，确定了企业分配产量时的边际成本水平，再由这条虚线与各家企业的边际成本曲线的交点来确定各自的产量 Q_A 和 Q_B。如果卡特尔组织并没有垄断整个市场，那么它的决策行为将稍有不同。

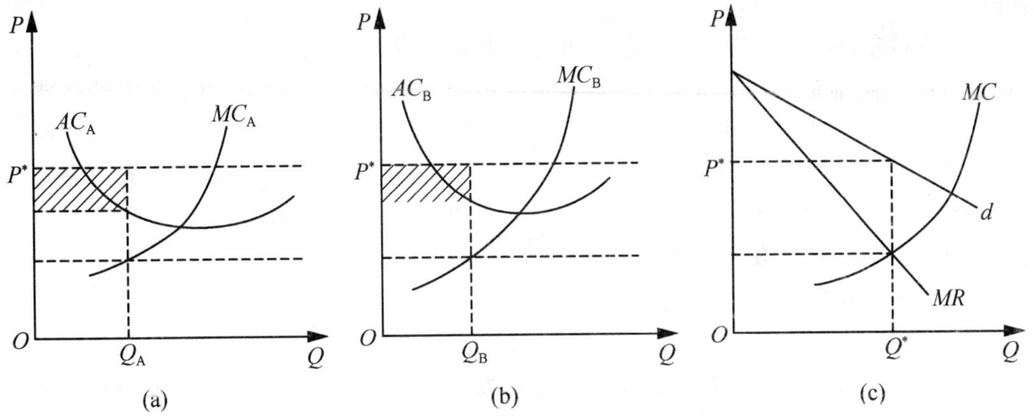

图 8.10　卡特尔的利润最大化决策

这种产量分配方式往往被认为是一种理想的分配方式，现实中很难实现。因为卡特尔内部成员之间的产量分配受到企业的地位、企业已有的生产能力和销售规模以及地区划分的影响，还取决于建立卡特尔时达成的协议所确立的产量。同时卡特尔的各成员企业不仅可以通过广告、信用、服务等非价格竞争手段拓宽销路，增加产量，还可能采取欺骗其他成员的手段，私下违背卡特尔的市场份额和价格协议。这就使得卡特尔的协议及分配的结果往往具有不稳定性。

除了按边际成本分配外，还有其他的分配产量的模式：第一，按成员在某一基期的市场份额大小进行以后各期的产量分配。例如一家企业在基期的市场份额是 30%，那么在协议中规定以后数年其产销量是市场需求量的 30%。这种分配方式的关键是基期的确定，虽然各成员之间有争议，一般情况下，把协议制定日期的上一年或前年作为基期。第二，按企业所占市场的地域范围来分配产销量。企业之间距离较远，各企业分别属于不同地域，卡特尔成员“各霸一方”，互不干涉。但如果企业之间距离较近，地域的划分就会非常困难，这种分配模式就难以采用。

卡特尔要成功地控制价格与产量需要具备 3 个条件：①产品的总需求是缺乏弹性的，否则卡特尔提价的余地很小；需求曲线越缺乏弹性，控制市场则越有效；②卡特尔必须控制大部分市场，非卡特尔的供给也是缺乏弹性的；③卡特尔对其成员分配的产量和制定的价格必须能够得到严格遵守。但是要满足这 3 个条件并不容易，所以并不是所有的卡特尔都能成功。首先一个原因，所有的卡特尔成员都是在价格高于边际成本的条件下运行，如果某个成员暗中增加产量，它的利润就将增加，所以卡特尔成员有“背叛”的动机；其次，卡特尔成员之间的生产成本不同、经营目标各异、所要求的价格目标也不相同，因此就难以保证所有成员都能严格地履行协议。如果出现一些成员“背叛”的现象，就很容易导致卡特尔的瓦解。所以从总体上说，卡特尔协议是不稳定的。

在现实中，较成功的卡特尔大多是国际卡特尔。例如，一个国际卡特尔从 1878 年到 1939 年一直垄断着碘市场；从 1928 年到 20 世纪 70 年代早期，一个被称为水银欧洲的国际卡特尔一直将水银价格保持在接近于垄断的水平；20 世纪 70 年代中期，国际铝矾土联合会成功地将铝矾土的价格提高了3倍。最成功的国际卡特尔要数石油输出国组织——欧佩克(OPEC)。

(2) 卡特尔的不稳定性。企业之间通过共谋而达成的协议是不稳定的。当然，使卡特尔免于解散的困难是随着卡特尔中企业数量的增加而增加的。为了弄清企业为什么要离开卡特尔，可看图8.11的情形。如果该厂想离开卡特尔，则只要卡特尔中其他的企业保持OP_0价格，那么它的需求曲线就是D。这条需求曲线弹性很大，该企业可以通过价格上的微小变化来大幅度地扩大销售。即便该企业不想离开卡特尔，但秘密降低价格，需求曲线也会出现同样的结果。在上述情况下，如果企业离开卡特尔或者秘密降低价格，则以OP_1的价格出售OQ_1的产量时，会获得最大的利润，因为这是在边际成本等于边际收益时的产量。这个价格将导致利润ADP_1B，这个利润要比企业遵守由卡特尔制定的价格和销售配额时高。一个企业，如果脱离卡特尔或者秘密地进行欺骗，那么其利润会增加。但是这样做有一个前提，就是卡特尔组织中的其他企业不随其偷偷降价，并且进行秘密欺骗的成员得不到惩罚。如果组织内的所有企业都偷偷降价，那卡特尔就要解体了。

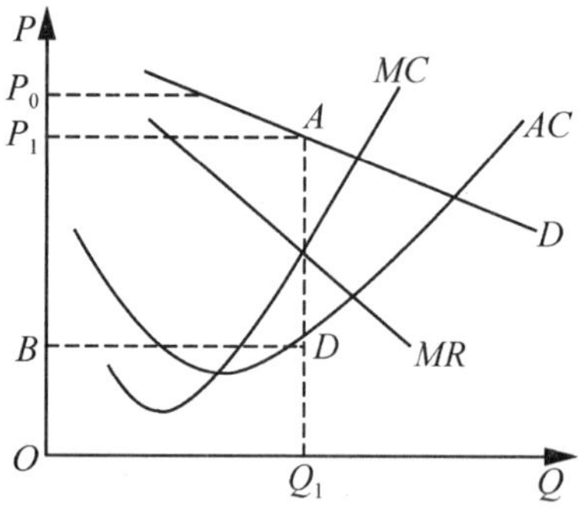

图8.11　卡特尔的不稳定性

由于卡特尔的协议通常不受法律保护，在一些国家还可能受到法律的禁止，因此组织内各成员企业在利润的驱使下往往走上背叛的道路。由于市场中企业数目相对较少，一旦有某个成员违反组织协议，其他成员很快就会觉察到其行动，继而其他成员为了自己的利润不受影响，也会采取行动，这样就会产生连锁反应，最终导致卡特尔组织的破裂。即使不考虑法律问题，从经济学角度看，卡特尔也具有不稳定性。影响这种不稳定性的因素可能包括以下3个方面。

(1) 卡特尔成员具有违反卡特尔协议的诱因。卡特尔的高价格通常是通过限制产量来实现的，高价格给卡特尔成员带来了好处。如果某个成员偷偷增加它的产量而违反协定，那么其利润将会有很大的增加，因此，从追求各自利润最大化出发，每个成员都可能偷偷增加产量，而指望别人遵守协议。要是每个成员都这样做，而又没有有约束力的威胁或惩罚来使卡特尔成员遵守协议时，卡特尔就可能崩溃。如何使每个成员遵守卡特尔协议可能是卡特尔面临的最大难题。这个问题也常被称为卡特尔的自我实施问题。

(2) 卡特尔成员的协调问题。如果所有卡特尔成员的成本曲线均是相同的，那么订立在成员之间平分产量、市场和利润的卡特尔协议可能较为容易；但当卡特尔成员的生产规模、成本水平各不相同时，虽然在理论上存在使卡特尔利润最大化的产量分配方案，但是，要达成这样的卡特尔协议可能是十分困难的。各成员之间的激烈争吵和对协议条款的讨价还价可能难以避免。

（3）市场进入问题。卡特尔成员的高额利润可能会吸引其他企业进入该市场，或者会使非卡特尔成员增加产量。当卡特尔成员成功地通过限产来提价时，如果卡特尔又无法阻止外来企业进入市场，那么进入者会迅速填补完全竞争产量与卡特尔产量之间的产量缺口，最终使卡特尔成员失去垄断利润并丧失市场份额。

卡特尔本身具有不稳定性，企业为了实现个体利益的最大化会实行欺骗行为，从而破坏卡特尔协议。卡特尔的任何一个成员破坏协议都被认为是对其他成员的“犯罪”，这种犯罪必定遭受其他成员的“惩罚”，而要实施惩罚制度就必须付出监督和制裁成本，一般来说，卡特尔协议实施所涉及的行业企业数目越少，其协议实施的成本就越低，实施协议的最佳成本水平是能够使欺骗保持在适当的范围之内。对于理想的完全的卡特尔来说，有力的惩罚能够阻止背叛行为，但实际上，这种惩罚的无效率最终还是会导致卡特尔的不稳定。

案例 8－2

咖啡卡特尔的解体

1991 年 10 月，哥伦比亚和巴西的 17 个最大咖啡生产商宣布一项卡特尔协议。各国与非洲、中美洲的小生产商原则上同意从市场中减少几百万吨咖啡豆的投放量，以驱动批发价格的上升。巴西的生产商将从计划的 1 800 万袋减少 200 万袋，哥伦比亚生产商将减少 130 万袋。但这两个国家的生产商都反对带有制定生产上限、监控机制和惩罚违反者办法的一种正式配额系统。1989 年 7 月，原有的“国际咖啡协议”因成员拒绝接受已确定的配额而解体。

1922 年的咖啡收成比预期的还要好，咖啡豆价格暴跌，“囚犯两难”对合作来说不只是一场“博弈”，而且成了一个悖论。如果所有主要的咖啡豆生产商互相依赖减少产量，都将得到更高的利润。但是，每个卡特尔成员都通过低于卡特尔官方价格的价格向世界提供超额的生产量，来使自身的利益最大化。因为大多数成员都这样想，所以均衡市场的价格就会降下来。当价格表明其他成员正在违反协定时，只有白痴才会继续限制产量。咖啡豆生产商发现 1922 年市场价格迅速下降，就得出结论：限制产量的卡特尔已经解体。

为非合作性博弈提供激励或与对手、合作者建立一种长期、连续的关系可以消除产生欺诈的推动力。尽管如此，大多数的卡特尔通过频繁的协商达成固定的价格协议，甚至一年涉及好几次协商，可是在两三个星期之内，常常是在文件墨迹未干之前，不同地区供应商之间的共谋性统一价就被打破了。

资料来源：池仁勇．管理经济学．2005.

2. 重复博弈

前面提到的都是一次博弈，每一个参与者只参加一次决策，这类博弈称为静态博弈。重复博弈是动态博弈的一种特殊情况。在寡头垄断市场上，企业在产量或定价决策时常常会发现处于囚徒的困境中。但事实上，并不是所有的寡头都选择低价策略，而且在有些情况下，寡头的公开或不公开的协调和合作能够成功。其中的一个原因是上述的囚徒困境是静态的，即囚徒的坦白或不坦白的机会是有限的，而大多数的寡头企业的定价或定产却是不断重复的。这就意味着，寡头企业进行的是重复博弈。显然在一次性博弈的情况下，任何欺骗行为和违约行为都不会遭到报复，参与者的不合作也是难以避免的。但在重复博弈中，情况就会得到改变。

假如双寡头市场定价博弈中的企业 1 和企业 2，正面临着囚徒困境，收益矩阵见表 8-6。如果企业 1 和企业 2 都定高价，则双方会赚到比定低价时更多的利润。但是，双方都不敢定高价，因为如果企业 1 定低价，则企业 2 就会亏损。若这种博弈一次次地重复进行，那么企业 1 和企业 2 又会怎样呢?

表 8-6　收益矩阵

		企业 2	
		低价	高价
企业 1	低价	20，20	200，－100
	高价	－100，200	100，100

罗伯特·阿克斯罗德等人用计算机对各种博弈策略进行模拟，发现在重复博弈的情况下，最好的策略是一种极为简单的策略："一报还一报"或称"以牙还牙"的策略，即双方从一个高价开始，只要双方继续"合作"就一直保持下去；一旦一方降价，另一方马上降价；如果以后一方决定合作并再提价，则另一方也会提高价格。

如果博弈是无限重复的，换言之，企业 1 和企业 2 的定价要永远地重复下去。此时定高价的合作行为是对"以牙还牙"策略的理性反应。当然，这里暗含着双方都知道或能估计到对方在用"以牙还牙"策略。可以这样来理解：假设在某次博弈中企业 2 定了一个低价，削价与企业 1 竞争，并在该次博弈中赚到较大的利润；但企业 2 也知道下一次博弈企业 1 也会定低价，从而企业 2 的利润就会下降，并且只要双方一直都定低价就会一直低下去。由于该博弈是无限重复的，企业 2 最终所导致的累计损失必然会超过第一次削价时获得的短期利益。因而，降价竞争不是理性的。当然，对于无限重复博弈来说，博弈双方甚至并不必须肯定对方在采用"以牙还牙"策略，才会采用合作这种理性的策略，即使只要竞争者相信对方有可能采用"以牙还牙"策略，则其开始时定高价，并且只要双方定高价就保持高价的策略就是理性的。原因是在该博弈的无限重复中，合作的期望得益是超过降价竞争的得益的。即使对方采用"以牙还牙"策略的概率不大时也是正确的。

在无限重复的重复博弈中，"以牙还牙"是最好的策略。现假设这种博弈是有限次重复的。譬如说是 n 次，n 可能很大，但只要不是无穷大，是一个有限的数值就可以。如果企业 2 是理性的，并且相信企业 1 也是理性的，那么企业 2 就可以这样推理：由于企业 1 采用"以牙还牙"策略，它在最后一次博弈之前不能降价竞争，而应该在最后一次博弈中降价竞争，这样它就能在最后一次博弈中获得更大的利润，而且因为这是最后一次，所以企业 1 无法在下一次博弈中报复。因而企业 2 就考虑在最后一次博弈中降价，而在这之前一直定高价。于是，由于企业 1 也会这样考虑，企业 1 也拟在最后一次降价。而企业 2 也能估计到这一点，并知道企业 1 在最后一次降价。这样企业 2 就打算应该在最后第 2 次博弈中就降价，因为最后一次博弈中反正不会有合作了。当然企业1也已估计到这一点，因而企业1也会准备在最后第2次就降价。按这样的推理，双方最后第3次，最后第4次，……就降价。最后，唯一理性的结果是双方在第1次博弈中就开始降价。这样，只要双方是理性的，并且博弈是有限次的，那么人们似乎又一次陷入了囚徒困境而无法摆脱。

但是设想一下，只要企业2对企业1的理性有一点怀疑，那么就又有可能摆脱这种困境。或许，企业2会认为企业1会“盲目”采用“以牙还牙”策略，只要企业2定高价，企业1也定高价。这时，企业2保持高价直到最后一次博弈是理性的。而如果博弈的次数足够多，用期望得益来衡量合作行为也是有利可图的，在一个较长的重复博弈中，用猜测正确的概率加权当前和将来的得益之和，会超过价格战时的得益之和，即使对手是抢先降价的。因为一旦企业2猜错了，企业1定的是低价，则企业2就可以在下一次博弈中改变策略，其损失不过是一次博弈的利润，这相对于双方都定高价时获得的利润仅是一个很小的代价。这一点已被戴维·克瑞普斯(D. Kreps)等所证明。

另外，虽然寡头企业博弈的次数或时间不会是无穷的，但可能它们并不知道会和竞争对手博弈多少次，特别是它们可能无法确切地知道“最后一次博弈”在什么时候发生，这样，从最后一次博弈中降价这一很明确的预计出发，逐步推理到第一次就降价的分析就无法进行了。每一个参与者在每一期都认定下一期还要继续相互合作，这就和无限期重复博弈没有什么区别。所以，欺骗或违约行为总会被报复，这一威胁使得每一个参加者都会把合作策略完成下去。在这种情况下，像无限重复博弈那样采用“以牙还牙”策略是理性的。所以，在不能确定终止期的有限次重复博弈中的囚徒困境模型中，纳什均衡的合作解是存在的。

因此可以得到这样的结论，在无限重复博弈中，囚徒困境中的企业可以有合作结果。在大多数寡头垄断市场中，由于博弈次数不确定和寡头对其对手“理性”的怀疑，特别是对于那些仅有少数企业、长期在稳定的需求和成本条件下竞争的寡头垄断市场中，即使没有任何契约安排，合作也很可能成功。在有些行业中合作不成功的原因可能在于一方面这些行业中企业太多因而从未开始过合作，另一方面是可能由于这些行业的成本和需求的不稳定和不确定使企业由于成本条件变化所做的降价行为可能会被其他企业认为是抢夺市场的降价行为，并用“以牙还牙”的策略做出反应，这样，合作就不会成功。

案例研究

伊利与蒙牛

无论是伊利还是蒙牛，2005年除了竞相“吆喝”之外，在投资扩产方面也毫不松懈。

2005年2月28日，伊利与内蒙古牛妈妈乳业在呼和浩特签署合作协议，这项协议的主要内容包括：伊利对牛妈妈乳业进行增资扩股，以及以伊利为主投资2.5亿元规划建设一个新的生产基地。

记者被邀请参加了那次签约仪式。在接受采访时，潘刚表示：“这不仅是2005年中国乳业并购的第一单，也是伊利集团一系列并购计划的第一单。”

2005年6月21日，潘刚正式升任伊利集团董事长。当天，伊利集团即通过了总额超过12亿元的一揽子投资计划，超过伊利此前两年的投资总和。伊利方面称，这些投资计划目前均已得到落实。

潘刚表示，伊利集团2005至2006年两年的主题是“整合”，从加大市场投资力度，到加大营销推广力度，从全力推行“精确化管理”，到借助奥运跻身于顶级品牌行列……一系列的举措都是为了全方位整合优势资源，以提高伊利的盈利能力和持续成长性。

2005年，蒙牛的“跑马圈地”也没闲着。

据悉，蒙牛在2005年上半年已增设了54条新生产线，到2005年年底，蒙牛可实现生产能力275万吨的目标。同时，蒙牛又与欧洲最大的乳产品公司丹麦阿拉福兹成立中外合资企业，共同开拓包括内地、中国港澳地区，以至全球各地的奶粉市场。

在开拓疆域的过程中，伊利和蒙牛这两架战车又不可避免地“擦枪走火”。其中，最典型的例子是双方对福建长富的争夺。

据伊利集团总裁助理张剑秋透露：伊利和长富乳业在2005年9月份签署框架性合作协议之后，伊利将帮助长富乳业添置先进生产设备，提高生产管理水平，并且适当提高需求量；作为回报，伊利集团获得一份绝对排他的委托加工合同。

通过这份排他性的代加工合同，伊利顺利控制了长富现有的34个优质牧场和3.5万头良种奶牛，奶源优势进一步延展，并借长富之利，占据战略要塞，大幅降低物流成本，在长三角与珠三角核心区域的市场反应能力将大大提高。

据悉，长富与蒙牛的合作其实早于伊利，在这场“三角恋爱”中，最终胜出的却是伊利。

争夺长富受挫的蒙牛其实另有盘算。2005年以来，蒙牛加大了在安徽马鞍山的投资力度。据了解，马鞍山是华东最佳的奶源基地之一。蒙牛计划把华东液态奶项目落户马鞍山，该基地计划年产值10亿元。此外，蒙牛还在当地建立了总投资2.5亿元的奶牛牧场，据称这是目前国内一次性投资最大的奶牛养殖项目。

“从2006年开始的3年，是我们稳固全国市场的关键时期，在冷链建设完成的前提条件下，我们会部署华东巴氏奶计划。”孙先红表示。

本章小结

本章主要介绍了垄断竞争和寡头垄断两种市场结构。垄断竞争接近于完全竞争，在一定程度上，和完全竞争有相似的地方，但在很多方面又和完全竞争不同。垄断竞争市场上，企业之间生产的产品有差异，所以企业之间存在非价格竞争；企业是价格的影响者；短期市场均衡，企业实现利润最大化的条件是 $SMC=MR$，$D=d$；长期市场均衡，企业实现利润最大化的条件是 $LMC=SMC=MR$，$LAC=SAC=AR=P$，$D=d$；企业不存在具有规律性的供给曲线。另外，垄断竞争市场和完全竞争市场相比，效率相对较低，价格较高，产量较低，存在过剩的生产能力。

习　　题

1. 思考题

(1) 为什么需求的价格弹性较高，会导致垄断竞争企业进行非价格竞争？
(2) 卡特尔的内在不稳定性原因是什么？
(3) 简述弯折的需求曲线模型(用图加以说明)。
(4) 试论述古诺模型。

2. 选择题

(1) 在 $MR=MC$ 的均衡产量时，企业(　　)。

A. 必然获得最大的利润

B. 不可能亏损

C. 必然获得最小亏损

D. 若获得利润则最大，若亏损则最小

(2) 假若企业的平均收益曲线由水平直线变为向右下方倾斜的曲线，这说明(　　)。

A. 既有新企业进入也有企业退出该行业

B. 完全竞争被不完全竞争所替代

C. 该企业新进入该行业

D. 原有企业退出该行业

(3) 当出现(　　)情况时，产品产生差异性。

A. 一种全新的生产技术被采纳生产同一种相似产品

B. 一个企业生产多种产品

C. 消费者认为产品具有差异时

D. 企业认为产品具有差异时

(4) 寡头垄断与垄断竞争的主要差别在于(　　)。

A. 广告开支不同　　B. 非价格竞争数量不同

C. 企业相互影响程度不同　　D. 以上都不对

(5) 完全竞争与垄断竞争的主要相同点在于(　　)。

A. 长期中产品价格等于平均成本，边际成本等于边际收益

B. 产品的异质程度

C. 长期平均成本曲线企业获得最大利润的点相同

D. 以上都不对

(6) 在拐折的需求曲线中，拐点左右的需求弹性为(　　)。

A. 左边弹性大，右边弹性小　　B. 右边弹性大，左边弹性小

C. 左右弹性一样大　　D. 以上都不对

(7) 属于产品差别的是(　　)。

A. 同一种产品在质量、构造、外观等方面的差别

B. 不同种产品在质量、构造、外观等方面的差别

C. 同一种产品在商标等方面的差别

D. 不同种产品在商标等方面的差别

(8) 根据古诺模型，在双头垄断条件下，企业的产量是市场容量的(　　)。

A. 1/3　　B. 2/3　　C. 1 倍　　D. 不能确定

(9) 垄断竞争企业获得最大利润的方法有(　　)。

A. 质量竞争　　B. 调整价格从而确定产量

C. 广告竞争　　D. 上述方法都可以

(10) 企业之间关系最密切的市场是(　　)。

A. 完全竞争市场　　B. 寡头垄断市场

C. 垄断竞争市场　　D. 完全垄断市场

3. 计算题

(1) 在垄断竞争市场中，某企业的短期成本函数为：$STC = 0.001Q^3 - 0.036Q^2 + 35.6Q + 100$，该企业主观认为每降低产品价格 1 元，销售量会增加 500 单位，而实际上企业的需求曲线为：$Q = 400 - 100P$。

求：① 企业短期均衡的产量与价格是多少?

② 企业的利润是多少?

(2) 某公司是中等规模的电子公司，需求曲线估计为：$Q=4\ 500-P$，短期的总成本函数为：$STC=150\ 000+400Q$。

① 求利润最大时的产量、价格和利润各是多少?

② 求收入最大时的价格和利润是多少?

③ 假定该公司属于垄断竞争行业，它在行业中具有代表性，问这一行业是否处于长期均衡状态? 若不是，则长期均衡时的产量、价格和利润是多少?(假定长期均衡时成本函数不变，需求曲线有平行移动)

(3) 一个垄断者能够以常数边际成本 $MC=5$ 生产，该企业面临一条市场需求曲线 $Q=53-P$。

① 计算这个垄断者的利润最大化价格和产量，并算出它的利润。

② 假设第二个企业进入该市场。Q_1 为第一个企业的产量，Q_2 为第二个企业的产量。市场需求现在由 $Q_1+Q_2=53-P$ 给出。设第二个企业与第一个企业有相同的成本，将各企业的利润写成 Q_1 和 Q_2 的函数。

③ 假设各企业在假定它的竞争者的产量固定时选择其利润最大化产量水平，求出各企业的“反应曲线”。

④ 如果该行业中有 N 家企业，都有相同的边际成本 $MC=5$。求出古诺均衡，并证明当 N 变大时市场价格将趋于竞争价格。

(4) 某公司面对两段需求曲线：$P=25-0.25Q(0<Q<20)$，$P=35-0.75Q(20\leqslant Q)$，公司的总成本函数为：$TC=200+5Q+0.125Q^2$。

① 画出需求曲线、边际收入曲线和边际成本曲线。

② 说明该公司所属行业的市场结构是什么类型的? 为什么它的需求曲线的形状是这样的?

③ 公司的最优价格和产量是多少? 这时利润(亏损)多大?

④ 如果成本曲线改为：$TC_2=200+8Q+0.125Q^2$，那么最优的价格和产量是多少?

⑤ 如果成本曲线改为：$TC_3=200+8Q+0.25Q^2$，那么最优的价格和产量是多少?

第9章

生产要素价格的决定

教学目标

通过本章的学习，能够掌握生产要素的需求，可以对不同情况市场下的要素需求进行分析，了解派生需求和联合需求；并可以掌握地租、工资、利率和利润的形成原理和影响因素。

教学要求

知识要点	能力要求	相关知识
生产要素	能够掌握生产要素的需求	(1) 生产要素的需求 (2) 派生需求 (3) 联合需求
市场与生产要素	能够明白不同市场对不同要素的需求	(1) 边际产品价值 (2) 边际要素成本
生产要素供给与需求价格决定	能够利用不同要素的供给曲线进行问题分析	(1) 劳动供给曲线与工资 (2) 土地供给曲线与地租 (3) 资本供给曲线与利息

导入案例

华为的神话、坦桑尼亚的效率工资

情景1：在深圳，华为公司新建的华为城分为生活区、科研开发区和生产厂房3个部分，均由来自美国、德国和香港的工程师规划和设计。这个设施齐全、技术先进、环境优美的现代化工业城为员工提供“比这个城市的其他人相对优越的生活和待遇”。

华为是个创造神话的企业，其不仅创造了超过20亿的年销售额，而且还创造出一批敬业高效、贴着“华为创造”标签的华为人。3万名华为员工用自己的全部青春和热情，日复一日地过着两点一线的生活。

据猎头公司介绍，摩托罗拉和贝尔等外资企业要想挖华为的人很难，但华为要挖他们的人就容易多了。其中，钱是重要的因素。一名刚毕业的硕士生可拿到10万元的年薪；一位刚工作两年、本科毕业的技术或市场人员可派发8万股内部股票；对于一个总监级的员工(约占公司人数的2%)，平均拥有300万的内部股票。华为的基本管理费用都比竞争对手如中兴通讯要高。

总之，高薪和一个巨大的持股计划，使得华为员工都很关心公司的市场前景和发展，也使他们愿意用自己的努力创造企业的神话。

情景2：考虑东非坦桑尼亚的经验。1964年，大部分工资收入者在大种植园工作。和非洲的普遍情况一样，大多数工人是移民，每年要从种植园回农村家乡几次。工人生产效率低，工资也不高。独立后，政府宣布种植园工人的工资提高3倍。种植园主预言这是一场灾难。因为这会使他们支付的劳动价格大幅上升而破产。但政府根据效率工资理论的预言是，高工资将引起高效率和稳定的劳动力。结果政府的预言是正确的。例如，在效率工资政策之下，西沙尔麻(一种用作绳子和纤维的坚韧的白色纤维)的整个生产增加了4倍。其原因并非由于所得到的实物资本发生了变化，而是因种植园主雇用了更积极又更有技术的工人。但是，工资提高几年之后，坦桑尼亚西沙尔麻行业的就业从12.9万人减少到4.2万。这说明效率工资会增加失业。

案例来源：《逃离华为——中国领先公司职业经理人生存状态》，载于《经理人》2004年第4期；斯蒂格利茨：《经济学》下册，中国人民大学出版社，2000年版。

生产要素定价理论所探讨的是生产要素的价格是如何决定的。由于对生产要素定价的过程也就是生产要素所有者取得收入的过程，因此，生产要素定价理论也称为收入分配理论，即微观经济学所要考虑的资源配置问题，实际上是研究各种产品的价格以及产量与产出这些产品的各种生产要素的价格以及使用量是怎样决定的。

生产要素价格的决定与商品价格的决定没有什么两样，也是由市场供求所决定的。但在决定二者的供求背后所包含的意义有所不同，消费者对于商品的需求取决于商品的边际效用；企业对生产要素的需求取决于生产要素的边际生产力。

案例9-1

“富者越富，穷者越穷”，这是人们常说的一句话，这句话并不总是正确的。但过去的20年来，美国高技能工人与低技能工人之间的差距一直在扩大。为什么会这样呢？

像商品定价可以分为完全竞争、非完全竞争等几种市场情况进行讨论一样，生产要素定价也可以分为这几种市场类型进行讨论。本章则讨论在不同市场情况下，对不同性质要素的需求，以及 3 种不同类型的生产要素供给与需求价格的决定。

9.1　生产要素与生产要素的需求

9.1.1　生产要素的需求与派生需求

生产资源亦称为生产要素(Factor of Production)。生产要素一般分为 4 种：土地、劳动、资本，以及把这 3 种要素结合起来的企业家职能。因而有土地所有者的收入为地租，劳动所得为利息，企业家所得为利润。土地与劳动这两种生产要素又称为原始的或第一级(Primary)生产要素，其中土地统指各种自然资源，包括土地、煤、铁、有色金属、石油、天然气这些矿产资源，以及江河湖海等。二者生产的产品，除了直接满足人的消费以外，其中再投入生产过程的资本财货称为中间产品。

生产要素市场的需求来自企业。企业购买生产要素不是为了满足自已的消费需要，而是为了满足生产上的需要。能直接满足消费者需要的是各种消费物品和服务，但这些物品和服务要依靠运用生产要素才能制造出来。例如，服装、面包等生产离不开劳动、资本、土地和企业家才能。企业之所以需要生产要素就是为了用这些生产要素生产各种可供消费的物品以满足消费者的需要。如果消费者不需要各种可供消费的物品，那么生产者也不会需要生产要素了。因此，对生产要素的需求是由对消费物品的需求派生出来的，因而是一种派生需求，故经济学把企业对生产要素的需求称为派生需求(Derived Demand)。

要素需求不仅是一种派生需求，也是一种“联合需求”(Joint Demand)。这是因为，任何一种产品都不是一种生产要素单独所能生产出来的，而必须有许多生产要素共同合作才行。各种生产要素之间还存在互相替代或补充的关系，因此，企业对某一生产要素的需求，不仅要受该要素价格的制约，还要受其他要素价格的制约。如果人工很便宜，使用昂贵的机器不如用人工合算，那么企业就会更多地使用人力来替代机器，反之亦然。

要素由供需共同决定价格与使用量，但要区分更加复杂的不同情况：①产品的市场结构是完全竞争还是非完全竞争对厂家要素需求会产生不同的影响；②一家企业对要素的需求与一个行业对要素的需求的联系与区别；③一种要素可变与多种要素可变；④要素的市场结构是完全竞争和非完全竞争的区别。

案例 9-2

明星的收入

无论在国外还是国内，影视和体育明星们的收入都是天文数字。在美国，像泰尔·伍兹和朱莉娅·罗伯茨这样的大牌明星年收入达几千万美元并不奇怪。在国内，名气冲天的大腕们的年收入也不下几百万元。人们对明星有一种矛盾的心态，一方面，看着他们开着保时捷跑车飞驶而过时，心里颇不平衡；另一方面，又不惜用高价弄到一张票去看他们的演出。

明星们的这种高收入合理不合理，或者用经济学的语言说，他们的这种收入公平不公平，有没有效率呢?

在市场经济中，生产要素所有者是根据他们在生产中做出的贡献来得到收入的，这就是按贡献进行分配。对这个原则，反对者不多，问题在于如何衡量各个生产要素所有者在生产中的贡献。社会的最终产品和劳务往往是许多人共同协作努力的结果，要真正衡量出个人在生产中的贡献实际上是极为困难的，在更多情况下甚至是不可能的。这正如人们过去讲按劳分配，实际上劳也是无法衡量的，并不能认为按劳分配就必定合理。

要按贡献进行分配，必须有一种客观标准衡量贡献。贡献难以直接衡量，但有一个间接衡量标准，这就是生产要素的价格。某种生产要素价格高说明它在生产中做出的贡献大，反之，亦相反。生产要素的价格也与其他物品的价格一样是由其供求关系决定的。所以，市场经济中，每种生产要素所有者得到的收入就由供求关系决定的该生产要素价格，以及提供的生产要素数量来决定。在市场经济中，用这种方法决定的收入分配就是合理的，而且，人们现在也找不出其他更好的方法来代替这种方法。

明星的高收入是由供求关系决定的。社会对明星的需求量是极大的，这种需求来自公众和企业。公众希望看到高水平的体育或影视表演，看伍兹打高尔夫球，欣赏朱利娅·罗伯茨的电影，无疑是一种极大的享受。公众作为需求者对明星的高需求表现为他们愿意为得到这种享受而出高价。企业希望这些公众影响力大的明星为它们做广告，因为这样会扩大它们产品的销路，带来滚滚利润。它们愿意为明星付高价是因为它们觉得值，即由此得到的收益大于所付出的成本。在市场经济中，没有人强迫公众花高价欣赏明星的表演，也没有人强迫企业出高价请明星做广告。明星收取高价是公众和企业自愿给的，没有什么不合理之处。

明星能收取高价的更重要的原因在于供给极少。一个人能成为明星首先在于天赋，如果人人通过勤奋努力都能成为明星，明星就不值钱了。能成为明星者，一定是极富天才、极努力，又极幸运的极少数人。在任何社会内，这种天才明星都是极少的。明星是一种垄断性极高的稀缺资源，这决定了其可以像任何这类资源(如钻石)一样卖高价。

明星这种生产要素的高价格和高收入是由其供求关系决定的。在这种要素供给极为短缺时，决定明星价格的主要因素还是公众和企业的支付愿望与支付能力。一种生产要素的价格(或这种要素所有者的收入)是否合理取决于它的决定机制。如果这种高收入由政府人为决定，那么无论多少都不合理；如果这种高收入是市场决定的，那么无论多少都合理。这是人们判断一种收入是否合理的标准。

明星的高收入公正吗？公正是平等的竞争过程的参与权。如果每一个想成为明星的人都可以从事演艺业，并参与和其他做明星梦的人的竞争，结果只有极少数人成了高收入明星，就没什么不公正的。如果社会用种种手段限制人们进入演艺业，做明星梦的人之间没有平等竞争权，才会不公正。市场经济中明星们是竞争出来的，他们成功了，这就实现了公正。

明星的高收入有利于效率吗？作为一种激励制度，明星的高收入的确刺激了演艺业的效率。演艺业的效率就是充分利用资源，为社会提供更好更多的演出。高收入引起高效率的原因在于：第一，使更多的人渴望成为明星，其中必有少数成功者，明星的增加会使演艺事业繁荣；第二，明星受高收入的激励，到处去表演，这就给公众带来更多享受，给企业带来更多收入；第三，在竞争中，不断产生高水平的明星，明星的演艺水平不断提高。这些都繁荣了演艺事业，这就是效率的提高。

明星的高收入对社会也是有利的。他们不仅给人们带来更多更高的艺术享受，而且还会拉动经济增长。一场精彩的体育表演或电影会给多少人带来就业机会？又会拉动相关部门的多大增长？演艺业的活动被称为娱乐经济，它的产值已成为GDP的重要一部分。如果没有明星，还能有娱乐经济的繁荣吗？明星们得到了高收入，也为社会做出了贡献，有什么不合理的？

资料来源：梁小民．《我说》．社会科学文献出版社，2003.

9.1.2 完全竞争市场下企业对单个可变要素的需求

1. 边际产品价值(VMP)与边际要素成本(MFC)

当考察产品的均衡价格和均衡产销量如何决定时，人们把产量作为自变量，考察产量的变化怎样引起总收益、总成本和利润总量的相应变化。现在为了考察企业对生产要素的需求，把可以变动的生产要素(L)作为自变量考察。当投入的劳动 L 发生变化时，怎样引起总收益、总成本和利润总量的变化，因而利润被作为产量的函数。

产量：　$Q=F(L)$

总收益：　$TR=PQ=P\cdot F(L)$

总成本：　$TC=FC+WL$

利润：　$\pi=TR-TC=P\cdot F(L)-FC-WL$

MPP_L代表可变要素 L 的边际产品，即投入的劳动量每增加一个单位时产量 Q 的变化，即 $MPP_L=dQ/dL$。

VMP(Value of the Marginal Product)指投入劳动每增加一个单位所增加产量的销售值，故 VMP 等于边际产品与其销售价格的乘积：$VMP=P\cdot MPP_L$(P 为常数)。

边际要素成本(Marginal Factor Cost)指可变要素(L)每增加一个单位引起的总成本的变化，即 $MFC=dTC/dL$。企业增加投入 1 个单位的可变要素所增加的成本，即是企业增加投入 1 个单位的劳动所支付的工资 W，又假定生产要素市场也是完全竞争的，故有既定不变的工资率 W。

MFC 与 MC 的区别是：MFC 的自变量是劳动，是指投入劳动增加 1 个单位引起的总成本的增加量，而 MC 的自变量是产品，即产品增加 1 个单位引起的总成本的增加量。

由于要素市场为完全竞争，所以企业使用要素的边际成本就是要素的价格，企业使用要素的原则可以表示为 $VMP=W$。在图 9.1 中，对任一要素价格，企业按 $VMP=W$ 的原则所确定的要素的使用量与对应要素价格的组合均在 VMP 的曲线上，所以 VMP 曲线就是完全竞争企业对生产要素的需求曲线。

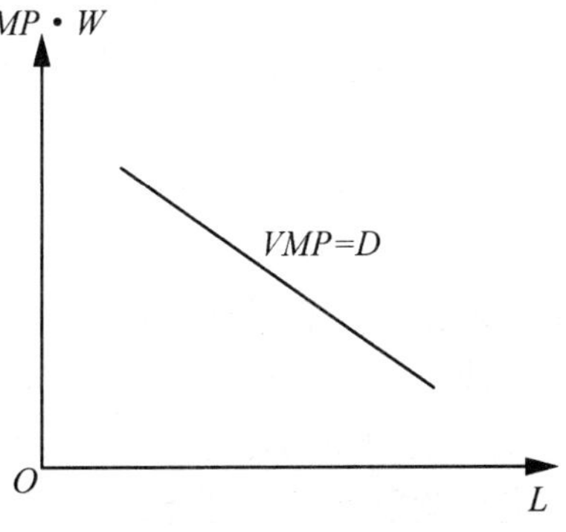

图 9.1　企业的边际产品价值曲线

2. 要素市场利润极大化原则

在产品市场，企业为了实现最大利润。产品的生产必须满足 $MR=MC$ 的原则。在要素市场，要素的需求也必须满足利润最大化原则。

在要素市场，为了使利润最大化，企业将按照 $VMP=MFC$ 的原则使用投入要素。道理很简单：如果 $VMP<MFC$，则说明企业使用要素的“边际收益”小于“边际成本”，这时企业会减少生产要素的使用，直至两者相等；如果 $VMP>MFC$，则说明企业使用要素的“边际收益”大于“边际成本”，企业会增加生产要素的使用，直至两者相等。在 $VMP=MFC$ 的条件下，企业的利润达到最大。

3. 企业对单个可变要素的需求曲线

对应于消费品市场，行业的需求曲线是由各个消费者需求曲线的水平方向加总得来的。这是因为每个消费者与每一价格相对应有一需求量。

与任一工资率相对应，每个企业对劳动的需求量取决于与该劳动量相应的 VMP 值，$VMP=MPP\cdot P$，对单个企业而言 P 不变。但如果对一个行业而言，P 是可变的，从而会影响 VMP 的值。

9.1.3 非完全竞争市场下企业对一种可变要素的需求

在完全竞争产品市场上，由于 P 不变，需求曲线就可以用 VMP 曲线来表示，在非完全竞争市场，产品的销售价格不是固定不变的，而是随销售量的增加而下降的，因此企业对一种可变要素的需求曲线要由投入要素的边际收益产品曲线来表示，即 MRP(Marginal Revenice Product of Input)。

MRP 可定义为可变要素每增加 1 个单位引起的总收益的增加，即 $MRP=\Delta TR/\Delta L$。所以，$MRP=\Delta TR/\Delta L=(\Delta Q/\Delta L)\cdot(\Delta TR/\Delta Q)=MPP\cdot MR$。

边际产品收益 MRP 与边际收益 MR 的区别，$MR=\mathrm{d}TR/\mathrm{d}Q$，指增加一个单位产品的销售对总收入的贡献。$MPP=\mathrm{d}Q/\mathrm{d}L$，指投入一个单位的劳动对产量的贡献。$MRP=MPP\cdot MR=\mathrm{d}TR/\mathrm{d}L$，指投入一个单位的劳动带来的总收益的增加量。而工资意味着雇用最后一个单位劳动所付的成本，故能使企业赚得最大利润的雇用量是 MRP 恰好等于雇用工人的工资，即 $MRP=MPP\cdot MR=MFC=W$。

因此非完全竞争的产品市场对企业的劳动需求曲线，可以由劳动的边际收益产品来表示。

如图 9.2 所示，(a)、(b)表示完全竞争市场和非完全竞争市场企业销售产品的平均收益曲线(需求曲线)和边际收益曲线，要素市场工资率为 W，为了实现最大利润，非完全竞争市场企业雇用的劳动为 L_1，完全竞争市场企业的劳动为 L_2。

区别：①以就业量而言，完全竞争大于非完全竞争，$L_2>L_1$，这与前面分析的一致；②当雇用量为 L_1 时，最后增加的那个工人给雇主带来的收益为 $BL_1=W$，即成本为 W，但他所创造的边际产品 MPP 的收益为 $MPP\cdot P=VMP_1=L_1A$，AB 为工人被剥削的余额。

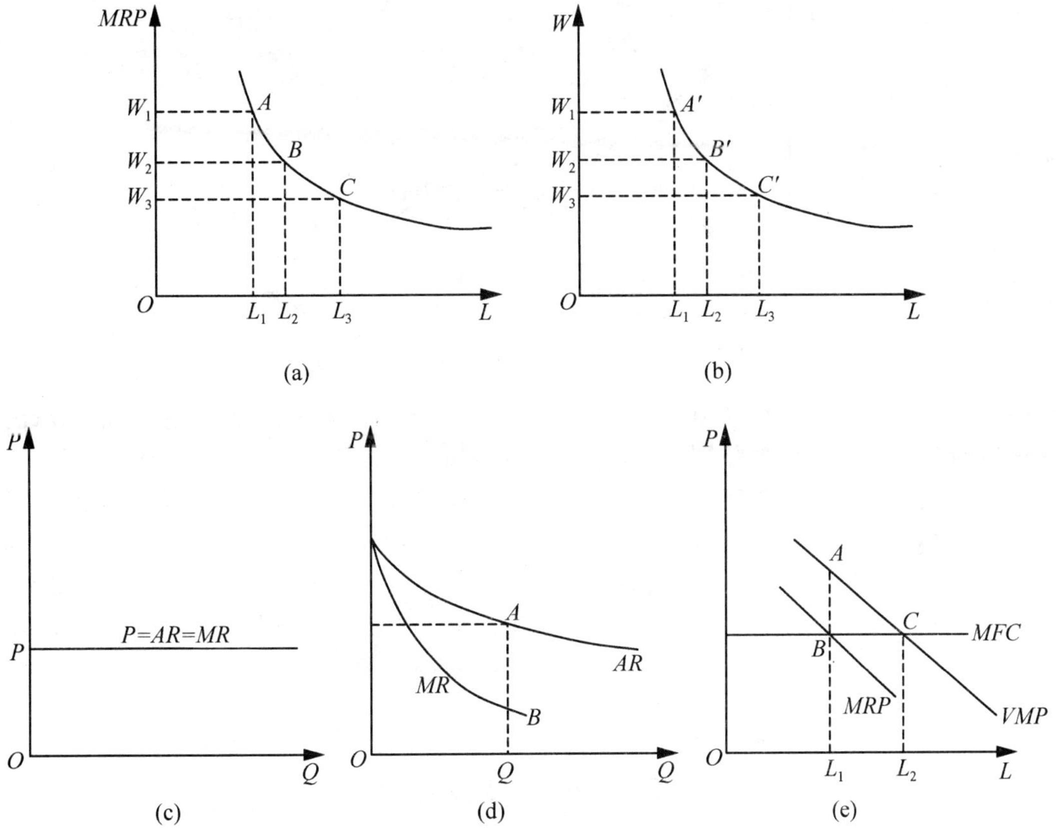

图 9.2　非完全竞争的产品市场对企业的劳动需求曲线

9.1.4　多种要素可以变动条件下企业对要素的需求

在长期生产内，企业可以改变多种要素，并且由生产技术导致各要素之间的需求产生“共同性”，生产要素使用的变化具有一定的联动性。换言之，一种生产要素使用数量的变化会带来另外一种生产要素的变化。例如，企业对资本和劳动的投入都是可变的，随着劳动力价格的下降，在新的成本约束下企业改变资本和劳动力的使用比例。一方面，企业会以相对便宜的劳动来替代资本；另一方面，劳动力价格的下降又使得企业可以同时增加资本和劳动力的使用量，形成生产要素的替代效应。与此同时，产品边际成本的降低也会促使企业增加资本和劳动的投入量以扩大生产规模。因此，劳动力价格变化不仅引起劳动力需求变化，同时也引起资本需求的变化；反过来，资本投入变动，必然引起劳动边际产量和劳动边际收益产品变动，最终又影响劳动需求的变动。

当多种要素可变时，一种要素价格的下降会导致要素投入比例变化，增加要素的边际产量，在产品价格不变的情况下，边际收益产品提高，边际收益产品曲线 MRP 外移。当有两种要素变动时，企业对某种要素的需求曲线，比单一要素变动时要素的需求曲线更加平缓(图 9.3)。

例如，某企业在工资率为 20 元/小时时，劳动的边际产出收益曲线为 MRP_{L1}，企业决

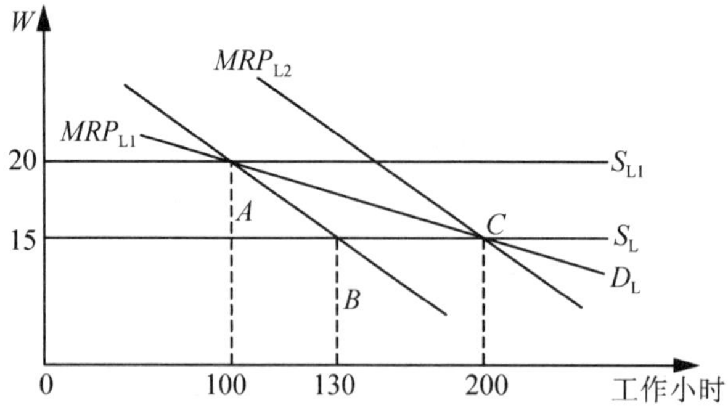

图 9.3　两种生产要素可变时企业对生产要素的需求

定雇用 100 个小时的劳动。当工资率降为 15 元/小时时，企业对劳动的雇用并非沿 MRP_{L1} 线从 A 点到 B 点，而是变为 130 小时。由于资本的投入量是可变的，在劳动力的价格下降时，企业不但增加雇用劳动力的数量，而且还增加资本的投入。资本的增加必然提高劳动的边际产量，劳动的边际收益曲线向外移动，变为 MRP_{L2}，达到新的均衡点 C。与资本投入量不变相比，企业对劳动的需求显然增加了不少。A 和 C 点相连就可得到资本要素可变时的劳动需求曲线 D_L。此时，D_L不再与 MRP_L 重合，而比两条劳动边际产品曲线中的任何一条都更富有弹性，这是因为企业可以通过改变资本要素的使用量来提高劳动边际产量 MP_L，从而提高 MRP_L。

9.2　生产要素的供给与需求价格的决定

生产要素价格由要素市场上的供给与需求决定。关于要素需求，已做过一般性说明，这种需求由各种要素的边际生产力决定。至于要素供给，考虑到各种要素有各种不同的供给情况，因此，拟和各种要素价格决定一起叙述。在叙述之前，有必要把要素买卖及其价格的含义略加说明。

生产要素也是商品，其价格也由供求关系决定，但要素的买卖及其价格与产品买卖及其价格还有着重大区别，产品的需求、供给或者说购买和出售，都是产品本身的买卖，但要素的求与供或买与卖，都只是要素使用权的买和卖，因而产品价格是产品本身买卖的价格，产品被出售后即为购买者所有，所有权在买卖交易中发生了转移。但要素买卖后转移的只是使用权而非所有权，因此要素价格是指要素使用价格，绝非要素本身的价格。举例说，假定工人被企业雇用一天的价格是 50 美元，是指该工人的劳动力使用权一天值 50 美元，而不是说该工人本身值 50 美元。若工人出卖的不是劳动力使用权，而是劳动力所有权，或者说工人本身，那么，这个工人就不是人身自由的雇用工人，而是中世纪缺乏人身自由的奴隶了，同样，资本、土地等要素的价格也是指这些要素的使用价格。说一台机器租用一年的租金为 1 万美元，50 万美元资金被借贷后一年可得利息 1.5 万美元，一片土地一年租借可获地租 30 万美元等，均不是说这些要素本身值那么多钱，而只是指这些要素使用一定时期要支付的代价是那么多钱。

9.2.1　劳动供给曲线与工资的决定

劳动供给是指劳动者在不同劳动价格水平上愿意并能够提供的劳动数量。劳动价格通常用工资率加以衡量，工资率指单位劳动(如每小时劳动)的工资。劳动价格水平高低实际上是指工资率高低。一国或一地区在一定时期的劳动供给状况是由多种因素决定的，主要有人口及年龄结构、劳动力参与率和工作意愿等。

一国或一地区中如果人口基数大，年轻人比重又大，并且劳动供给超过需求，则工资水平较低，也会有不少人失业。因此，控制劳动力供给首先要控制人口增长。

劳动力参与率指想工作的劳动者在劳动年龄人口中的比重。在历史上，各国妇女曾多数待在家中，近几十年来，她们大量参加工作，使劳动力参与率大大上升。影响劳动力参与率的因素很多，政府有关政策是其中的重要因素，如完善的、丰厚的退休金制度会使许多健康的老年人不想继续工作，重视学历的政策会使许多年轻人延长学习年份而暂不工作等。

劳动者工作意愿很大程度上取决于他对工资和闲暇效用的比较。劳动可得到工资收入，工资收入给劳动者带来效用。劳动作为闲暇的牺牲会给劳动者带来负效用，即痛苦和不舒适的感觉，劳动得多，工资收入也多，但闲暇会减少，可见收入和闲暇之间存在着替代关系。工资率的提高对劳动供给有两种效应：替代效应和收入效应。替代效应指的是，工资率越高，对牺牲闲暇的补偿越大，劳动者就越愿意用多劳动来代替多休闲。

换言之，当工资率上升时，不劳动(闲暇)所蒙受的损失要增大，即闲暇的机会成本增大，因此，劳动者会以多劳动来代替闲暇。收入效应反映的则是，工资率越高，个人越有条件以较少的劳动换得所需要的收入和消费品，因而就越不愿意增加工作时间即劳动的供给，这两种效应都是工资率提高的效应。当收入效应小于替代效应时，劳动供给则会随着工资率的提高而增加，劳动供给曲线向右上方倾斜，即曲线斜率为正值。当收入效应大于替代效应时，劳动供给量则可能随着工资率的提高而减少，劳动供给曲线向左上方倾斜，即曲线斜率为负值。一般来说，当工资率较低时，替代效应大于收入效应；当工资率很高时，收入效应将会大于替代效应。因此，随着工资率的提高，劳动供给曲线会从向右上倾斜转为向左上倾斜，将所有单位劳动者的供给曲线加总而形成的劳动市场供给曲线也就会呈向右上方倾斜转向向左上方倾斜的后弯曲曲线，如图 9.4 所示。

应当认为，这种后弯供给曲线主要是个人劳动供给曲线，就整个市场而言，这条供给曲线基本上是向右上倾斜的。这是因为，在其他条件相同时，若某职业工资水平上升，愿意从事该职业的劳动人数会增加。一些经济学家还认为，后弯供给曲线可能在发达国家出现，但对广大发展中国家而言，不仅市场的劳动供给曲线，而且个人劳动供给曲线也主要是向右上倾斜的。

这里，还要简单说明一下劳动市场的概念。劳动市场或劳动力市场，是指各行各业配置劳动力并协调就业问题的市场，它由买方(雇主)和卖方(雇员)组成。劳动市场还可根据买卖双方相互搜寻的范围区分为全国性市场和地区性市场；根据从企业内部还是外部配置劳动力而区分为外部劳动市场(从企业外部招聘人员)和内部劳动市场(从企业内部安排和调配劳动力，尤其是职位较高的职工)；根据工作条件和待遇好坏区分为优等劳动力市场和次等劳动力市场。

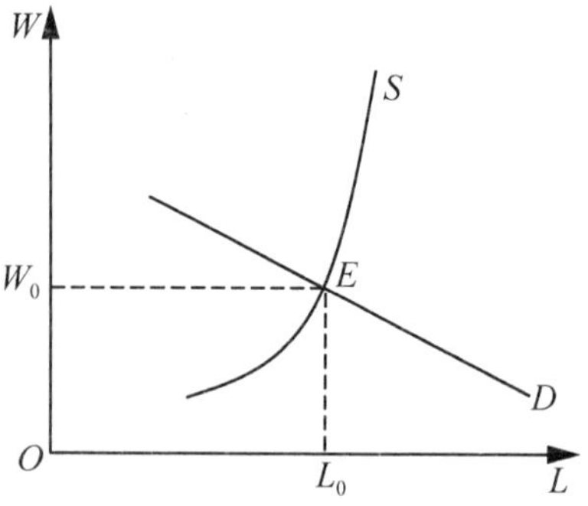

图 9.4 后弯的供给曲线和工资的决定

撇开劳动市场这些具体特点，依然设想劳动市场需求曲线向右下方倾斜，劳动市场供给曲线向后弯曲，然后把两条曲线置于同一图形中，便可得到均衡点。图中劳动需求曲线和供给曲线的交点 E 即是劳动市场的均衡点，这一点决定的均衡工资为 W_0，均衡劳动数量为 L_0。若市场上实际的工资水平高于均衡工资，劳动力就会供过于求，否则就会供不应求。若劳动市场真的完全由市场调节，那么就总会走向均衡。

案例 9-3

对于劳动市场，我们可以思考下列问题。

一般的大学毕业生赚的钱比高中毕业生高 82%，为什么他们之间的收入有这么大的差距?

如果工资增加，人们将工作更长时间吗? ——深圳出现了“少挣钱，多休闲”的时尚一族。

为什么妇女平均收入只是男人的 75%?

最低工资的增加对那些近来只得到最低工资的人有帮助吗?

小张和小李在技工学校分别学习计算机和农业机械专业，两人学习都很努力，成绩优秀，可是毕业后收入水平却有不小差别。小张成为一名计算机维护员，小李在一家农机厂工作，工资只有小张的一半。

9.2.2 土地的供给曲线与地租的决定

土地是大自然提供给人类的一种生产资源，它区别于劳动和资本的显著特点是土地具有固定的供给。与其他生产要素一样，土地的价格取决于土地的需求和供给的均衡。但是需要指出，这里所论及的土地价格是指企业租用土地的价格，而非土地本身的价格。土地的价格由地租率加以衡量，它是一定时期内每单位土地需要支付给土地所有者的报酬。

1. 土地的供给

与其他生产要素不同，土地是一种特殊的生产要素，它的供应被认为是固定的。土地在数量上不会增减，是固定不变的，所以作为一种生产要素它的供给不会随着价格变化而变动。从弹性角度看，它的供给是完全没有弹性的。

当然，人们可以填海造地，来增加土地的供给；也可以经过对环境的破坏，将土地变为没有使用价值的荒地，从而减少土地的供应量。即便没有人类的作用，每年大自然通过风化、侵蚀、泥沙堆积、板块运动等也在改变着土地的数量。不过，这些都不在考察之列，这里假定土地的供给是不变的。

此外，这里还不考虑土地的消费性使用给土地所有者带来的效用。在前面，已经分析了劳动力和资金的所有者可以将所拥有的要素自用从而给自己带来效用，土地的所有者当然也可以消费自己的土地，例如说他可以用空闲的土地建个花园。但这里，不考虑土地自用消费，也就是说，土地所有者的效用都是靠收入提供的。

在经济学上，土地也泛指一切“原始的和不可毁灭的”自然资源。所谓原始的，就是说该资源不能被创造出来；所谓不可毁灭，指的是其数量不会减少。广义上说，土地有时也会被用来指代一切自然资源。

土地的供给可以由图 9.5 来表示。

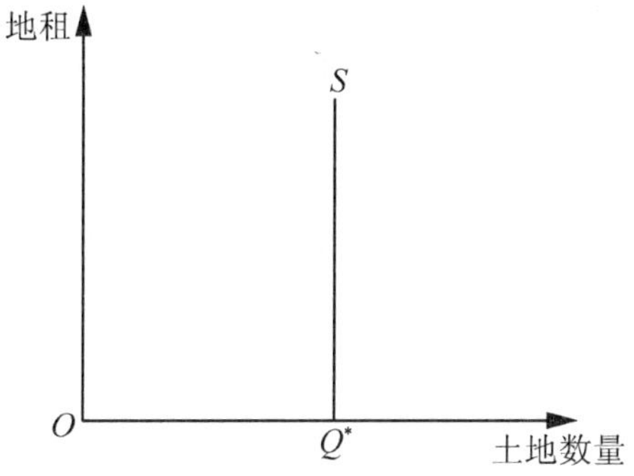

图 9.5　土地的供给

通过图 9.5 可以看到，土地的供给是一条垂直线，表明土地的供应量是固定的。无论土地的租金如何变化，其供给都不会发生变化。

对于整个社会而言，土地的机会成本为零，也就是说，土地的所有者如果不把土地租出去，他所得到的效用是零。这样，无论什么样的价格，土地所有者都会把土地租出去。

当然，有人会说如果地租太低，地主完全可以将土地作为生产要素自用。但如果从整个社会的角度来考虑，自用也构成了对土地的总需求的一部分。而该地主也内含地支付了地租——放弃的最高地租。当然，前面已经指出不包括消费性使用。

总之，由于土地不生不灭，任何大于零的地租都会导致土地的全额供给。

2. 地租的决定

如图 9.6(a)所示，地租主要是由需求曲线所决定的。当土地需求曲线为 D_1 时，其均衡地租为 R_1；当对土地的需求为 D_2 时，均衡地租为 R_2。还可以据此给地租的产生一个合理的解释。假设一开始对土地的总需求曲线是虚线 D，那么所有土地都不需要支付地租。在此时地租尚未产生，原因是地广人稀、人们的生产力水平也较低，导致对土地的需求较小，因而此时是不会发生地租的。如果人口上升，对粮食的需求上涨，或者是由技术水平的提高带动了土地边际生产力的提高，都会造成土地需求曲线的右移。这时，地租就产生了。

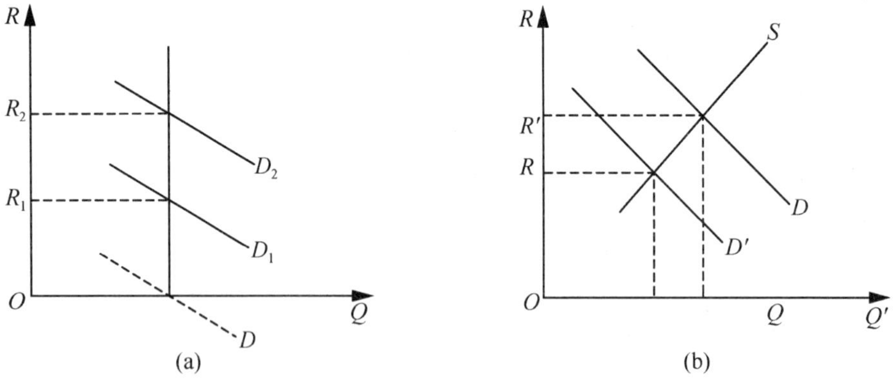

图 9.6　地租的决定

这里讨论的是整个社会对土地的需求，但从某一特定行业来看，其土地的供给量会随着地租水平的变化而变化，因为土地可以从其他的用途转入这个行业。

例如，如图 9.6(b)所示，某地区一开始对建筑用地的需求为 D，建筑用地的均衡地租为 R，土地的供给为 Q。现在对建筑用地的需求上升为 D'，地租上升为 R'，而建筑用地的供给也上升为 Q'。

地租完全由企业对于土地的需求所决定：需求越大，地租越高；需求越小，地租越低。由于土地的需求取决于土地的边际产量与土地上生产的产品价格的乘积，因而地租取决于土地的边际产量和产品的价格。首先，土地的边际产量受到土地本身质量和生产技术的影响。其次，土地上生产出来的产品的价格也影响地租：产品价格越高，地租越高；反之，产品价格越低，地租也就越低。

3. 准地租和经济租

在短期内，厂房、机器和其他耐久性设备的固定性很强，不易从这个产业转往其他产业，有些具有类似一国或一地区在一定时期内垂直的土地供给曲线，因此，使用这些设备的租金有时也称准地租。

在长期内，一切要素都可流动，因此，要想使这些要素留在该行业，企业付给它们的报酬必须超过它们转移到其他行业所能获得的最大报酬，即机会成本，这个超过部分称为经济租。有特殊技能的人，如歌星、体育明星等所获的收入中，很大一部分就是这种经济租。当经济租大于零时，这些特殊要素就会继续留在该行业中；若经济租小于零，那么这些要素就会转移到其他行业。

9.2.3　资本的供给曲线与利息的决定

1. 资本与利息率

保罗·萨缪尔森在他的《经济学》中提出：资本本质上意味着时间的耗费和间接的生产手段。

资本包括货币，但货币不一定是资本。从微观角度分析，有了货币就可能买到资本品，货币即资本。但就宏观角度分析，一国所拥有的货币数量，并不代表同量的资本品。微观经济分析中的利息理论，主要讨论货币资本。由于资本的形态千差万别，因而不可能使用同一个物质标准加以衡量。通常使用资本存量的市场价值来衡量资本的大小。

资本存量在一定时间内受投资和折旧的影响。投资是增加资本存量的一个流量，企业通过投资形成资本，增加资本总额。企业的投资主要用于建立新厂房和居住建筑、购置新机这类耐用设备、增加存货等方面。折旧是资产随着时间的流逝在经济价值上的降低，它是减少资本存量的一个流量。事实上，企业使用的各类资本均随时间的流逝发生有形或无形的磨损。例如，企业使用的汽车一天天变旧，或者新型汽车的出现使得原有的汽车变得不值钱，这些都会使得企业的资本存量减少。投资和折旧对资本存量产生相反的作用，资本存量就如同一个蓄水池中的水量，投资相当于往蓄水池中注水，而折旧则相当于从蓄水池往外漏水，投资与折旧抵消之后的余额就是蓄水池中水量变动的净值。这里把投资减去折旧后的余额称为净投资，它对应着资本存量的改变量。换一句话说，企业的总投资等于净投资与折旧之和，即总投资中一部分用于补偿折旧，另一部分则使得资本存量产生净“增加”。

与其他产品一样，一项资本品的买卖在生产企业与需要用这些资本品生产其他产品的企业之间进行，相应的市场价格就是该项资本品的价格。但是，一项资本品可以在长时间内提供生产所需要的服务。这样，在单位时期内生产过程所投入的资本，事实上是该项资本品所提供的服务。因此，生产过程中所投入资本的价格并不等同于该项资本品的价格。理解这一问题最简单的方法是把企业使用的资本品解释为租用而来，或者把资本品看成可以无限加以分割的物品。这样，租用资本品的企业在单位时间内向出租方支付的租金就是该项使用资本品所提供服务的价格。

那么，可供出租的资本品又是从何而来呢？它来源于家庭垫付的资金。在实践中，借助于金融市场，家庭储蓄转化为企业购买那些可供出租的资本品的资金。所以，生产产品的企业租用资本品又可以理解为借用家庭资金，租用资本品的租金就是借用家庭资金的利息。这样，以市场价值度量的每单位资本品的价格就可以由利息率加以表示。

这样，资本就与土地、劳动等“自然”给定的要素区别开了；也与生产出来的消费品区别开了；还与贷给以消费为目的的资金区别开了。当然，劳动也可以通过人口的生产被生产出来，但短期内是自然给定的。

在此基础上，还可以对资本的外延做一具体界定。在经济学里，资本可以包括两大类不同的事物：一是指实物资本，包括机器、厂房等生产设施；另一是指金融资本，即货币和其他具有类似货币性质的票据证券，如股票、债券等。当然，在现实生活中，实物资本往往是通过金融资本购买获得的。所以，实物资本又被称为资本品(Capital Goods)。

利息是以货币表示的使用货币资本的报酬。通常所说的利息，都不是指其绝对数量。而作为生产要素，资本本身有一个价格，是利息占资本总额的百分比，这就是利息率，简称为利率。它是可贷资金的价格。但是，利息不仅仅是资本的报酬，因为除了资本性的借贷，还有消费性的借贷。这样，利息就不仅是迂回生产所产生的了。关于利息的产生，经济学家有多种学说。

1) 利息剩余价值说

这是亚当·斯密(1723—1790 年)提出的。他认为利息具有双重来源：当借贷的资本用于生产时，利息来源于利润；当借贷的资本用于消费时，利息来源于别的收入。

2）时间偏好理论

持这种观点的人认为，相对未来的消费，人们总是偏好现在的消费。这是因为：一是人的生命是有限的，一幅漫画直观地说明了这一点，一个外国老太太贷款买房，在她临死前付清了本息，但她也住了一辈子好房，一个中国老太太省吃俭用，到死前也买了同样一栋房子，但她一天都没住上；二是未来有不确定性，利息就是现在消费的代价。

3）边际生产力说

这是约翰·克拉克(1847—1936年)提出的，他认为利息的高低是由最后一单位资本所增加的产量即资本的边际生产力所决定的。实际上，这就是前面所说的企业对生产要素的需求的决定。但克拉克没考虑借贷的消费需求，并且以 MP 代替 MRP，忽视了产品价格对利息的影响。

4）人性不耐说

美国著名经济学家欧文·费雪(1867—1947年)从纯心理学的因素来解释利息现象，提出了“人性不耐说”。

费雪认为人性具有不耐心等待将来收入的心理，而目光短浅、意志薄弱、有随便花钱的习惯，强调自己生命的短促和不确定、自私和不愿为后半生的孤独打算、盲目追随时尚等，都倾向于增大不耐。相反，高度的远见、高度的自制、节约的习惯、有家属并深切关怀，家属在他死后的幸福、保持收支适当平衡的独立自由等则倾向于减少不耐。不耐程度高的人倾向于借债，不耐程度低的人倾向放款。因此“利息是不耐的指标”，这种说法忽视了为迂回生产而产生的借款。

比较这些说法，可以发现它们并不是完全矛盾的，而是相互补充的。除此以外，利息还有凯恩斯的“流动性偏好”说，这将在宏观经济学中予以介绍。

需要注意的是，利息和利息率是不同的概念，利息是总额的概念，而利息率是单位的概念。例如，1万元资本的利息是100元，而其利息率是1%。它们之间的区别就好像工资与工资率、销售额与单价的区别一样。当然，在日常生活中，可能区分的不是很严格，但在经济学中必须严格区分。

2. 资本的供给

资本来自于储蓄。这里所说的储蓄并非狭义上的银行存款，而是与消费相对应的一个概念，是指个人收入中不用于当前消费的部分。储蓄有多种多样的形式：在银行存钱固然是储蓄，投资于资本市场，购买股票、债券也是储蓄。

现在要研究的就是利率怎样影响资本的供给。换言之，就是要知道利率是如何影响储蓄占收入之比例的。

作为资金的所有者，他可以将资金自用于消费，也可以把资金作为生产要素提供给市场以获得收入，这就是储蓄。它的效用最大化的条件在前面讨论劳动力供给最优化的时候已讨论过，这里不再赘述。

依照劳动力的供给原理，同样可以通过其无差异曲线和预算约束线来得出其最优供给。下面举例说明这个问题。

假设某人第一年有 I_1 的收入，第二年有 I_2 的收入，市场利率为 r。此人两年内的收入准备全部用于这两年的消费，也就是到第二年结束时既无余额也无欠债。但他既可以选择储蓄以获得利息，也可以选择借款来提前消费。现在来看一下利率的变化对此人选择的影响。

如图 9.7(a)所示，如果此人第一年的消费为零，所得全部用于储蓄，那么他第二年的消费就是 $I_1(1+r)+I_2$；而如果他第二年的消费为零，也就是第一年他就寅吃卯粮，那么他第一年的总消费额为 $I_1+I_2/(1+r)$。设这两点分别为 M、N，就可据此画出预算约束线 MN，其斜率为：

$$\frac{OM}{ON}=\frac{I_1(1+r)+I_2}{I_1+I_2/(1+r)}=1+r$$

特别是，无论利率水平如何，此人都可以保证第一年消费 I_1 和第二年消费 I_2，即图上的 A 点。把这一点称为禀赋点(Endowment Point)，表示此人所拥有的固有收入不会随利率的变化而发生变化。然后，根据此人的偏好，可以画出无差异曲线。此人最后的选择是预算线与无差异曲线的切点，此时其效用达到最大。

现在，来看利率变化会使其储蓄额发生什么样的变化。在图 9.7(b)中，一开始预算约束线为 M_1N_1，利率为 r_1，此时此人选择第一年的消费为 C_1。现在利率上升为 r_2，那么，预算线在图上是如何表现的呢？不管利率如何变化，禀赋点 A 在预算线上始终不动。而利率上升，代表如果第一年不消费，那么第二年可消费的就更加多了；而如果全部在第一年消费，由于借款利息上升，可供消费的数量就少了。那么利率上升，预算线就绕 A 点顺时针转到 M_2N_2。

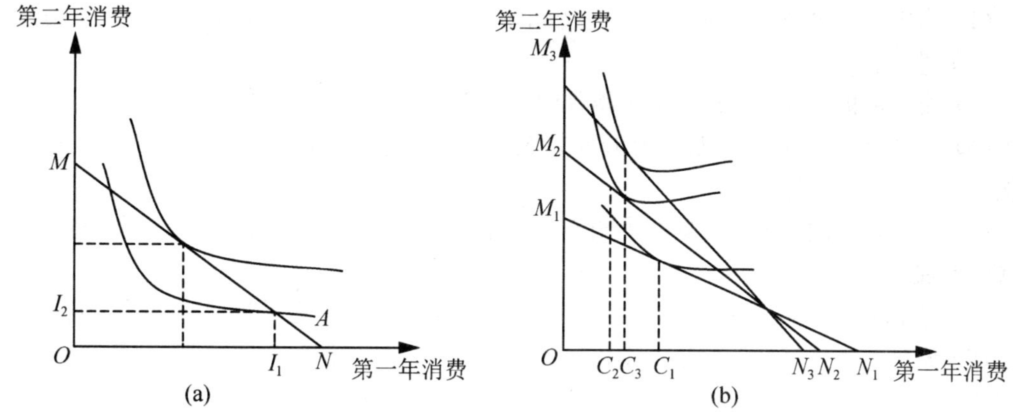

图 9.7　利率对消费和储蓄的影响图

这时，此人选择第一年消费的数量为 C_2，明显比 C_1 小。但仍要分解来看：利率的上升表明当前消费的代价上升了，那么此人对第二年消费的“需求”就会上升；但利率上升同样带来了收入效应，此人完全可以在提高第二年消费量的同时提高第一年的消费量。当然，在此时替代效应是大于收入效应的。

但当利率上升为 r_3 时，收入效应超过了替代效应，第一年的消费额反而有所上升，变为 C_3。这反过来说明当年的储蓄额有所下降。

至此，就可以画出利率与储蓄的关系图了。与劳动的供给一样，它是一个凹向原点的弓形曲线，表示随着利率的上升，储蓄有一个先增后减的过程。

前面说过，资本的来源就是储蓄，那么这一条曲线也可以认为是个人资本的供给曲线(图9.8)。整个市场的资本供给就是个人资本供给的总和，那么资本总供给曲线就是所有个人供给曲线的水平叠加，也呈弓形。

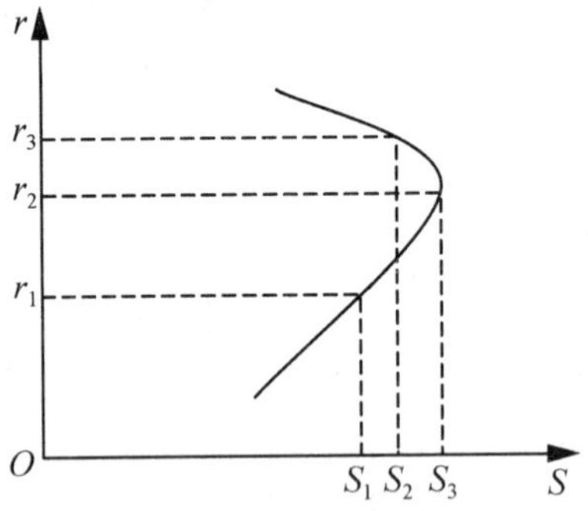

图9.8　个人的资本供给曲线

在一般的经济分析中，对于资本的供给只考虑其向上倾斜的那一段。而且，在实际中，因为资本的供给有很大的存量，所以短期内其弹性是较小的。

3. 资本的需求

企业是可贷资金的主要需求者，主要原因如下。

(1) 资本品的更新。当资本品已经达到物理寿命(已经磨损)或经济寿命(已经过时)时，必须进行更新。

(2) 资本品的扩充。当产品需求增加时，需要扩大资本设备的总量。

(3) 资本品的密集。当工资上升时，企业会以资本代替劳动，增加资本与劳动的比例。

(4) 技术进步的需要。当新技术出现时，企业会提前更新资本设备，以便改进产品质量或降低成本。

为了达到利润最大化的目标，企业根据边际要素成本等于边际收益产品的原则来决定对生产要素的需求，当然，对于资本而言也不例外。但是与其他生产要素不同的是，资本是耐用品，它的产出往往可以是持续多年的，所以它的边际收益产品可以以其内含报酬率(Internal Rate of Return，IRR)表示，并与其成本——贷款利率相比较。

一般将市场利率叫作外部报酬率；而将投资预期报酬的贴现值(即需求价格)等于投资重置成本(即供给价格)的报酬率，叫作内部报酬率，也叫作资本边际效率(Marginal Efficiency of Capital，MEC)，实际上就是折扣率或贴现率(Rate of Discount)。显然，只有内部报酬率大于外部报酬率，也就是资本边际效率大于市场利率时，企业才会进行投资，这个差额越大投资越有利。

如果一项投资的内含报酬率大于贷款利率，那么这个项目就是可行的，反之，即为不可行。这样就可以比较利率与企业对资本的需求额之间的关系了。

例如，甲公司现有 A、B、C、D、E、F 共 6 个项目可供投资。每个项目所需的投资额及其内含报酬率见表 9－1。

表 9－1　甲公司投资项目表

投资项目	A	B	C	D	E	F
投资额/万美元	35	25	15	20	20	25
内含报酬率/(%)	14.0	13.5	12.9	12.7	12.2	11.5

根据表 9－1：当利息率大于等于 14%时，该公司的投资为零；当利息率小于 14%但大于 13.5%时，甲公司会投资于 A 项目，资金需求额是 35 万美元；当利率小于 13.5%但大于 12.9%时，甲公司会投资于 A、B 项目，所需资金总额为 60 万美元；……依次类推，可以做出图 9.9。

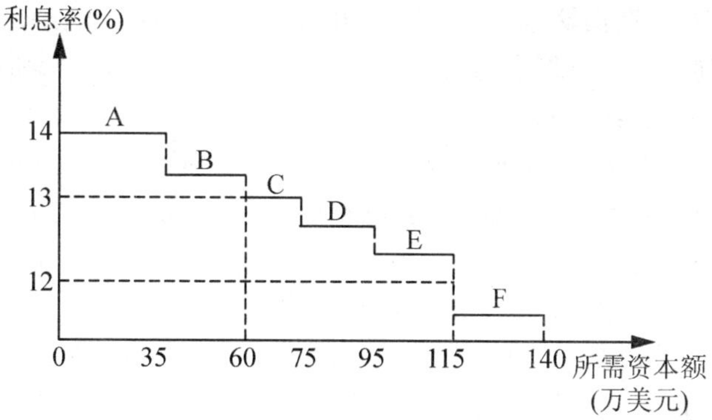

图 9.9　甲公司的资本需求

如果把不同企业的资本需求曲线叠加在一起就可以得到整个市场对资本的需求曲线。它也是向下倾斜的，如图 9.10(a)所示。

资本需求曲线的直观意义不难理解，利率越大，投资的成本越大，而投资的需求也就越小。那么，也就不难理解为什么国家可以通过调整利率来控制宏观经济了。

4. 均衡利息率的确定

前面已经研究了资本的供给曲线和需求曲线。那么，根据这两条曲线，就可以确定资本市场的均衡利息率。

如图 9.10(a)所示，S 曲线就是资本的供给曲线，如前面所说，它也是储蓄曲线，即 $S=S$。而图上的 D 曲线就是资本的需求曲线，也就是投资需求曲线，即 $D=I$。由此可以得出均衡利率 r 和资本使用数量 Q。

这实际上就是古典学派的储蓄投资利率决定论。在以后对宏观经济学的学习中，还将学到凯恩斯学派的利率决定理论以及 IS－LM 曲线利率决定理论等。

上面分析了对资金的资本性需求，但对资金同样有消费性需求，例如消费者贷款买房、用信用卡透支消费、分期付款等都是消费信贷。而且在现代社会里，提前消费对资金的需求量也是相当大的。那么，在考虑利率的决定中，就必须考虑到这部分需求。

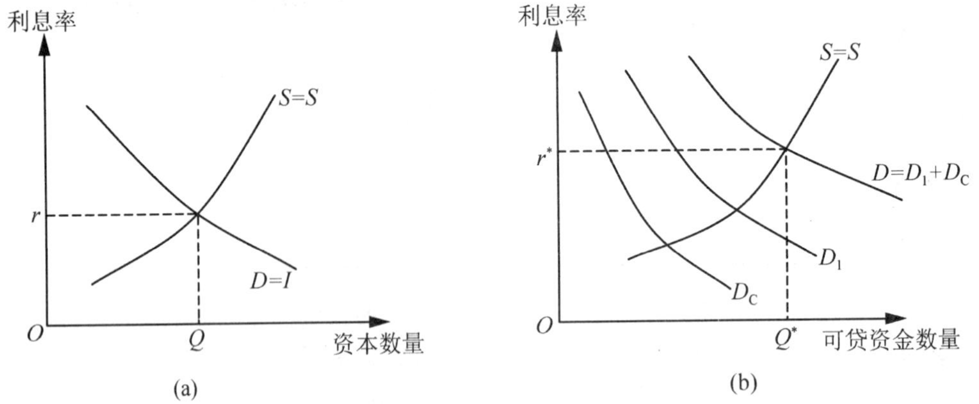

图 9.10　均衡利息率的确定

根据前面图 9.10 跨期消费选择就可以得出消费性贷款的需求曲线 D_C，它是一条向上倾斜的曲线。因为利率上升所带来的替代效应和收入效应都是促使少借款的，故随着利率的上升，贷款消费的数量在不断地减少。

将投资资金需求曲线 D_I 和消费资金需求曲线 D_C 相叠加，可以得到社会对资金的总需求曲线 D，这样，就可以得出一个完整的可贷资金的市场均衡。最后，均衡利率为 r^*，而贷出(借入)的资金为 Q^*。

在分析均衡利率的决定时，除了考虑企业和消费者对可贷资金的需求外，有时还会加上政府对资金的需求。实际上，利率往往是一种管制价格，即由政府有意影响的价格。由于利率有关国计民生，政府可以通过货币政策和自己对货币的需求影响资金的总供给和总需求，从而影响利率。这样，对资金的需求曲线会进一步向右移动。

案例研究

向后弯曲的劳动供给曲线

消费者行为理论不仅可用于两种商品的配置上，而且还可用于分析一个人如何把他有限的时间配置到工作和闲暇两方面。

考虑电脑软件工程师小杨面临的决策。小杨在每小时工资为 40 元时，每天要工作 9 小时，当他每小时工资上升为 60 元时，他决定每天减少工作 2 个小时，将更多的时间用于休息和陪伴家人上。如何解释小杨对工资上升的反应呢?

借用消费者行为理论，小杨面临的是时间约束条件下工作和闲暇的选择问题。工作获得的工资为其带来收入，收入用于购买消费品，就可以间接获取效用，而闲暇本身就一种消费，因而直接给他带来效用。作为追求效用最大化的消费者，小杨要把自己一天 24 小时在工作和闲暇之间进行分配以获得最大效用。如果每小时工资为 40 元，他一天工作 24 小时，则他每天可获得 960 元，但没有闲暇时间；相反，他把一天时间全部用来闲暇，那么他就没有任何收入；如果他每天工作 9 小时，那么他可以享受 15 小时的闲暇并获得 360 元的收入。

图 9.11 用无差异曲线表示了小杨对收入和闲暇的偏好。在这里，收入和闲暇被看成是小杨要做出选择的两种商品。由于小杨喜欢更多的闲暇和更多的收入，所以他对较高无差异曲线上各点的偏好

大于较低无差异曲线上各点的偏好。在每小时工资为 40 元时，E 点代表了小杨对于闲暇和收入的选择，这个点是小杨的预算线和最高可能的无差异曲线 I_0 的切点。

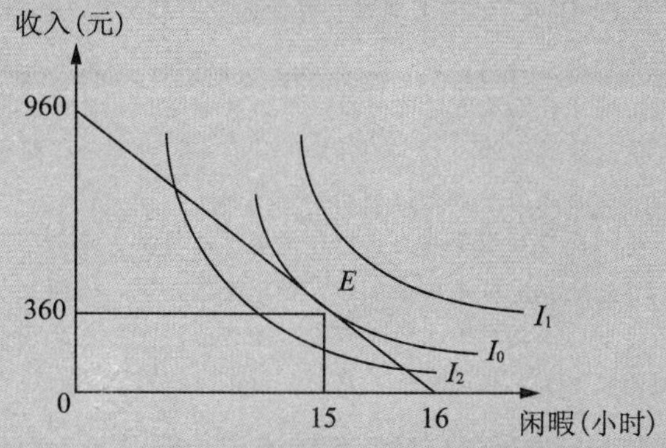

图 9.11　收入和闲暇关系示意图

现在考虑当小杨的工资从 40 元上升到 60 元时的情况。图 9.12 表示了两种可能的结果。在(a)、(b)两种情况下，左边图所示的预算线从 MN 向外移动至 MN_1，预算线变得陡峭了，反映了相对价格的变动，即在工资提高后，小杨每放弃一小时闲暇就能得到更多的收入，或者说，工资提高后，小杨闲暇一小时的机会成本上升了。

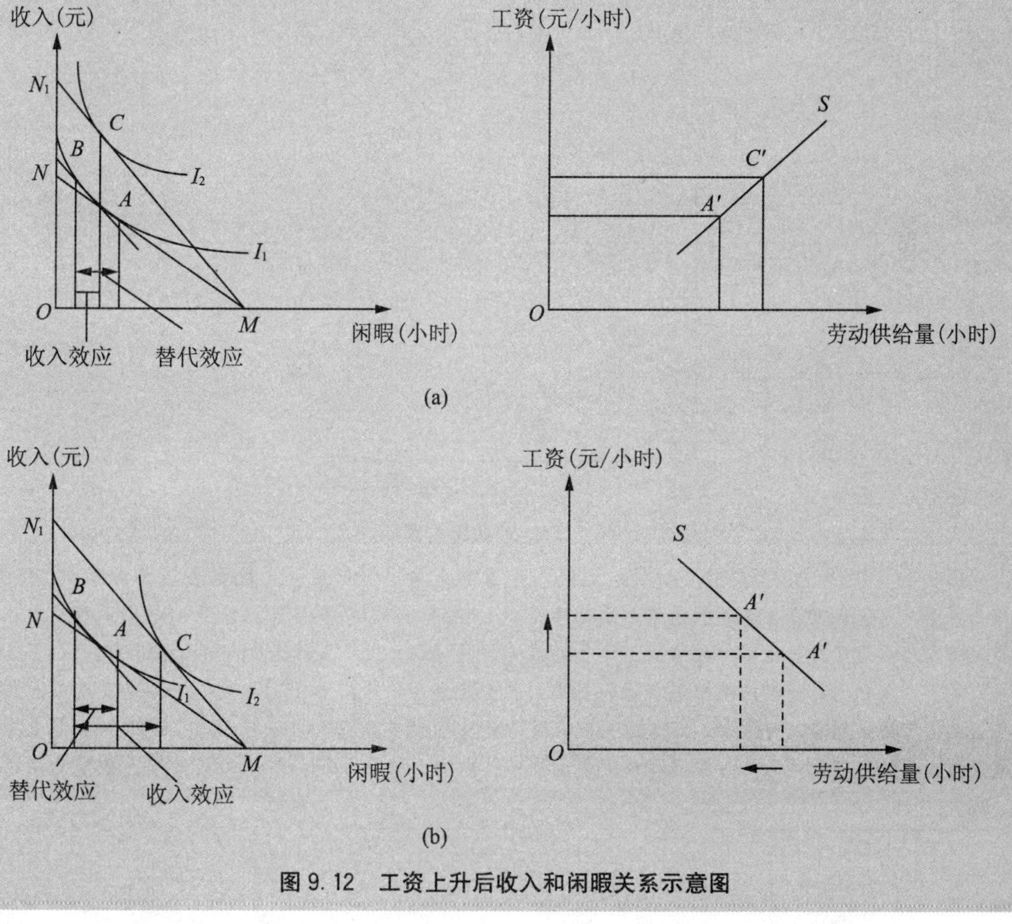

图 9.12　工资上升后收入和闲暇关系示意图

用无差异曲线代表的小杨的偏好决定了收入和闲暇对更高工资的反应。在图(a)和(b)中，收入增加了，但在这两种情况下闲暇对工资变动的反应不同。在(a)图中，小杨对更高工资的反应是享受更少闲暇，增加工作时间。在(b)图中，小杨对更高工资的反应是享受更多闲暇，减少工作时间。

小杨的闲暇与收入决策决定了他的劳动供给，因为他享受更多闲暇时，剩下来用于工作的时间就少了。上图中右边的图表示小杨决策所暗含的劳动供给曲线 S。在(a)图中，更高的工资使他享受更少闲暇和更多工作，因此，他的劳动供给曲线向右上方倾斜。在(b)图中，更高的工资使他享受更多闲暇和更少工作，因此劳动供给曲线向左上方倾斜。

为什么人们对更高工资的反应可能是增加工作时间也可能是减少工作？考虑高工资的收入效应与替代效应可以得到答案。首先来考虑替代效应。当小杨工资增加时，闲暇的机会成本上升了，或者说闲暇变得更昂贵了，这就会鼓励小杨用工作替代闲暇。换句话说，替代效应使小杨在工资提高时更勤奋地工作，这就倾向于使劳动供给曲线向右上方倾斜。再来考虑收入效应。当小杨工资增加时，他的预算线向右移动，从而面对更高效用水平的无差异曲线。只要闲暇是正常商品，随着收入的增加，他就倾向于享受更多闲暇。换句话说，收入效应导致他的工作时间减少，这就倾向于使劳动供给曲线向后弯曲。

最后，从理论上来说，工资增加导致小杨工作增加还是减少并没有明确的预期。如果对小杨来说，替代效应大于收入效应，他就增加工作；如果收入效应大于替代效应，他就减少工作。显然当工资从 40 元上升到 60 元时，对于小杨来说是收入效应超过了替代效应，因此小杨将工作时间从每天 9 小时减为每天 7 小时。

由于收入效应和替代效应的作用，一般认为，随着工资的上升，起初人们会增加工作时间；但工资继续上升到一定水平后，人们反而会减少工作时间，因此，劳动的供给曲线是一条先向右上方倾斜，后又向后弯曲的曲线，如图 9.13 所示。

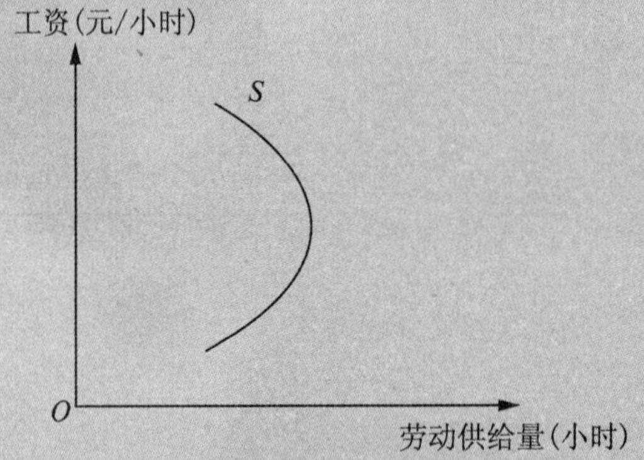

图 9.13　劳动供给曲线

图 9.13 中这条向后倾斜的劳动供给曲线 S 乍看起来似乎仅仅是一个理论上的新奇想法。然而，证据表明，从长期来看，劳动的供给曲线确实是向后倾斜的。100 多年前，许多人一周工作 6 天，而现在每周工作 5 天是正常的。在每周工作长度减少的同时，一般工人的工资却一直在增加。

经济学家认为，长期中技术进步提高了工人的生产率，从而增加了劳动需求。劳动需求的增加提高了均衡工资。随着工资增加，工人的报酬也增加了。但大多数工人对这种激励提高的反应不是更多地工作，而是以增加闲暇的形式选择使用自己更多的收入。换句话说，更高工资的收入效应大于替代效应。

劳动供给收入效应的另一个有力证据来自一种非常特别的资料：彩票的赢家。巨额彩票奖金的赢家眼看着收入巨大增加，其预算线大幅度向外移动。但是，由于赢家的工资并没有变，他们的预算线的斜率保持不变，因此就没有替代效应。但是研究结果表明，赢得这种巨额奖金的人的收入效应是显著的。统计资料显示，那些赢得了总计 5 万美元以上奖金的人中，几乎有25%的人在一年内辞职，而另有 9%的人减少了他们工作的时数。那些赢得奖金超过 100 万美元的人中，几乎有 40%的人不再工作。另一项发表在 1993 年 5 月号《经济学季刊》上的研究表明，遗产超过 15 万美元不再工作的人数是遗产小于 2.5 万美元的人的 4 倍。这再次证明劳动供给的收入效应是相当大的。

本章小结

本章研究收入的分配理论，即研究生产要素所有者投入一定要素得到的报酬多少是如何决定的。这样，研究从产品市场转向了生产要素市场，要素市场理论也称为“分配理论”。本章从生产要素的需求与供给入手，介绍工资、利息、地租和利润的决定。

习　　题

1. 名词解释

要素需求　派生要素　联合要素　边际产品　价值边际　要素成本
后弯劳动供给曲线　工资　地租　利息

2. 思考题

(1) 企业利润极大化条件 $MR=MC$ 为什么可重新表述为 $MFC=MRP$？完全竞争条件下出售产品利润极大化的条件可否表示为 $MFC=VMP$？为什么？

(2) 完全竞争企业对单一可变要素的需求是如何决定的？

(3) 为什么会出现后弯的劳动供给曲线？

(4) 怎样解释利息的来源？

(5) 一个行业面临着竞争的劳动力市场，劳动力供给有两个来源：本地工人和外国工人。所有工人均有相同技能。同时，假定该行业的产品要与进口品竞争。用图形说明最初的竞争劳动市场，绘出劳动力供求曲线，并确定工资和就业水平。

3. 选择题

(1) 假定一个利润最大化的企业在竞争的劳动市场上雇用劳动。如果劳动的边际收益产量大于工资，企业将(　　)。

A. 提高工资率　　B. 降低工资率
C. 增加雇用的劳动量　　D. 减少雇用的劳动量

(2) 下列哪一种情况不是引起工资差别的原因？(　　)

A. 是否加入工会　　B. 家庭人口多少

C. 受教育程度差异　　D. 性别歧视

(3) 在其他条件不变的情况下，劳动成本在总成本中所占的比例越大，(　　)。

A. 劳动的需求越富有弹性　　B. 劳动的需求越缺乏弹性

C. 劳动的供给越富有弹性　　D. 劳动的供给越富有弹性

(4) 下列哪一种变动不会引起劳动的需求曲线移动？(　　)

A. 工资率　　B. 企业产品的价格

C. 其他投入品的价格　　D. 技术

(5) 派生需求的例子是(　　)。

A. 对经济学学生派生的棉毛衫的需求

B. 对劳动与资本生产的棉毛衫的需求

C. 生产棉毛衫中使用的劳动的需求

D. 对毛刷的需求

(6) 经济租是(　　)。

A. 使用1亩土地所支付的价格

B. 使用1单位资本所支付的价格

C. 某种生产要素量既定时增加劳动所要求的收入

D. 某种生产要素量既定时大于所要求的那部分收入

(7) 生产要素所有者得到的收入是劳动的工资(　　)。

A. 资本的利润和货币的利息　　B. 资本的红利和货币的利息

C. 资本的利息和土地的地租　　D. 资本的利润和土地的地租

(8) 在以下的方式中，工会为了提高工资，所采用的方式是(　　)。

A. 要求政府增加进口产品　　B. 要求政府鼓励移民入境

C. 要求政府限制使用童工　　D. 要求政府增加工作时间

第10章

定价实践

教学目标

通过本章的学习，明确企业定价理论与实际方法；主要了解定价的目标和程序，掌握定价的理论与技巧；并能运用所学知识对企业实际经营管理中的定价行为进行简单的分析。

教学要求

知识要点	能力要求	相关知识
企业定价目标与定价程序	(1) 掌握有效地进行定价决策的流程 (2) 培养定价决策程序化的习惯	(1) 定价目标与企业目标的含义及其关系 (2) 定价目标的具体内容 (3) 有效定价决策的科学流程
成本加成定价法	(1) 会正确选择成本加成定价法 (2) 会用成本加成定价法计算产品的销售价格	(1) 成本加成定价法的含义、适用范围与优缺点 (2) 成本加成定价法的步骤与公式
增量分析定价法	(1) 会正确选择增量分析定价法 (2) 会用增量分析定价法计算产品的销售价格	(1) 增量分析定价法的含义、适用范围与优缺点 (2) 增量分析定价法的步骤与公式
差别定价法	(1) 会正确选择差别定价法 (2) 会用差别定价法计算产品的销售价格和产量	(1) 差别定价法的含义、适用范围与优缺点 (2) 差别定价法的步骤与公式

续表

知识要点	能力要求	相关知识
多产品定价法	(1) 会正确选择多产品定价法 (2) 会用多产品定价法计算产品的销售价格和产量	(1) 多产品定价法的含义、适用范围与优缺点 (2) 多产品定价法的步骤与公式
内部调拨定价法	(1) 会正确选择内部调拨定价法 (2) 会用内部调拨定价法计算产品的销售价格和产量	(1) 内部调拨定价法的含义、适用范围与优缺点 (2) 内部调拨定价法的步骤与公式
新产品定价法	(1) 会正确选择各种新产品定价法 (2) 会用新产品定价法计算产品的销售价格	(1) 新产品定价法的含义、适用范围与优缺点 (2) 新产品定价法的步骤与公式
竞争中的价格策略	在竞争环境中会正确地选择各种价格策略做出有效决策	(1) 各种价格策略的含义、适用范围与优缺点 (2) 各种定价方法的步骤和公式

导入案例

沃尔玛的定价策略

沃尔玛能够迅速发展，除了正确的战略定位以外，也得益于其首创的折价销售策略。每家沃尔玛商店都贴有天天廉价的大标语。同一种商品在沃尔玛比其他商店要便宜。沃尔玛提倡的是低成本、低费用结构、低价格的经营思想，主张把更多的利益让给消费者，为顾客节省每一美元是他们的目标。沃尔玛的利润通常在30%左右，而其他零售商如凯马特的利润率都在45%左右。公司每星期六早上举行经理人员会议，如果有分店报告某商品在其他商店比沃尔玛低，可立即决定降价。低廉的价格、可靠的质量是沃尔玛的一大竞争优势，吸引了一批又一批的顾客。

10.1 企业定价目标与定价程序

企业定价是一项系统工程，既具有科学的程序，又涉及管理的艺术，下面首先主要研究企业定价的一般目标和程序。

10.1.1 企业定价目标

1. 企业定价目标的概念及其与企业目标的关系

企业定价目标是企业从内部条件和外部环境出发，在企业战略目标指导下，在价格制定和实施过程中所要达成的直接结果或意图。企业定价目标与企业目标之间存在复杂的关系：第一，企业价格目标是企业目标体系的一部分，企业目标是由相互联系的多层次、多方面的目标组成的完整系统，它们是部分与整体的关系。第二，在企业目标体系中，战略目标位于最高层次，对企业定价目标和其他目标起指导和制约作用，而企业价格目标不仅服务于战略目标，是企业达成战略目标的重要环节，而且也影响其他目标的制定与实施。第三，一般来讲，包括企业价格目标在内的企业所有的目标均应该相互协调、相互促进，但是也有可能出现不一致，管理者应该以战略目标统筹其他目标，进行调整。

案例 10-1

蒙玛公司在意大利以“无积压商品”而闻名，其秘诀之一就是对时装分多段定价。它规定新时装上市，以3天为一轮，凡一套时装以定价卖出，每隔一轮按原价削10%，以此类推，那么到10轮(一个月)之后，蒙玛公司的时装价就削到了只剩35%左右的成本价了。这时的时装，蒙玛公司就以成本价售出。因为时装上市才仅一个月，价格已跌到1/3，谁还不来买？所以一卖即空。蒙玛公司最后结算，赚钱比其他时装公司多，又没有积货的损失。

2. 常见的企业定价目标

由于企业面对的内外环境是复杂多变的，其定价目标也多种多样，常见的有以下几种。

1) 追求最大利润

追求最大利润通常有两层含义：一是指长期利润最大化；二是指整体利润最大化，也就是说，企业获利应从所有的产品来考虑，以提高企业整体的利润。

2) 获取一定的投资收益率(资金利润率)

对企业来说，对投资行为都希望能获得一定的回报，这种预期的报酬水平通常是通过投资收益率来反映的。为了实现预期的利润，企业在定价时就要以达到这一目标为标准，要进行相应的投入-产出分析，即根据开发某种产品时的资源投入以及对应的产出情况，确定自身的投资收益率，从而也就可以确定定价目标了。

3) 维持和增加市场占有率

市场占有率的高低及其发展趋势与产品竞争能力具有密切的关系，一个企业只有在产品市场的经营状况较好，逐渐扩大和销售额不断增加的情况下，才可能获得长期的发展。因此企业从市场占有率出发确定企业的定价目标，又包括两个方面，一是维持企业的市场占有率；二是扩大市场占有率，获得更大的发展。

4) 应付或防止竞争

通常是以对产品价格有决定影响的竞争者的价格为基础，在比较权衡的基础上确定本企业的价格目标，一般而言这种定价目标有3种可供选择的途径：一是以低于竞争者的价格出售产品；二是以与竞争者相同的价格出售产品；三是以高于竞争者的价格出售产品。企业在选择上述3种定价策略时，应根据具体的条件具体分析，尤其要结合产品性质和企业实力进行综合判断，确定产品价位。

案例 10-2

格兰仕再挑价格战

自2010年4月下旬开始，广东格兰仕集团就以特价机形式大幅降低微波炉价格，主流机型降价40%。在东北、华北两大市场上，其降价矛头鲜明地指向主要竞争对手——韩国LG。

1. 直逼韩国品牌

一向以"刚性经营"著称的格兰仕经营人士在解释此次降价背景时说：为重点开拓海外市场，格兰仕自春节前开始有计划、有意识地让出一部分东北、华北市场，目的是培育国内品牌。但是，经过半年时间，国内品牌非但没有成长起来，反而让个别韩国企业乘机抢占了市场。于是，在扩充了8条新的生产线以后，格兰仕"再开杀戒"，以降价为武器，再度担当起"驱除外敌"的主力。联想到此前格兰仕曾经对竞争对手发出的"保留强有力的杀手锏"的警告，这次降价是否就是"杀手锏"?

自2010年发动大规模降价以来，格兰仕微波炉的市场份额一直居高不下，全国市场的平均占有率在50%以上。可以这样评价：在所有的消费电子行业中，微波炉行业的市场集中度最高，与彩电、空调、VCD、冰箱、热水器等行业的群雄并起的局面相比，格兰仕应该感到欣慰。在这个行业里，近3年来它一直没有遇到真正的挑战。

继2008年完成300多万台的产销任务后，格兰仕把目光投向了海外。按照格兰仕的构想，海外市场也应由格兰仕"一统天下"，因此在原计划产销量500万台的基础上，再追加100万台。然而没有想到，正在格兰仕踌躇满志地跨出国门时，其后方的战略要冲——北京、天津、沈阳3地的微波炉市场正在悄悄地发生变化。韩国LG和三星的市场份额从1998年下半年起连续攀升，终于在此3地市场上对格兰仕构成了直接威胁。一不小心，格兰仕发现它的对手长大了许多!

"春节期间上海部分商场外资品牌微波炉的售价达到299元，直到现在上海、武汉等地还有300多元的微波炉出售。"格兰士副总经理俞尧昌说："我们的生产线24条，生产量250万台就能够保本，LG有几条?"不过，他也认为外资品牌尤其是LG的咄咄逼人的上升势头正是促使格兰仕下决心降价的原因："我要降就会一步到位，并且要高、中、低档产品一齐动作，决不会给对手留出生存空间。换句话说，要使韩国品牌一蹶不振。"

2. LG意欲以逸待劳

由于市场份额相对较小，三星电子公司负责微波炉业务的金建利经理出言谨慎。他认为此次格兰仕降价对三星的影响不是很大，因为三星的市场占有率仅为5%。"我想这次冲击对LG的影响可能会大一些。"金建利说。

5月18日，面对记者提问，天津LG电子微波炉营业部郑灿科长表达出扬眉吐气的快意："我们经过3年的浴血奋战，终于有了今天这个局面。"郑灿说：在天津、沈阳、北京这3个大型城市，微波炉的市场占有率在今年3月份取得了历史最好成绩，超过了格兰仕。"以格兰仕在中国微波炉市场的地位，这是绝对不能接受的局面。所以很明显，这次降价就是对着LG来的。"郑灿分析道："降价对市场造成的冲击肯定是有，但LG的销售额一直在增长。"

郑灿指出：在4月底格兰仕降价之后，3地(北京、天津、沈阳)市场一度热销，格兰仕的市场份额迅速增长到50%以上，"但市场总量增大了，所以LG的销量也在增长"。对于格兰仕此前发出的"拖死韩国老虎"的挑战，郑灿不以为然："在这个市场上，想依靠价格拖死企业不可能。最多我现在不做了，等你累了我再出来。"

郑灿认为：企业仅仅依靠价格为武器很危险，“因为微波炉市场经过这么多年的发展已经成熟了，消费者不仅仅要看价格，还要看你的质量和服务水平”。他认为价格一降再降有可能使企业陷入无力提高科研开发力度，甚至无法保证产品质量的危险境地。

“消费者要是想买便宜的，我就推荐他去买格兰仕。反正我LG是不会跟着去打价格战。”但是，郑灿并不否认格兰仕的实力：“毕竟在国内‘格兰仕’现在还是微波炉的代名词，它的地位就好比是彩电业的长虹一样。”接着，他又反问：“但这么低的价格，它能坚持到几时?”记者从家电协会的一份资料了解到：1998年格兰仕微波炉子均售价为600多元；LG的平均售价为500多元。

3. 消费者：价格第一，还是质量第一?

记者在北京几大商场内看到：微波炉专柜的显要位置无一例外地摆放着格兰仕特价销售的广告，两款特价主流机型分别为WP700S和WD700S-1，价格分别为498元和598元，随机赠3件塑料器皿。LG微波炉看来也已成气候，相比于松下、惠而浦、三星等品牌，LG的专柜不仅品种多，而且位置显眼，它的特价机价格是499元。

据商场销售人员介绍，格兰仕特价机推出后销售非常好，一度可以用“火爆”来形容，现在已经趋向平稳，而LG的销售状况也不错。在北辰购物中心，销售小姐介绍说：“格兰仕平均一天10多台，LG也有7～8台。”

记者随机采访了几位正在购物的顾客，询问他们如何选择品牌时，一位郑先生说：“质量第一，要是有泄露(微波)，那就是买回了一个炸弹。”当记者问到价格与质量之间是什么关系时，几位女士说：“价格高质量也不见得好，我们有个朋友买了一台挺贵的外国牌子的微波炉，没多长时间就坏了。”在分析市场构成时，导购小姐说：“还是买格兰仕的多，为什么？老百姓哪有那么多钱？再说我这摆着这么多牌子，都是有合格证的，如果质量不合格就出厂，我看厂家不会担这个风险。现在竞争这么激烈，砸了牌子就什么都完了。”竞争如此激烈，才导致微波炉市场的风浪不断。5月17日，在谈到价格走势时，格兰仕副总经理俞尧昌说：“等市场稳定以后，我们将适当调整价格。”而在5月18日对LG的采访中郑灿说：“这次格兰仕在北京市场投放了8 000台特价机，它的消化需要时间。”当记者问到这批特价机什么时候能消化完时，郑灿答道：“两个月”。

(资料来源：庞义成．微波炉市场再起恶战．5月25日第15版)

在本案例中，格兰仕为什么再挑价格战？其价格目标是什么？可能会对企业目标有什么影响？请读者自行分析。

5）保持与分销渠道的良好关系

对大部分产品都需经由中间商推销的企业来说，在制定价格时，考虑到中间销售商的利益是正常而且是必要的举动。为了保证分销渠道的畅通，调动其推销本企业产品的积极性，以维持产品分销渠道的稳定，必须研究价格对中间商的影响，并为中间商留有足够的利润空间，同时恰当的定价也有利于取得企业内部销售人员的支持。

6）保持相对稳定的价格

保持稳定的价格通常有利于既定企业维持自身产品的形象，获取适当的利润，避免价格频繁竞争导致的风险。一般来说，市场上出现的价格相对稳定状态是由价格领袖制所导致的。价格领袖制又叫作领导者价格，它由行业中的大企业或主导企业先制定一个价格，其他企业的价格与之保持一定的比，这样便可使价格稳定在一定的水平，因此此定价目标往往多为大企业采用，中小企业跟随使用。

案例 10-3

日本人流行穿布袜子，石桥便专门生产经销布袜子。当时由于大小、布料和颜色的不同，袜子的品种多达100多种，价格也是一式一价，买卖很不方便。有一次，石桥乘电车时，发现无论远近，车费一律都是0.05日元。由此他产生灵感，如果袜子都以同样的价格出售，必定能大开销路。然而，当他试行这种方法时，同行全都嘲笑他。认为如果价格一样，大家便会买大号袜子，小号的则会滞销，那么石桥必赔本无疑。但石桥胸有成竹，力排众议，仍然坚持统一定价。由于统一定价方便了买卖双方，深受顾客欢迎，布袜子的销量达到空前的数额。

7）避免政府调查和控制

企业定价行为不仅为消费者和竞争对手所关注，而且也往往处在社会舆论的包围之中，在某些时候，政府出于反垄断和社会公共利益等需要，会对企业的定价行为进行调查和控制，这往往会对企业的经营管理产生影响，并可能损害企业现象。

案例 10-4

美国政府对汽车油漆行业定价问题进行调查

根据华尔街日报报道，美国联邦反托拉斯官员已经查封了杜邦、Sherwin—William公司、PPG工业公司、BASF公司和Akzo Nobel公司的有关文件。美国政府目前对汽车油漆行业定价问题正在进行刑事犯罪调查。该报说，司法部发言人证实确实正在进行调查，但拒绝说明正在对哪些公司进行调查。该项调查从开始，已经召集联邦大陪审团听取证据。司法部目前正在对一些行业进行至少24项的调查。目前尚不知道对汽车油漆行业的调查是否会导致刑事诉讼。上述油漆制造商都已经确认正在进行调查，但都认为自己是清白的。这些公司被认为5年前曾在欧洲开会共同操纵美国油漆批发价。

因此，明智的企业在定价行为上应尽可能避免政府调查和控制。

8）树立企业形象

产品价格是影响企业品牌形象的重要因素，企业给产品定价，要考虑价格体系与自身形象相一致，一般而言，如果企业形象是优质高档、服务优良，就应为产品制定一个较高的价格；如果企业形象是价廉实惠，就应为产品制定一个较低的价格。

案例 10-5

金利来领带，一上市就以优质、高价定位，对有质量问题的金利来领带他们决不上市销售，更不会降价处理。给消费者这样的信息，即金利来领带绝不会有质量问题，低价销售的金利来绝非真正的金利来产品。从而极好地维护了金利来的形象和地位。

上面列举了主要的企业定价目标，在实际经营中，企业往往要同时兼顾多个重要程度不同的定价目标或者有所取舍，这通过正确的定价程序来保证。

10.1.2 企业定价程序

企业定价行为是受多方面因素影响的系统工程，当然定价程序也要受其制约，下面做一简要分析。

1. 企业定价的影响因素分析

1）产品价格构成本身的因素

价格构成是指组成产品价格的各个要素及其在价格中的组成情况。从市场营销角度来看，产品价格的具体构成为开发成本、生产成本、销售成本、流通费用、税金和利润等。成本越低，则企业产品的定价也越低；成本越高，则产品价格也越高。成本和产量有着密切的关系，故企业定价时也应该考虑。

2）企业内部因素

（1）产品特征。产品特征，如理化属性、威望性大小、需求弹性大小与产品生命周期等，如果产品特征好，那么该产品就有可能成为名牌产品、时尚产品、高档产品，就会对顾客产生极大的吸引力，故企业定价的自由度较大。

（2）销售渠道与促销宣传。销售费用与促销费用的高低，直接影响着产品的价格。

（3）企业的整体营销战略与策略。价格策略作为市场营销决策体系的重要组成部分，既要服从于市场营销战略目标的实现，又要配合其他诸如产品策略、销售渠道策略等各项决策的制定与实施。

3）企业外部因素

（1）市场需求。顾客需求对产品定价的影响，通过需求强度、需求层次反映出来。需求强度是指顾客想获取某种商品的程度。不同的需求层次对定价也有影响，对于能满足较高需求层次的商品，价格可定得高一些；反之，则应低一些，这样才能满足不同层次顾客的需求。

（2）竞争者行为。价格是竞争者关注的焦点和竞争的主要手段，定价是一种挑战性行为，任何一次价格制定与调整都会引起竞争者的关注，并导致竞争者采取相应的对策。

（3）市场结构。根据市场的竞争程度，市场结构可分为4种不同的市场类型，即完全竞争市场、完全垄断市场、垄断竞争市场和寡头垄断市场。不同类型的市场有不同的运行机制和特点，对企业行为具有不同的约束力，因而在定价方面也表现出显著的差异性。

（4）政府约束。为了维护国家与顾客利益，维护正常的市场秩序，每个国家都制定有关的经济法规，约束企业的定价行为。这种约束不仅反映在定价的种类、价格水平和定价的产品品种等方面，而且也反映在工资政策、产业政策、信贷政策等方面。

（5）社会经济状况。一般来说，经济高速发展，人们收入增长较快，易出现总需求膨胀，引起物价总水平上涨；而在经济调整时期，经济发展速度放慢，人们收入增长减缓，易出现有效需求不足，引起物价总水平基本稳定。

（6）社会文化与心理因素。文化因素包括风俗习惯、民族风情、宗教禁忌等，心理因素则是消费者的需求偏好、心理感受、主观看法等，它们都可能对产品定价产生影响。

（7）社会劳动生产率。社会劳动生产率是指单位时间内创造出的产品数量。它的变化会引起单位产品价值的变化，作为产品价值货币表现的价格也要发生变化。

2. 企业定价程序

(1) 根据企业的经营目标，确定相应的定价目标。

(2) 估算产品的市场需求量，了解顾客心目中的预期价格；估计不同价格的销售量，计算各种售价时的市场均衡点。

(3) 测定需求价格弹性。

(4) 分析竞争对手的反应。企业在定价时要充分研究竞争情况，了解竞争对手采取的定价策略，以便根据本企业实际情况采取相应的定价策略。

(5) 预计市场占有率。企业要扩大市场占有率，利用广告等促销手段往往比降价更有利，但选择何种策略要看具体情况。

(6) 选择市场定价策略。企业可以根据营销目标、定价目标等选择切实可行的策略。

(7) 选择定价方法。在充分考虑产品要面对的主客观环境后，最后应选择具体的、有效的方法来确定产品的价格。

10.2 成本加成定价法

1. 成本加成定价法的含义

成本加成定价法是在单位产品成本的基础上，加上一定比例的预期利润作为产品的销售价格。销售价格与成本之间的差额即为利润。由于利润的多少是按一定比例确定的，习惯上称为“几成”，因此这种定价方法被称为成本加成定价法。其计算公式为

$$单位产品价格=单位产品成本\times(1+加成率)$$

式中：加成率为预期利润占产品成本的百分比。

一般来说，高档消费品和生产批量较小的产品，加成比例应适当地高一些，而生活必需品和生产批量较大的产品，其加成比例应适当地低一些。

2. 成本加成定价法的步骤、案例及评价

(1) 估计单位产品的变动成本(如直接材料费、直接人工费等)。

(2) 估计固定费用，然后按照标准产量(一般为生产能力的3/4～4/5)把总固定成本分摊到单位产品上，求得平均固定成本 AFC，再加上平均变动成本 AVC 得到平均成本 AC。

(3) 在平均成本 AC 的基础上加上用目标利润率计算的利润额，得到价格 P。这里的目标利润率通常指平均利润率 η，即

$$P=AC(1+\eta)$$

【例 10.1】 如果某企业的标准产量为100万件，为生产能力的80%，生产的产品平均变动成本 AVC 为每件15元，总固定成本 TFC 为500万元，如果企业的目标利润率为20%，问价格应定为多少？

解：

由于 $AVC=15$ 元，所以 $AFC=500$ 万元/100万件，即 $AFC=5$ 元，得到 $AC=$

$AVC+AFC=15+5=20$(元)。

因为 $\eta=20\%$，所以有：

$$P=AC(1+\eta)=20(1+20\%)=24(\text{元})$$

3. 成本加成定价法和利润最大化

对于平均成本变动不大的产品，在一定条件下，成本加成定价法和目标利润最大化的定价方法是一致的。因为都已知 $MR=P(1+1/E_d)$。

利润最大化的必要条件是 $MR=MC$，以 MC 代替上式中的 MR，得：

$$MC=P(1+1/E_d)$$

对于平均成本变动不大的产品，由于 MC 近似等于 AC，得：

$$AC=P(1+1/E_d)$$

$$AP=AC\ [1-1/(1+E_d)]$$

$[-1/(1+E_d)]$就是企业的目标利润率 η，可根据产品的需求价格弹性来确定目标利润率。根据这个加成比率来定价，就能实现利润的最大化。如果产品的价格弹性为－1.2，加成比率将为500%；价格弹性为－1.5，最优加成比率为200%；价格弹性为－2，最优加成比率为100%等。由此可见，最优加成比率的大小与产品的价格弹性(绝对值)成反比。

产品在完全竞争市场上，$E_d=-\infty$、$\eta=0$，企业的目标利润也只能趋于零，这也从另一个角度说明了完全竞争企业只能获取正常利润的原因。

成本加成定价法的优点在于简单易行。不足是以卖方的利益为出发点，不利于企业降低成本；没有考虑市场需求及竞争因素；加成率是个估计值，缺乏科学性；由于估计单位产品的平均变动成本和分摊固定成本是十分困难的，有时候甚至做不到，因此成本加成定价法更多地用于平均成本变动不大的产品，它是以会计成本作为依据进行计算的，而价格决策应当考虑机会成本。

【例 10.2】 上述企业如果有多余的生产能力，是否应该以18元的价格再接受25万件新订货？

按成本加成定价法，每件价格为18元低于平均成本20元，不应该接受，但是此决策是错误的。因为新增订货多支出的成本是25(万)×15(元)＝375(万元)，接受新订货可以增加利润75万元[25(万)×18(元)－375(万元)＝75(万元)]，因此企业应该接受新增订货。而这种定价方法就是下面要谈的增量分析法。

10.3 增量分析定价法

1. 增量分析定价法的含义

增量分析定价法是通过计算由价格引起的增量利润来判断定价方案的效果的方法。如果增量利润为正值，则说明方案可以接受；如果是负值，则说明方案不能接受。利润等于定价方案引起的总增量收入减去定价方案引起的总增量成本。

【例 10.3】 某饭店有120个客房，目前正处于旅游淡季，客房出租率只有25%。现有一个单位要租用该饭店60个房间举办一个月的学习班，但每个房间其每天只肯出50元。该饭店每个客房的平均变动成本为每天5元，全年总固定成本为850 000元，正常价格为每天每房75元，但如果该饭店不承接这个任务，就会有75%的客房闲置不用。问该饭店要不要承接这项任务？

解：

假设承接这项任务，则增量收入为60×50×30＝90 000(元)，增量成本为60×5×30＝9 000(元)，增量利润＝90 000－9 000＝81 000(元)＞0，所以应该承接这项任务，相对于不承接而言，可使饭店在淡季少亏损。

2. 增量分析定价法的应用

增量分析法的运用要注意3点：第一，决策引起的增量利润应当反映决策引起的总效果，这主要是看一个企业的产品之间是否有相互替代关系、互补关系以及成本上的此消彼长关系，上述3种情况都不能仅仅计算新产品利润的增量，而要计算新产品引起的整个企业利润的变化；第二，在计算时不仅要考虑企业的短期利润状况，而且还要考虑企业的长期利润状况，任何一个决策都必须考虑短期与长期的结合，例如在开发某个产品时，可能短期内销售看好、有利可图，但长期看可能不看好，并且限制了另外一些产品的发展，此时的决策就要综合考虑；第三，在短期内，它是指以能够弥补变动成本和获取一定的边际贡献为原则的定价方法，边际贡献是指产品销售收入与产品变动成本之间的差额，用公式表示为边际贡献＝销售收入－变动成本，因而单位产品价格＝单位变动成本＋(边际贡献/产量)，边际贡献大于固定成本，企业就有盈利，边际贡献等于固定成本，企业不盈不亏，边际贡献小于固定成本，企业就要亏损。但在特殊条件下，只要边际贡献大于零，即单位产品价格大于单位变动成本，那么企业有富余生产能力就可以考虑进行生产，因为这样至少能够在一定程度上弥补企业的固定成本。本章例10.3就运用了这种定价方法。

10.4 差别定价法

10.4.1 差别定价法的含义及形式

差别定价法(又称为价格歧视)意味着企业对同一种产品或服务向不同的消费者收取不同的价格，即根据购买数量、购买者的特征或者各种销售条款确定相应的价格，这种价格的不同并不是成本所造成的。差别定价法的形式有以下几种。

(1) 以顾客为基础的差别定价。它是指对同一产品，针对不同的顾客，制定不同的价格，如火车票对学生实行优惠价。

(2) 以地理位置为基础的差别定价。它是指随着地点的不同而收取不同的价格。

(3) 以时间为基础的差别定价。它是指对同一种产品，价格随季节、日期，甚至钟点的不同而变化，如春运期间运输票价上调。

(4) 以数量为基础的差别定价。它是指一次购买越多，价格越低，这也称为数量折扣。

(5) 以产品为基础的差别定价。同种产品的不同外观、不同花色、不同型号、不同规格、不同用途，其成本也有所不同，但它们在价格上的差异并不完全反映成本之间的差异，主要区别在于需求的不同，可根据顾客对产品的喜爱程度制定价格。

10.4.2 差别定价法的制定

1. *差别定价法实施的条件*

差别定价法是攫取消费者剩余的常用手段，一般认为实行价格歧视需要同时具备3个条件。

(1) 企业必须拥有一定的市场垄断力量，是一个价格制定者；如果在完全竞争市场上，企业只是价格的接受者。

(2) 实行差别定价法的企业必须能够有效地细分市场并防止购买者之间转卖商品行为的发生，即防止转售；否则各市场的价格趋于相等。因此转售困难的公共服务的提供者能够采用差别定价法。

(3) 不同购买者(购买量)的需求价格弹性不同。由于收入水平、品味或者能否得到替代品等因素所造成的不同细分市场的购买者在产品的需求价格弹性上的不同，必须使得实行价格歧视的企业能够获得更多的总收入，否则企业无实行价格歧视的必要。

2. *差别定价法的3种具体方法及案例*

1) 一级差别定价法

企业知道每个消费者为了能够买进每一单位产量所愿付出的最高价格，并据此确定每一单位产品的销售价格。由于一级差别定价法的企业攫取了所有购买者的消费者剩余，所以又称为完全价格歧视。

一级差别定价使垄断者得到全部消费者剩余，如果实行一级差别定价，则垄断企业对X_1单位的商品定价为P_4，对X_2单位索取价格为P_3，一直到最后X_n单位的价格为P_1。此时，需求曲线就变成了垄断企业的边际收入曲线，这样在单一定价下的消费者剩余全部转化成垄断者的超额利润(图10.1)。如果不实行差别定价，垄断企业决定出售X_n单位产品，在通常情况下，它的卖价为P_1，总收益为P_1OX_nE的面积，而消费者实际所得到的效用为P_5OX_nE的面积，显然消费者得到的剩余为P_5P_1E的面积。

完全的一级差别定价在实践中是极少可能在的，因为企业向每一个顾客索取不同的价格是不现实的，如信息成本极高，特别是顾客数量较多时，因此有时企业基于对顾客愿意出的最高价的估计而向他们索取几个不同的价格，实施不完全的一级差别定价。例如，律师或者汽车销售员，由于对不同收入的客户有相当了解而可能收取不同的价格。

2) 二级差别定价法

二级差别定价的含义是把产品的购买量分为若干范围，而不是一个单位，在每一范围中确定不同的价格。如电话公司、电力公司针对不同消费数量区段的产品收取不同费用。

如图10.2所示，消费OQ_1时定价为P_1；(Q_2-Q_1)数量定价为P_2。

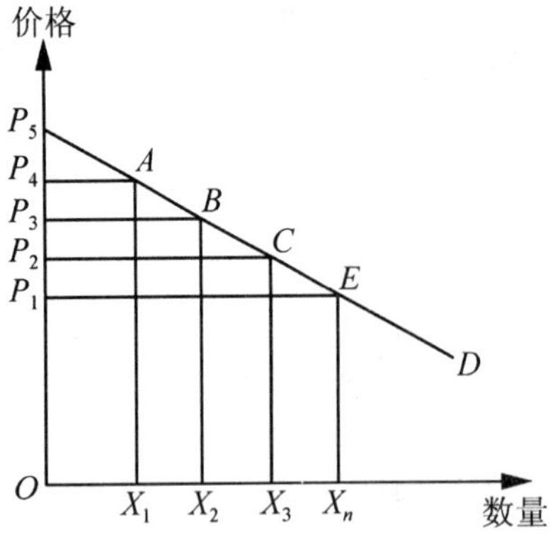

图 10.1 一级差别定价

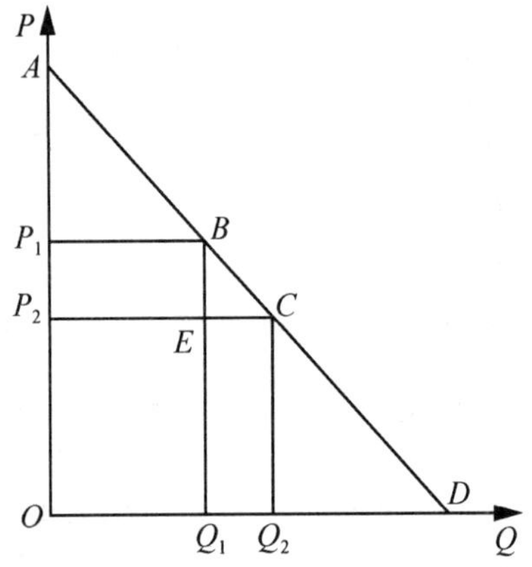

图 10.2 二级差别定价

3）三级差别定价法

三级差别定价是指垄断企业在分割的市场上销售同一种产品，为了使企业利润最大化，依据每一个市场的边际收入必须等于总产出的边际成本而分别制定价格。如果两个市场的边际收入不相等，则企业可以减少边际收入低的市场的销售量，相应增加边际收入高的市场的销售量，在不影响总成本的情况下，使总收入增加。边际收入相等并不意味着两个市场的产品价格必定相等。当两个市场的需求弹性不相等时，两个市场的产品价格就不相等。

如图 10.3 所示，假定某企业在两个被分割的市场 A 和市场 B 出售同一种产品。市场 A 的需求曲线为 D_1，市场 B 的需求曲线为 D_2，对应的边际收入曲线分别为 MR_1 和 MR_2。将这两个市场的需求曲线水平进行加总，可以得到企业的总需求曲线 D。将两条边际收入曲线 MR_1 和 MR_2 水平加总，可以得到企业的总边际收入曲线 MR。产品的边际成本曲线为 MC。MR 和 MC 的交点 E 确定了企业利润最大时的总销售量 Q（Q 在两个市场的分配原则是使不同市场的边际收入相等，即 $MR_1=MR_2=MR$）。从 E 点作水平线分别与 MR_1、MR_2 相交于 E_1、E_2，由 E_1、E_2 决定了 A、B 两个市场的销售量分别为 Q_1 和 Q_2，对应的价格分别为 P_1 和 P_2。市场 A 和市场 B 的销售量之和等于 Q。由于两个市场的需求弹性不同，因而确定的价格也不同。市场 A 的需求弹性较小，制定较高的价格 P_1，而市场 B 的需求弹性较大，制定较低的价格 P_2。垄断企业在两个市场上出售产品，需求函数分别为 $Q_1=Q_1(P_1)$ 和 $Q_2=Q_2(P_2)$，其反函数分别为 $P_1=P_1(Q_1)$ 和 $P_2=P_2(Q_2)$。因此收入函数分别为 $R_1=P_1(Q_1)\times Q_1$ 和 $R_2=P_2(Q_2)\times Q_2$。企业的总成本 C 是总产量 $Q=Q_1+Q_2$ 的函数，因此企业的利润为：

$$\pi=R_1(Q_1)+R_2(Q_2)-C(Q_1+Q_2)$$

为使利润极大化，上式分别对 Q_1、Q_2 求导，并令其等于零，则有：

$$MR_1(Q_1)-MC(Q_1+Q_2)=0$$

$$MR_2(Q_2)-MC(Q_1+Q_2)=0$$

即 $MR_1-MR_2=MC$，两个市场的边际收益相等，因为 $MR=P(1+1/E_d)$，那么两个市场之间的价格比率为：

$$P_1/P_2=(1+1/E_{d2})/(1+1/E_{d1})$$

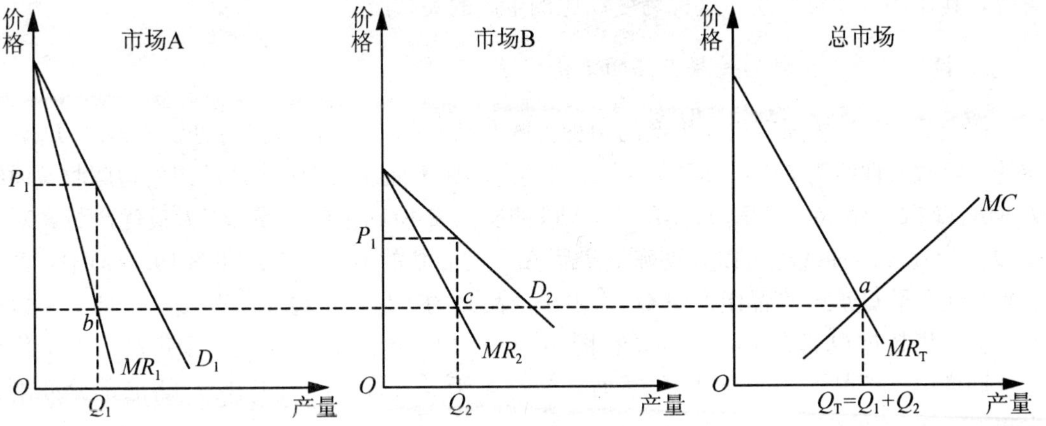

图 10.3 三级差别定价

【例 10.4】 某个垄断企业的产品在两个分割开来的市场中出售。该企业的成本函数及两个市场的需求曲线分别为 $Q_1=8-1/2P_1$、$Q_2=12-P_2$，边际成本为 4，不随产量变化而变化。

(1) 如果两个市场能够实施差别定价，则各市场的产品价格及销售量为多少？

(2) 如果不能实施差别定价，则产品价格及销售量为多少？

解：

(1) 根据两个市场的需求函数，求其反函数，得：

$$P_1=16-2Q_1，P_2=12-Q_2$$

两个市场的边际收益曲线为：

$$MR_1=16-4Q_1，MR_2=12-2Q_2$$

为使利润最大化，令 $MR_1=MR_2=MC$、$16-4Q_1=4$、$Q_1=3$、$12-2Q_2=4$、$Q_2=4$。

将 Q_1、Q_2 代入需求函数，得到 $P_1=10$、$P_2=8$，如果实行差别定价，则市场 1 的利润 $=P_1\cdot Q_1-MC\cdot Q_1=30-12=18$，市场 2 的利润 $=P_2\cdot Q_2-MC\cdot Q_2=32-16=16$，总利润 $=18+16=34$。

(2) 实行统一定价时，$P_1=P_2=P$，市场需求函数 $Q=Q_1+Q_2=20-3P/2$，$P=40/3-2Q/3$，边际收益曲线为 $MR=40/3-4Q/3$，令 $MR=MC=4$，则 $40/3-4Q/3=4$，$Q=7$，代入总需求函数，得 $P=26/3$。

总利润 $=P\cdot Q-MC\cdot Q=98/3<$ 差别定价的总利润 34，说明实行差别定价所得利润大于实行统一定价时的利润。

10.5 多产品定价法

多产品在生产过程中也会有一定的联系。如用同一投入，在同一过程中，生产出两种以上的产品，这样的产品就叫作关联产品。可分为固定比例生产的关联产品和变动比例生产的关联产品。屠宰场杀猪同时得到猪肉、猪皮、猪排、猪内脏等，而且其比例一般是不变的，这称为固定比例生产的关联产品。而炼油厂提炼原油，可同时得到汽油、柴油、沥青等，其比例可能会变动，这称为变动比例生产的关联产品。

1. 按固定比例生产的关联产品的定价

假定A、B为按固定比例生产的两种关联产品，A、B的需求曲线分别为D_A、D_B，相应的边际收益曲线为MR_A、MR_B，产品组的边际成本曲线为MC，产品组的边际收益曲线为MR_T($MR_T=MR_A+MR_B$)，MR_T与MC的交点E所确定的产量Q^*为最优产量，对应于Q^*在D_A、D_B曲线上可以分别确定产品A和产品B的最优价格。在图10.4(a)中，产品B的最优产量Q_1大于产品组产量Q^*，由于产品B的产量大于Q_1时，MR_B小于零，所以企业不会出售超过Q_1部分的B产品。在图10.4(b)中，产品B的产量小于产品组的最优产量，同样由于产品B的产量大于Q_1时，MR_B小于零，所以产品B多于Q_1的部分亦不会出售。

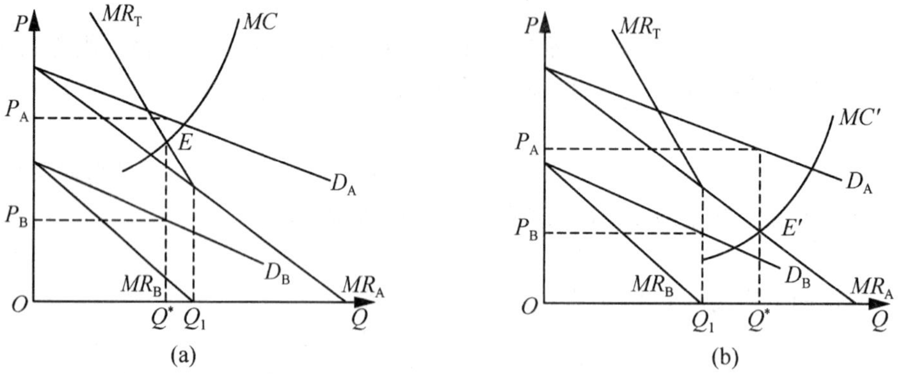

图10.4 按固定比例生产的关联产品的定价

【例10.5】 某企业以固定比例生产两种关联产品A、B，其需求曲线分别为$P_A=55-2Q$，$P_B=20-Q$，产品组的边际成本为9，问两种产品的价格和销量各为多少？

解：

根据两种产品的需求曲线，可求得其边际收益曲线分别为：$MR_A=55-4Q$、$MR_B=20-2Q$，将MR_A、MR_B相加，可得总边际收益曲线$MR_T=75-6Q$。

令$MR_T=MC$，得$75-6Q=9$、$Q=11$，把$Q=11$代入需求曲线，得$P_A=33$、$P_B=9$。

把$Q=11$代入两个边际收益方程，得到$MR_A=11$、$MR_B=-2$，由于MR_B为负值，B产品的产量应该根据$MR_B=0$来确定，令$20-2Q=0$，得$Q_B=10$，相应地$P_B=10$，所以两种产品的价格分别定为33和10，对应的销量分别为11和10。

【例10.6】 Zimon制造厂生产两种类型的汽车真空吸尘器。一种记为X的产品，可插入香烟打火机，另一种记为Y的产品，具有可充电电池。假设除了表面上的消费替代性外，两种产品之间并没有其他相关性，现决定利润最大化时两种产品的产出水平和价格。

这两种产品的需求函数如下：

$$Q_X=80\ 000-8\ 000P_X+6\ 000P_Y$$

$$Q_Y = 40\ 000 - 4\ 000P_Y + 4000P_X$$

解这两个需求函数，得到价格函数

$$P_X = 70 - 0.000\ 5Q_X - 0.000\ 75Q_Y$$

$$P_Y = 80 - 0.001Q_Y - 0.000\ 5Q_X$$

每种产品的总收益函数为：

$$TR_X = P_X \times Q_X = 70Q_X - 0.000\ 5Q_XQ_X - 0.000\ 75Q_YQ_X$$

$$TR_Y = P_Y \times Q_Y = 80Q_Y - 0.001Q_YQ_Y - 0.000\ 5Q_XQ_Y$$

两种产品的总收益通过将两种产品的收益加总得到：

$$TR = TR_X + TR_Y$$

每种产品的联合边际收入函数为：

$$MR_X = 70 - 0.001Q_X - 0.00125Q_Y$$

和

$$MR_Y = 80 - 0.002Q_Y - 0.00125Q_X$$

总成本函数：

$$TC_X = 7.5Q_X + 0.000\ 25Q_XQ_X$$

和

$$TC_Y = 11Q_Y + 0.000\ 125Q_YQ_Y$$

边际成本函数为：

$$MC_X = 7.5 + 0.000\ 5Q_X$$

和

$$MC_Y = 11 + 0.000\ 25Q_Y$$

令两产品的 $MR=MC$，解得 $Q_X=30\ 000$，$Q_Y=14\ 000$

$$P_X = 44.50,\quad P_Y = 51$$

2. 变动比例生产的关联产品的定价

假设某企业按变动比例生产两种关联产品 A、B，在完全竞争市场上销售，产品价格与投入资源给定，要求确定产品 A、B 的最优产量组合。首先画出等成本曲线 TC，等成本曲线向外凸，离原点越远的曲线，对应的成本越高。其次，根据所收集到的可能的产量组合和关联产品的价格资料，画出等收益线 TR，由于在完全竞争市场上，产品价格不变，等收益线为一条直线，所以找出等收入 TR 线与等成本曲线 TC 的切点。这些切点分别代表不同成本水平上最优的产量组合，因为在每一条等成本曲线上的其他产量组合，均与较低的收入曲线相交，代表较低的收入水平。最后从这些切点中找出利润最大的切点，即为企业关联产品最优的产量组合。在图 10.5 中的切点 b 处，$TR=140=Q_A\times P_A=Q_B\times P_B$，利润 $\pi=TR-TC=140-100=40$，大于其他各切点的利润，故为 A、B 的最优产量组合。

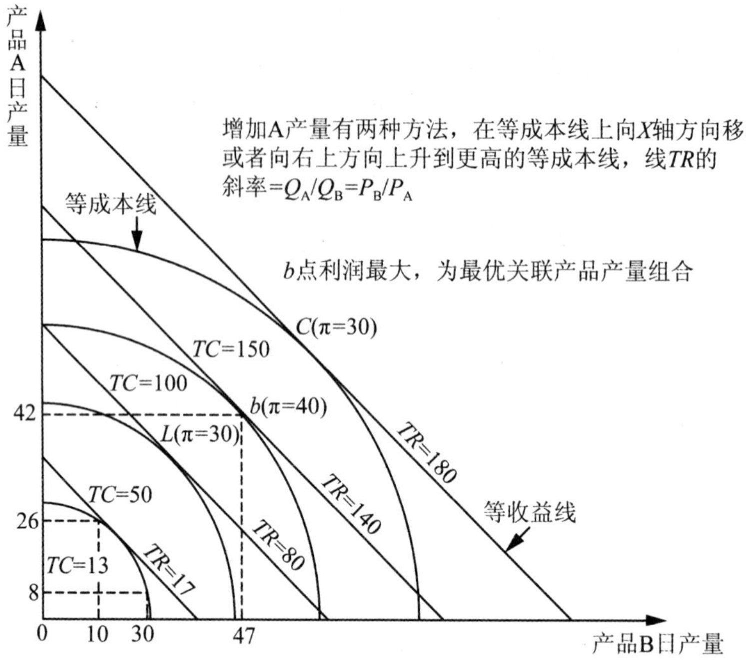

图 10.5　按可变比例生产产品组合的最优产量

10.6　内部调拨定价法

为了解决规模增长等因素导致的信息成本过高问题和追求利润最大化，现代企业通常存在一系列半自制的分公司或经营事业部。这些分公司都自主经营、自负盈亏。每个分公司都构成一个拥有经营决策职责和权限的利润中心。当一个企业内部的两个分公司需要发生中间产品转移业务时，就必须考虑这样一个问题，即企业内部的这种中间产品转移应以什么样的价格来结算，才能符合业务往来双方和企业的总体利益。分公司与分公司之间进行中间产品转让时的价格，称为内部调拨价格或者转移价格，下面分 3 种情况讨论内部调拨价格的确定并做如下假设：①总公司下属只有两家分公司(上游分公司 A 和下游分公司 B)；②上游分公司生产中间产品(如零部件)，下游分公司生产最终产品，如果存在中间产品的外部市场，上游分公司同样可以向市场出售；③生产一件最终产品恰好需要一件中间产品。

10.6.1　无外部市场的内部调拨价格

在中间产品没有外部市场的情况下，上游分公司生产的中间产品全部供应给下游分公司，下游分公司所需的中间产品必须全部购自上游分公司。对没有外部市场的中间产品，无法按市场价格定价，应按总公司利润最大化的目标确定中间产品的最佳产量和价格水平。

如图 10.6 所示，D_F和 MR_F分别是最终产品的需求曲线和边际收入曲线，MC 是总公司生产最终产品的边际成本($MC=MC_T+MC_F$)。使 $MR_F=MC$ 就可得出总公司生产最终产品的最优价格 P_F、最优产量 Q_F。这里 Q_F 当然也是分公司B生产最终产品的数量，由于假定一件中间产品生产一件最终产品，所以也应当是分公司A生产中间产品的数量。为了使分公司A根据利润最大化原则，愿意生产中间产品 Q_F，中间产品的价格就必须定在 Q_F 垂直线与 MC_T(中间产品的边际成本)曲线的交点 L 上，即定在 P_T，此时 $P_T=MC_T$。由此可见，在无外部市场的条件下，中间产品的最优产量应该按总公司的最优产量来定，它的价格应该定在这个最优产量的边际成本上。

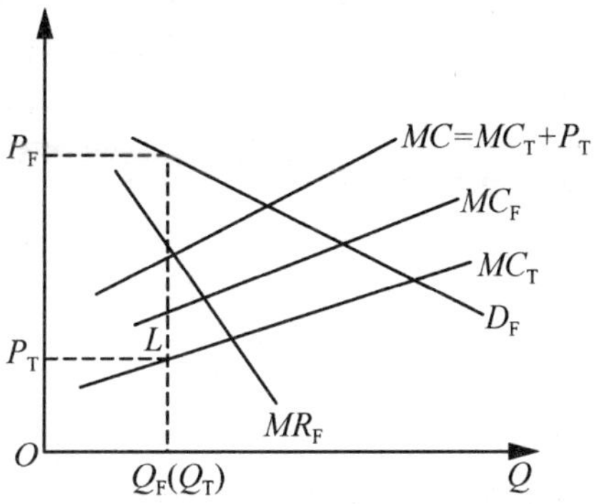

图 10.6 无外部市场的内部调拨价格

【例 10.7】 某联合企业的上游分公司A和下游分公司B都自负盈亏，假设A生产的产品专供B用，B也只能从A取得这种产品，没有外部市场，已知B生产的产品需求曲线为 $P_B=400-10Q$，A公司产品的边际成本函数为 $MC_A=80+10Q$，用A公司的产品生产B公司产品的边际成本 MC_B 为80(不包括A公司产品的内部调拨价格)。

问如何确定A公司产品的内部调拨价格?

解:

根据已知的企业B的市场需求曲线，可得相应的最终产品边际收益函数为

$MR_B=400-20Q$，最终产品的边际成本为 $MC=MC_A+MC_B=160+10Q$。

令 $MR_B=MC$，得到 $400-20Q=160+10Q$，$Q=8$。

当 $Q=8$ 时，企业A的边际成本 $MC_A=160$，中间产品的内部调拨价格应等于它的边际成本，所以 $P_A=MC_A=160$。

案例 10-6

市场链管理法

市场链管理法是指海尔集团把市场经济中的利益调节机制引入企业内部，围绕集团的战略目标，把企业内部上下流程、上下环节、上下岗位之间的业务关系由原来单纯依靠行政机制进行的管理变成市场中平等的交易关系，通过把外部市场订单转变成一系列的内部市场订单，形成以订单为驱动，各环节之间相互衔接、自行调节运行的业务链，也就是市场链。

各环节之间通过索酬、索赔和跳闸手段形成市场链接，索酬是各环节间提供的服务在满意后，从对方获得市场报酬(结算价格有市场价的按市场价，没有的按内部转移价)；索赔是指各环节间如果不能按合同履约的，就要许可对方索赔；跳闸是指各方既不索酬又不索赔的，第三方(即监督方)就会自动“跳闸”，发现并解决问题。

海尔通过这种业务流程的市场化，把终端客户的满意度无差异地转给每个业务流程和岗位，使这些流程和岗位都能保持与市场的“零”距离。所有流程与岗位的收益不是大锅饭，而是根据所服务的市场满意程度给予。

总之，市场链实现了3个转化，把外部市场目标转化为内部市场目标；把企业内部目标转化为每个人的工作目标；把市场运行的效果和个人的收入连接起来，极大地调动了企业各部门和职工的工作积极性。

资料来源：孙健等．海尔的策略：一个中国企业的成长．北京：企业管理出版社，2001.

10.6.2 完全竞争的外部市场条件下的内部调拨价格

假定前方上游公司A生产中间产品T，这个中间产品既可以在外部市场(假定是完全竞争市场)上出售，也可以卖给后方下游公司B，用来生产最终产品F。在有外部市场条件下，中间产品的价格等于市场价格 P_T。因为如果内部调拨价格低于外部市场价，上游公司不会卖给下游公司，如果内部调拨价格高于市场价，那么下游公司也不会从上游公司购买中间产品。分公司A的需求曲线为水平线 D_T，为使利润最大化，令 $MC_T=P_T$，则最优产量为 Q_T，分公司B的最终产品面临不完全竞争市场，需求曲线为向下斜线 D_F，边际收益线为 MR_F，最终产品的边际成本为 $MC(MC=MC_F+P_T)$，令 $MC=MR_F$，则最优产量为 Q_F。在图10.7(a)中 $Q_F>Q_T$，分公司B还需要从外部市场购进一部分中间产品，其数量为 Q_F-Q_T。另一种情况如图10.7(b)所示，分公司A生产的中间产品除供应分公司B之外还有富余，需要出售，其数量为 Q_T-Q_F。结论：在有外部市场的条件下，转移价格等于市场价格。

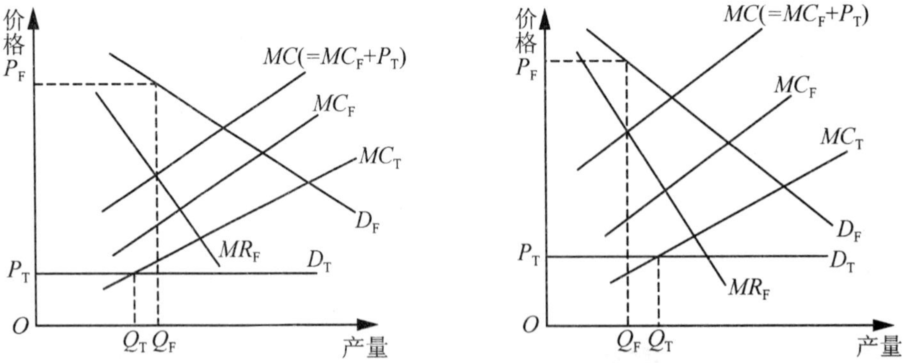

图 10.7 完全竞争的外部市场条件下的内部调拨价格

【例 10.8】 某联合企业的上游分公司A和下游分公司B都自负盈亏，假设A生产的产品面临完全竞争市场，该产品价格每单位为120，已知B生产的产品需求曲线为 $P_B=400-10Q$，A公司产品的边际成本函数为 $MC_A=80+10Q$，用A公司的产品生产B公司

产品的边际成本 MC_B 为 80(不包括 A 公司产品的内部调拨价格)。

问企业应如何确定 A 公司产品的内部调拨价格和产量？最终产品的产量又是多少？

解：

由于企业 A 面临完全竞争市场，其生产产品的内部调拨价格应该等于市场价格，即 $P_T=120$，企业 A 为使利润最大化，使 $MC_A=P_T$，得到 $80+10Q_T=120$，$Q_T=4$。

最终产品的边际成本为 $MC=MC_B+P_T=80+120=200$。

边际收益函数为 $MR_B=400-20Q$，令 $MR_B=MC$，得到 $400-20Q=200$，$Q=10$。

因此，当 A 公司的内部调拨价格为 120 时，其产品产量为 4，最终产品产量为 10，企业 B 从企业 A 购入 4 单位中间产品，其余 6 单位产品从市场上购买。

10.6.3 不完全竞争的外部市场条件下的内部调拨价格

当中间产品具有不完全竞争的外部市场时，上游公司(如生产公司)面临两个市场。一个是企业内部市场，即下游公司(如销售公司)；另一个是企业外部的不完全竞争市场。但是下游公司(销售公司)不可能从外部市场按等于边际成本的价格购进中间产品，同时也无法简单地确定生产公司的生产要素是否得到充分的利用。对于企业内部市场而言，调拨价格应该等于边际成本，这样可以保证销售公司的经营水平，从而实现企业利润最大化的目标；而对于外部市场，则采用差别定价的方法，确定生产公司利润最大化的外部市场价格和出售量，如图 10.8 所示。在图 10.8(a)中，MR_F 表示销售公司的边际收益，销售公司的总边际成本 $MC=MC_F+P_T$，其中 MC_F 是不包括中间产品成本的边际成本，令 $MR_F=MC$，则可使销售公司利润最大化，可以得到 $P_T=MR_F-MC_F$，(MR_F-MC_F) 是生产公司向销售公司出售中间产品时的边际收益。在图 10.8(b)中，D_T 是中间产品在不完全市场下向下倾斜的需求曲线，MR_T 是其边际收益曲线。在图 10.8(c)中，MC_T 是生产公司的边际成本曲线，NMR 是生产公司在企业内、外两个市场总的净边际收益，$NMR=(MR_F-MC_F)+MR_T$，两线的交点 A 就确定了中间产品总的产量 Q_T^*，从交点作水平线分别与 (MR_F-MC_F) 曲线、MR_T 曲线相交，得到在内部市场和外部市场的销量和价格，且满足 $Q_F+Q_T=Q_T^*$，$P_F=MR_F-MC_F=MR_T=NMR=MC_T$。

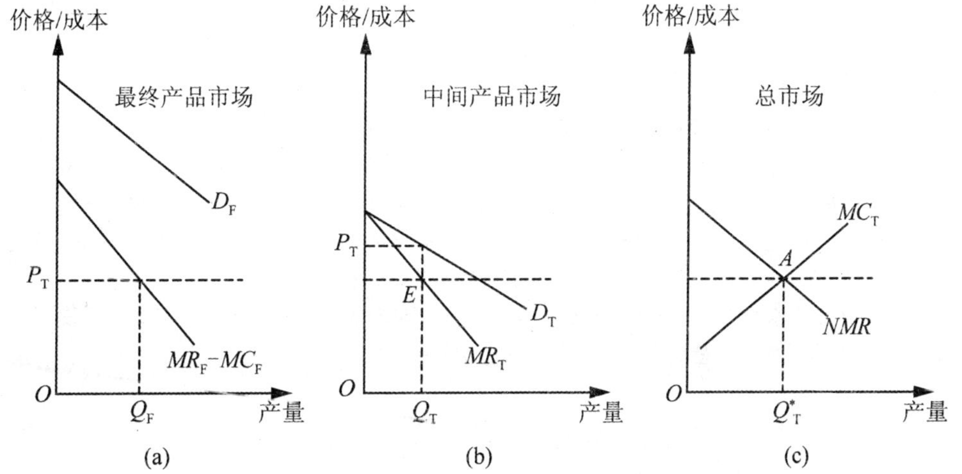

图 10.8 不完全竞争的外部市场条件下的内部调拨价格

10.7 新产品定价法

在实际经营中，新产品定价通常有下列 3 种方法。

1. 撇油定价法

沿着需求曲线下降的定价方法，最初把产品价格定在高水平上，目的是想在短期内尽可能赚更多的钱，在满足高价顾客群需求后，降低价格以吸引另一个新的顾客群。撇油定价法实质上是差别定价法的一种，即随时间的推移而定出不同的价格，如图 10.9 所示。

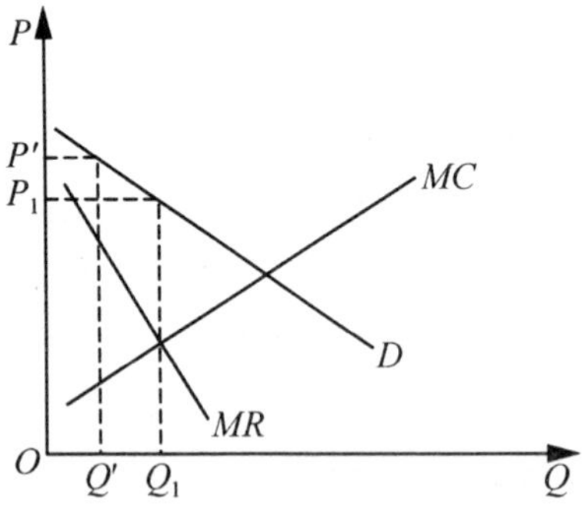

图 10.9 撇油定价法

(1) 不同的消费者有不同的需求价格弹性。企业有足够的时间，尽量先让需求价格弹性小的消费者充分购买，然后，再向需求价格弹性大的消费者推销。

(2) 新产品的试制周期比较长，或者有专利保护，因而较高的价格也不怕刺激竞争对手迅速进入市场。

(3) 尽管小规模生产的成本较高，但高价仍能带来显著的收益。

(4) 高价能给人以这样的形象，是高档品，质量好。

(5) 对产品未来的需求和成本变动的估计没有把握，如果一开始价格定低了，可能会带来很大的风险，宁可一开始价格定得高一点，以后如果有需要，降价总是容易一些。

案例 10-7

2012 年柯达公司虽然申请破产保护，但当年的辉煌还是值得一提，柯达公司生产的彩色胶片在早年突然宣布降价，立刻吸引了众多的消费者，挤垮了其他国家的同行企业，柯达公司甚至垄断了彩色胶片市场的 90%。到了 20 世纪 80 年代中期，日本胶片市场被富士所垄断，富士胶片压倒了柯达胶片。对此，柯达公司进行了细心的研究，发现日本人对商品普遍存在重质而不重价的倾向，于是制定高价政策打响牌子，保护名誉，进而实施与富士竞争的策略。他们在日本发展了贸易合资企业，专门以高出富士 1/2 的价格推销柯达胶片。经过 5 年的努力和竞争，柯达终于被日本人接受，走进了日本市场，并成为与富士平起平坐的企业，销售额也直线上升。

2. 渗透定价法

渗透定价法是指最初制定一种较低的价格，以便产品迅速进入市场并占有一定的份额，然后图谋发展的一种方法。

下列情况适用渗透定价法。

(1) 需求价格弹性大，低价能吸引大量新的消费者。

(2) 规模经济很明显，大量生产能使成本大大下降。

(3) 需要用低价来阻止竞争对手打入市场，或者需要。

(4) 用低价吸引大量消费者来扩大市场。

(5) 出于竞争或心理上的原因，需要尽快地占领市场，以求在同行中处于领先地位。

3. 满意价格策略

满意价格策略又称为平价销售策略，是介于撇油定价和渗透定价之间的一种定价策略。由于撇油定价法定价过高，对消费者不利，既容易引起竞争，又可能遭到消费者拒绝，具有一定的风险；渗透定价法定价过低，对消费者有利，对企业最初收入不利，资金的回收期也较长，若企业实力不强，将很难承受。而满意的价格策略是采取适中价格，基本上能够做到供求双方都比较满意。

10.8　竞争中的价格策略

1. 折扣和折让定价法

大多数企业通常都酌情调整其基本价格，以鼓励顾客及早付清货款、大量购买或增加淡季购买。这种价格调整叫作价格折扣和折让。行业市场通常采用以下几种手段调整现有价格。

(1) 现金折扣。它是对及时付清账款的购买者的一种价格折扣。例如“2/10，净 30”，表示付款期是 30 天，如果在成交后 10 天内付款，给予 2%的现金折扣。许多行业习惯采用此法以加速资金周转，减少收账费用和坏账。

(2) 数量折扣。它是企业给那些大量购买某种产品的顾客的一种折扣，以鼓励顾客购买更多的货物。大量购买能使企业降低生产、销售等环节的成本费用。例如，顾客购买某种商品在 100 单位以下，每单位 10 元；购买在 100 单位以上，每单位 9 元。

(3) 职能折扣，也叫作贸易折扣。它是制造商给予中间商的一种额外折扣，使中间商可以获得低于目录价格的价格。

(4) 季节折扣。它是企业鼓励顾客淡季购买的一种减让，使企业的生产和销售一年四季都能保持相对稳定。

(5) 推广津贴。为扩大产品销路，生产企业向中间商提供促销津贴。如批发商为企业产品刊登广告或设立专柜，生产企业除负担部分广告费外，还在产品价格上给予一定优惠。

2. 地理定价法

(1) 产地定价策略。产地定价策略是指企业以产品的产地为标准制定统一的销售价格，购买者必须支付全部的运费并承担运输中的风险。

(2) 统一运送定价策略。它是指企业根据统一运送定价策略为产品定价。

(3) 分区定价策略。企业将产品的整体销售市场按距产地的远近划分成若干个销售区，同一个区内的不同购买者享有相同的价格待遇，而区与区之间因距离的远近不同而在价格上有所差别。

(4) 运费分摊定价策略。生产企业对于距离较远地区的买方，通常只在正常出厂价格之上附加实际运输费用的一部分作为售价，这个价格一般应略低于距用户较近的同类产品生产厂家的销售价格，产品运输费用的另一部分则由生产企业负担。

3. 心理定价法

在价格上可以针对消费者这些不同的消费心理和习惯，采用特殊的定价策略。

(1) 零数(奇数)定价策略。企业把本可以定为整数的商品价格改定成低于这个整数的零数，而且常常以奇数作为尾数，如一件 200 元的衬衣定价为 199 元。

(2) 整数定价策略。企业把原本应定为零数的商品价格改定为高于这个零数价格的整数，一般以“0”作为尾数。如某种高级服装定价为 1 000 元而不是 998 元，可以树立高价优质的产品形象。

(3) 声望定价策略。它是指对在消费者心目中享有声望、具有信誉的名牌产品制定高于同类普通产品的价格，如高级轿车奔驰的定价。

(4) 招徕定价策略。它是利用消费者的求廉和投机心理，把某种日用品价格定得很低，甚至远远低于成本，以吸引顾客，带动其他商品的销售。

4. 产品组合定价法

所谓组合定价是指从全局出发，根据产品使用上的相关特性为产品制定不同的价格，以促进各种产品的销售和总利润的增加。企业追求总利润最大，而不是单种产品利润最大。

(1) 对有互补关系商品的定价策略。可将价值大、使用寿命长、购买频次少的主件价格有意识地定得低一些，而对与之配套使用的价值小、购买频次多的易耗品价格适当定得高一些，以此来求得长远和整体的利益。

(2) 对有替代关系商品的定价策略。替代品的价格变动与被替代品的销售量之间存在正相关关系，要根据经营战略调整替代品与被替代品之间的合理比价关系，以促进企业总利润的增加。

假设企业生产两种产品 X 和 Y，企业的总收益为 TR，X 产品和 Y 产品的边际收益分别为 MR_X 和 MR_Y 则有如下 3 个等式：

$$TR = TR_X + TR_Y$$

$$MR_X = \frac{\partial TR}{\partial Q_X} = \frac{\partial TR_X}{\partial Q_X} + \frac{\partial TR_Y}{\partial Q_X}$$

$$MR_Y=\frac{\partial TR}{\partial Q_Y}=\frac{\partial TR_Y}{\partial Q_Y}+\frac{\partial TR_X}{\partial Q_Y}$$

每个等式最后一项代表两种产品需求之间的关系。如在第二个等式中，第一项衡量的是与产品X的边际增加(或减少)相联系的产品X的总收入变化，第二项代表产品X销售的增加对从产品Y中得来的总收入的影响，这个影响可能是正的，也可能是负的。如果这两种产品是互补品，这个影响将是正的。因为一种产品销售量的增加会使从另一种产品得来的总收入增加。另外，如果这两种产品是替代品，这个影响将是负的。因为一种产品销售量的增加会减少从另一种产品得到的总收入。

为了保证利润最大化，应该使每种产品的边际收益等于其边际成本，即

$$MR_X=MC_X，MR_Y=MC_Y$$

【例10.9】 假定某企业生产X、Y两种产品，其边际成本分别为10、20，需求曲线分别为：$P_A=200-2Q_A-Q_B$、$P_B=160-2Q_B-Q_A$。

问企业应该如何确定A、B的价格和销售量?

解：

产品A、B的总收益分别是：

$$TR_A=P_A\times Q_A=200Q_A-2Q_A{}^2-Q_B\times Q_A$$

$$TR_B=P_B\times Q_B=160Q_B-2Q_B{}^2-Q_A\times Q_B$$

A、B的边际收益分别为：

$$\begin{aligned}MR_A&=\frac{\partial TR_A}{\partial Q_A}+\frac{\partial TR_B}{\partial Q_A}\\&=200-4Q_A-Q_B-Q_B=200-4Q_A-2Q_B\end{aligned}$$

$$\begin{aligned}MR_B&=\frac{\partial TR_A}{\partial Q_B}=\frac{\partial TR_B}{\partial Q_B}\\&=-Q_A+160-4Q_B-Q_A=160-4Q_B-2Q_A\end{aligned}$$

令$MR=MC$，得：

$$200-4Q_A-2Q_B=10$$

$$160-4Q_B-2Q_A=20$$

解上述方程，得：$Q_A=40$，$Q_B=15$

代入需求方程，得：$P_A=105$，$P_B=90$

为了使企业利润最大，应该把产品A、B的价格分别定在105和90，销售量分别定在40和15。

阅读材料

高峰定价、两步收费制和搭售定价法

1. 高峰定价

高峰定价是时间差价的一种形式。在某些企业产出的需求可能会随时间而大幅度变动的情况下，会出现高峰负荷定价问题。高峰负荷定价最适合于供应缺乏弹性的产品。此时，供应商完全能预测需求的增长，因而能够进行系统化的价格上调。如在电力生产中，超产或储存产出是不可能的或代价极

高。解决的方法为：在不同时期收取不同的价格。在高峰期与非高峰期收取不同的价格对垄断者是有利的。实行高峰负荷定价也可以改进整个社会资源配置的效率，因为高峰负荷定价使价格接近于边际成本，这将使消费者剩余与生产者剩余的总额最大。每年的“春运”期间，铁路、公路、民航提高票价也属于一个典型的高峰负荷定价问题。

2. 两步收费制

两步收费制，企业要求消费者分两部分交费：先交一笔初始费用(入门费)，获得消费的权力；再付使用费，根据消费量付费。例如，电话公司向用户每月收取基本费用，再按通话时间收取使用费用。因此，企业必须设法确定最佳的入门费和消费量，以便能使将来的产品销售以及初始费本身所获得的总利润最大。

1) 一个消费者的两步收费制

假设市场只有一个消费者或者众多消费者的需求曲线相同，需求曲线为 D，边际成本不变。如图 10.10 所示，如果企业不实行两步收费制度，销售价格定为 P，需求量为 Q，企业可获得的超额利润为图中矩形 $PFEA$ 的面积。如果企业实行两步收费制度，为了尽可能多地占有消费者剩余，应首先按边际成本来制定其销售价格，即 $P^*=MC$，销售数量将为 Q^*，然后将入门费确定为消费者剩余，即三角形 ABC 的面积。这样企业获得的超额利润为 ΔABC 的面积，大于不实行两步收费制时的超额利润矩形 $AEFP$ 的面积。

2) 两个消费者的两步收费制

假定企业没有固定成本，而且其边际成本是不变的，两个消费者(或者需求曲线不同的两组消费者)A 与 B 分别有需求曲线 D_A 和 D_B，如图 10.11 所示，对于入门费和单位产品使用费的确定，有以下方案。

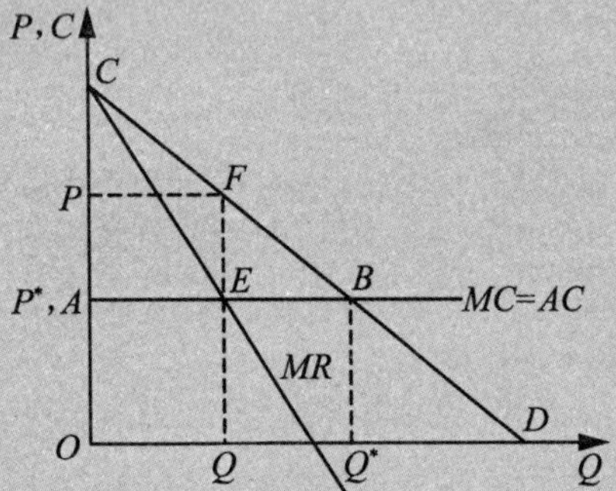

图 10.10　单个消费者的两步收费制

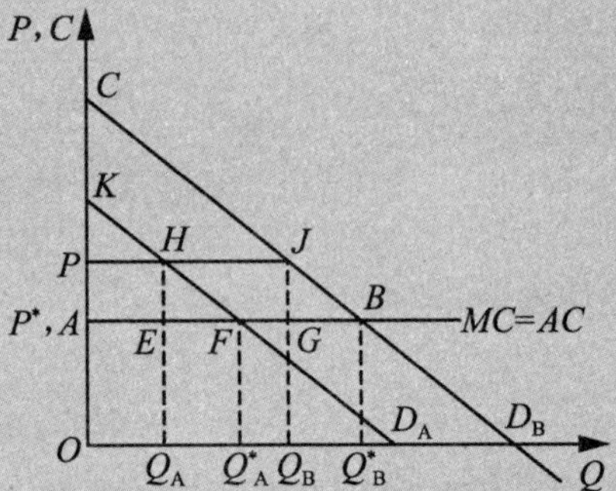

图 10.11　两个消费者的两步收费制

(1) 如果入门费和使用费对两个消费者统一，第一种情况，当使用费 $P^*=MC$ 时，两个消费者的消费者剩余分别为△AFK 和△ABC 的面积，为了尽可能占有消费者剩余，企业应该首先向 A 收取大小为△AFK 面积的入门费，再向 B 收取同样多的入门费，此时企业利润为 2×△AFK 的面积；或者首先向 B 收取大小等于其消费者剩余△ABC 面积的入门费，再向 A 收取同样△ABC 面积的入门费，但是入门费超过了 A 的消费者剩余△AFK 面积，A 会选择不购买产品，此时企业的利润为△ABC 的面积。这两种方法哪一种利润更多，企业要比较 2×△AFK 的面积和△ABC 的面积的大小。如果 2×△AFK 的面积大于等于△ABC 的面积，则对 A 与 B 都收取△AFK 的面积的入门费，反之亦然。第二种情况，当使用费 P 大于边际成本 MC 时，为了尽可能占有消费者剩余，企业可以将入门费定为△PHK 的面积，此时总利润为[($PA\times Q_A$+△PHK)+($PA\times Q_B$+△PHK)]；如果将入门费定为△PJC，则 A 选择不消费，企业总利润为($PA\times Q_B$+△PJC)。究竟哪一种入门费定价更好，企业应该比较两者利润后确定。总之，如果对两个消费者统一入门费和使用费，为了使利润最大化，企业需要考虑和比较4种不同的利润结果，然后再选择定价。

(2) 如果对两个消费者可以不统一入门费和使用费，则按照他们的需求强度分别收取大小等于其消费者剩余的入门费，再收取大小等于边际成本的使用费，则能够使总利润最大化。

总之，两个消费者的两步收费制，必须权衡入门费和使用费的变化，取得最大化利润是一个渐渐尝试的过程，这个过程可以推广到多个消费者的两步收费制。

3) 多个消费者的两步收费制

在图10.12中，入门费和使用费带来的利润有一种此消彼长的关系，企业的利润π包括两个组成部分，它们是入门费T的一个函数，设销售价P为常数。第一个组成部分π_a是来自于入门费的利润，且等于收益$n(T)\cdot T$，其中$n(T)$是加入者的数量(注意较高的T意味着较小的n)。开始，当T从零开始增加时，收益$n(T)\cdot T$是上升的，可是T的进一步增加最后终将使n小到导致$n(T)\cdot T$下降。第二个组成部分π_s是来自项目本身以价格P销售的利润，且等于$(P-MC)\cdot Q(n)$，此处Q是加入者购买该项目的比率。加入者数量n越大则Q越大，因而由于较高的T会降低n，因此当T增加时π_s下降。

从P的一个值出发，确定最优的(利润最大化的)T^*。然后改变P，再找出一个新的T^*，并判断利润是更高了还是更低了。这样重复直到利润达到最大化。

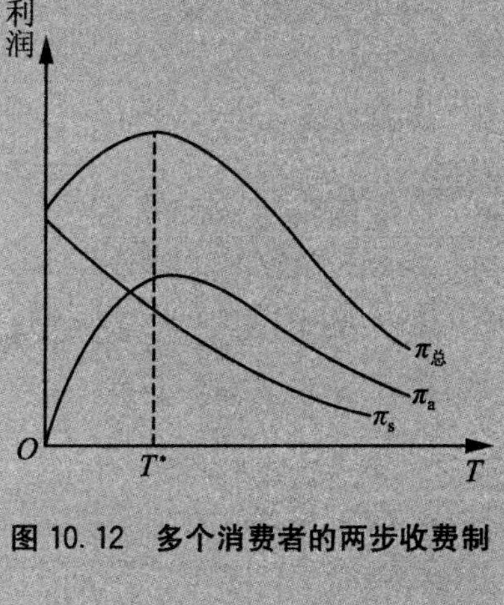

图10.12 多个消费者的两步收费制

3. 搭售定价法

企业要求只买自己某种产品的消费者同时必须购买自己的另一种产品(纯搭售)，也以低于个别价格之和的成套价格搭售(混合搭售)。如果消费者具有不同的品味但企业又无法采用差别定价技术时，这种定价方法可以提高企业的利润。当消费者对一种商品具有较高的评价而对另一种商品具有较低的评价时，即对两种商品的需求是负相关的，那么搭售定价效果最好，企业可以获得所有的消费者剩余。

(1) 纯搭售，设某两种商品以价格P_1和P_2销售，不同的消费者按照他们对某商品的愿意支付的最高价格即保留价格为P_1和P_2分为如下4个区域。

在图10.13，区域一的消费者具有高于对各产品所定价格的保留价格，因而会两种商品都买。区域二的消费者只会买产品2；同理，区域四的消费者只购买产品1而不购买产品2；区域三的消费者两种产品都不会买。现在两种产品以总价格$P_B=P_1+P_2$搭配出售，则消费者以P_B为界被划分为两组，愿意以P_B价格购买搭售商品的消费者和不愿意购买的消费者。搭售商品的效果即总利润多少与消费者对两种产品需求的相关程度有关。如果消费者对两种产品的需求是完全正相关的，对产品1有高保留价格的消费者对产品 2 也有较高的保留价格，如果企业搭售总定价为 $P_B = P_1 + P_2$，那么它将得到以价格 P_1 和 P_2 分别出售产品相同的利润。如果需求完全是负相关的，那么对产品 2 较高的保留价格意味着对产品 1 较低的保留价格，在这种情况下，$P_B = P_1 + P_2$ 是消费者在搭售时的保留价，搭售能取得所有的消费者剩余，搭售效果最好。

(2) 混合搭售。产品既分开销售，又以低于个别价格之和的成套价格搭售。现在假设企业销售两种产品。图 10.14 所示为各消费者 A、B、C、D 的保留价格与产品 1 和产品 2 的边际成本(分别为 $C_1=20$ 和 $C_2=30$)，企业有 3 种销售策略：以价格 $P_1=50$ 元和 $P_2=90$ 元分别销售；以 100 元的价格搭售(纯搭售)；以 $P_1+P_2=89.5$ 元的价格分开销售，或者以 100 元的价格搭售。分开销售时，仅有 B、C、D 购买产品 1，而 A 购买产品 2，企业总利润为(50－20)＋(60－20)＋(90－20)＋(90－30)＝150(元)。纯搭售时，4 个消费者都愿意以 100 元购买两种产品，企业总利润为 4×(100－20－30)＝200(元)。混合搭售时，消费者 A 仅愿意付 89.5 元购买价格不超过其保留价格 90 元的产品 2，消费者 B 仅愿意付 89.5 元购买价格不超过其保留价格 90 元的产品 1，而 B 和 C 都以 100 元购买搭售的产品 1 和产品 2，企业总利润为(89.5－30)＋(89.5－20)＋2×(100－20－30)＝229.9(元)。可见，当产品边际成本大于零且消费者对两种产品的需求具有一定程度的负相关时，混合搭售企业可获得最大利润。

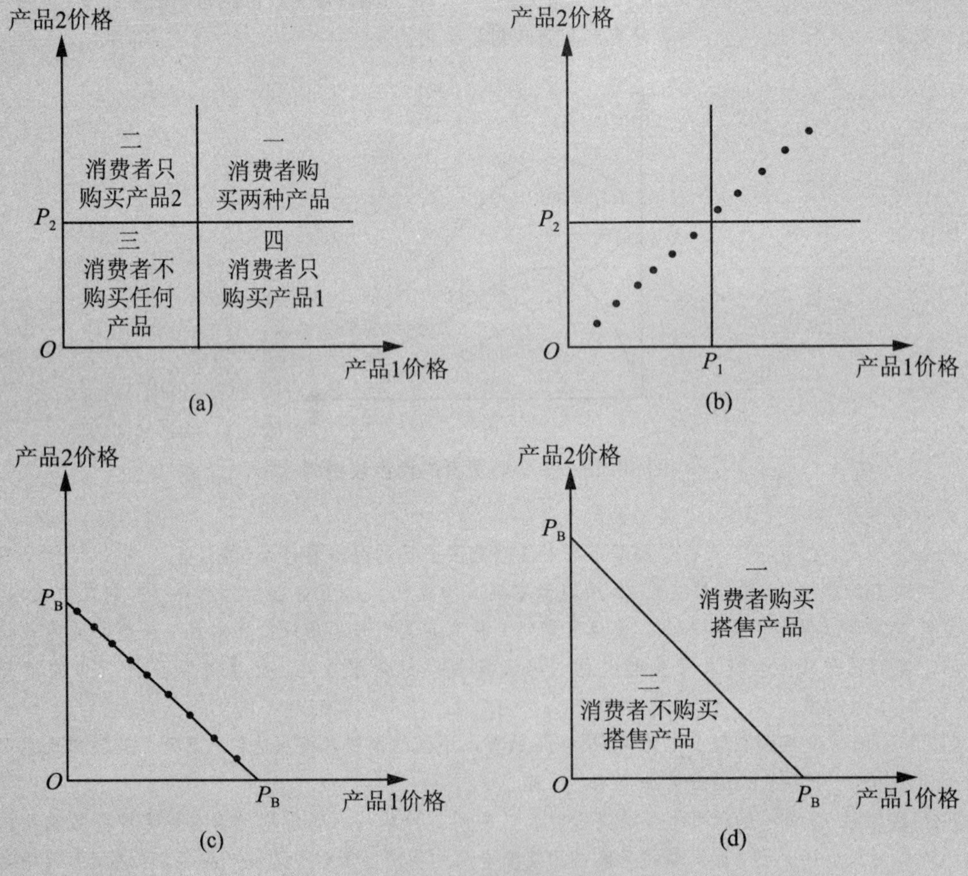

图 10.13　纯搭售定价法

案例研究

套餐和点菜：餐馆的定价问题

许多餐馆既出售套餐又可以点菜。为什么？大多数去餐馆吃饭的顾客大约都知道他们自己愿意为每餐付多少钱并据此选择餐馆。但是，进餐馆的顾客有不同的偏好。例如，有些顾客对餐前开胃酒很看重，但很不在乎管餐后甜点；有些顾客有恰恰相反的偏好——他们不重视开胃酒，但甜点却是必需的；还有些顾客对开胃酒和甜点都有适度的评价。什么样的定价策略可让餐馆尽可能多地从这些有差异的消费者那里攫取消费者剩余呢，回答当然是混合搭售。

对一个餐馆来说，搭售意味着既供应套餐(开胃酒、主菜、甜点一整套)，也可以点菜(顾客分开买开胃酒、主菜和甜点)。这使得它可以通过菜单的定价从那些对某些菜比对其他菜偏爱得多的顾客那里攫取消费者剩余(这样的顾客对应于图10.14中的消费者A和D)。与此同时，套餐则留住了对不同菜的保留价格差异不大的顾客(例如对开胃酒和甜点都有适度评价的顾客)。

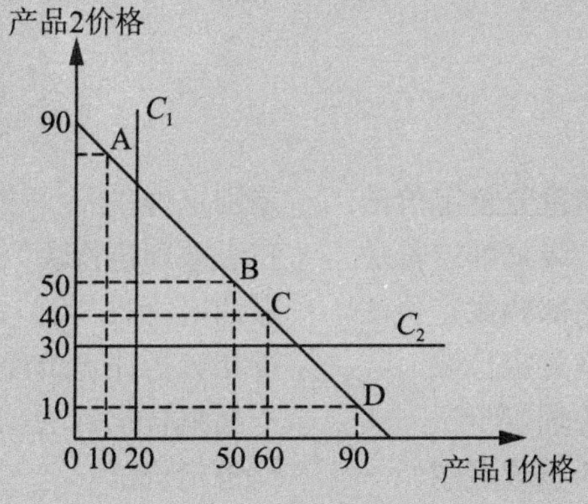

图10.14 混合搭售定价法

例如，若餐馆希望吸引一餐愿花20美元左右的顾客，它可给开胃酒定价5美元左右，给典型的主菜定价15美元左右，而甜点是4美元左右。它也可以提供一种套餐，包括开胃酒、主菜和甜点，定价20美元。那么，喜欢甜点而不在意开胃酒的顾客将会花18美元点主菜和甜点(而餐馆可以省下准备开胃酒的成本)。与此同时，另一位对开胃酒和甜点都有适度评价(比如3美元或3.5美元)的顾客就会买套餐。

不幸的是，对餐馆经营上的成功更重要的或许是创造性的定价而不是创造性的烹调。成功的餐馆了解它们顾客的需求特征，并利用这种知识来设计定价策略，以尽可能多地剥夺消费者剩余。

资料来源：平狄克．鲁宾费尔德．微观经济学．3版．北京：中国人民大学出版社，1997年6月．

本章小结

本章首先介绍了企业定价的目标与程序，然后重点阐明了企业定价的理论、方法与技巧。

其中常见的成本加成定价法是在单位产品成本的基础上，加上一定比例的预期利润作为产品的销售价格，如果平均成本近似边际成本，则可以证明加成定价法能够实现利润最大化。

价格决策应当考虑机会成本，这种定价方法就是增量分析法，就是通过计算由价格引起的增量利润来判断定价方案的效果。如果增量利润为正值，则说明方案可以接受；如果是负值，则说明方案不能接受。如果为了攫取消费者剩余，则可以采取差别定价，对同一种产品或服务向不同的消费者收取不同的价格，而其具体形式包括 3 种。如果在生产过程中产品有多种，它们之间在需求上具有某种联系，那么定价时则必须考虑到其他产品的影响，以使企业总利润最大化，这就是关联产品定价法。在确定内部中间产品的转移价格时，如果不存在外部市场，那么转让价格应该等于最优产量上的边际成本；如果存在外部市场，那么转让价格就应该等于市场价格。

对新产品和竞争环境中的定价，必须考虑多种因素的影响，本章也做了分析。

习　　题

1. 名词解释

成本加成定价法	增量分析定价法	差别定价法
一级差别定价法	二级差别定价法	三级差别定价法
多产品定价法	内部调拨定价法	撇油定价法
渗透定价法	满意定价法	折扣和折让定价法
地理定价法	心理定价法	产品组合定价法
高峰定价法	两步收费制	搭售定价法

2. 思考题

(1) 成本加成定价法有何利弊？运用成本加成定价法需要注意哪些问题？

(2) 什么是增量分析法？这种方法有何利弊？

(3) 什么是差别定价法？如何确定最优的差别价格？

(4) 什么是调拨价格？如何确定调拨价格？

(5) 新产品如何定价？竞争环境中如何定价？

3. 实训题

(1)《金融时报》分别在经济干部和学生中销售。在图 10.15 中，MR_1 是它在经济干部中销售的边际收入曲线；MR_2 是它在学生中销售的边际收入曲线；MC 是该报纸的边际成本。

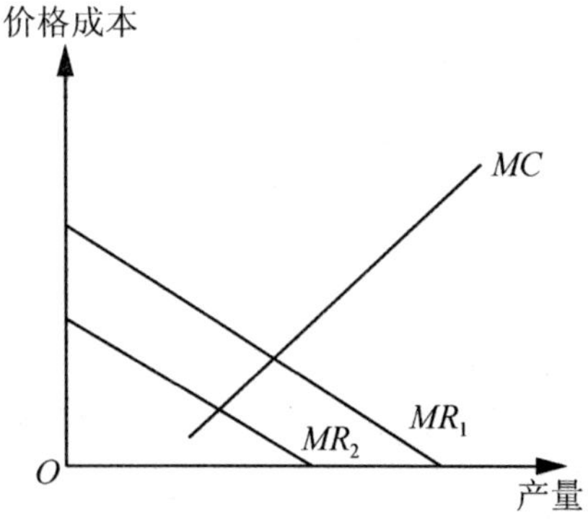

图 10.15　练习题 1. 用图

① 在图 10.15 中标出该报纸的最优销售量，这个总销售量如何在干部和学生中进行分配？

② 画出经济干部和学生对这份报纸的需求曲

线，并标出应如何在他们中分别定价。

(2) 永盛公司每年所有产品的固定成本总数预计为300万元，每年所有产品的变动成本总数预计为150万元。总固定成本按每种产品平均变动成本的大小摊入每种产品的成本。问：

① 假如该公司的产品中，产品X的平均变动成本为14元，产品X每件应摊入多少固定成本？

② 产品X的单位全部成本应为多少？

③ 假如目标利润率为40%，那么产品X的价格应定为多少？

(3) 某企业在两个市场上销售产品，生产产品的边际成本为常数2。两个市场上的需求曲线方程如下。

市场1：$P=14-2Q_1$。

市场2：$P=10-Q_2$。

问两个市场上的最优价格和销售量分别应是多少？此时总利润是多少？

(4) 某剧场每周演出的固定成本为1 500元，边际成本等于变动成本(维修费、电费等)，为每一观众0.20元。另外，对夜场和日场的每周需求的研究结果表明，它们的需求曲线如下：

$$P_A=10.2-0.5Q_A；P_B=5.2-0.25Q_B。$$

式中：P_A、P_B为票价(元)；Q_A、Q_B为观众人数(以百人为单位)。

① 在上面两条需求曲线中，哪一条是日场的需求曲线？为什么？

② 找出该剧场日场和夜场票的最优的差别价格、出售量和利润。

③ 如果该剧场不采用差别价格，算出其票价、出售量和利润。

(5) 某企业按固定比例生产牛排和牛肉，这两种产品的需求曲线分别如下：$P_{牛排}=18-0.1Q_{牛排}$；$P_{牛肉}=10-0.1Q_{牛肉}$。牛排和牛肉组合的边际成本函数为$MC=8+0.1Q$。

问该企业每种产品的利润最大化产量和价格各应是多少？

(6) 某织染联合企业下设织布分公司A和印染分公司B，它们各自负盈亏。假定A生产的白坯布是专供B的，B也只能从A取得白坯布，没有外部市场。已知B生产的印花布向外销售的需求曲线为：

$$P_B=10-0.001Q。$$

式中：Q为印花布销售量(米)。

白坯布的边际成本函数为$MC_A=2.00+0.00L_q$。把白坯布染成印花布的边际成本(MC_B)为2元(不包括白坯布转移价格)。

问该联合企业应如何确定白坯布的内部转移价格？

第11章

长期投资决策

教学目标

通过本章的学习，能够理解和掌握有关投资决策的概念、长期投资的基本原则、投资决策的一般过程、投资的基本方法等相关知识，能够运用有关公式进行计算，了解企业风险的概念、企业风险的分析方法、企业风险防范等知识。

教学要求

知识要点	能力要求	相关知识
投资决策	能够应用投资决策的过程进行投资决策	(1) 投资决策概念 (2) 长期投资的基本原则
货币时间价值	(1) 能够明白货币时间价值的作用 (2) 能够运用货币时间价值进行投资决策	(1) 货币时间价值概念 (2) 不同基期的计算方法
返本期法	(1) 能够明白返本期法的作用 (2) 能够运用返本期法进行投资决策	返本期法概念
内部收益率	(1) 能够明白内部收益率的作用 (2) 能够运用内部收益率法进行投资决策	(1) 内部收益率概念 (2) 内部收益率的求法
净现值法	(1) 能够明白净现值法的作用 (2) 能够运用净现值法进行投资决策	净现值法概念
投资决策中的风险分析	能够运用投资风险分析方法进行风险规避	(1) 风险分析的含义和特点 (2) 风险分析的方法

导入案例

M公司生产新型无线电话案例

在过去的10年里，M公司一直是无线电市场的龙头企业，虽然其他一些公司在不同程度上效仿该公司的产品，但M公司仍然在市场中占有绝对支配地位，因为该公司的产品是市场上质量最好的产品。现在，M公司准备生产一种新的无线电话。这种新型电话不会代替公司现有的产品，但会影响公司现有产品的销售。经过销售部、生产部等各部门的讨论，与这种新型无线电话相关的收入和成本数据如下：①为了生产新产品，需要购买新设备。新设备的购买价格为6万元。预计该设备可使用6年，期末无残值。公司计划对该设备采用直线法计提折旧。②市场部预测新型电话在未来6年内的销售收入分别为8万、14万、18万、28万、38万、44万。③在未来6年内新型电话的销售成本分别为4万、7万、9万、14万、19万、22万。④预计现有电话的分销商将倾向于销售新型电话，这将导致他们减少对现有产品的销售。估计在未来6年内现有产品的销售收入每年将降低6万元。⑤为了推广新产品，需增加对产品的宣传力度。预计第一年的广告费为3万元，以后各年的广告费用均为1万元。⑥为了推广新产品，需对销售人员进行培训，每年的支出为1万元。⑦该公司的所得税率为40%。⑧公司进行该投资的必要报酬率为10%。

M公司是否应对该项目进行投资呢？

在前面各章的分析中，没有考虑决策过程中的时间因素，即企业的投入与产出之间的时间延滞所产生的影响被忽略了。然而，现实中企业的许多决策如投资等都必须考虑时间的差异，即资金的时间价值。本章将讨论长期投资决策的概念及决策的分析方法。

11.1　投资决策概论

11.1.1　投资的概念

投资(Investment)按西方经济学的定义是指一种当前的支出，这种支出能够在以后较长的时期内(通常是一年以上)给投资者带来效益。按大的范围划分投资可以分为直接投资和间接投资两类，例如购买厂房设备、修建公共设施以及设备的更新改造，这些都属于直接投资的范围。另一类是间接投资，不是直接投资于资产的实物形态，而是投资于其价值形态，例如购买股票和债券，这属于另一类重要的投资形式。除此以外，还有培训工人与干部、广告费以及研究与发展费用。

投资按定义是一种支出，经营费用也是一种支出，二者的差别在哪里呢？经营费用这种支出只能在短时期内取得收益，这个时期按定义在一年以内，一般是一次性的。而投资带来的收益往往要延续几年以上，有的公共工程甚至要延续几十年以上。

由于投资延续的时间很长，所以投资决策有两个重要特点有别于生产决策或利润决策。投资决策的两个重要特点为：①在投资决策中，需要把近期的现金收支与远期的现金收支相比较，但是近期的货币价值与远期的货币价值是不同的，因此必须考虑货币的时间价值；②在投资决策中，需要估计未来的收支，由于未来的企业所面对的市场环境会发生变化，因此这里面就包含了很大的不确定性，因此，在投资决策中，就必须考虑风险问题，借助风险因素对长期投资进行风险分析。

由于长期投资所引起的收益延续时间很长，因此不仅会影响企业当前的利润大小，而且会影响企业长期的收益，关系到一个企业的长远发展，而许多企业与政府投资的科学与否又决定着一个国家的发展后劲。一旦一个长期投资的决策失误，那么其引起的严重后果将是无可避免的，所以必须认真研究，科学地进行长期投资决策方案。

11.1.2 长期投资决策的基本原则

企业在进行长期投资时，为了保证投资取得预期的效果，应当遵循以下原则。

1. 效益性原则

在市场经济条件下，企业必须提高经济效益，以获取更多的利润，实现企业总体的财务目标。企业在进行对外投资时，必须考虑到该项投资的经济效益，以及对企业整体经济效益的影响。在综合考虑其他因素的同时，应尽可能选择一个经济效益最大的项目。尤其是在证券投资的情况下，可供选择的投资对象很多，企业必须广泛收集有关的投资信息，了解市场发展的趋势，以便做出正确的投资决策。

2. 安全性原则

企业在进行长期投资时一般都会面临许多风险，一般说来，风险越大，报酬率越高；风险越小，报酬率也越低。因此，企业必须在投资报酬和风险之间权衡利弊。所谓安全性原则就是投资能够按期收回本金和应得的投资收益。通常投资于资金雄厚的大企业要比投资于小企业安全；投资于基础产业要比投资于高技术产业安全；债权性投资要比股权性安全。企业在对外投资时，要全面考虑被投资企业的财务状况、经营成果、行业特点以及发展前景等，以便保证对外投资的安全性。

3. 流动性原则

流动性原则要求企业的长期投资具有良好的变现能力。企业长期投资因其目的不同，投资的性质也各异。有的投资期限很长，一般不考虑在近期变现；有的投资，只是为了充分利用现有的闲置资金，这部分资金以后可能会有其他的用途，这种投资就应当考虑其流动性，以便在将来需要现金时，能够及时变现。一般说来，证券投资的流动性比直接投资的流动性强。因此，企业如果要提高长期投资的流动性，则可以考虑以证券投资为主。

4. 整体性原则

企业的长期投资活动是企业整体经营活动的一个重要组成部分，对外投资必须服从企业的整体经营活动，长期投资的目标应与企业总的经营目标相一致。尽管企业对外投资的目的有许多，但都要服从企业的整体目标。只有这样才能提高企业的整体经济效益，有利于企业的长期稳定发展。

11.1.3 投资决策的一般过程

投资决策的过程实质上就是一个从确定目标开始，到调查研究、收集资料、分析探索有关信息、拟定各种可能的方案、编写可行性研究报告，最终对方案进行评价与优选的过程。

1. 确定投资目标与方案

投资的方案来自投资的目标，或者说是由投资的需要而提出来的。目标是指在一定环境条件下，希望达到的某种结果，它包括一定的量化目标、一定的时间限度以及相对明确的责任。例如某计算机企业生产的家用计算机占全国市场的8%，而计算机的销售量又以12%的速度增长，为了保持它的市场占有率就必须扩大生产能力，而要扩大生产能力就需要投资。这时，企业可以选择的方案包括：①新建厂房，增加新的设备，进行固定资产的投资；②对原来的设备进行更新改造，而不断增加固定设备；③通过资产重组，兼并、收购一些相关企业以达到扩大生产能力的目的。以上所述的这些方案都可以扩大生产能力，因此在第一阶段仅仅是提出能达到这一目标的各种可能方案，只有在充分地提出好方案的基础上才能做出好的决策。

2. 收集资料估计数据

提出各种可能的投资方案的目的就是要对这些方案进行评价。在评价方案以前必须先收集和估计评价方案所需要的数据。只有所收集和估计的数据是准确的、可靠的、及时的并且全面的，那么做出的决策才可能是正确的。因此不仅要掌握历史的资料，了解分析现状，预测未来，还需要各部门的参与和合作。所收集的资料一般应着重在以下几个方面。

(1) 反映生产技术水平、工艺先进程度的技术资料及经济资料。

(2) 国内外同行业的相关指标资料。

(3) 市场供需方面的资料，包括过去、现在以及未来的供需变化。

(4) 原材料、劳动力等各种生产要素的成本状况。

(5) 有关国家的政策资料，包括这些国家的宏观政策、产业政策的最新动态。

虽然在投资决策中所占有的资料很多，但是与决策直接有关的资料有两类：一类是与决策相关的现金流量，即因实施投资方案而引起的货币收入与支出；另一类是资金成本，即企业为了获得资金而必须支付的成本，由于获取资金的方式可以是多种多样的，因此必须以最小的成本取得资金。

3. 对投资方案进行评价

与投资方案有关的数据评估出来后，就可以根据这些数据评价不同的方案，以便选出最有利于企业价值最大化的方案。①应从技术、经济和社会效益等方面进行总体评价。②财务管理、经营管理人员主要对方案的经济性进行评价，盈利是否可靠，成本是否合理以及有多大的风险。③由于投资引起的费用和效益往往发生在不同的时间，所以在评价一个方案对企业价值的影响时，必须要考虑货币的时间价值，属于此类的评价方法主要有净现值法、盈利指数法以及内部利润法 3 种。除此以外还有一种投资的评价方法——返本法，该种方法的特点是不考虑资金的成本，方法简单。从评价的阶段上看，应分为初步评价和详细评价两类，在列出的可能方案中，可能没有一个方案能一次就满足预定的目标。因此，通过初步评价阶段，一经发现问题，就可以淘汰不合理的方案，或者在某方案基础上补充、修正、优化方案，然后再进行详细评价，最后达到满意的目标。

4. 对方案的实施进行监督评价

最优的投资方案选出之后，在实施的过程中还必须进行监控。所谓监控就是把实际完成的情况与预期的数据进行比较，看是否有偏差，检验决策是否科学、预测是否准确，如果有偏差，则应分析和解释出现这些偏差的原因，并针对这些问题找出原因，以对正在实施的投资方案采取必要的改进措施。

11.2 投资决策的基本方法

11.2.1 货币的时间价值

投资取得的收益要延续若干年，由于这一点，投资引起的货币收入与货币支出不是在同一个时点上，而不在同一时点上的货币是不能直接比较的。把不同时点上的货币换算为同一时点就称为计算货币的时间价值。把过去用静态的观点分析不同时期的费用与效益变为动态化，通常的做法是以期初与期末为基准，以期初为基准的称为现值，以期末为基准的称为终值。

1. 单一款项的现值

“时间就是金钱”这句名言把时间与金钱这两个完全不同的概念等同起来，体现了货币的一个重要特性即它具有的时间价值。今年的 1 元钱不等于明年的 1 元钱，并不是说面值不同，而是使用价值不同，因为时间不同，货币贬值，亦称为无形磨损。货币的时间价值还体现在货币只要在你手中，不管是存入银行或投入生产或到流通领域去周转，在运动中资金一经与时间结合，其价值就会发生变化，并随着时间的递延而不断增值，这部分的增值就是货币的时间价值。由此可见，货币的时间价值表现形式有两种：把资金投入生产或流通领域产生的增值，称为利润或盈利；把通过银行借贷资金所付出的或得到的增值叫利息，利息就是使用资金的成本。

今年你手中的 1 元钱，则比明年的 1 元钱价值更高。如果利息率是 12%，那么初期的 1 元钱到一年期末就变成为：

$$S_1=1\times(1+12\%)=1.12(\text{元})$$

到明年年末就变为：

$$S_2=1\times(1+12\%)^2=1.25(\text{元})$$

依次类推，如果到第 n 年，则：

$$S_n=1\times(1+12\%)^n$$

可见，S_n可以表达为：

$$S_n=PV(1+i)^n$$

或

$$PV=\frac{S_n}{(1+i)^n}$$

式中：PV——现值；

i——贴现率(或称为资金成本)；

n——期数；

S_n——现在的 PV 到第 n 年年末时的价值(本与利之和)。

以上的公式称为复利公式，或称为“利滚利”法，即将每一期的利息加入本金一并计算下一期的利息，每一期如此，依次类推。

【例 11.1】 某先生一次性将 1 000 元存入银行，年利率为 8%，3 年后终值是多少？

解：

根据上式 $S_n=PV(1+i)^n$可知 PV=1 000 元，i =8%，n =3。

故：

$$S_3=1\ 000\times(1+8\%)^3$$
$$=1\ 260(\text{元})$$

或者可以查附表中的一次性支付的终值系数，i =8%、n =3 时的终值系数为 1.260，

故：

$$S_3=1\ 000\times1.260=1\ 260(\text{元})$$

3 年后的终值为 1 260 元。

现在假定遇到另外一类问题，张先生计划 10 年以后取出 5 万元购房，如果银行利率为 10%，则现在一次性要存入银行多少钱？

显然，这一问题是上一个问题的逆运算，即已知终值、贴现率与期数求现值的问题，或者称现值是今后一定时期可以收到或付出的款项扣除按复利计算的贴现率所得出的现在价值。因此按上面的公式：

$$S_n=PV(1+i)^n$$

故：

$$PV=\frac{S_n}{(1+i)^n}$$

上例中 S_n=5 万元，i =10%，n =10。

故：

$$PV=\frac{5}{(1+10\%)^{10}}=1.927\ 5(\text{万元})$$

为了使计算简化，编制了现值系数表，从这个表中，根据贴现率的大小与期数的大小，就可以查出将来 1 元钱的现值是多少，现值系数等于 $\frac{1}{(1+i)^n}\times10\%$，10 年的现值为 0.385 5，故：

$$PV=5\times0.385\ 5=1.927\ 5(\text{万元})$$

从现值系数表中可以看到：贴现率越高，现值系数就越小；时间越长，现值系数也越小；当贴现率为零，现值系数等于 1 时，将来的款项与其现值相等，贴现率为零的含义是货币没有时间价值。

2. 不均匀现金系列的总现值

在现实经济生活中，特别是一笔投资在回收的期间，每年的现金流量是不规则的，这

一类问题称为不规则现金流系列。不规则现金流系列的总现值等于每一笔现金流量的现值之和。假定第1年到第 n 年年末每年的现金流量分别为 R_1，R_2，…，R_n，这一现金流系列的总现值为 TRV，那么：

$$TPV=\frac{R_1}{1+i}+\frac{R_2}{(1+i)^2}+\cdots+\frac{R_n}{(1+i)^n}$$
$$=\sum_{t=1}^{n}\frac{R_t}{(1+i)^t}$$

【例 11.2】 某公司计划在今后的5年内，每年分别得到如下的现金流量的机会，见表11-1。

表 11-1　现金流量表　　单位：元

年份	现金流量	年份	现金流量	年份	现金流量
1	500	3	800	5	1 100
2	600	4	1 000		

假设贴现率为12%，问该公司为了获得这一机会，现在最多愿意支付多少？

解：

这是一个不均匀的现金流系列问题，现在最多愿意支付的金额实际上就是上述5年现金流量的总现值。

查表可知12%贴现率对应1～5年的现值系数分别为0.892 9、0.797 2、0.711 8、0.635 5和0.564 7，那么：

$$TPV=500\times0.8929+600\times0.7972+800\times0.7118+1000\times0.6355+1100\times0.5647$$
$$=2751(元)$$

因此，该公司为了获取这一投资机会，现在最多愿意支付的现金为2 750元。

3. 年金系列的总现值

假设在上述不均匀年金系列中的一种特殊情况，每年的现金流量相等，就称为年金系列。在 n 年中，每年年末的现金流量为 R，它的总现值为 TPV，那么 $R_1=R_2=\cdots=R_n=R$，则

$$TPV=\sum_{t=1}^{n}\frac{R}{(1+i)^t}=R\sum_{t=1}^{n}\frac{1}{(1+i)^t}$$

同样针对这一类问题，为了简化运算，编制了总现值系数表。该表列出了贴现率为 i，年份为 n，每年年末收入1元的总现值系数。

$$总现值系数=\sum_{t=1}^{n}\frac{1}{(1+i)^t}$$
$$TPV=R\times总现值系数$$

【例 11.3】 某公司购买一项专利技术，预计每年平均可获利200万元，在年利率6%的情况下，5年后要求连本带利全部收回，问初期购买专利一次性投入应以多少钱为限才合算？

解：

已知 $R=200$，$i=6\%$，$n=5$。

查表可得年金现值系数为 4.212，代入上式得：

$$TPV=200\times4.212$$
$$=842.4(万元)$$

因此，购买此项专利的金额不能超过 842.4 万元才合算。

上述公式同样可以进行逆运算，根据总现值计算年金，其公式为：

$$R=\frac{总现值}{总现值系数(i,n)}$$

运用上述公式又可以解决另一类问题。

【例 11.4】 某房地产公司贷款 200 万元开发房地产，银行要求 4 年以内等额收回全部投资贷款，已知贷款利率为 10%，那么该房地产公司平均每年的净收益至少应有多少才能还清贷款？

解：

查表利率为 10%，4 年期的总现值系数为 3.170，则：

$$R=\frac{200}{3.170}=63.09\ (万元)$$

该房地产公司每年的净收益至少应有 63.09 万元才能够还清贷款。

11.2.2 返本期法

这种方法主要是计算投资所需的返本期的长短，假设每年的净现金效益相等，可以用下列公式计算返本期。

$$返本期=\frac{净现值投资量}{每年的净现金效益量}$$

【例 11.5】 假如某投资方案的净现金投资量为 15 000 元，第一年的净现金效益量为 9 000 元，第二年为 7 000 元，第三年为 5 000 元，问它的返本期是多少？

解：

$$9\,000+7\,000=16\,000>15\,000(元)$$

显然不到两年就可以收回全部投资。

在运用返本法评价一个投资方案时，需要先确定一个标准返本期，所提供投资方案的返本期小于标准返本期就是可以接受的，如果上例的标准期为 3 年，则上述两年的投资方案是可以接受的。

人们在运用返本法时，没有考虑货币的时间价值，因此欠精确性，返本法的优点是简便，计算起来较容易。

案例 11-1

新产品可行性分析案例

浪涛公司是生产女性护肤品的老牌企业，其产品主要有浪羽和云涛两个系列。浪羽的客户群主要是中老年妇女，其功效主要在抗皱、抗衰老、增强皮肤弹性。云涛的客户群主要是少女，其功效主要在去痘、增白、嫩肤。公司从2001年初开始投入大量资金进行市场调研和新产品的开发，于2002年11月中旬试制成功一个新的产品系列——蓝波。该系列产品主要针对中青年职业女性，具有防皱、补水、消除色斑、营养皮肤的功效。

2002年12月10日，浪涛公司正式召开高层会议，讨论蓝波系列产品上线的可行性问题。参加会议的有董事长、总经理、研究开发部经理、制造部经理、市场部经理、财务部经理等相关人员。

研究开发部经理首先陈述了两年来的研发情况，呈报了蓝波系列产品的研发费用清单，共115万元。接着他指出，要上线蓝波系列产品，需要投入1 280万元购置专用设备，设备使用年限约20年，使用期满残值约30万元。

接下来，市场部经理汇报了市场调研的情况。市场调研的开支为29万元。市场调研的结果是：蓝波系列产品具有较好的市场前景。经过细致的分析和测算，市场部得出了今后20年的销售额预测数据。然后制造部经理阐述了今后20年新产品付现成本的预测情况。蓝波系列产品销售额和付现成本的预测数据，见表11-2。此外，市场部经理还提到，推出蓝波系列产品后，会吸引一部分原先浪羽和云涛系列产品的顾客，因而对其销售会有一定的影响。经过市场部和制造部的共同测算，得出了对原有产品现金流的影响金额，见表11-3。

表11-2　蓝波系列产品销售额及付现成本预测值　　单位：万元

年份	销售额	付现成本	年份	销售额	付现成本
2003	360	194	2013	580	282
2004	390	206	2014	580	282
2005	470	238	2015	580	282
2006	540	266	2016	580	282
2007	540	266	2017	580	282
2008	540	266	2018	510	254
2009	540	266	2019	430	222
2010	580	282	2020	300	170
2011	580	282	2021	250	150
2012	580	282	2022	200	130

表 11-3 蓝波系列产品对原有产品现金流量的影响 单位：万元

年份	净现金流量变动	年份	净现金流量变动
2003	−20	2013	−26
2004	−22	2014	−26
2005	−22	2015	−26
2006	−25	2016	−26
2007	−25	2017	−26
2008	−25	2018	−24
2009	−25	2019	−20
2010	−26	2020	−17
2011	−26	2021	−14
2012	−26	2022	−11

随后，财务部经理提出，在考虑蓝波系列产品的风险状况后，测算出的资金成本率为11%。

在讨论过程中，财务部经理提出，新产品线的初始投资中没有包含厂房投资。研究开发部经理解释说，新产品可以利用企业的闲置厂房，因此不必考虑厂房投资。但是财务部经理坚持认为应当考虑厂房投资，因为闲置厂房本可以对外出租，租价估计为每年16万元。公司总经理还问到，新产品线是否需要增加营运资金。财务部经理回答说，新产品线预计会增加净营运资本106万元。市场部经理认为，增加的净营运资本并不是永久占有，因此不必考虑。

最后，公司董事长解释了为什么只对今后20年的情况做出了预测，原因在于20年后的情况具有极大的不确定性，而且专用设备的寿命预计只有20年，20年后可以再根据当时的情况重新做出决策。

试根据以上资料，回答下列问题。

(1) 新产品115万元的研究开发费用和29万元的市场调研开支，是否应当列入该项目的现金流量？为什么？

(2) 新产品上市引起原有产品的净现金流量减少，这是否应在新产品的现金流量中予以反映？为什么？

(3) 新产品将利用企业的闲置厂房，这是否应在投资决策中予以考虑？如果需要考虑，应如何考虑？

(4) 新产品需追加的净营运资本是否应当列入项目的现金流量？为什么？

(5) 假设公司对新设备采用直线法折旧，公司所得税率为40%，试计算新产品各年的营业现金流量。

(6) 计算项目的现金流量。

(7) 计算项目的净现值，并回答新产品是否可行。

11.2.3 内部收益率法

内部收益率法(Internal Rate of Return)是国内外广泛采用的一种投资效果动态评价指标，其特别适合于建设周期长、使用期限长的大中型项目的投资效果衡量。内部收益率法是项目经济效果的一项重要指标，与净现值法一起称为贴现现金流量法，也是现代投资决策中最主要、最普通的一种方法。

内部利润法是另一种对未来的现金流量计算现值的方法，它与净现值法的不同之处在于：净现值法先根据投资方案所需的资金成本确定贴现率，然后再根据这个贴现率计算方案的净现值；内部利润法率法计算能使净现值为零的贴现率，即当投资方案的净现值效益量的总现值与净现金投资量相等时的贴现率，这个贴现率称为内部利润率，如果该内部利润率大于资金成本，方案是可取的，否则，就是不可取的。

若已知各年的净现金效益流量 R_t 和初期的净现金投资量 C_0，那么就可以求出内部利润率 r。

$$\sum_{t=1}^{n} \frac{R_t}{(1+r)^t} - C_0 = 0$$

1. 净现值函数

假设某一投资项目，在经济寿命期 16 年内，净现值流量每年为 100 万元，净现金投资量为 473 万元，当项目净现金流量不变时，净现值 NPV 与基准贴现率 i 的关系，由公式表示为：

$$NPV = \sum_{t=1}^{16} \frac{100}{(1+i)^t} - 473$$

显然，对不同的贴现率 i，都可以求得不同的净现值 NPV 和 i 对应，这里把 NPV 看作是 i 的函数，此函数称为净现值函数。表 11－4 列出了不同的 i 对应的 NPV。

表 11－4　不同的 i 对应的 NPV

i/(%)	5	10	15	20	25	30
NPV	610	310	122	0	−84	−130

根据上述数据，作净现值函数图如图 11.1 所示。

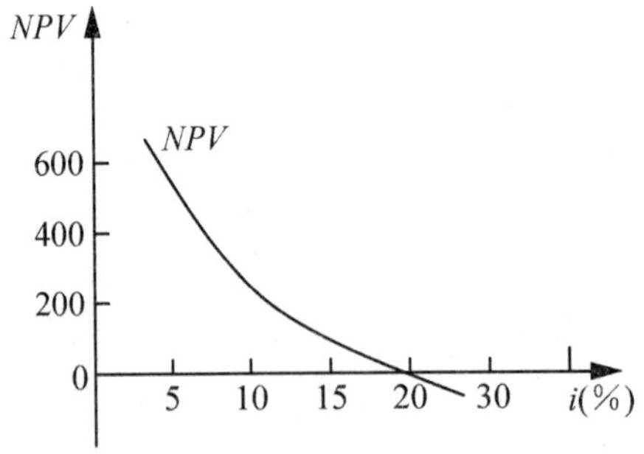

图 11.1　净现值函数

在图 11.1 中净现值函数曲线与横轴有一个交点 $i=i_0=20\%$，它表明当贴现率 $i_0=20\%$时，项目净现值 $NPV=0$，则 $i_0=20\%$为该项目的内部收益率。故对一个投资项目，当项目的净现金流量不改变时，净现值的大小将随贴现率的增大而减小，而使 $NPV=0$ 的贴现率即为该投资项目的内部收益率，即 i_0 为下式的解。

$$\sum_{t=1}^{n} \frac{R_t}{(1+i)^t} - C_0 = 0$$

内部收益率的经济含义为：项目方案在这样的利息率下，在项目整个经济效益计算期内，所有净收益恰好将全部投资收回。此时，内部收益率又可以理解为是项目对投资总值的偿还能力，或项目对贷款利息率的最大承受能力。项目的内部收益率越高，它的经济效益就越好。

当 $i \geqslant i_0$ 时，项目投资方案可以接受；当 $i \leqslant i_0$ 时，项目投资方案应予拒绝。

2. 内部收益率的具体求法

按上面的公式求解内部收益率 i_0 是不容易的，一般需要采取试算内插法求解。

从净现值函数可知，在 $i=i_0$ 时 $NPV=0$，而 i 小于 i_0 时，NPV 分别为正或为负，则 i_0 就在此时的 i 的两点范围以内。

例如，当 $i=20\%$ 时，NPV 为 35，$i=30\%$ 时，$NPV=-133$，那么 $NPV=0$ 时的 i 值，即 IRR 应在 20%～30%之间，因此，可用试算内插法求出 IRR，计算步骤如下。

(1) 选择一个适当的折现率代入一个净现值的计算公式，试算出净现值。如果 $NPV>0$，则说明此时试算的折现率偏小，应调高，如果 $NPV<0$，则说明试算的折现率偏大，应减小。

(2) 按以上原则反复试算到两个净现值，一个是正值，一个是负值，且对应的折现率不超过3%时，可以停止试算。

(3) 运用内插法公式求出内部收益率的近似解，其计算公式如下。

$$IRR = i_1 + \frac{NPV(i_1)}{NPV(i_1) + |NPV(i_2)|}(i_2 - i_1)$$

式中：i_1——试算所取的较低的折现率；

i_2——试算所取的较高的折现率；

$NPV(i_1)$——对应于 i_1 的净现值(正值)；

$NPV(i_2)$——对应于 i_2 的净现值(负值)。

【例 11.6】 有一投资项目的净现金投资量为 1 000 万元，第一年再追加 800 万元，从第 2 年开始到第 5 年年末每年的净现金效益量为 500 万元，末期残值为 700 万元，试用试插法求内部收益率。

解：

根据 $NPV(i_0) = \sum_{t=0}^{n} F_t (1+i)^{-t} = 0$，首先令 $i=5\%$，代入上式计算：

$$\begin{aligned} NPV(5\%) &= -1\,000 - 800(P/F,5\%,1) + 500(P/A,5\%,4) \times \\ &\quad (P/F,5\%,1) + 700(P/F,5\%,5) \\ &= 475 \end{aligned}$$

试算结果 $NPV>0$，说明试算的折现率偏小，应加大，用12%代入再计算：

$$\begin{aligned} NPV(12\%) &= -1\,000 - 800(P/F,12\%,1) + 500(P/A,12\%,4) \times \\ &\quad (P/F,12\%,1) + 700(P/F,5\%,5) \\ &= 39 \end{aligned}$$

这时的 NPV 为 39，刚好略大于零，再增大折现率不超过 3%试算，取 15%，则

$$NPV(15\%) = -1\,000 - 800(P/F, 15\%, 1) + 500(P/A, 15\%, 4) \times (P/F, 15\%, 1) + 700(P/F, 15\%, 5) = -106$$

此次试算的 NPV 为负值($NPV<0$)，可见，该内部收益率必然在 12%～15%，用直线内插法求解 IRR 的近似值。将以上两组数据代入上述公式可得：

$$IRR = 12\% + \frac{39}{39 + |-106|}(15\% - 12\%) = 12.8\%$$

故该投资方案的内部收益率为 12.8%。

11.2.4 净现值法

净现值是整个项目在使用期间的现金流量，是以预先确定的收益率贴现以后，再扣除创办投资成本后(即净现金投资量)的现值。净现值法需要预定一个可以接受的收益率，这个收益率通常等于资本市场上的长期贷款的实际利率，由此计算出整个项目的现值。

如果计算出来的净现值为正数或零，则表示该项目的可盈利率高过或等于预定的收益率，因而该项目是可以接受的；如果净现值为负数，则表示可盈利率比最低的收益率还要低，该项投资就应该放弃。从预期项目执行开始，把每年现金的流出与流入的差额，按确定的贴现率，计算出逐年所得的净现值，再把这个数据相加，就是该项目累计的净现值。

净现值的计算公式为：

$$净现值 = 净现金效益总量总现值 - 净现金投资量$$

或

$$NPV = \sum_{t=1}^{n} \frac{R_t}{(1+i)^t} - C_0$$

式中，NPV——净现值；

R_t——第 t 年来的净现金效益量；

n——投资方案的寿命；

C_0——净现金投资量；

i——资金成本。

若进一步考虑，该投资方案在寿命结束时有残值 S，则必须考虑这一残值，这时的净现值公式为：

$$NPV = \sum_{t=1}^{n} \frac{R_t}{(1+i)^n} + \frac{S}{(1+i)^n} - C_0$$

净现值法即以净现值的正负或大小来判断项目的经济性。

当净现值为正值时，表示该项目的投资效益不仅能获得基准贴现率所预定的经济收益水平，而且还能获得此数量的增量，所以该项目投资方案可行，在经济上是可取的。

当净现值为负值时，表示该项目的投资效果达不到基准贴现率水平，而且还将损失这一数量的现值，该项目投资方案不可行，在经济上是不可取的。

当净现值为零值时，表示该项目的投资效果刚好达到基准贴现率所规定的经济效益水平，但是不能获得任何现值效益，一般也可以认为方案是可行的。

投资额相同的几个方案，净现值越大，项目的经济效果越好。

【例 11.7】 某水库建设投资为 4 050 万元，运行维修费每年为 50 万元，年收益分别为：发电 140 万元、供水 100 万元、养鱼 90 万元、旅游 60 万元。假设基准贴现率为 8%，使用寿命为 60 年。试用净现值法判断该项目的可行性。

解：

$$\text{每年净收益 } R = 140+100+90+60-50 = 340(\text{万元})$$

初始投资 $C_0=4\ 050$(万元)，则：

$$NPV = \sum_{t=1}^{60} \frac{340}{(1+8\%)^t} - 4\ 050 = 158(\text{万元})$$

由于该项目 $NPV>0$，故该方案在经济上是可行的。

前面讲过如果某一项目有残值，则必须考虑残值的情况。

【例 11.8】 某企业修建一个太阳能灶，投资 3 万元，未建前每年要交电费 1 万元，修建后每年能节省电费 60%，太阳能灶的使用期为 10 年，10 年后有 2 000 元残值，问方案可行否(基准收益率为 10%)？

解：

修建太阳能灶以后，每年实际的净现金流量为节约的电费，即 6 000 元。

将 $C_0=30\ 000$、$i=10\%$、$n=10$、$S=2\ 000$ 代入净现值公式：

$$NPV = \sum_{t=1}^{10} \frac{6\ 000}{(1+10\%)^t} + \frac{2\ 000}{(1+10\%)^{10}} - 30\ 000 = 36\ 864+771-30\ 000 = 7\ 635(\text{元})$$

答：该方案的 $NPV>0$，故该方案是可行的。

净现值法的计算步骤可归纳如下。

(1) 确定一个目标收益率作为基准折现率。

(2) 算出项目在整个投资期间的现金流量表。

(3) 将投资期内发生的所有现金流量按基准收益率折现，并将各现值求和求出净现值。

(4) 根据 NPV 判断不同的方案。

净现值法的主要特点体现在如下两个方面。

(1) 已经考虑了资金的时间因素，并且全面考虑了项目在整个投资期内的经营状况，故比较精确。

(2) 直接以金额表示项目的收益率，比较直观。净现值为正表示该投资项目可以接受，投资者可获得利润；净现值为负表示投资项目不可以接受，投资者将出现亏损。

由于上述特点，在投资方案评估中，净现值法是用得较多的一种。

案例 11-2

企业购买新机器的价格为 17 500 元，运费为 800 元，安装费为 1 700 元。如果采用新机器，估计需要追加流动资金 2 500 元(包括库存和应收账款的增加)，操作人员的培训费用为 700 元。假定根据税法，培训费用可按税率渐增企业所得税(税率为 40%)。求净现金投资量。

11.3 投资决策中的风险分析

11.3.1 企业风险的含义与特点

1. 企业风险的含义

提起风险，人们会立即联想到“资金风险”、“信誉风险”等，尽管人们在日常生活中对风险并不陌生，但要准确地表述风险的含义却并不那么容易。因为不同的主体从不同的角度或在不同的时空状态，对于风险的理解都有着不同的标准。事实上，至今为止，学术界对风险的含义也尚未形成一个统一的界定。归纳起来，比较有代表性的定义主要有以下几种。

(1) 国外较早研究风险问题的美国学者 A. H. 威雷特在他的博士论文《风险与保险的经济理论》中指出：“风险是关于不愿发生的事件发生的不确定性之客观体现”。

(2) 日本学者武井勋则认为：“风险是在特定环境中和特定期间自然存在的导致经济损失的变化”。

(3) 国内有学者提出：“风险是某一种事业预期后果估计中的较为不利的一面”。

(4) 也有人认为，风险是指“当人们采取某种行动时，他们事先能够肯定的发生损失的可能性”。

(5) 对风险进行开拓性研究的是美国经济学家弗兰克·奈特，他在 1921 年出版的《风险、不确定性和利润》中对风险做了经典的定义。奈特认为，风险(Risk)是“可测定的不确定性”，是指经济主体的信息虽然不充分，但却可以对未来可能出现的各种情况给定一个概率值。与风险相对应，奈特把“不可测定的不确定性”定义为不确定性(Uncertainty)。奈特进一步指出，企业的利润主要是企业家处理经济环境状态中各种不确定性的经济结果。可以注意到奈特使用的风险概念与人们通常所理解的风险概念存在某些差别。对一个经济主体而言，无论是可测定的风险还是不可测定的不确定性，都是与企业的损失可能性相关联的，都会引起经营决策者们风险管理的动机。

(6) 风险的一般定义可以概括为：在某项事件的未来发展中，可能出现多种不同的结果，其中某些结果将对事件主体产生损失，这种损失的可能性就称为风险。风险可以通过一定的方法加以识别和评估。简言之，风险是指可以评估的事业，因此这里所讨论的风险主要指企业风险。具体而言，是指企业在其生产经营活动的各个环节可能遭受到的损失和威胁。可见，所谓的企业风险是一个广义的概念，它涉及的范围相当广泛。不管是在采购、生产、销售等不同的经营过程，还是在计划、组织、决策等不同职能领域，企业所遇到的风险都统称为企业风险。总之，企业风险是和企业的生产经营活动密切相关的，它潜藏于企业的经营行为当中，并具有不同的表现形式。

2. 企业风险的特点

企业风险的基本特点主要有以下几点。

1）突发性

风险的爆发往往是偶然的，具有极大的随机性。因此，当人们面对风险时，常常会有一种突如其来的感觉。突发性是指风险的实际发生时间很短，以至于让人在尚未意识到时就已处于风险状态之中。例如，山东三株药业公司就是由于湖南常德的一位老大爷服用了3瓶三株口服液突然死亡，许多媒体以“3瓶口服液要了老汉的命”等为题进行了报道，一时间，退货单就像雪片一般飞到公司，三株公司顷刻遭到了灭顶之灾。这种风险表现为突发性，但三株公司没有进行良好的危机公关处理，以至于让风险蔓延，最后到了无法收拾的地步。

2）客观性

风险的存在是不以人们的意志为转移的客观事物，它就像一个幽灵一样蕴含在企业的经营过程里。这主要是因为决定风险的各种因素都是客观存在的，不管风险主体是否意识到它们的存在，这些风险因素都始终存在于一定的时空状态之中，一旦条件具备，它们就可能转变为现实的风险。所谓“天有不测风云，人有旦夕祸福”说的就是这个道理。风险的客观性还表现在它是无处不在、无时不有的。对企业来说，只要从事具体的生产经营活动，发生人、财、物等资源要素的流通和转换，就必定会面临风险的威胁。风险的客观性要求人们必须承认风险、接受风险，并以理性的态度、采取合理的措施来对待风险，以达到消减风险影响的目的。

3）无形性

风险是看不见、摸不着的一项无形要素。尽管人们能够意识并且感觉到风险的存在，但是，由于风险的无形性，人们很难精确地将其描绘出来，想要对它进行定量的预测和考察则更加困难。因此，人们在分析企业风险时，一般只能采取相对精确的估计办法，即用比较模糊、弹性的概念来对它加以界定。风险的无形性给人们增加了认识的难度。但是，只要认真地把握企业风险产生的内外条件，了解并且识别风险的发生仍是有可能的。

4）多变性

风险的多变性是指风险本身具有极强的不确定性。它的种类、大小、性质等内在要素均会随着企业内外条件的变化而呈现动态变化的特征。例如，企业面临的市场风险就是一个动态的变量，当市场容量、消费者偏好、竞争结构、竞争强度等环境要素发生变化时，风险的性质也将随之改变。风险的多变性主要和其产生的条件有关，由于风险本身就是源于企业内外环境的不确定性，因而它难以具有稳定的形态。把握风险的多变性特点，要求人们在应付风险威胁时，应该准备多种不同的应对方案，一旦风险要素发生改变，便应选择相应的对策以处理不同类型的风险影响。

5）损失与受益的对称性

风险会对事物造成损失，因而它常常和不利性联系在一起，但是和风险相伴随的，不仅有潜在的损失，也有获益的可能。风险是利益的代价，利益是风险的报酬。换言之，风险具有双重的影响：一方面，它会对事物的正常发展产生不利作用，因而人们唯恐避之不及；另一方面，它又隐藏着获利的可能，所以才有人愿意去冒险。而且，一般来说，风险越大，报酬率就越高。风险损失与收益的对称性要求风险主体在建立利益机制的同时也要考虑风险防范机制，使两者相互制约平衡。

11.3.2 企业风险分析的方法

众所周知，风险会对企业带来不利的影响，但是，风险到底是如何产生影响的，它的影响范围及影响程度到底有多大，它所持续的时间将有多长等，这一系列的问题，都需要企业做出明确的分析。

由于风险的不确定性很大、可测性很小，因此在企业的日常经营中一般更多地运用定性分析的方法来分析风险。其中德尔菲预测法在第 2 章中做过详细介绍，这里将主要介绍幕景分析法和 SWOT 法。

1. 幕景分析法

这是一种分析风险关键因素及其影响的有效方法。一个幕景就是一项事业或某个企业未来某种状态的描绘，或是按年代的梗概进行描绘。幕景研究的重点是：当某种因素发生时，整体情况会怎样变化？会有何种风险发生？幕景分析的结果大致以两种方式表示：一是对未来某种状态的描述；另一类是描述一个发展过程，即未来某种情况的变化链。例如，它可以向决策人员提供未来某种投资机会的最好的、最可能发生的和最坏的前景，并可详细给出这 3 种不同情况下可能发生的事件和风险大小，供决策和分析参考。

幕景分析法是扩展风险分析人员的视野，增强其分析未来能力的一种思维程序，它对以下情况特别有用：提醒分析人员注意某项变化可能引起的风险和后果；研究分析某些关键性因素对未来过程某些可能出现的风险的影响；分析各种互相矛盾的情况等。

2. SWOT 法

SWOT 法是一种分析风险发生状况的有效工具。这里，S 代表企业内部条件的优势所在；W 代表企业优势；O 代表外部环境为企业提供的有利机会；T 代表来自外部环境的威胁。将上述 4 项内容组合在一起，就形成了一个四象限矩阵图，如图 11.2 所示。SWOT 法的实质就是通过比较分析企业内部条件和外部环境的相互关系，确定企业风险发生的领域和影响状况。

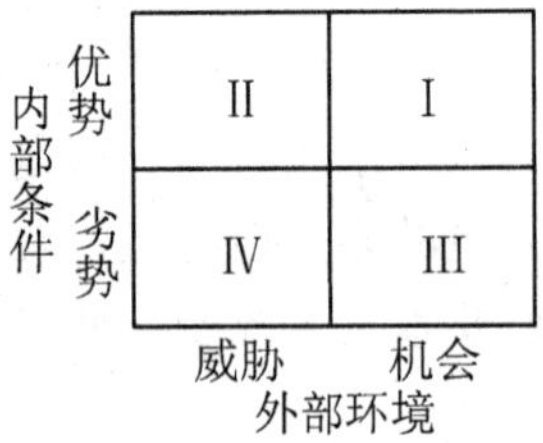

图 11.2 SWOT 图

在图 11.2 中，内部条件和外部环境相互搭配形成了 4 个区域。

(1) 第Ⅰ象限，外部环境中出现了有利于企业发展的机会，为企业提供了获利的可能性。与此同时，企业又刚好具备能够利用这些机会的内部优势条件。此时企业的内部条件和外部环境处于最佳的适应状态，发生风险的可能性最小。

(2) 第Ⅱ象限，企业外部环境中存在着一些威胁，但在企业内部具有相关的优势条件。如果企业能够以优势条件克服或消除外部环境的不利影响，那么发生风险的可能性就很小，反之企业就将面临较大的风险。

(3) 第Ⅲ象限，外部环境中存在着有利于企业的机会，但企业在这方面实力较弱，处于劣势状态。因此，企业是否有风险取决于企业能否改变劣势条件，及时抓住并充分利用外部环境提供的机会。

(4) 第Ⅳ象限，在这一区域企业面临的风险最大。因为此时企业既对应着较大的外部环境威胁，自身又处于劣势条件之中，企业的内部条件和外部环境之间的适应状况最差，发生风险的可能性也最大。这是企业进行风险识别应该关注的重点区域。

11.3.3 企业风险的防范

企业风险防范是风险价值链管理中最重要的一环，也是人们对风险实施管理的最终目的。在实际的企业运作中，人们一直非常重视风险的防范工作，并常常采用保险、组合投资等各种各样的措施来减少或分散风险损失。然而，随着社会的发展，企业运营的各项条件都发生了巨大的变化，不仅导致风险影响因素的范围扩大，而且性质也与以往大不相同，这就使得传统的风险防范思路和方法越来越无法满足现实的需要。结合知识经济时代企业经营及竞争的特点，本书在此提出了企业风险防范的一些新思路，力图为企业筑起一道抵御风险的“铜墙铁壁”。

1. 利用信息进行企业风险防范

(1) 信息在风险决策中的作用。风险是由不确定性引起的，在不确定性情况下，决策主体所做的决策行为是建立在有限信息基础之上的。如果决策主体能够通过一定的渠道获得更多的信息，那么就可以降低决策行为的风险。事实上，随着信息量的增加，不确定性也就相应减少，当企业处于充分信息状态时，原来的不确定性决策也就转变为确定性决策了。由于决策行为的结果可以百分之百地得到肯定，因而此时也就不存在风险。决策者可以根据确定的评判标准选择最佳的决策行为方式。

风险决策实质上是一个信息不充分的博弈过程。在知识经济时代，信息的内涵和外延得到极大的拓展，各种信息元素急剧膨胀，瞬息万变，信息已成为当今社会经济发展的“血液”。面对这种现状，如果哪个企业能够更快地掌握更多、更准确的竞争信息和决策依据，那么它就能更好地提高决策效果，赢得竞争的胜利。

(2) 风险信息处理。要有效地防范风险，重要的前提就是要及时获得并正确处理有关的风险信息，这可从3个方面考察。

① 信息输入。风险管理的信息资料常常分布在不同的时间和空间中，必须采取一定的方法搜寻、收集与风险防范相关的信息资料，使其转化为所需要的信息形式。收集信息应掌握及时、完整、准确的原则，以保证信息数据的有效性。这一步工作没做好，会导致“失之毫厘，谬之千里”的后果。在信息输入阶段应注意数据样本和总体的内在分布规律，在输入时同时应考虑到处理和输出阶段的关联要求，以保证风险信息资源的共享性。

② 信息处理。尽管在信息收集过程中带有一定的选择，但最终为企业所获取的信息仍有可能良莠混杂，有些甚至是无效、错误的信息。因此要对收集到的信息进行加工处

理，这就要求在一般的数据收集、统计的基础上，进一步做好信息的加工、分析工作，总结出反映企业自身经济活动内在发展趋势的规律。挖掘信息资料的潜力是风险信息处理中的重要内容，从开发信息资源角度看，这也可以说是一项具有质的飞跃性质的工作，它为风险的防范打下了坚实的基础。

③ 信息输出。信息处理结束后，按照使用要求，常以一定的形式输出，形成风险决策所需的信息。信息的输出应尽量符合风险管理的使用要求，既要考虑充分发挥风险主体的洞察力，又要注意把握时机，以利于在判断、分析风险原因的过程中充分发掘信息的最大潜力。

2. 利用博弈策划进行企业风险防范

市场如战场，身处市场经济大潮中的企业，时刻都面临着竞争风险的威胁。尤其是势单力薄的中小企业，在日益复杂多变的环境形势下，及时调整经营博弈的策略思路，对于提高企业竞争效果无疑显得极为重要。

(1) 竞争理念的演变：化干戈为玉帛，变竞争为竞合。竞争一词的传统含义是指两个或两个以上的主体为了各自利益而相互争斗的现象。竞争所带来的结果往往是一方获胜而另一方失败，其中也不乏两败俱伤的情形。

但是，近年来随着企业所处的外部经营环境发生巨大变化，企业奉行的经营信条正在逐渐发生变化，传统的竞争内涵也日益得到修正。原来那种势不两立、你输我赢的竞争已越来越为优势互补、共同获益的“双赢”模式所替代。这是因为社会科技的飞速发展以及消费者需求日趋复杂多变，使得企业所面临的竞争压力不断加大，企业单凭自身的资源实力已很难适应当前风险日益增加的形势要求，不少企业纷纷寻求合作发展策略，即通过与外界力量的联合，优势互补，增强联合体的综合竞争能力，以达到共同获益、共同提高的目的。通俗地说，就是共同把“蛋糕”做大，使大家都能获得尽可能多的份额。可见，现代企业的竞争理念已从传统的你死我活的搏斗变为互利互惠的合作。

企业从对立走向联合，体现的实质就是在一定资源条件基础上的一种合作博弈行为。假设市场中有两家相互竞争的企业，可以知道，每个企业的资源相对于外界环境而言都是有限的，如果企业之间进行对抗式的竞争博弈，那么在达到最终的竞争均衡状态时，每个企业都将为此消耗掉自身大量的资源。然而，如果企业采取合作博弈的方式进行竞争，则情形将大不一样。通过合作，两家企业各自将自身的优势资源联合在一起，产生“1＋1＞2”的功效。也就是说，对于同一外部形势而言，两家企业的整体资源实力得到了相对增强，二者参与对外竞争时所处的地位将更加有利。上述分析说明：合作博弈扩大了资源配置的范围，并通过减少“内耗”而达到增强整体竞争实力的目的。当联合体由于资源实力的改善而获得更好的竞争结果时，各合作方也就能从中获得比单纯依靠自身力量参与竞争所能取得的更为有利的结果。

(2) 利用合作博弈的方法防范企业风险的方式。通过合作博弈实现企业风险防范的方式主要有以下 6 类。

① 与下游客户联盟。识别并满足消费者需求是一切经营战略成功的基础，也是企业竞争的出发点和最终归宿。与消费者实现真正互惠互利的联合，不仅有助于企业及时准确

地捕捉市场信息，同时也可维护企业与客户之间的良好关系，降低市场营销成本。这种前向合作模式，较适合于以零部件生产为主的企业。

② 与上游供应商联盟。正如前向合作能为企业带来丰厚的利益一样，与供应商的后向联盟则可以降低供应成本，建立稳定的原材料供应渠道。对于中小企业来说，由于它在生产及营销过程中需要大量优质的原材料及配件支持，因此，通过与供应商结盟，获得对关键零部件生产的控制，可以更好地使产品具有特色，增加可靠性，而且，也有助于减轻中小企业自身的资源不足压力。例如，2001 年当羽绒服市场开始引进鹅绒服时，连续 6 年稳居行业老大的江苏康博集团与上游供应商联盟，大量买进鹅绒，从而立于不败之地。

③ 与竞争对手联盟。如前所述，现代竞争的理念正由对抗转为合作。面对日益严峻的经营形势，不少昔日的竞争对手现在纷纷摒弃前嫌结为盟友。在日新月异的计算机产业界，这种趋势更为明显，如 HP 与康柏联合、IBM 与微软合作等。与竞争对手合作，关键是要识别自身与对手之间最主要的差别，合作博弈应以这种差别为基础，审慎地进行战略定位，确定合作的范围和程度，否则企业将丧失自己的竞争优势。

④ 与配套产品生产联盟。企业与配套产品生产商的关系是相互促进、相互制约的，其中任何一方的产品发生变动，都会相应地影响到另一方。因此，如果企业能通过合作关系与配套产品生产商形成一种互相促动、相生相长的协调联动机制，则必将使双方具有更加有利的竞争地位。如微软公司的视窗软件与英特尔公司的芯片所组成的“Wintel”架构就是一个典型的例子，现在，它几乎已成为计算机业界的配置标准，微软和英特尔都从中获益良多。

⑤ 与科研机构联盟。企业与科研机构合作所产生的利益是显而易见的，科研机构一般具有巨大的人才、技术优势，但由于受到资金及生产条件的限制，其技术成果往往难以转化为现实生产力。而企业则能较好地弥补这些不足，而且企业需要不断地进行技术创新来维持生存和发展，这样就在企业和科研机构之间产生了进行合作的动机。

⑥ 与其他机构联盟。一般来说，只要能对企业的博弈提供更加有利的资源条件支持，则都可作为企业合作的对象。除上述对象以外，其他如政府部门、金融机构、贸易机构均可作为企业的潜在合作伙伴，只要合作方式合理合法，那么，企业就能得到大量的人、才、物力支援，从而大大缓解风险压力。

3. 利用风险过滤区理论进行企业风险防范

企业风险的产生受到一系列因素的影响，它贯穿于企业决策行为的全过程。因此，防范企业风险应该运用系统思想的指导，从整体、全程的角度考虑企业决策行为的风险控制。

1）建立健全风险防范管理系统

（1）预警系统。它的主要功能是监控可能的风险因素，尤其是重点监测风险值较大的关键要素，及时、敏锐地发现异常征兆，并准确预报风险。风险预警一般通过模糊控制来实现，即设置模糊临界值区间，当企业内外条件变化处于临界值区间以内时，说明此时处于安全状态，当变化超出临界值区间时，则表明状况异常，应发出警报。

（2）分析处理系统。它的主要功能是抑制风险的爆发，降低风险发生的机会。其主要作用方式是：当收到预警系统发出的警报后，详细分析潜在问题的成因，进行创新对策筹划并将创新措施及时付诸实施，以消除风险成因，防止风险发生。

(3) 应急系统。这是一旦风险发生后企业便可以启用的应急措施。它的主要功能是：在风险发生后，能有效地处理风险、应付危机，最大限度地消减风险影响的范围和程度，并以最快速度恢复企业的正常运营。应急系统一般采用备选方案的形式预先准备，即根据预测的未来变化状态和企业可能遇到的风险，事先设计相应的备选方案，当风险发生后，则依据实际状况选择与之对应的应急措施加以实施，以便及时补救，变被动为主动，使风险损失降为最小。

2) 严格工作程序

企业的风险价值链管理需要理性思考，三思而后行。应建立相应的工作程序，如国际上广泛应用的5个过滤区(图 11.3)。

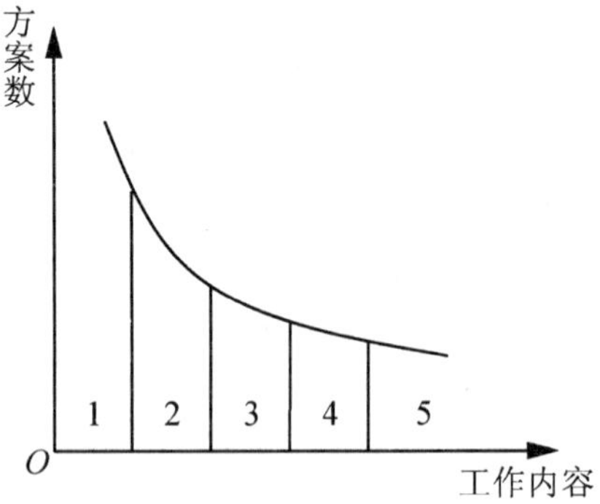

图 11.3 企业风险防范的5个过滤区

企业风险防范的5个过滤区就是在5个方面对企业风险进行防范和排查。

(1) 法律政策过滤区，考察企业经营是否在法律政策上存在风险。

(2) 技术考核过滤区，企业应知道不是最好的产品才畅销，而是市场最需要的产品才能畅销。

(3) 成本考核过滤区，主要考核企业产品的寿命周期成本。

(4) 规模生产过滤区，主要考核企业产品量本利的分析。企业产品生产规模越大，产品的成本越低，但是当生产超过一定规模后，生产规模再扩大，产品成本反而开始升高。

(5) 销售策略过滤区，主要考虑产品策略、价格策略、营销网络和促销手段等方面的风险。

案例研究

“雅虎”创造的财富神话

雅虎(Yahoo!)在当今网络界和风险投资业界已成为广为流传的故事。Yahoo! 是由美籍华人杨致远和美国青年戴维所创立的搜索引擎公司。当时，Internet 上的万维网(WWW)技术开始流行，杨、戴二人也迷上了 Internet，常通宵达旦在网上漫游。作为业余爱好，他们分别收集自己喜爱的网点，然后互相交换。随着收集量增加，为了便于管理，他们运用自己掌握的软件技术开发了一个数据库系统，将这些搜集到的信息分类整理成“杨致远和戴维的WWW网指南”，放在万维网上让“网友”们共享，并起了一个有趣的名字“Yahoo!”。

对新的经济增长点极为敏感的风险投资者们很快嗅到了Internet上的商业气息。美国资源的Sequoia风险投资基金给Yahoo！注入第一笔资金，雅虎公司正式成立。1995年8月，开始了新一轮融资活动。从1995年4月第一次投资到此时短短的4个月内，专家们对Yahoo！的估价已升至400万美元，Yahoo！身价翻了10倍。

1996年，Yahoo！开始筹备上市工作，并于当年4月正式上市，股票上市报价13美元，一开盘就飙升到24.5美元，最高冲向43美元高位，当日收盘价33美元，几乎是上市价的3倍。Yahoo！的市值达到8.5亿美元，是一年前Sequoia估价的200倍！杨致远也在短短两年之内由一介书生变成了亿万富翁。

Yahoo！的例子，成功始于杨致远、戴维等人的创意，正是这种创意给自己带来了极大的成功，也给社会带来了巨大财富。风险投资的魅力则在于企业股票上市后的倍增效益。通过上市变现，使这个神话般的创造财富的创业过程画上了一个完整的句号。由此不难看出，现代风险投资的发展中风险资本与技术创新的结合，必须借助于发达的金融资本市场的依托作用，才能得以蓬勃发展。

资料来源：摘自《风险投资实务》

本章小结

长期投资所引起的收益延续时间很长，不仅会影响企业当前的利润大小，而且会影响企业长期的收益。本章从介绍长期投资决策的概念、特点和基本原则入手，重点介绍了长期投资决策的主要方法：货币时间价值、返本期法、内部收益率、净现值法，以及投资风险分析方法。重点介绍了长期投资方法。

习　题

1. 思考题

(1) 什么是企业长期投资决策？
(2) 长期投资决策的基本原则有哪些？
(3) 企业投资决策的一般过程是什么？
(4) 什么是货币的时间价值？
(5) 如何利用返本期法计算投资返本期？
(6) 什么是企业的投资风险？其特点有哪些？如何进行企业投资风险分析和防范？

2. 选择题

(1) 某企业欲购进一套新设备，要支付400万元，该设备的使用寿命为4年，无残值，采用直线法计提折旧。预计每年可产生税前净利140万元，如果所得税税率为40%，则回收期为(　　)年。

A. 4.5　　B. 2.9　　C. 2.2　　D. 3.2

(2) 当贴现率与内部报酬率相等时(　　)。

A. 净现值小于零　　B. 净现值等于零

C. 净现值大于零　　D. 净现值不一定

(3) 某企业准备新建一条生产线，预计各项支出如下：投资前费用2 000元，设备购置费用8 000元，设备安装费用1 000元，建筑工程费用6 000元，投产时需垫支营运资金3 000元，不可预见费按总支出的5%计算，则该生产线的投资总额为(　　)元。

A. 20 000　　B. 21 000　　C. 17 000　　D. 17 850

(4) 下列不属于终结现金流量范畴的是(　　)。

A. 固定资产折旧　　B. 固定资产残值收入

C. 垫支流动资金的收回　　D. 停止使用的土地的变价收入

(5) 某投资项目原始投资为12万元，当年完工投产，有效期3年，每年可获得现金净流量4.6万元，则该项目内部报酬率为(　　)。

A. 6.68%　　B. 7.33%　　C. 7.68%　　D. 8.32%

(6) 下列各项中，不影响项目内部报酬率的是(　　)。

A. 投资项目的预期使用年限　　B. 投资项目的营业现金流量

C. 企业要求的必要报酬率　　D. 投资项目的初始投资额

(7) 若净现值为负数，则表明该投资项目(　　)。

A. 投资报酬率小于零，不可行

B. 为亏损项目，不可行

C. 投资报酬率不一定小于零，也有可能是可行方案

D. 投资报酬率没有达到预定的贴现率，不可行

(8) 某投资方案贴现率为18%时，净现值为－3.17；贴现率为16%时，净现值为6.12万元，则该方案的内部报酬率为(　　)。

A. 14.68%　　B. 16.68%　　C. 17.32%　　D. 18.32%

(9) 营业现金流量是指投资项目投入使用后，在其寿命周期内由于生产经营所带来的现金流入和现金流出的数量。这里的现金流出是指(　　)。

A. 营业现金支出　　B. 缴纳的税金

C. 付现成本　　D. 营业现金支出和缴纳的税金

(10) 下列说法中不正确的是(　　)。

A. 内部报酬率是能使未来现金流入量现值等于未来现金流出量现值的贴现率

B. 内部报酬率是方案本身的投资报酬率

C. 内部报酬率是使方案净现值等于零的贴现率

D. 内部报酬率是使方案现值指数等于零的贴现率

3. 计算题

(1) MS软件公司目前有两个项目A、B可供选择，其各年现金流量情况见表11-5。

① 若MS公司要求的项目资金必须在两年内收回，应选择哪个项目？

② MS公司现在采用净现值法，设定折现率为15%，应采纳哪个项目？

表11-5　各年现金流量情况表　　单位：元

年份	项目A	项目B
0	−7 500	−5 000
1	4 000	2 500
2	3 500	1 200
3	1 500	3 000

（2）试计算以下两个项目的内含报酬率（表11-6）。

表11-6　项目A和B现金流量表　　单位：元

年份	现金流量	
	项目A	项目B
0	−2 000	−1 500
1	2 000	500
2	1 000	1 000
3	500	1 500

4. 实训题

嘉华快餐公司在一家公园内租用了一间售货亭向游人出售快餐。快餐公司与公园签订的租赁合同的期限为3年，3年后售货亭作为临时建筑将被拆除。经过一个月的试营业后，快餐公司发现，每天的午饭和晚饭时间，来买快餐的游客很多，但是因为售货亭很小，只有一个售货窗口，所以顾客不得不排起长队，有些顾客因此而离开。为了解决这一问题，嘉华快餐公司设计了4种不同的方案，试图增加销售量，从而增加利润。

方案一：改装售货亭，增加窗口。这一方案要求对现有售货亭进行大幅度的改造，所以初始投资较多，但是因为增加窗口吸引了更多的顾客，所以收入也会相应增加较多。

方案二：在现有售货窗口的基础上，更新设备，提高每份快餐的供应速度，缩短供应时间。

以上两个方案并不互斥，可以同时选择。但是，以下两个方案则要放弃现有的售货亭。

方案三：建造一个新的售货亭。此方案需要将现有的售货亭拆掉，在原来的地方建一个面积更大，售货窗口更多的售货亭。此方案的投资需求最大，预期增加的收入也最多。

方案四：在公园内租一间更大的售货亭。此方案的初始支出是新售货亭的装修费用，以后每年的增量现金流出是当年的租金支出净额。

嘉华快餐公司可用于这项投资的资金需要从银行借入，资金成本为15%，与各个方案有关的现金流量见表11-7。

表 11-7　4 个方案的预计现金流量　　单位：元

方案	投资额	第 1 年	第 2 年	第 3 年
增加售货窗口	−75 000	44 000	44 000	44 000
更新现有设备	−50 000	23 000	23 000	23 000
建造新的售货亭	−125 000	70 000	70 000	70 000
租赁更大的售货亭	−10 000	12 000	13 000	14 000

思考题：

(1) 如果运用内含报酬率指标，嘉华快餐公司应该选择哪个方案?

(2) 如果运用净现值指标，嘉华快餐公司应该选择哪个方案?

(3) 如何解释用内部报酬率指标和净现值指标进行决策时所得到的不同结论? 哪个指标更好?

第12章 市场失灵与政府规制

教学目标

通过本章的学习，理解市场失灵的含义及其原因，提高对政府干预垄断必要性的认识，学会分析政府对于垄断的公共政策所产生的影响，树立企业决策应该考虑公共政策影响的经营观念。

教学要求

知识要点	能力要求	相关知识
市场失灵及其原因	(1) 能够正确判别市场失灵的各种表现 (2) 能够对市场失灵原因及影响进行分析并计算 (3) 能够提出有效解决市场失灵问题的对策或者措施	(1) 市场失灵的含义 (2) 市场失灵的原因： 外部性 公共物品 信息不对称和不完全信息 垄断 公平与效率 经济周期
对垄断的公共政策	(1) 能够分析垄断对于资源配置的影响并加以初步计算 (2) 能够提出对垄断管制的政策并进行初步的计算 (3) 能够正确判别常见的垄断和不正当的竞争行为	(1) 垄断对于资源配置的影响： 效率损失 消费者剩余损失 其他不利影响 (2) 对垄断的公共政策： 政府管制的措施 反垄断法和反不正当竞争法

导入案例

黑龙江坑农事件中市场和政府“双重失灵”

黑龙江省绥化市兰西县的不法商人用假种子坑农、害农事件，(《华商晨报》)一开始不妨看作是一件“市场失灵”的典型案例。不法商人为了追求利润最大化，他当然有尽量压低成本以提高利润的动机。由于和农民相比，商人们占尽信息、活动能力等方面的优势，因此在断定出售假种子的利益远大于风险的前提下，如果没有另外的约束，他们肯定会选择出售假种子。也就是说，如果放任市场运作，不法商人用假种子坑农的事件将“此起彼伏”，“看不见的手”在制止这个问题方面，是完全无力的。

在现代经济学理论中，“市场失灵”正好为政府作用预留了空间。所以，呼吁政府干预，严惩不法商人以杜绝假种子，在逻辑上也就顺理成章。农民凭着自己朴素的智慧也正是这样推理的，所以才有了200次上访。中国的最高行政当局以“总理批示”这一强有力的形式，直接介入此案。如果政府是一架运作良好的机器的话，事件到此就应该画上一个句号。然而让所有观察者都大跌眼镜的是，政府在这里也失灵了。“总理批示”到了基层，居然被认为是过时了，不法商人依然逍遥复逍遥，假种子依然泛滥又泛滥。因此，这一“特大坑农案”可以看作是“市场和政府双重失灵”的结果。

由此想起新制度学派代表人物诺斯曾经提出的一个很著名的“诺斯悖论”。他认为，在市场经济中，“一个政府必须演化为一个有效、公正的契约第三方执行者。第三方强制实施，意味着政府应该强大到能有效监督产权、强制实施契约。”但他同时又道出了自己的担忧：“如果一个政府一旦具有了这样强制的力量，那么，那些管理该政府的人便会利用这种力量来谋取自身的利益，而以牺牲社会其他人的利益为代价。”

通过前面对“假种子事件”发生原因的分析发现，我们也遭遇到了“诺斯悖论”：一方面，要杜绝假种子，就需要政府强有力的干预，为此，我们不能不加强各级政府官员的权力；但另一方面，正因为各级政府官员手中具有了这种权力，使得他们又成了不法商人争相“寻租”的对象，于是，他们中不少人就利用这种权力收取贿赂，而对落实法律、法规睁一只眼闭一只眼，甚至连“总理批示”也可以宣布“过时”而不再执行。如此，假种子泛滥也就成了一种必然。

在经济生活中，完全竞争市场将达成最优的资源配置，但完全竞争市场的假设条件极其严格，而这些假设条件在现实中通常很难得到满足。市场机制并不完全能使经济资源得以有效配置，政府也积极地参与经济生活，在此情况下，企业的决策将受到政策的影响，本章将对这些问题进行分析。

12.1 市场失灵及其原因

12.1.1 市场失灵的含义

在正常情况下，通过价格的自发调节可以实现供求平衡，从而达到资源的最优配置。但在有些情况下，仅仅依靠市场调节并不能实现供求平衡，这种情况称为市场失灵。

12.1.2　市场失灵的原因及种类

1. 外部性

1）定义

外部性又称为外部效应，指某种经济活动给予这项活动无关的第三方带来的影响。这就是说这种活动的某些成本并不是由从事这项活动的当事人承担，而是由与这项活动无关的第三方承担，这种成本称为外在成本或社会成本，即社会收益<私人收益，社会成本>私人成本。同样，这种活动的某些收益也不由从事这项活动的当事人获得，而由与这项活动无关的第三方获得，这种收益被称为外在收益或社会收益，即社会收益>私人收益，社会成本<私人成本。

（1）在前一种情况下，称为负外部性。其又分为两类：一是生产的外部不经济，当一个生产者采取的行动使他人付出了代价而又未给他人以补偿时，便产生了生产的外部不经济，如企业因为排放脏水而污染了河流；二是消费的外部不经济，当一个消费者采取的行动使他人付出了代价而又未给他人以补偿时，便产生了消费的外部不经济，如在公共场合吸烟。

（2）在后一种情况下，称为正外部性。也分为两类：一是生产的外部经济，当一个生产者采取的经济行动对他人产生了有利的影响，而自己却不能从中得到报酬时，便产生了生产的外部经济；二是消费的外部经济，当一个消费者采取的行动对他人产生了有利的影响，而自己却不能从中得到补偿时，便产生了消费的外部经济，如邻居对房屋周围进行绿化，美化了社区环境。

外部性的特征如下。

（1）外部性独立于市场机制之外，即外部性的影响不是通过市场发挥作用的。

（2）外部性是市场行为的伴生物，即外部性并不是企业的一种故意行为，而是无意行为，如某人并不是为了使他人身体受害才在公共场合吸烟。

（3）外部性与受影响者具有关联性。外部性所产生的影响对他人或其他企业的利益必然会造成某种效应（正的或负的），外部性与受损者之间具有某种联系。

（4）外部性具有某种强制性。外部性加在承受者身上时并未取得对方同意。

（5）外部性不可能完全消除，如发展经济不可能完全消除污染。

2）外部性与市场失灵

由于存在着外部影响，整个经济的资源配置也不可能达到帕累托最优状态。

如图12.1所示，直线$D=MR$是某竞争企业的需求曲线。由于生产上的外部不经济，私人的边际成本MCI小于社会的边际成本MCS，私人边际成本曲线在社会边际成本曲线下方，它们之间的距离就是边际外部不经济，即由于企业增加一单位生产所引起的社会其他人所增加的成本。利润最大化原则使企业产量定在价格（即其边际收益）等于其边际成本处，即Q_1；但使社会利益达到最大的产量应当使社会的边际收益（可以看成为价格）等于社会的边际成本，即应当为Q_2。因此，生产的外部不经济造成产品生产过多，超过了帕累托效率所要求的水平Q_2。

在图 12.2 中，由于生产上的外部经济，社会边际收益曲线 MRS 在个人边际收益曲线 MRI 的上方，它们之间的距离就是边际外部经济，即由于企业增加一单位生产所引起的社会其他人所增加的收益，利润最大化原则使企业产量定在价格(亦即其边际收益)等于其边际成本处，即 Q_1 处，但使社会利益达到最大的产量应当使社会的边际收益(可以看成为价格)等于社会的边际成本，即应当为 Q_2。Q_1 小于 Q_2，因此，生产的外部经济造成产品生产过少，低于帕累托效率所要求的水平 Q_2。

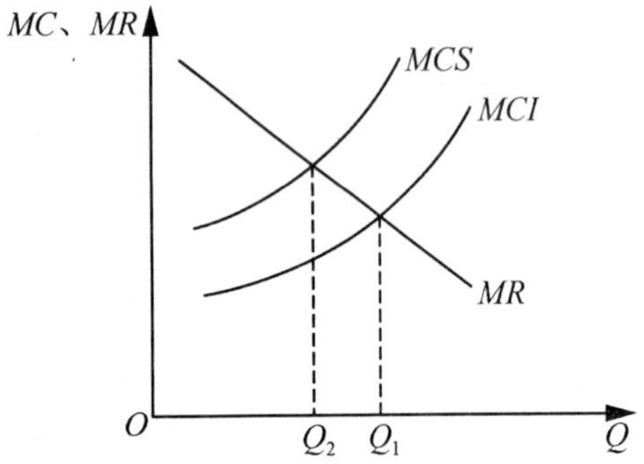

图 12.1　生产的外部不经济

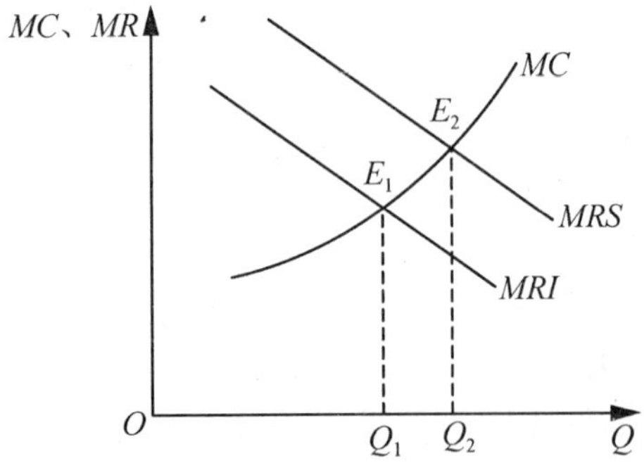

图 12.2　生产的外部经济

外部性的存在还会导致“公有地悲剧”，即无主的公共资源经常会导致过度使用乃至毁灭的结果。例如海洋、湖泊、草地等，外部性问题就难以解决。在财产为公众所有的情况下，共有财产通常会受到过度使用。近年来，我国不少牧区出现过度放牧而导致草场无法维持正常的再生，以致牧民的生活受到极大的影响。

案例 12-1

信息非对称——买的不如卖的精

俗话说“从南京到北京，买的不如卖的精”这其中的道理就是信息不对称。非对称信息，是指市场上买卖双方所掌握的信息是不对称的，一方面掌握的信息多一点，一方面掌握的信息少一些。

中国古代有所谓“金玉其外，败絮其中”的故事，讲的是商人卖的货物表里不一，由此引申比喻某些人徒有其表。在商品中，有一大类商品是内外有别的，而且商品的内容很难在购买时加以检验。如瓶装的酒类，盒装的香烟，录音、录像带等。人们或者看不到商品包装内部的样子(如香烟、鸡蛋等)，或者看得到，却无法用眼睛辨别产品质量的好坏(如录音、录像带)。显然，对于这类产品，买者和卖者了解的信息是不一样的。卖者比买者更清楚产品实际的质量情况。这时卖者很容易依仗买者对产品内部情况的不了解欺骗买者。如此看来，消费者的地位相当脆弱，对于掌握了“信息不对称”武器的骗子似乎毫无招架之术。

由于信息不对称，价格对经济的调节就会失灵。比如某商品降价消费者也未必能增加购买，消费者还以为是假冒伪劣商品；某商品即使是假冒伪劣商品提高价格之后消费者还以为只有真货价格才高。这就是市场失灵造成的市场的无效率。

为消除信息不对称，精明的商家想了很多办法。在大商场某一生产鸭绒制品的公司开设了一个透明车间，当场为顾客填充鸭绒被，消除了生产者和消费者之间的信息不对称。

逆向选择及其防止——解读二手车市场。

由于信息不对称而出现了逆向选择。逆向选择是指买卖双方信息不对称的情况下，差的商品总是将好的商品驱逐出市场。假如我们在交易谈判之前，一部分人知道信息，而另一部分人不知道信息，这个时候就会出现所谓的逆向选择。

比如说，你去买车，市场上有两类车，一类车价值20万元，另一类车价值10万元，每种可能性都是50%，你不知道这车是哪种类型的，你只知道50%的可能性是20万元，50%的可能性是10万元，但是卖车的人知道，那我现在问你，你愿意付多少钱买这辆车，你可能说15万，平均价值是15万，如果有人真愿意卖这车，你愿意买吗？你肯定不愿意，如果15万买这辆车，那么20万元的车别人早拉回去了，愿意卖给你的肯定是10万的那辆车。所以你不会出15万买那辆好车，你最多只能付10万元。这样来看，好东西不一定都卖了出去。这就是次品充斥市场、质量好的商品被驱除出市场的逆向选择。

3）解决外部性问题的措施

（1）当产权难以明确或者不明确时，可以通过以下途径解决：庇古税、征税和补贴。

英国的经济学家庇古首先提出，由于外部性产生于私人成本与社会成本之间的差异，对造成外部不经济的企业，国家应该征税(庇古税)，其数额应该等于该企业给社会其他成员造成的损失，使企业成本和社会成本相等，从而达到符合最有效率的状态。反之，在存在外部经济的情况下，国家则可以采取津贴的办法，使得企业的私人利益与社会利益相等。这样只要政府采取措施使得私人成本和私人利益与相应的社会成本和社会利益相等，那么资源配置就可以达到帕累托最优(并不是要完全地消除产生外部性的行为)。可以通过图12.3进行说明。

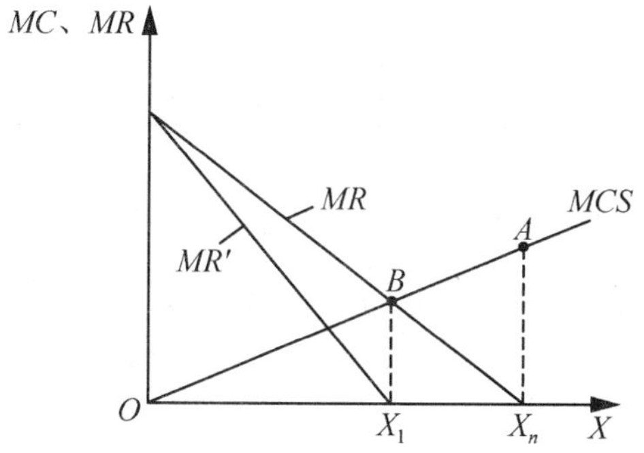

图12.3　庇古税

横轴X为某化工厂所制造的污染数量，纵轴为货币计量的边际成本MC和边际收益MR。MR曲线表示以货币计量的化工厂从制造污染的活动中所获取的边际收益，MCS代表以货币计量的污染所造成的边际社会成本。为简便起见，假设化工厂制造污染的私人成本为零，按照利润最大化的原则，化工厂的最优排污量应位于MR曲线与横轴的交点X_0处，但是从社会角度看，最优的污染排放量应为X_1，此时，化工厂的边际收益刚好等于污染所造成的边际社会成本。按照庇古提出的方法，应该向化工厂征税以增加其排放污染的成本，征税的边际税额应该等于边际社会成本，这样，如果不考虑征税所带来的收入变动效应，化工厂的边际收益曲线就由MR变成了MR'，此时根据利润最大化原则，化工厂

的最优排污量为 X_1，与社会的最优排污量相一致，注意此时排污量并不为零。

再来看看教育的正外部性与补贴的问题。

图 12.4 阐述了教育的供给和需求。需求曲线 D 代表对教育的私人需求，反映获得教育的人的边际私人利益。在较低价格上对教育的需求量大于较高价格上的需求量。加上边际外部利益，得到了教育的边际社会利益，在每个教育水平上，边际社会利益都超过边际私人利益，二者间的差额为某一单位教育所产生的边际外部利益。在 e 点决定教育水平为 E，在该教育水平上，教育的边际成本等于边际私人利益。但从社会的观点上看 E 点不是最优化的教育水平，增加一单位教育的边际社会利益超过边际成本。所以，当教育超越 E 时，社会福利便增加。只要教育的边际社会利益超过边际成本，便可通过扩展教育增加社会福利。在 e' 点实现了社会福利的最大化，在该点所提供的教育量为 E' 单位，边际社会利益等于由供给曲线反映的边际成本。阴影部分的三角形表明当把教育数量从 E 增加到 E' 时所形成的社会净利益的增加。这正是政府试图采取激励教育，要求提供免费中小学教育，对公共高等教育提供资助等政策的原因。

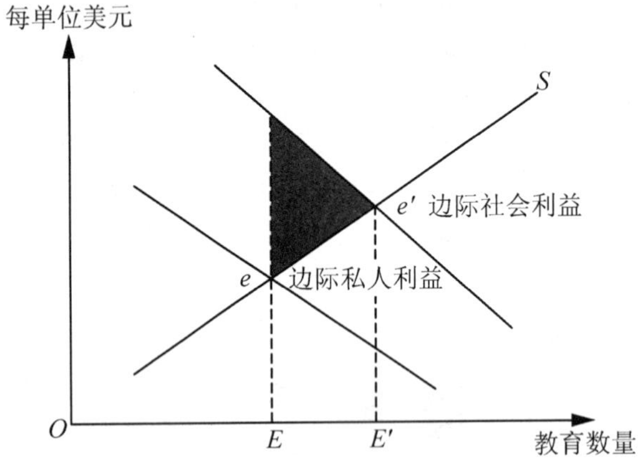

图 12.4　教育的正外部性与补贴

庇古提出的征税和补贴措施的应用是需要一定条件的，就是社会能够精确地计量外部性的大小，征税的边际税额等于边际社会成本，因为社会成本通常难以精确地了解到，从而难以准确地确定庇古税的税额。庇古税方法的另一个问题是税收转嫁的问题。对排污企业的课税，会通过产品成本继而通过产品价格转嫁给消费者，而排污者与消费者对税收的分担比例只取决于产品的需求曲线和供给曲线的相对斜率。最后，政府干预会产生各种支出，干预过程中也可能存在寻租活动。

(2) 合并企业。某些特殊的外部性问题可以通过企业合并的方式得到解决。如果具有生产外部性的企业与受外部性影响而成本增加的企业进行合并，则原来的外部性对于新成立的企业来说就内部化了。原来造成外部性的企业所不需考虑的成本和收益这时就成了新企业的内部成本与收益，这就使得新企业的私人成本收益间的社会成本收益相一致，从而原来外部性所造成的资源配置低效率的问题也就得到了纠正。

【例 12.1】 假设某化工厂和养鱼场都属于竞争行业，化工产品价格 $P_C=70$，鱼的价格 $P_F=45$，化工厂和养鱼场的成本函数分别为 $TC_C=Q_C^2$，$TC_F=Q_F^2+Q_CQ_F$。试分析两企业独立经营及合并经营时的经营结果。

解：

独立经营时

化工厂：$MC_C=2Q_C$

由利润最大化条件 $P=MC$ 得：$70=2Q_C$，最优产量为 $Q_C=35$，利润 $\Pi_C=70\times35-35^2=1\ 225$

养鱼场：$MC_F=2Q_F+Q_C$

由利润最大化条件 $P=MC$ 得：$45=2Q_F+Q_C$

最优产量为 $Q_F=5$，利润 $\Pi_F=5\times45-(5^2+35\times5)=25$

合并经营时

公司的总成本为 $TC=Q_C^2+Q_F^2+Q_CQ_F$

利润最大化条件为同时满足 $P_C=MC_C$ 及 $P_F=MC_F$

得：$MC_C=2Q_C+Q_F=70$；$MC_F=2Q_F+Q_C=45$。

解之，得 $Q_C=95/3$，$Q_F=20/3$。

公司总利润 $\Pi=95/3\times70+20/3\times45-[(95/3)^2+(20/3)^2+(95/3\times20/3)]=1\ 258.3$

各自经营时，总利润为 1 225＋25＝1 250，因此，只要合并成本小于 1 258.3－1 250＝8.3，那么两方或第三方就有积极性进行并购或第三方就有积极性进行并购重组。两企业合并后，养鱼场因化工厂的污水而产生的成本，同样是联合企业的成本，社会成本转换成私人成本，外部性被内部化，资源配置得到改善(进一步的推论，如果整个经济一体化，所有外部性将会内部化)。当然更多的合并，是发生在正外部性的情形下，或者因聚集在一起经长期博弈而使外部收益相互获得。

企业合并虽然可以解决生产上的外部性，但是企业是否合并不只取决于外部性问题，还涉及许多更复杂的方面。而且有许多外部性问题不是发生在企业与企业之间，而是发生在企业与居民之间或居民与居民之间的。所以大多数的外部性问题无法通过企业合并来解决，必须考虑其他的解决方法。

(3) 科斯定理与市场谈判。如果财产权没有得到明确的界定，则外部性问题往往容易发生，因此明确界定产权则可以消除某些外部性问题。科斯认为，政府通过税收或补贴解决生产和消费的外部性，会导致成本增加、社会福利减少。而由私人解决外部性问题与政府征税或补贴同样有效。如果产权得到明确的界定，而且协商或谈判等活动发生的交易成本为零或很小，那么在有外部性效应的市场上，无论所涉及资源的产权属于哪一方，交易双方总能够通过协商谈判达到资源配置有效率的状态。换言之，如果交易成本足够大，合法权利的初始界定必然会对经济制度运行的效率产生影响。所谓交易成本，是指利用市场机制交易发生的价格以外的成本，它不创造产品，也不提高产品效用，仅与交易过程有关。交易成本可以看作是一系列制度成本，包括信息成本、谈判成本、拟定和实施契约的成本、界定和控制产权的成本、监督管理的成本和制度结构变化的成本。

如以化工厂对周围农田污染所造成的外部性为例，如果明确给予周围农田不受污染的权利，则化工厂将因污染而受处罚。在这种情况下，化工厂会同农场商量，将这种权利买过来，然后再让周围环境受到一定程度的污染。因此，受到损害的周围农场也会使用出售污染权而得到的收入来治理环境。总之，由于化工厂为其污染外部环境支付了代价，故其私人成本与社会成本之间不存在差别。不过这种方法也有其局限性：第一，因为有些资源，例如空气，由于其本身的特性或者现有技术的限制很难将其产权具体分派给谁。第二，产权并不总是能够转让的，分配产权会影响收入分配，而收入分配的变动可能会造成社会的不公平，引起社会动乱，引发的问题比要解决的问题更严重，那也就谈不上解决外部影响的问题；收入的相对改变会改变人们对于污染物及其他物品的偏好关系，最后形成的外部性的均衡水平必定会有所不同。第三，实际中自愿协商方式需要考虑交易费用问题。化工厂和农民之间的谈判是需要费用的，农民之间也存在着组织的费用，农民人数越庞大，则每个人从谈判中获益相对就越小，就越容易存在搭便车心理，等着别人去与企业谈判，从而与企业的谈判就不会发生。市场化程度不高的经济中，农民往往没有谈判的习惯，科斯理论不能发挥作用。这样也就为第三方例如政府的介入提供了依据。

案例 12-2

我国是燃煤大国，煤炭占一次能源消费总量近70%，随之而来的燃煤二氧化硫大气污染也相对较为严重。二氧化硫排放又引发了酸雨，对居民健康和生态系统都造成了重大影响。据测算，我国每年由酸雨导致的经济损失高达1 100亿元人民币，为此，中国政府一直在寻求有效的防止办法，在部分省市试行排污权交易。2002年9月30日，江苏省环保厅与省经贸委正式公布了国内出台的第一部排污权交易办法，2003年1月中旬，江苏完成了首笔一滴二氧化硫排污权交易。位于江苏省太仓市的太仓港环保发电机公司以340万元的价格，向南京市下关发电厂购买为期两年的二氧化硫排污权。

问题：

(1) 什么是外部性？

(2) 外部性的纠正措施有哪些？

分析：外部性的定义，某些经济主体的行为，影响了其他经济主体，却没有为之承担应有的成本费用或没有获得应有补偿的现象。用最简单的话来定义外部性是指某个人的行为对他人福利造成的影响。矫正外部性的措施可分为：(1)政府进行行政管制。①禁止某些行为来解决外部性问题。如禁止将有毒的化学物质倒入供水区。②规定采用新技术。③规定排放标准。(2)经济管制。①征收庇古税和进行补贴。庇古税的定义：用于纠正负外部性影响的税收。最早由庇古提出，主要对排污者进行征税，又叫“排污收费”。征收庇古税这种方法的基本思路是：对产生负外部性的企业或个人，征收相当于他所造成的外部成本的税收，这样外部成本便成了当事企业或个人的内部成本，即实现了负外部性的内在化，从而迫使其决策时必须考虑该成本。②排污产权交易。排污权交易指管制当局制定总排污量上限，并按此上限发放排污许可，排污许可可以在市场上买卖。

(4) 可交易排污证。可交易排污证早在20世纪70年代就由美国经济学家戴尔斯提出，并首先被美国国家环保局(EPA)用于大气污染源及河流污染源管理，而后德国、澳大利亚、英国等国家相继进行了排污权交易政策的实践。所谓排污权交易，是指管制当局制定总排污量上限，并据此上限发放可转让的排污许可证。排污许可证可以在市场上买卖，每张许可证明确规定了企业可以排污的数量。在这一制度下，每个企业都必须有许可证才能排放污染物。任何厂在向外部排放了超出许可证允许范围内的污染时都将受到罚款。通过在企业中间使用交易许可证，使得污染成本最低。

图 12.5 的横轴表示污染水平和排污权数量(排污许可证数量)，S^* 表示排污权的供给曲线，由政府管制决定，垂直于横轴，$MCA(D_{EP})$为排污权的需求曲线。当排污权的价格为 P_1时，排污者将购买 Q_1排污权，因为在 Q_1的左侧，购买排污权比控制污染便宜，排污者会购买排污权。在 Q_1右侧，通过污染控制把排污量减少比购买排污权更合算，企业会选择控制污染。治理污染的成本决定了购买污染权的价格。最优排污权的数量为 Q^*，排污权的最优价格为 P^*，如果管制当局希望达到最优，则应当发放 Q^* 的排污权。

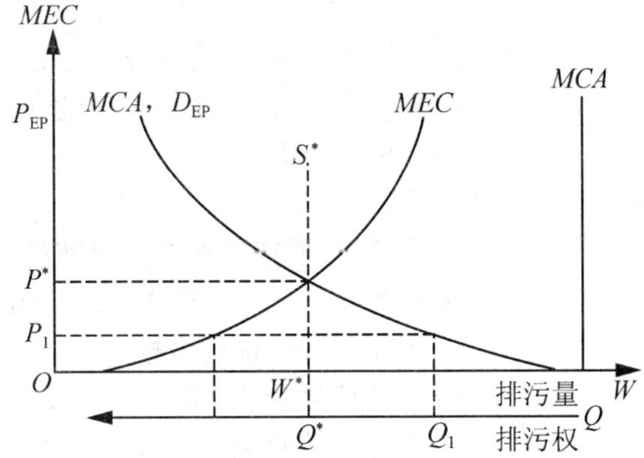

图 12.5　可交易排污证

在可交易排污证的制度下，因为如果一个企业面临的减污边际成本相对较高，其愿意为每一单位排放的许可证付出的价格也会更高，反之亦然。所以在市场均衡时，许可证的价格等于所有企业减污的边际成本，政府选择的排放水平会以最低成本实现。

排污许可证的交易虽然提高了控制污染的效率，但很难控制污染的分布，也许会使一些地区的污染排放特别集中，超过人体和环境许可的程度。因此，直接控制排放数量的做法仍有必要。

案例 12-3

亚行出资在我国试行“二氧化硫排污交易制”

亚洲银行出资 70 万美元的一项环保试点工程——“二氧化硫排污交易制”从 9 月开始在我国试行，国内首个试点城市定在山西省太原市。

“二氧化硫排污交易制”是指在国家环保标准限制下，污染物排放总量控制在一定额度，如果企业通过治理污染，二氧化硫排放量比规定额度减少，那么减少的部分可以进入市场交易，换取经济收益。别的超额排放的污染企业可以购买这部分二氧化硫的排放权。为此，企业支付的交易费及罚款要远远高于企业交纳的排污费，通过这种交易，企业排污将在市场机制下进行，最终提高企业的环保能力。

太原是我国重要的能源重化工城市，二氧化硫是太原市大气中的主要污染物。作为国内首个试行“二氧化硫排污交易制”的城市，从 9 月份开始太原市二氧化硫排放权作为商品进入市场进行交易。据太原市环保局项目办负责人介绍，“二氧化硫排污交易制”是亚洲银行贷款项目(一亿美元用于太原煤气二期建设、阳泉瓦斯气利用、大同集中供热)的赠款项目，目前这一由亚洲银行出资70万美元的试点工程，正在引进国外先进的环保管理经验及新技术。

这项课题由美国未来公司和中国环境科学院共同承担，太原市的26家二氧化硫排放严重的企业参与示范。日前，太原市环保局、计委、物价等部门正在制定适用于二氧化硫排放许可交易的管理体系，包括排放权的分配、交易原则、监测办法等，交易制预计明年年底结束。其间国内外专家将对企业进行实地考察，以制定出适用于太原的排污交易体制框架，最终将在全国其他城市推广。

资料来源：高风．新华网，2001年10月10日．

(5) 数量控制。数量控制的方法，以污染为例，是由政府明确规定污染物排放的最大限量(最优排放标准)，并规定排污企业不得超过这一限额，超过排放标准的排污者将受到惩罚。

最优排放标准的确定，一般有社会纯收益最大法和总成本最小法两种方法。

① 社会纯收益最大法。如图12.6所示，*MNPB*表示边际私人净收益，其等于边际私人收益与边际私人成本之差，*MEC*表示边际外部成本，通常随排污量的增加而上升，社会的目标是使社会总收益与社会总成本之差最大。当经济活动量为Q^*时，即可达到这一目标。Q^*即是最优的经济活动量，与其对应的最优污染排放量为W^*。对于超标准排污的排污者惩罚水平为P^*，即决定最优污染量的*MNPB*曲线与*MEC*曲线的交点*E*所对应的纵坐标点P^*。因为当罚款为P^*时，如果排污量大于W^*，则边际罚款*MEC*就超过边际私人净收益*MNPB*，从而促使排污者把排污量控制在W^*以内。如果罚款水平低于P^*，则排污者有动力排放更多的污染物，即大于W^*。同时必须使罚款执行率接近或者达到100%。

② 总成本最小法。在图12.7中，*MEC*为边际外部成本(边际损害成本)；*MCA*为减少排污的边际成本即边际控制成本，曲线向下倾斜，当污染少量减少时，减少污染的边际成本低，当大量减少时，技术难度递增，边际成本高，最后到达某一水平，边际成本无穷大，*MCA*垂直于横轴。W^*代表有效配置，在W^*的左侧(更多的控制)，企业控制成本*MCA*的增加超过损害成本*MEC*的降低，总成本会上升。同样，在W^*的右边，低于W^*的控制，控制成本降低，但增加的损害成本会更高，从而也使总成本上升，所以W^*是最有效率的污染排放量。当边际污染物所造成的边际外部损失等于避免这些损失的边际成本，即*MCA*=*MEC*时，达到最优污染，即总成本(总损害成本加总控制成本)最低时的污染控制量或污染排放量是最有效率的。

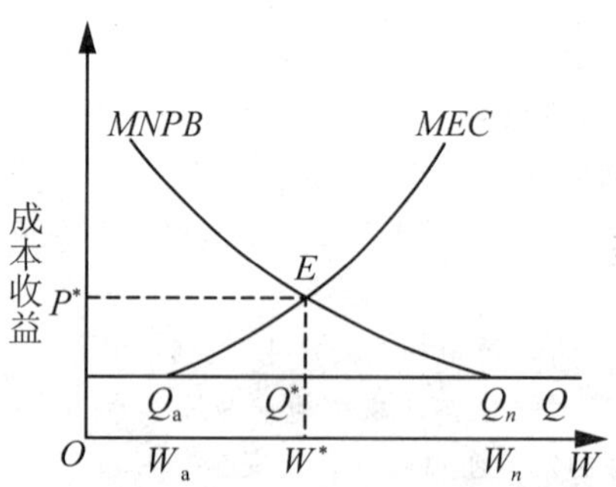

图12.6 社会纯收益最大法

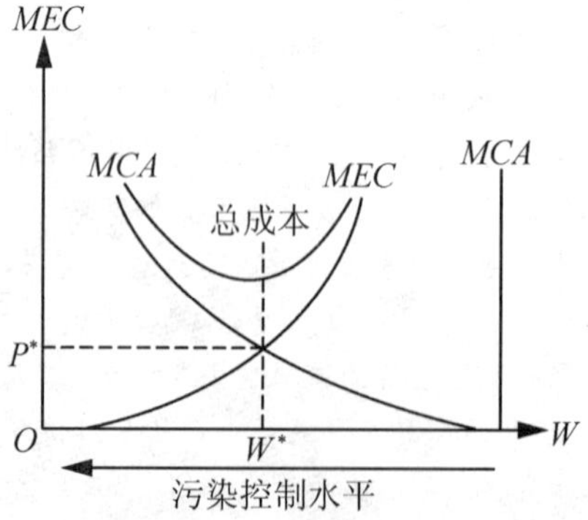

图12.7 总成本最小法

用数量控制的方法解决污染带来的负外部性也具有局限性。政府为了有效地控制各种类型的污染源排放，必须了解数以千计的产生污染的产品和活动的控制信息。这样信息需求量太大，实际上难以支持。直接管制执行统一管制或排放标准相对于排污收费或排污权交易来说，既浪费又昂贵。而控制费用越高，招致的阻力、拖延甚至否决的可能性也越高；而针对每个污染源设定各自的排放标准很难考虑企业间的技术差异或污染物处理边际费用差异；一旦采用这种规定，政府很难对新技术的采用做出及时反应，又会大大增加操作成本。

2. 公共物品

在了解公共物品之前，要先了解私人物品。在现实经济中，大部分物品是私人物品。

1) 私人物品与市场失灵

私人物品是指由个人消费的具有排他性和竞争性的以盈利为目的而生产和交换的产品。从事这些产品生产的部门被称为私人产品部门。

私人物品具有如下特征。①排他性：一旦一个人拥有了某种物品，就可以很容易地不让别人消费。②竞争性：一个人消费一定量的某种物品，就要减少别人的消费量。

2) 公共物品

公共物品是指由集体消费的私人产品部门不愿生产或无法生产而由政府提供的产品，不具有或者很难具有排他性物品。

公共物品具有如下特征。①非排他性：不能轻而易举地或者花非常昂贵的代价才排斥别人消费某种物品，即公共商品具有正外在性，与之对应，可将带来负外在性的商品称为“公共损害”。②非竞争性：指一个人消费某种物品不会减少其他人的消费，消费者之间并不存在竞争。公共物品的这两个特征决定了人们不用购买就可以消费。这种不用购买就可以消费的行为称为搭便车。

根据物品是否具有竞争性及排他性，可以将物品划分为4种典型的类型(表12-1)。

表12-1　物品的4种类型

	竞争性	非竞争性
排他性	私人物品	俱乐部物品
	衣服	有线电视
	私人汽车	图书馆
	拥挤的收费公路	不拥挤的收费公路
非排他性	公共资源	纯公共物品
	环境	国防
	海洋中的鱼	知识
	拥挤的不收费公路	不拥挤的不收费公路

3) 公共物品的分类

(1) 纯公共产品。纯公共产品是同时具有非排他性和非竞争性的公共产品。它又分为两类：一类是特殊意义的公共产品，如法律、收入分配、宏观调控等，这类公共产品往往与政府的制度供给、政策供给和信息供给有关；另一类是具有现实意义的公共产品，如国防、灯塔、水利设施等。

(2) 准公共产品。准公共产品是指部分地拥有非排他性或非竞争性(具有一定“拥挤性”)的公共产品。所谓具有“拥挤性”，是指这类公共产品不能完全具有非排他性和非竞争性，或者说具有一定的条件。在准公共商品的消费中，当消费者人数从零增加到一定程度即达到了拥挤点(Point of Congestion)时，拥挤就不可避免地发生了。在未超过拥挤点时，增加消费者并不会产生竞争，每增加一个消费者的边际成本是零；当超过拥挤点后，增加消费者会减少全体消费者的效用，增加一个消费者的边际成本开始上升并趋向于无穷大。

准公共产品也分为两类：一类是与规模经济有联系的产品，如铁路运输系统，电力输送网，城市供水、供暖、供气系统等。这类公共产品多属于基础设施或者公共资源方面的产品，大多具有自然垄断的性质。消费是非排他的，不能确定对其消费的限定条件；但具有竞争性，一个人对物品的消费会减少其他人对该物品的消费，当产生拥挤时，增加一个消费者的边际成本就大于零且低于平均成本，如无进入限制的海洋、矿产、森林资源等。另一类是所谓的俱乐部物品，是指存在消费的非竞争性但不存在消费的非排他性，一个成员对物品的消费不会减少其他成员对该物品的消费；可以通过限定消费资格，将非成员排除在外的公共产品，如图书馆、高速公路、高等教育等。

(3) 公共物品的最优数量。由于公共物品具有非排他性和非竞争性，其最优数量的决定不同于私人产品。

如图 12.8(a)所示，对于私人物品来讲，将单个消费者的需求曲线 D_A、D_B的水平加总即得到市场的需求曲线 D，市场需求曲线 D 与市场供给曲线 S 决定了均衡点 H。均衡数量为(P_0，Q_0)，均衡产量 Q_0 即为私人物品的最优数量。在这个产量水平上，每个消费者的边际利益恰好等于企业生产该私人物品的边际成本。供给曲线代表了每个产量水平上企业的边际成本，需求曲线则代表了每一需求量上的消费者的边际利益。所以当供给量为 Q_0时，边际成本为 HQ_0；而在价格为 P_0时，消费者 A 和 B 的需求量分别为 C 和 F，再根据其在需求曲线 D_A和 D_B上的交点，可知消费者 A 的边际利益为 EC，消费者 B 的边际利益为 GF，很显然，$EC=GF=HQ_0$，也就是说，私人物品市场决定最优产量的结果是每一个消费者的边际利益均等于边际成本。

如图 12.8(b)所示，对于公共物品来讲，假定每个消费者对公共物品的需求曲线是已知的，为 D_A和 D_B，公共物品的市场供给曲线是 S。由于公共物品的非竞争性，将个人需求曲线垂直加总即得到市场需求曲线 D。S 与 D 决定了均衡数量 R 为最优数量。当公共物品数量为 R 时，根据供给曲线，该公共物品的边际成本为 T，而根据消费者 A 和 B 的个别需求曲线，他们的边际利益分别为 L 和 N，社会边际利益总和为 $L+N=T$。可以看到，该公共物品的边际社会利益等于其边际成本，此时，所提供的公共物品数量为最优。

比较一下私人物品和公共物品最优供给数量的决定，可以看出，其基本相同点是都遵循 $MR=MC$ 的原则，但是，它们还是有很大区别的。在私人物品最优供给数量的决定上，最优标准是每个消费者的边际利益等于边际成本；在公共物品最优供给数量的决定上，最优标准则是所有消费者的边际利益之和等于边际成本。

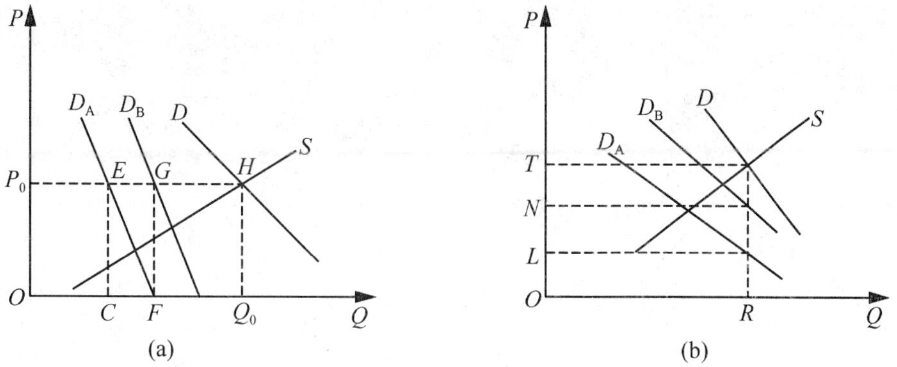

图 12.8　物品最优数量决定

4）解决措施

公共物品种类很多，其生产与公共生产不是一回事，既可以由政府提供，也可以由私人提供，或者公私合作提供，这取决于物品的性质、成本和其他条件。

(1) 将部分公共物品转化为私人物品。准公共物品只在一定范围内具有完全的非排他性和非竞争性，为此企业必须想出各种办法减少“搭便车问题”，这样生产某些公共商品就可以从中获取利润。发达国家私人提供公共商品通常有下面 6 种形式。

① 签订合同。它是指与私人公司签订合同经营公共商品，主要适用于具有规模经济性的自然垄断型产品，如垃圾收集、街道照明等。

② 授予经营权，如自来水、电话、广播电视等。

③ 经济资助。其主要用于科技、教育、卫生保健、博物馆等。

④ 政府参股。政府参股的方式主要有 4 种：收益分享债券、收购股权、国有企业经营权转让、公共参与基金。其主要用于桥梁、港口、铁路、高速公路、飞机场等。

⑤ 法律保护私人进入。以期增加行业活力，提高竞争能力。

⑥ 社会自愿服务。

案例 12－4

在小镇上，该镇的人从事的经济活动中最重要的一种是养羊。镇上的许多家庭都有自己的羊群，并靠实用以做衣服的羊毛来养家。大部分时间羊在镇周围土地的草场上吃草，这块地被称为镇共有地。没有一个家庭拥有土地。相反，镇里的居民集体拥有这块土地，所有的居民被允许在这块地的草场上放羊。集体所有权很好地发挥作用，因为土地很大。只要每个人都可以得到他们想要的有良好草场的土地，镇共有地就不是一种竞争性物品，而且，允许居民在草场上免费放羊也没有引起问题。时光流逝，镇上的人口在增加，镇共有地草场上的羊也在增加。由于羊的数量日益增加而土地是固定的，土地开始失去自我养护的能力。最后，土地变得寸草不生。由于共有地上没有草，养羊不可能了，而且，该镇曾经繁荣的羊毛业也消失了。许多家庭失去了生活的来源。

问题：什么原因引起这种悲剧？

分析：实际上，共有地悲剧的产生是因为外部性。当一个家庭的羊群在共有地上吃草时，它降低了其他家庭可以得到的土地质量。由于人们在决定自己养多少羊时并不考虑这种负外部性，结果羊的数量过多。

如果预见到了这种悲剧，镇里可以用各种方法解决这个问题，可以控制每个家庭羊群的数量，通过对羊征税把外部性内在化，或者拍卖有限量的牧羊许可证。这就是说，中世纪小镇可以用现代社会解决污染问题的方法来解决放牧过度的问题。

但是，土地的这个例子还有一种较简单的解决方法。该镇可以把土地分给各个家庭。每个家庭都可以把自己的一块地用栅栏圈起来，并使之免于过分放牧。用这种方法，土地就成为私人物品而不是共有资源。在17世纪英国圈地运动时期实际就出现了这种结果。

共有地悲剧是一个有一般性结论的故事。当一个人用共有资源时，他减少了其他人对这种资源的享用。由于这种负外部性，共有资源往往被过度使用。政府可以通过管制或税收减少共有资源的使用来解决这个问题。此外，政府有时也可以把共有资源变为私人物品。数千年前人们就知道这个结论。古希腊哲学家亚里士多德就指出了共有资源的问题："许多人共有的东西总是被关心最少的，因为所有人对自己东西的关心都大于与其他人共同拥有的东西。"

(2) 政府通过税收提供纯公共物品。纯公共物品具有完全的非排他性和非竞争性，导致消费者在表达自己对于公共物品需求时面临着许多障碍。如由于没有市场价格体系作为参照系，消费者很难准确地描述自己对于公共物品的需求，或者消费者可能隐瞒自己的真实需求，出现搭便车问题，或者涉及众多的消费者，消费者之间达成协议是很困难的，追求利润最大化的市场主体不愿意提供公共物品。这样只能由政府通过税收提供。

①中央政府直接经营。在西方国家，造币厂和中央银行是由中央直接经营的。

② 地方政府直接经营。这里所说的地方政府指中央政府以下的各级政府。在欧洲大多数国家，地方政府直接经营一些保健事业、医院、自然资源保护、实践法律条款的司法工作、街道、住宅、警察、防火、供水、下水道、煤气、博物馆等。

③ 地方公共团体经营。日本"自然垄断性"的公共物品几乎全部是由国有企业来提供的。日本的国有企业是由地方公共团体来经营的。地方公共经营的这些企业可从事有利于地方居民福利的任何事业，其"法定事业"有7项：自来水、工业水、铁路、汽车运输、地方铁路、电气、煤气。

政府通过税收提供纯公共物品，虽然简便易行，但是增加了征税成本，而且必须使每个人的税收与他们对公共产品的边际评价相一致，对此有政府征收税收的两种理论依据：一是支付能力论，根据收入不同来收税，收入高多交，收入低少交；二是受益论，根据公共物品中得到好处的大小纳税，受益多的多交，受益少的少交。

3. 信息不对称和不完全信息

信息是对事物特征的描述。市场经济的帕累托最优状态，是以交易各方信息是完全的作为前提条件的。在实际经济生活中，完全信息很难保证，通常存在公开信息与私人信息、隐蔽特征和隐蔽行为、信息不对称和不完全信息等问题。

1) 信息的分类

(1) 公开信息与私人信息。公开信息是所有人都可以观察得到或者知道的信息。私人信息也叫作隐蔽信息，信息为一方所有，其他人要得到必须花费一定的代价。

(2) 隐蔽特征和隐蔽行为。隐蔽特征指的是关于已经存在的事实的私有信息，特别是如果这些信息可以使信息拥有者选择合适的行动以取得利益，而这些行动其他人或者不能完全观察到，或者虽然其他人可以不付代价地观察到但不能确定这些行动代表的信息是什么，那么私有信息所有者就有动力隐藏这些信息以取得利益。隐蔽特征的例子很多：身体健康的现状、劳动者所拥有的能力、二手车的现状等。隐蔽行为指不能被他人准确观察或臆测到的行动，其特点是发生在交易或者合同签订以后，如公务员腐败、工人偷懒等。

(3) 信息不完全与信息不对称。信息不完全是指交易主体对相关信息总是不完全知晓，获取信息和分析处理信息是有成本的。信息不对称指买卖双方拥有的信息数量与质量不相同，通常买方对卖方所售商品的性能、质量并不能完全了解。因此卖者拥有的信息多，买者拥有的信息少，这就是信息不对称。例如当企业雇用工人时，企业对工人内在能力的了解就不如工人自己；汽车保险公司对个人承保，个人往往会比公司更了解自己的驾驶技术，也更准确地知道事故发生的概率；旧车市场上，汽车出售者比购买者拥有更多的关于自己车的质量的信息。

2) 信息不完全与信息不对称带来的影响

(1) 道德危险。它是一种事后行为，指交易达成后，交易的一方(通常为拥有信息优势的一方)倾向于从事交易另一方并不希望发生的高风险活动，从而可能给交易的另一方带来巨大的损失。它也是一种隐藏行为，即不能被他人准确观察或臆测到的行为。

案例 12-5

保险市场上的道德危险

在保险市场中，信息的不完全性不仅会“扭曲”保险市场中供给者即保险公司的行为，而且也会“扭曲”投保人的行为。在保险公司很难了解到投保人的具体情况的条件下，“保险”这种商品往往会诱发投保人的“败德”行为：在没有购买到保险以前，那些潜在的投保人总是小心翼翼地提防着风险，然而一旦买保险了，投保人往往就“粗心大意”起来，因为此时出现风险的损失不再由投保人自己承担，而由保险公司承担全部或部分。

案例 12-6

安然事件

美国能源业巨头安然公司总部设在美国得克萨斯州的休斯敦。该公司拥有资产498亿美元，雇员达2万多人，其业务遍布欧洲、亚洲和世界其他地区。它还从事纸浆、纸张、塑料、金属交易以及为世界各地的客户提供金融和风险管理服务。安然公司曾是世界上最大的天然气交易商和最大的电力交易商，鼎盛时期其年收入达1 000亿美元，在美国公司500强中名列第7。公司曾被《财富》杂志评为美国最有创新精神的公司，它的股价最高达到每股90美元，市价约700亿美元。

安然公司虚报近6亿美元的盈余和掩盖10亿多美元的巨额债务的问题暴露出来。12月2日，安然公司根据美国破产法第11章规定，向纽约破产法院申请破产保护，创下美国历史上最大宗的公司破产案记录。

简要评析：读者可以从信息不对称的角度分析一下安然事件的根源和影响。

(2) 逆向选择(劣币驱逐良币)。它指在信息不对称的情况下，拥有信息少的一方做出的不利于另一方的选择；发生在交易之前，是指那些最有可能造成不利后果的交易对象，往往最积极寻找交易并有可能被选中。它会导致一些市场的消失，以致市场经济不再充分有效。

案例 12-7

二手汽车市场上的逆向选择

假设卖者出售的车有两种可能的类型：θ=5 000(高质量)或θ=2 000(低质量)，每一种的概率分别为1/2；买卖双方对车的质量评价相同：$V(\theta)=U(\theta)=\theta$。那么，如果没有交易发生，支付为效用(0，0)；如果在价格P成交，买者的效用为$\pi B=\theta-P$，卖者的效用为$\pi S=P-\theta$。在信息对称的情况下，均衡价格为P = 5 000(高质量)或P=200(低质量)；在信息不对称的情况下，若两类车同时进入市场，那么车的平均质量为$E\theta$ =3 500。买者愿意出的最高价格为P=3 500。P=3 500是均衡价格吗？由于劣质旧车的所有者按照P=3 500的价格出售旧车可以获得超额利润1 500(3 500－2 000=1 500)，所以会增加旧车的供应，而优质旧车的所有者卖出他的旧车，却亏损1 500(5 000－3 500=1 500)，因此会减少优质旧车的出售，长期调整的结果是市场上的优质旧车越来越少，劣质旧车越来越多，最终的结果是：留在市场上的就只有劣质旧车，唯一的均衡价格是P=0×5 000+100%×2 000=2 000。这个例子尽管简单，但给出了逆向选择的基本含义：坏车将好车驱逐出市场。

在信息不对称的情况下，逆向选择的出现加剧了市场结果的无效性。

案例 12-8

中国股市为什么没有长线投资者?

中国股市为什么没有长线投资者？——股市原本是一个投资的场所，长线投资者应是主流，这也是保证股市稳定的关键。短线炒家为股市提供了流动性。但经过了10年发展的中国股市，除了大大小小的炒家和庄家外，没有长线投资者。这当然是中国股市一大悲哀。

为什么中国股市上没有长线投资者呢？如果说中国股市上没有值得长期投资的公司，这个答案未免有失偏颇；如果认为股民急功近利，不懂投资和投机的区别，这是对股民素质和智慧的轻蔑。经过10年腥风血雨磨炼的股民们，有很强的耐风险能力，深谙生财之道，不需要别人来教他们如何赚钱。

中国股市上没有长线投资者，实际上是股市信息不对称，部分上市公司利用投资者的信息缺陷进行欺骗，而导致的逆向选择的结果。作为长线投资者，需要对所投资的公司有充分的了解，对公司的长期增长有信心。但在一个缺少透明度的市场上，投资者无法了解每一个上市公司的经营状况，而部分上市公司的造假行为，则将有限的信息传导机制，如公司财务报表、年度报表等的可信度大大降低，从而使投资者产生了每个上市公司财务报表都不可信，或每个公司财务报表都有伪造的可能性的信念。而众多上市公司“一年盈、二年贫、三年亏”三部曲，也加深了投资者的这一信念。这使投资者对所有上市公司的可信度和对长期盈利能力的认定大打折扣。

信息不对称性使得股民无法弄清楚某上市公司应是长线投资的对象，还是短期炒作的对象。与短期炒作相比，长线投资承担的风险更高。因此，当投资者感到所有的上市公司中，不具有长期盈利能力的公司的比例很高时，投资者自然就会抛弃长线投资的理念，而采取短期炒作的策略。

引导股民做长线投资，不是通过给股民上课就能达到的。它需要真正具有长线投资价值的上市公司，给投资者发出清楚的信号，并证明其投资价值，从而使投资者将其与其他公司区别开来，相信它具有长期盈利能力，但是，这种信号在中国的股市并不强烈，例如，中国经济在近10年中保持了9%的年增长率，但在中国，能连续10年保持每股净利润增长9%的上市公司，实属凤毛麟角。几年前曾被追捧的诸多绩优股，像四川长虹、深发展等，也只是昙花一现。

资料来源：邢予青．21世纪经济报道，2002年1月7日．

(3) 委托人-代理人问题。委托-代理关系泛指任何一种涉及信息对称的交易，交易中有信息优势的一方称为代理人，另一方称为委托人。常见的委托一代理关系见表12-2。

表12-2 委托代理关系表

委托人	代理人	隐藏行动的道德风险
保险公司	投保人	防火措施、饮酒、吸烟等
债权人	债务人	项目风险
股东	经理	工作努力
经理	员工	工作努力
员工	经理	经营决策
佶户	房东	房屋修缮
房东	住户	房屋维护
原告/被告	代理律师	是否努力办案

在企业中，所有者是委托人，企业的雇员包括经理与工人都是代理人，委托人利润最大化的目标需要通过代理人的行为而实现，但是委托人的目标并非就是代理人的目标，由于委托人不能确知代理人的行为，代理人可能为追求自己的目标而以牺牲所有者的利益为代价。委托人-代理人问题的出现是由于代理人与委托人的目标不同，并且是由他们所掌握的信息不对称造成的。一旦企业出现委托人-代理人问题，其后果不仅会使企业所有者的利润受损，也会使社会资源的配置效率受损，因为在没有委托人-代理人问题的情况下，社会将生产出更高的产量。

3) 解决措施

(1) 消费者自己寻找信息。寻找信息要付出时间和其他代价，假定某人每次寻求信息的成本都为C，则边际成本不变也为C，边际收益曲线MR是负斜率曲线，表明随着寻找到商品的价格下降，从寻找中获得的边际收益也递减。某人的最优寻求规则是，如果寻求的预期边际收益等于边际成本，那么就会停止搜索，进行购买。当预期边际收益等于边际成本时，某人会停止寻求，这时的价格称为买者保留价格，它是买者愿意支付的最高价格；当实际价格高于保留价格时，买者会继续寻求；当实际价格低于或等于保留价格时，买者会乐于购买。

(2) 依靠市场机制解决。它是指利用市场信号(Market Signaling)作用。市场信号指市场上卖方向买方用令人信赖的方式发出信号，以显示产品或其他交易对象的质量信息。

① 事例一：劳动力市场的受教育年限、学位、就读大学知名度、课程成绩记录及其在毕业生中的档次等信号。美国经济学学家迈克尔·斯宾塞认为，由于能力强的人接受同样教育，花费的成本要低于能力差的人，所以，能力差的人会选择较低的教育水平，能力强的人会选择接受更高的教育。这样，通过教育水平的“信号传递”过程，雇主将求职者的生产能力区分开来：高生产率的人获得较高的工资，低生产率的人获得较低的工资，劳动市场实现了有效率的均衡。斯宾塞的“信号传递”模型可以较合理地解释劳动市场为什么会出现“文凭竞争”现象，完全信息的新古典经济学世界中不需要这些，但是在信息不对称的劳动力市场这个真实的世界，这些信号具有价值。

② 事例二：企业对出售产品的保修承诺具有显示产品质量的信号作用。

③ 事例三：建立自己的声誉也是一个有效手段。一些有名的商品品牌本身就是一种信号，因为名牌是靠长期稳定过硬的质量建立起来的，在消费者心里名牌代表优质，为此他们愿意付出一定的溢价来取得质量的保证。

(3) 制度设计。企业可以通过设计一些制度或者机制来解决委托人-代理人问题或者减少其不利影响。

案例 12-9

家庭财产保险市场上的道德风险

针对家庭财产保险市场上的道德风险，保险公司并不对投保人实行全额保险，并且规定某些最低数量的免赔额。一旦投保人的财产发生损失，投保人自己将负担一部分损失。医疗保险公司根据参保人的实际就医情况经常调整医疗保险费用，以便消除投保人的道德风险。

案例 12-10

拍卖与招标

拍卖是拍卖方发送物品信息，卖主表明物品的保留价格，只要有人出价高于卖主的保留价格，那么卖主就要信守承诺出售他的商品，不得反悔。而同时要有足够的机制保证最终出价者必须以约定价格购买商品。常见的拍卖机制有英式拍卖、荷兰式拍卖和密封价格拍卖。英式拍卖是公开喊价拍卖，特点是，竞争的买主不断地抬高价格，出价最高的人按照自己的出价获得拍卖品。荷兰式拍卖是公开喊价拍卖，特点是“降价拍卖，拍卖主持人先提出一个较高的价格，然后逐渐降低价格，直到有人愿意接受当时价格买下拍卖品为止”。密封竞价拍卖或招标式拍卖，其方式是拍卖人事先公布拍卖物品的预估价，所有竞买人同时以密封标单方式出价，出价最高者获得拍卖品。招标有所不同，需要考虑投标者价以外的状况，例如信誉、实力等其他因素。

(4) 依靠政府保护利益相关者(如消费者)的利益。

① 事例一：政府关于股票市场上市公司必须定期如实公布企业经营、财务、业绩方面信息的监管措施。

② 事例二：通过政府认证一些鉴定机构，如质量技术监督机构，对产品进行客观公正、科学规范的评价和鉴定。

4. 垄断

垄断是对市场的控制。垄断定义有狭义和广义之分，狭义的垄断是一家企业控制一个行业的全部供给，即只存在唯一卖者的市场结构；广义的垄断是一个或几个企业控制一个行业的全部或大部分供给的情况。如果是生产者垄断，即为一般所说的垄断，或卖方垄断。如果是购买者垄断，就称为买方垄断。这两种垄断都会引起市场失灵。当有垄断时，垄断者利用对市场的控制把价格提高到均衡价格以上，这就引起消费者剩余和生产者剩余的损失，从而使资源配置不能实现最优。这就是垄断引起的资源配置没有实现，即市场失灵。

案例 12-11

OPEC和世界石油市场

我们关于小镇水市场的故事是虚构的，但如果把故事中的水变成石油，把Jack和Jill变成伊朗和伊拉克，这个故事就接近于真实了。世界上大部分石油是由少数国家——主要是中东国家——生产的。这些国家一起组成了一个寡头市场。它们关于采多少石油的决策与Jack和Jill关于抽多少水的决策一样。

生产世界上大部分石油的国家形成了一个卡特尔，称为石油输出国组织(OPEC)。在1960年最初成立时，OPEC包括伊朗、伊拉克、科威特、沙特阿拉伯和委内瑞拉。到1973年，又有其他8个国家加入：卡塔尔、印度尼西亚、利比亚、阿联酋、阿尔及利亚、尼日利亚、厄瓜多尔和加蓬。这些国家控制了世界石油储量的大约四分之三。与任何一个卡特尔一样，OPEC力图通过协调减少产量来提高其产品的价格，并努力确定每个成员国的产量水平。

OPEC面临的问题与我们故事中Jack和Jill面临的问题大致相同。OPEC想维持石油的高价格，但是，卡特尔的每个成员都受到增加生产以得到总利润的更大份额的诱惑，因此OPEC成员常常就减少产量达成协议，然后又私下各自违背协议。

1973—1985年，OPEC最成功地维持了合作和高价格。原油价格从1972年的每桶3美元上升到1974年的每桶11美元，然后在1981年又上升到35美元。但在20世纪80年代初，各成员国开始就产量水平发生争议，OPEC在维持合作方面变得无效率了。到了1986年，原油价格回落到每桶13美元。

近年来，OPEC成员继续定期开会，但这个卡特尔在达成和实施协议上再也不那么成功了。尽管近年石油价格大幅度上升，但主要原因是世界石油市场需求增加，这主要是来自高速增长OPEC和世界石油市场的中国经济，而不是来自限制供给。而且，根据总体通货膨胀调整的原油价格，从未达到1981年的最高水平(按今天的美元换算，1981年的原油价格约为每桶90美元)。OPEC各国之间缺乏合作损害了产油国的利润，而有利于全世界消费者。中石油年度业绩，公司以1 333.6亿元的净利润盖过日本丰田公司成为亚洲最赚钱的公司，这也刷新了其上市以来的盈利纪录，净利润增幅高达28.4%。中石油赚得盆盈钵满的根本原因就是油价的持续高涨和市场的高度垄断。

去年仅汽油涨价一项，消费者就多掏了427亿元给中石油，占其全年利润的近1/3，如果加上柴油、航空煤油和天然气，也就是说，1 333.6亿利润中有近600亿元是咱老百姓贡献的，可谓居功甚伟。然而，在中石油的领导眼里，却根本看不到老百姓的功劳……

截至2005年年底，中石油年度实现营业额5 522.3亿元，较上年度上升39%。每股摊薄盈利为0.75元，比2004年增长约0.16元。中国石油董事会建议派发2005年年末期股息为每股0.18元，连同中期股息0.16元，全年股息为每股0.34元。

资料显示：公司净利润 1 333.6 亿元超过另一大盘蓝筹汇丰控股的 1 173 亿港元，也高于此前亚洲最赚钱的公司日本丰田，丰田公司最新预测的去年净利润为 110 亿美元，约 858 亿港元。

中国石油董事长陈耕表示，公司创出上市以来最好的盈利水平，为今后的长远发展打下了坚实的基础。对于传言中国石油近期会回 A 股上市筹 400 亿元，陈耕表示，中石油一直有返回内地发行 A 股上市的计划，但目前没有具体时间表及筹资规模。

就公司今年业绩预测，中国石油副董事长兼总裁蒋洁敏表示，估计 2006 年利润将继续增长，主要是因为上游业务、天然气的盈利贡献将会增长。他还表示，母公司中石油集团正打算将上游勘探业务注入上市公司，同时将其他非上游业务的管理权给予中石油，以减少母公司和上市公司在业务上的交叉重叠，但目前仍处于前期阶段。

油价持续涨市场高垄断，依照时下国际油价上升，每桶原油能多卖 15 美元的情势来判断，中石油想不赚钱也难。尽管国际油价今年一直居高不下，但国内石油企业的原油价格往往是按照长线协议或者长线期货交易来计算的。尤其中石油在国内拥有最多的石油开采权，其在上游成本方面“省”了不少。

带来这一“捷报”的原因还有有关部门对石油企业的“仁慈”。国内并没有收取合理的资源税，即使是在去年 7 月调整了资源税后，我国原油资源从价税率也仅为 1.5%，仍然远低于 10% 的全球水平。

2006 年 1 月，恢复暂停了 4 个月的成品油出口退税政策。3 家石油出口巨头今年有望从中获得百亿元进账。而在去年 12 月之前，石油巨头已经从出口退税中尝尽了甜头。

1994 年实施的《国务院关于实行分税制财政管理体制的决定》规定，1993 年以前注册的多数国有全资老企业实行税后利润不上缴。因此，不上缴税后利润也成为中石油等大型国有企业赚钱的原因之一。

诸多因素都是次要的，中石油能成为中国乃至亚洲最赚钱的公司，其根本原因就是油价的持续高涨和市场的垄断。

当原油期货去年一度升至每桶 60.95 美元，未到最高点时，摩根士丹利已将全球石油类股评级从与大盘一致上调成“跑赢大盘”。摩根士丹利的解释很明了，“评级调升最主要的原因就是油价的持续高涨”。

其次，在垄断国内市场的最后一个年度，即 2005 年，石油巨头们不必担心竞争的威胁，2006 年才是成品油批发市场放开的年度；他们不必担心竞争会导致价格下降，价格由市场决定。因此，他们可以心平气和地、安安稳稳地从市场上捡钱。

资料来源：综合新华社、中证报消息，2006 年 3 月 22 日.

5. 公平与效率

单纯依靠市场机制的自发作用不可能完全实现公正的收入分配，这是由以下原因导致的。

(1) 在市场机制的自发作用下，在完全竞争的市场经济中，收入分配的原则是按照生产要素在产出中的贡献来分配的，遵循效率原则，工资作为投入生产中的劳动力要素的报酬，由劳动力在生产函数中的边际产出水平所决定；而资本的报酬就是利润，由资本在生产函数中的边际产出水平所决定。但是生产要素供求状况的不平衡必然形成要素收入的不合理差距。

(2) 在存在垄断的条件下，会使价格严重背离价值，从而使部分人获得不合理收入。

(3) 虽然市场交易在原则上是平等和等价的，但由于人们的资源禀赋不同，收入水平就会有差别。

(4) 由于收入分配具有公共性、外部性等特征，因而市场本身无法保证其公正性。

(5) 在市场纯经济效益的作用下，各经济利益主体追求各自利益最大化的结果，会使收入不均不断拉大，以至于出现富者越富、贫者越贫的“马太效应”。

上述几方面最终会引发一系列的社会问题，因此，现代市场经济往往要求政府对收入分配进行干预。

为了对收入分配进行干预，需要有对其衡量的方法，通常国际上使用洛伦斯曲线和基尼系数。洛伦斯曲线是用来衡量社会收入分配(或财产分配)平均程度的曲线，由美国统计学家洛伦斯提出。其主要方法是：首先把社会上的人口分为5个等级，各占人口的20%，根据他们在总收入中所占的收入百分比，得到人口累计百分比和收入累计百分比，将其按对应关系描绘成图形，在图形中就得到洛伦斯曲线，如图12.9所示，横轴代表人口百分比，纵轴代表收入百分比。$0Y$ 为45°线，在这条线上，每20%的人口得到20%的收入，表明收入分配绝对平等，称为绝对平等线。$0PY$ 表示收入绝对不平等，是绝对不平等线。反映实际收入分配状况的洛伦斯曲线 $0DY$ 介于这两条线之间。洛伦斯曲线 $0DY$ 与 $0Y$ 越接近，收入分配越平等；洛伦斯曲线与 $0PY$ 越接近，收入分配越不平等。如果把收入改为财产，则洛伦斯曲线反映的就是财产分配的平均程度。

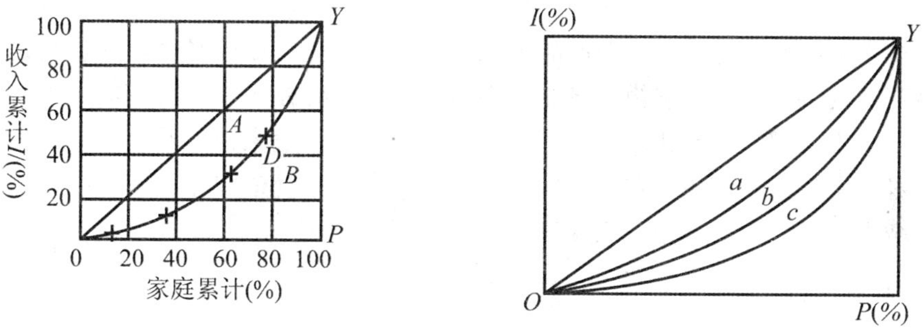

图12.9　洛伦斯曲线

根据洛伦斯曲线可以计算出反映收入分配平等程度的指标，这一指标称为基尼(意大利经济学家)系数。如果把图中的实际收入线与绝对平均线之间的面积用 a 来表示，把实际收入线与绝对不平均线之间的面积用b来表示，则计算基尼系数的公式如下。

$$基尼系数\ G=a/(a+b)$$

当 $a=0$ 时，基尼系数 $G=0$，这时收入绝对平均。当 $b=0$ 时，基尼系数 $G=1$，这时收入绝对不平均。实际基尼系数总是大于0而小于1的。基尼系数越小，收入分配越平均，基尼系数越大，收入分配越不平均。

在图中有 a、b、c 这3条洛伦斯曲线。如果把 a、b、c 这3条洛伦斯曲线分别作为A、B、C这3个国家的洛伦斯曲线，那就可以看出，A国收入分配最平均，B国收入分配平均程度次之，C国收入分配最不平均。

政府干预收入分配的方式多种多样，最普遍的是采用税收和转移支付政策，我国政府提出的“效率优先、兼顾公平”的分配原则，是符合市场经济精神的。

6. 经济周期

现代市场经济在其发展历程中表现出了明显的周期性特征，表现为市场总供求关系出现以超额供给或超额需求为特征的宏观经济总量失衡。当存在超额供给时，国民收入以小于充分就业的水平达到均衡，引起生产过剩、经济衰退和大量失业，政府就使用扩张性的财政政策和货币政策来促进投资；当存在超额需求时，以货币计算的国民收入增长超过以实物计算的国民收入增长，国民收入超分配，诱发过度需求，引起严重的通货膨胀，政府就使用紧缩性的财政政策和货币政策；当二者交替出现或同时并存时，又引起“滞”和“胀”的交替出现，或“滞”和“胀”的同时并存，政府主要是通过综合性的财政政策和货币政策来进行调节的。

12.2 对垄断的公共政策

12.2.1 垄断形成的原因

垄断形成的原因主要有以下几方面。

1. 自然垄断

由于技术上的特殊性质，有的产品由一个企业单独提供比较经济，这里将这种情况称为自然垄断。其特点：一是规模经济非常突出；二是需要投入大量的资本才能开业，而且这种资本一旦投入到这个行业，就很难再抽出或转移。一般来说，基础设施的生产具有一定程度的自然垄断性。例如，在一个城市里铺设一套煤气管道明显比铺设两套管道经济得多，因此城市的煤气一般都由一家煤气公司来经营。

2. 竞争部门的垄断

随着竞争的不断深入，一些竞争性商品市场上的生产企业也会逐渐减少，最终由少数大企业控制市场。但是迄今为止，人们也还未足够了解到这种现象的存在，对于引起这类垄断的原因尚不十分明了。一个比较有代表性的观点认为“规模效应”的存在是导致这类垄断产生的原因。然而，实证研究的结果表明：每个竞争性产业企业的最佳规模的范围都相当大，似乎没有哪个产业会由于最佳规模而导致垄断。当然还有一些其他的原因，如特许经营、对原材料和专利权的控制等。

12.2.2 效率损失

除自然垄断之外，垄断与竞争相比，具有效率上的损失，不利于资源的优化配置，可以通过图 12.10 进行分析。

如图 12.10 所示，横轴表示产量，纵轴表示价格。曲线 D 和 MR 分别为该企业的需求曲线和边际收益曲线。为简单起见，假定平均成本和边际成本相等且固定不变，它们由图中水平直线 $AC=MC$ 表示。垄断企业根据利润最大化原则生产产量 Q_M，垄断价格为 P_M，

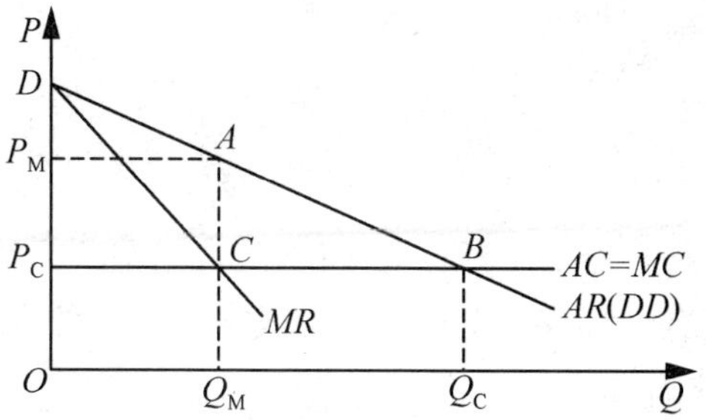

图 12.10　垄断企业的均衡

高于边际成本，这表明：消费者愿意为增加额外一单位产量所支付的数量超过了生产该单位产量所引起的成本。因此，存在帕累托改进的余地。如果能够设法使产量从垄断水平 Q_M 增加到最优水平 $Q*$，则就实现了帕累托最优。

可能的方法是垄断企业同意生产 $Q*$ 产量，并定价 P_C，这样垄断企业的利润就下降了$(P_M-P_C)\cdot Q_M$。而消费者剩余 P_MABP_C 面积超过了垄断企业的利润损失。超过的部分为 ABC 面积。这个收益可以在垄断企业和消费者之间进行适当的分配，从而使双方都得到好处。

12.2.3　消费者剩余损失

消费者剩余是指消费者所付出的购买商品的价格低于他所愿意付出的价格，由此而得到的额外的效用或满足。对于垄断企业的低效率及其对社会福利的不利影响，也可以将其与完全竞争企业进行比较。在图 12.10 中，垄断情况下的产量 Q_M 远远小于完全竞争下整个产业的产量 Q_C，而价格 P_M 却远远高于完全竞争条件下产业的均衡价格 P_C，因而存在着资源浪费。这种资源浪费有两个表现：一是垄断企业本身效率低，浪费其手中所掌握的资源，靠高垄断价格维持其生存；二是其垄断高价格会扰乱市场价格信号，造成增量资源的误配置。由于产量减少，存在垄断利润，消费付出了高价，因而消费者剩余减少。

12.2.4　其他不利影响

(1) 阻碍技术进步，垄断者为了垄断市场往往会保守技术秘密或把技术束之高阁，阻碍技术进步。

(2) X—非效率。哈维·雷本斯坦认为，随着公司规模的扩大，公司内部的组织管理工作将日益复杂，因此会导致“内耗”的增加，降低企业管制协调方面的效率，即 X—非效率。

(3) 寻租。寻租指非生产性的寻利活动，即为获得和维持垄断地位从而得到垄断利润(垄断租金)的活动。从理论上来说，单个寻租者的寻租代价要小于或者等于图 12.10 中的垄断利润 ACP_CP_M。在很多情况下，由于竞争激烈，寻租代价常常要接近甚至等于全部的垄断利润。寻租导致腐败，从而增加了社会成本。

12.2.5 对垄断的公共政策

1. 政府管制

对垄断的管制主要是指政府对垄断行业(特别是自然垄断行业)价格和产量的管制，主要表现为价格管制，一般有边际成本定价和平均成本定价两种方式。

1) 对非自然垄断行业的管制

在图 12.11 中，曲线 $D=AR$ 和 MR 是某垄断企业的需求曲线和边际收益曲线。曲线 AC 和 MC 是其平均成本曲线和边际成本曲线。在无管制时，企业获利，均衡产量为 Q_m，均衡价格 P_m 高于边际成本 MC，缺乏效率和公平。在有管制时，政府若旨在提高效率，则定价 P_c，等于 MC，实现了帕累托最优，但是企业仍能获得(P_c-AC)部分的经济利润。政府若旨在提升公平，则定价 P_z，产量为 Q_z，企业经济利润为零，且 $P<MC$，违反了帕累托最优条件。

2) 对自然垄断行业的管制

如果是自然垄断的情况，市场需求所要求的数量范围内，如果生产技术使得平均成本递减，则从社会的角度来看，一个行业中只有一个企业进行经营是有利的。并且，这种生产技术对竞争者自然会产生排斥作用，因为参与竞争的企业在生产较少的产量时只能花费更高的成本。在图 12.12 中，由于 AC 一直下降，故边际成本 MC 总位于其下方。在无管制时，垄断企业的均衡产量和价格分别为 Q_m 和 P_m。当政府管制价格为 P_c 时，产量为 Q_c，达到帕累托效率，但是因为其平均收益小于平均成本，企业亏损，所以政府须补贴垄断企业的损失。如要制定零经济利润价格 P_z，则 $P_z>P_c$。

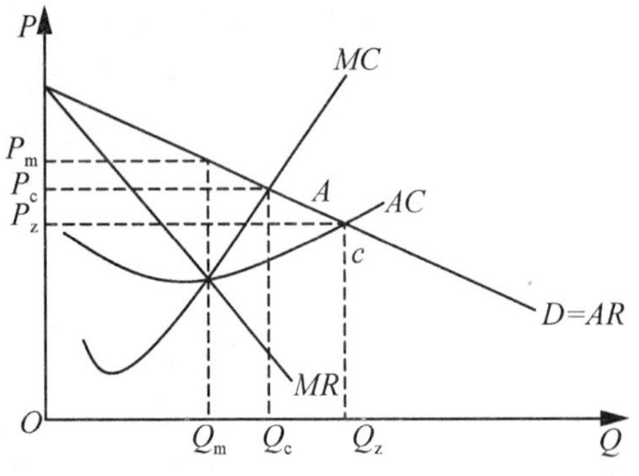

图 12.11 对非自然垄断行业的管制

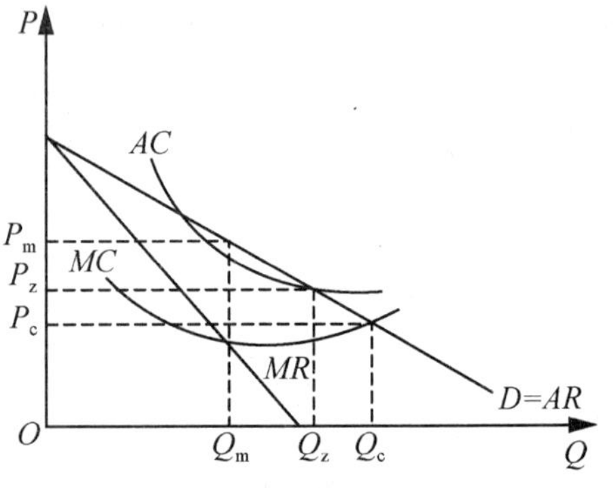

图 12.12 对自然垄断行业的管制

近年来，拉姆齐定价受到越来越多的关注。在具有规模经济的行业中，如果企业不亏损，那么价格必须高于边际成本，给企业一条活路，别无他法。那么价格比边际成本高多少？假定公共事业企业必须回收全部成本，则每种服务的价格都应该对回收企业的固定成本做出贡献，并且尽量减少由此造成的经济扭曲，从资源配置效率的意义上说，对那些消费者不愿付出高于边际成本价格很多的服务，确定很高的加价，显然不符合效率原则；而对那些需求弹性较低的服务，则应该对回收固定成本做较大的贡献。也就是说，加价结构必须反映需求弹性结构，并且还要考虑到需求的交叉弹性。定价的基本原则是：某产品高于边际成本的百分比应当与该产品的需求价格弹性的绝对值成反比。大多数经济学家已经在理论上接受了这一法则，并开始在某些方面付诸实施。

以上对政府管制的分析都是假定的理想状态，从而管制可以达到解决市场失灵问题的目的，但在实际中这是不现实的，也就是说，政府管制也可能由于管制目标上的错位、政府与企业存在的互利关系、管制成本巨大和管制方式不当等原因而导致失灵。

案例 12-12

波音与麦道的合并案

波音和麦道公司分别是美国航空制造业的老大和老二，处于世界航空制造业的第1位和第3位。近年，波音公司用166亿美元兼并了麦道公司。在干线客机市场上，合并后的波音不仅成为全球最大的制造商，而且是美国市场唯一的供应商，占美国国内市场的份额几乎达百分之百。但是，美国政府不仅没有阻止波音兼并麦道，而且利用政府采购等措施促成了这一兼并活动。其主要原因是：首先，民用干线飞机制造业是全球性寡头垄断行业，虽然波音公司在美国国内市场保持垄断，但在全球市场上受到来自欧洲空中客车公司的越来越强劲的挑战。面对空中客车公司的激烈竞争，波音与麦道的合并有利于维护美国的航空工业大国地位；其次，尽管美国只有波音公司一家干线民用飞机制造企业，但由于存在来自势均力敌的欧洲空中客车的竞争，波音公司不可能在开放的美国和世界市场上形成绝对垄断地位。如果波音滥用市场地位提高价格，就相当于把市场拱手让给空中客车。

由此可见，美国政府在监管企业并购时，不仅仅根据国内市场占有率来判断是否垄断，还要考虑在整个市场范围内是否能够形成垄断。对全球寡头垄断行业，需要分析全球市场的条件，而不局限于本国市场范围。同时，还要考虑国家整体产业竞争力。因此，在执行反垄断法时，美国政府还是以国家利益为重，为了提高美国 企业在全球的竞争力，支持大型企业的重组和并购。

案例 12-13

对分解微软的不同意见

微软公司是世界上最大的软件公司，占世界软件市场的80%以上。曾经有19个州和哥伦比亚地区法院指控微软公司利用其市场力量非法挤垮竞争对手。地区司法部提出了把微软分解为两个企业的方案，而一些经济学家则从市场效率的角度出发，对司法部的设想提出不同意见。

哥伦比亚地区法院的法官认为微软的行为在一定程度上是反竞争的，不仅侵害了消费者的利益，更重要的是打击了竞争对手。一是微软占有巨大的稳定的市场份额；二是微软公司把浏览器捆绑在Windows操作系统上，把软件系统固化到芯片上，从而阻止竞争对手进入市场；三是微软的操作系统到目前为止还没有真正的竞争对手。

而一些经济学家认为，如果把微软的操作系统和“Office”应用软件分离开，将有以下几个主要问题。一是如果垂直分解微软公司，微软的操作系统仍将 占市场的85%以上，Office应用软件也将占据美国市场的90%以上，因此，两个企业都可以分别在各自的市场区划中占垄断地位，很可能两个公司都提 价，危害消费者利益；二是如果水平分解微软公司，那么小型公司在销售Windows软件时，可能竞相压价，不利于维护知识产权；三是分解微软公司的目的是为了促进竞争和技术创新，希望其他企业能开发出与微软竞争的软件。但是靠分解微软达 到这一目的希望较小。

比较微软和波音两个案例，尽管微软在操作系统市场上的垄断程度还不如合并后的波音公司对美国国内干线飞机市场的垄断程度高，但监管机构没有制止波音和 麦道的合并，却要分解微软。微软与波音的不同境遇，充分反映了全球化背景下美国的反垄断战略：为了保持市场竞争，促进技术进步，反垄断是要继续坚持的，但 是，对一个企业是否采取反垄断措施，则要从全球竞争而不仅是国内市场竞争着眼，要考虑其最终是否可能损害美国的国家利益。

简要评析：请读者分析政府失灵的原因及对策。

2. 反垄断法

由于垄断必然要带来很多弊端，在西方，许多国家的政府都不同程度地制定并执行了反垄断政策。从 19 世纪末以来，美国颁布了-系列反托拉斯法，最为著名的是谢尔曼法、克来顿法、联邦贸易委员会法、罗宾逊-帕特曼法、塞勒-凯佛维尔法等。其主要内容集中在对有实力的公司采取旨在消除竞争的任何经营行为进行管制，防止垄断的产生，对已经形成垄断或接近垄断的公司提出诉讼，分解垄断企业，阻止能削弱竞争的兼并，防止企业通过串通以提高价格和限制产量的办法来谋求最大垄断利润的行为等。

随着由计划经济向市场经济转轨，我国也不断建立起许多反不正当竞争和反垄断的法律法规。1980 年，国务院就发布了《关于开展和保护社会主义竞争的暂行规定》，在这部规定中，正式提出了反对垄断和不正当竞争。在以后陆续颁布的经济法规、知识产权法规中也有所反映。于 1993 年通过了《中华人民共和国反不正当竞争法》，该法界定了不正当竞争的含义，即指在市场交易活动及相关领域中，违反法律、法规、诚实信用原则和道德准则，采用欺诈、引诱、诋毁、干预和利用等不正当的手段谋取非法利益，损害国家、竞争对手和消费者的利益，扰乱公平竞争的市场秩序的行为；这里的经营者是指从事商品经营或者营利服务的法人、其他经济组织和个人。列举了各种不正当竞争行为，既包括各国普遍存在的、传统的不正当竞争行为，如欺骗性交易行为、商业贿赂行为、引人误解的虚假宣传行为、侵犯商业机密行为和不正当有奖销售等，也包括我国现实经济活动中所表现出来的、特有的不正当竞争行为，如公用企业和独占经营者的限制竞争行为、滥用行政权力限制竞争行为、压价销售排挤竞争对手的行为、搭售或附加不合理条件的交易行为以及投标招标中相互勾结妨碍公平竞争的行为等，并规定了相应的法律责任。限制垄断是保护公平竞争的又一个重要举措，中国于 1994 年 5 月就成立了《反垄断法》起草小组，2003 年完成了初稿，在 2006 年十届全国人大常委会第二十二次会议上通过了《中华人民共和国反垄断法(草案)》。

案例研究

腾讯与 360 之战

2011 年 11 月 3 日下午腾讯向用户宣布：在 360 公司停止对 QQ 进行外挂侵犯和恶意诋毁之前，决定将在装有 360 软件的电脑上停止运行 QQ 软件，与此同时，腾讯还宣布，QQ 空间宣布不支持 360

浏览器访问。显然，腾讯起码没有尊重消费者的选择权，而是将一道明显带有“格式合同”色彩的条款交给用户选择：除非卸载360，否则你无法使用QQ。对于大量的用户而言，其在使用QQ的同时，也在使用360，也就是说，用户选择同时使用360和QQ的选择权，事实上已经被腾讯的声明所剥夺。而且，考虑到一些腾讯的用户属于付费用户，腾讯用如此野蛮无礼的行为逼迫用户停用QQ，也违背了契约上的基本承诺。360的QQ保镖针对腾讯QQ的行为是否属于劫持和破坏的“外挂”行为恐怕有点勉为其难，但就腾讯给用户给出的选择题而言，则很显然存在明显的法律瑕疵，做法律层面的判断比技术层面要简单得多。作为行业老大，作为一个市值3 000亿港币的上市公司，腾讯的确拥有牛气的资格，起码在中国，目前要挑战腾讯龙头老大地位的企业还没有出现，其QQ软件的6亿用户就是明证，这个优势应该无人撼动。在这种情况下，腾讯底气十足的逼迫用户做出选择，答案就很清楚了。尽管用户做出选择很难，但腾讯的这种行为在法律上的认定依然非常简单。这是一种再典型不过的滥用市场支配地位的行为。中国的《反垄断法》第17条中规定的3种滥用市场支配地位的情形，腾讯都基本沾边：其一，没有正当理由，拒绝与交易相对人进行交易；其二，没有正当理由，限定交易相对人只能与其进行交易或者只能与其指定的经营者进行交易；其三，没有正当理由搭售商品，或者在交易时附加其他不合理的交易条件。在全球IT行业开了一个不好的先例：一个软件生产商可以肆意的决定自己软件的兼容环境，人为排斥其他的软件，这是前所未有的，微软不敢，苹果不敢，雅虎不敢，MSN不敢，而中国的腾讯却毅然决然将自己划入用户的对立面。

本章小结

本章分析了导致市场失灵的各种原因，即外部性、公共物品、信息不对称和不完全信息、垄断、经济周期和公平与效率等。并针对这些原因进一步提出了解决市场失灵的对策和手段，这也为现代市场经济中政府参与经济活动提供了空间，同时也指出要认识到政府失灵问题。

习　　题

1. 名词解释

市场失灵	外部性	公共物品	私人物品	信息不对称
公开信息	私人信息	隐蔽特征	隐蔽行为	逆向选择
道德危险	寻租	委托人-代理人问题		垄断
庇古税	科斯定理	政府失灵	洛伦斯曲线	基尼系数

2. 思考题

(1) 公共物品为什么不能靠市场来提供?

(2) 为什么说充分信息只是一种理想化的假设? 市场信息不对称是如何引起市场失灵的?

(3) 政府在市场经济中的作用是什么?

(4) 什么是科斯定理? 作为解决外部性问题的一种方法，与其他方法有什么不同?

(5) 什么是公共物品的最优产量？政府干预有助于公共物品最优产量的实现吗？
(6) 引起政府管制失灵的原因有哪些？
(7) 宏观经济政策对企业经营决策有什么影响？
(8) 简述政府、市场与企业三者之间的关系。

3. 选择题

(1) 市场失灵是指(　　)。
A. 市场机制没能使社会资源的分配达到最有效率的状态
B. 价格机制不能起到有效配置资源的作用
C. 根据价格所做的决策使资源配置发生扭曲
D. 以上都是
(2) 以下哪一个特征不是公共产品的特征？(　　)
A. 非排他性　　B. 竞争性、非排他性
C. 外部性　　D. 由政府提供
(3) 可用以下哪一个术语来描述一个养蜂主与邻近经营果园的农场主之间的影响？(　　)
A. 外部不经济　　B. 外部经济　　C. 外部损害　　D. 以上都不是
(4) 通过产权界定或给资源使用权定价，适宜于有效利用(　　)。
A. 人力资源　　B. 多次性使用的资源
C. 可再生资源　　D. 以上都是
(5) 通过(　　)可以使外部不经济的产品减少供给。
A. 减税　　B. 补贴　　C. 增加税收　　D. 市场价格变动
(6) 使用价格管制自然垄断行业是因为(　　)。
A. 规模经济要求垄断企业存在　　B. 管制价格可以使价格降低
C. 管制价格可以使产量增加　　D. 以上都是
(7) 当企业生产污染了环境，而又不负担其成本时，(　　)。
A. 其边际成本被低估　　B. 其平均可变成本被低估
C. 其总成本被低估　　D. 以上都对
(8) 以下哪一项最准确地说明了产生污染的生产是缺乏效率的？(　　)
A. 其社会总成本高于私人总成本　　B. 其社会边际成本高于私人边际成本
C. 其产量大于社会最优产量　　D. 忽略了外在成本
(9) 面对不对称信息，下面哪一项不是高质量的信号？(　　)
A. 产品保证　　B. 长期质量保证书
C. 品牌　　D. 低价格
(10) 按照科斯定理：(　　)。
A. 当市场不能产生有效率的结果时，政府应当配置资源
B. 市场结果总是有效率的
C. 界定和交易产权可以解决外部性问题
D. 对外部不经济的产品应该征税

4. 计算题

(1) 设造纸厂的成本函数为 $C_X=2X^2$，其中，X 为纸的产量。渔场养鱼的成本函数为 $C_Y=Y^2+2X_Y$，其中 Y 为鱼的产量。造纸给渔场造成外部不经济，纸的产量越高，养鱼成本越高。X、Y 的市场价格分别为 80、60。

① 假设造纸厂和渔场独立经营，则纸和鱼的产量、利润各为多少？

② 假设两企业合并起来，则纸和鱼的产量各为多少？总利润是多少？

③ 假设两企业各自独立经营，如果政府对造纸厂的每单位产量征收 T 的税收，那么政府税率应定为多少？

(2) 某县有两个化工厂 A、B，各造成 100 单位大气污染，总污染量为 200 单位。化工厂降低其污染的边际成本不变，分别为 $MC_A=500$ 元、$MC_B=1\ 000$ 元。试问：

① 若环保局要求两个化工厂各减少一半污染量，使总污染量控制在 100 单位，则总成本是多少？

② 若实行可交易许可证的污染治理办法，使总污染量控制在同一水平，那么总成本是多少？

③ 哪个化工厂愿意购买交易许可证？其价格是多少？

(3) 某企业生产一种专门用于冬天冰雪路面的特殊轮胎。需求方程为 $P=170-5Q$，这里，Q 为轮胎的产量，单位为“千个”，P 为价格，单位为“元/个”。该轮胎的平均成本为 60 元/个(假定该企业按平均成本定价，只谋求正常利润)。

① 确定该轮胎的售价和产量。

② 假定使用这种轮胎对道路有一定的损害。估计这种损害(按元表示)为 $C=0.25Q^2$，即每增加一个轮胎给道路带来的损害为 $MC=0.5Q$。由于对道路有损害，政府打算限制它的产量，以谋求最大的净社会福利。问政府的限量应定为多少？此时轮胎的市场价格是多少？净社会福利是多少？

③ 政府可采用什么办法来实现上述结果？并解释之。

参考文献

[1] 吴德庆，马月才．管理经济学[M]．北京：中国人民大学出版社，2006.
[2] 李宝山，张利庠．管理经济学[M]．北京：中国人民大学出版社，2004.
[3] 汤伟刚．管理经济学[M]．大连：东北财经大学出版社，2003.
[4] 高鸿业．西方经济学（上册 微观经济学）[M]．北京：中国人民大学出版社，2003.
[5] 李宝山．管理经济学[M]．北京：企业管理出版社，1997.
[6] 王建民．管理经济学[M]．北京：北京大学出版社，2004.
[7] 陈章武．管理经济学[M]．北京：清华大学出版社，1996.
[8] 聂鸣，陈君宁．管理经济学[M]．武汉：华中科技大学出版社，2002.
[9] 高鸿业．西方经济学[M]．2 版．北京：中国人民大学出版社，2000.
[10] 沈桂林．管理经济学[M]．北京：中国商业出版社，2004.
[11] 郁义鸿，高汝熹．管理经济学[M]．上海：上海三联出版社，2004.
[12] 方博亮．管理经济学[M]．北京：中国人民大学出版社，2005.
[13] 胡志强，何国华．管理经济学[M]．武汉：武汉大学出版社，2005.
[14] 池仁勇．管理经济学[M]．北京：科学出版社，2005.
[15] 金镝．微观经济学[M]．大连：大连理工大学出版社，2001.
[16] 汪祥春．微观经济学[M]．大连：东北财经大学出版社，2002.
[17] 董长瑞，周宁．微观经济学[M]．北京：经济科学出版社，2006.
[18] 熊胜绪．管理经济学[M]．武汉：武汉大学出版社，1997.
[19] 周勤．管理经济学[M]．北京：石油工业出版社，2003.
[20] 徐惠平，李志青．管理经济学教学案例精选[M]．上海：复旦大学出版社，2000.
[21] 刘斌艺．管理经济学教程[M]．上海：立信会计出版社，2003.
[22] 陈收，毕少非．管理经济学[M]．长沙：湖南大学出版社，1999.
[23] 胡继灵，王家琪．管理经济学[M]．武汉：武汉理工大学出版社，2003.
[24] 柴华奇．管理经济学：市场经济中企业决策的基本规律[M]．西安：西北工业大学出版社，2004.
[25] [美]平狄克，鲁宾费尔德．微观经济学[M]．3 版．北京：中国人民大学出版社，1997.
[26] 尹伯成．西方经济学[M]．上海：上海人民出版社，2003.
[27] 李致平．现代微观经济学[M]．合肥：中国科学技术大学出版社，2006.
[28] 陈东琪．宏微观经济学[M]．北京：中央广播电视大学出版社，2000.

北京大学出版社本科财经管理类实用规划教材（已出版）

财务会计类

序号	书名	标准书号	主编	定价	序号	书名	标准书号	主编	定价
1	基础会计（第2版）	7-301-17478-4	李秀莲	38.00	25	税法与税务会计实用教程（第2版）	7-301-21422-0	张巧良	45.00
2	基础会计学	7-301-19403-4	窦亚芹	33.00	26	财务管理理论与实务（第2版）	7-301-20407-8	张思强	42.00
3	会计学	7-81117-533-2	马丽莹	44.00	27	公司理财原理与实务	7-81117-800-5	廖东声	36.00
4	会计学原理（第2版）	7-301-18515-5	刘爱香	30.00	28	审计学	7-81117-828-9	王翠琳	46.00
5	会计学原理习题与实验（第2版）	7-301-19449-2	王保忠	30.00	29	审计学	7-301-20906-6	赵晓波	38.00
6	会计学原理与实务（第2版）	7-301-18653-4	周慧滨	33.00	30	审计理论与实务	7-81117-955-2	宋传联	36.00
7	会计学原理与实务模拟实验教程	7-5038-5013-4	周慧滨	20.00	31	会计综合实训模拟教程	7-301-20730-7	章洁倩	33.00
8	会计实务	7-81117-677-3	王远利	40.00	32	财务分析学	7-301-20275-3	张献英	30.00
9	高级财务会计	7-81117-545-5	程明娥	46.00	33	银行会计	7-301-21155-7	宗国恩	40.00
10	高级财务会计	7-5655-0061-9	王奇杰	44.00	34	税收筹划	7-301-21238-7	都新英	38.00
11	成本会计学	7-301-19400-3	杨尚军	38.00	35	基础会计学	7-301-16308-5	晋晓琴	39.00
12	成本会计学	7-5655-0482-2	张红漫	30.00	36	公司财务管理	7-301-21423-7	胡振兴	48.00
13	成本会计学	7-301-20473-3	刘建中	38.00	37	财务管理学实用教程（第2版）	7-301-21060-4	骆永菊	42.00
14	管理会计	7-81117-943-9	齐殿伟	27.00	38	政府与非营利组织会计	7-301-21504-3	张　丹	40.00
15	管理会计	7-301-21057-4	形芳珍	36.00	39	预算会计	7-301-22203-4	王筱萍	32.00
16	会计规范专题	7-81117-887-6	谢万健	35.00	40	统计学实验教程	7-301-22450-2	裘雨明	24.00
17	企业财务会计模拟实习教程	7-5655-0404-4	董晓平	25.00	41	基础会计实验与习题	7-301-22387-1	左　旭	30.00
18	税法与税务会计	7-81117-497-7	吕孝侠	45.00	42	基础会计	7-301-23109-8	田凤彩	39.00
19	初级财务管理	7-301-20019-3	胡淑姣	42.00	43	财务会计学	7-301-23190-6	李柏生	39.00
20	财务管理学原理与实务	7-81117-544-8	严复海	40.00	44	会计电算化	7-301-23565-2	童　伟	49.00
21	财务管理学	7-5038-4897-1	盛均全	34.00	45	中级财务会计	7-301-23772-4	吴海燕	49.00
22	财务管理学	7-301-21887-7	陈　玮	44.00	46	会计规范专题(第2版)	7-301-23797-7	谢万健	42.00
23	基础会计学学习指导与习题集	7-301-16309-2	裴　玉	28.00	47	基础会计	7-301-24366-4	孟　铁	35.00
24	财务管理理论与实务	7-301-20042-1	成　兵	40.00	48	信息化会计实务	7-301-24730-3	杜天宇	35.00

工商管理、市场营销、人力资源管理、服务营销类

序号	书名	标准书号	主编	定价	序号	书名	标准书号	主编	定价
1	管理学基础	7-5038-4872-8	于干千	35.00	29	市场营销学：理论、案例与实训	7-301-21165-6	袁连升	42.00
2	管理学基础学习指南与习题集	7-5038-4891-9	王　珍	26.00	30	市场营销学	7-5655-0064-0	王槐林	33.00
3	管理学	7-81117-494-6	曾　旗	44.00	31	国际市场营销学	7-301-21888-4	董　飞	45.00
4	管理学	7-301-21167-0	陈文汉	35.00	32	市场营销学（第2版）	7-301-19855-1	陈　阳	45.00
5	管理学	7-301-17452-4	王慧娟	42.00	33	市场营销学	7-301-21166-3	杨　楠	40.00
6	管理学原理	7-5655-0078-7	尹少华	42.00	34	国际市场营销学	7-5038-5021-9	范应仁	38.00
7	管理学原理与实务（第2版）	7-301-18536-0	陈嘉莉	42.00	35	现代市场营销学	7-81117-599-8	邓德胜	40.00
8	管理学实用教程	7-5655-0063-3	邵喜武	37.00	36	市场营销学新论	7-5038-4879-7	郑玉香	40.00
9	管理学实用教程	7-301-21059-8	高爱霞	42.00	37	市场营销理论与实务（第2版）	7-301-20628-7	那　薇	40.00
10	管理学实用教程	7-301-22218-8	张润兴	43.00	38	市场营销学实用教程	7-5655-0081-7	李晨耘	40.00
11	通用管理知识概论	7-5038-4997-8	王丽平	36.00	39	市场营销学	7-81117-676-6	戴秀英	32.00
12	管理学原理	7-301-21178-6	雷金荣	39.00	40	消费者行为学	7-81117-824-1	甘瑁琴	35.00
13	管理运筹学（第2版）	7-301-19351-8	关文忠	39.00	41	商务谈判（第2版）	7-301-20048-3	郭秀君	49.00
14	统计学原理	7-301-21061-1	韩　宇	38.00	42	商务谈判实用教程	7-81117-597-4	陈建明	24.00
15	统计学原理	7-5038-4888-9	刘晓利	28.00	43	消费者行为学	7-5655-0057-2	肖　立	37.00
16	统计学	7-5038-4898-8	曲　岩	42.00	44	客户关系管理实务	7-301-09956-8	周贺来	44.00
17	应用统计学（第2版）	7-301-19295-5	王淑芬	48.00	45	公共关系学	7-5038-5022-6	于朝晖	40.00
18	统计学原理与实务	7-5655-0505-8	徐静霞	40.00	46	非营利组织	7-301-20726-0	王智慧	33.00
19	管理定量分析方法	7-301-13552-5	赵光华	28.00	47	公共关系理论与实务	7-5038-4889-6	王　玫	32.00
20	新编市场营销学	7-81117-972-9	刘丽霞	30.00	48	公共关系学实用教程	7-81117-660-5	周　华	35.00
21	公共关系理论与实务	7-5655-0155-5	李泓欣	45.00	49	跨文化管理	7-301-20027-8	晏　雄	35.00
22	质量管理（第2版）	7-301-24632-0	陈国华	39.00	50	企业战略管理	7-5655-0370-2	代海涛	36.00
23	企业文化理论与实务	7-81117-663-6	王水嫩	30.00	51	员工招聘	7-301-20089-6	王　挺	30.00
24	企业战略管理	7-81117-801-2	陈英梅	34.00	52	服务营销理论与实务	7-81117-826-5	杨丽华	39.00
25	企业战略管理实用教程	7-81117-853-1	刘松先	35.00	53	服务企业经营管理学	7-5038-4890-2	于干千	36.00
26	产品与品牌管理	7-81117-492-2	胡　梅	35.00	54	服务营销	7-301-15834-0	周　明	40.00
27	东方哲学与企业文化	7-5655-0433-4	刘峰涛	34.00	55	运营管理	7-5038-4878-0	冯根尧	35.00
28	市场营销学	7-301-21056-7	马慧敏	42.00	56	生产运作管理（第2版）	7-301-18934-4	李全喜	48.00

序号	书 名	标 准 书 号	主 编	定价	序号	书 名	标 准 书 号	主 编	定价
57	运作管理	7-5655-0472-3	周建亨	25.00	76	现场管理	7-301-21528-9	陈国华	38.00
58	组织行为学	7-5038-5014-1	安世民	33.00	77	现代企业管理理论与应用（第2版）	7-301-21603-3	邸彦彪	38.00
59	组织设计与发展	7-301-23385-6	李春波	36.00	78	服务营销	7-301-21889-1	熊　凯	45.00
60	组织行为学实用教程	7-301-20466-5	冀　鸿	32.00	79	企业经营ERP沙盘应用教程	7-301-20728-4	董红杰	32.00
61	现代组织理论	7-5655-0077-0	岳　澍	32.00	80	项目管理	7-301-21448-0	程　敏	39.00
62	人力资源管理（第2版）	7-301-19098-2	颜爱民	60.00	81	公司治理学	7-301-22568-4	蔡　锐	35.00
63	人力资源管理经济分析	7-301-16084-8	颜爱民	38.00	82	管理学原理	7-301-22980-4	陈　阳	48.00
64	人力资源管理原理与实务	7-81117-496-0	邹　华	32.00	83	管理学	7-301-23023-7	申文青	40.00
65	人力资源管理实用教程（第2版）	7-301-20281-4	吴宝华	45.00	84	人力资源管理实验教程	7-301-23078-7	畅铁民	40.00
66	人力资源管理：理论、实务与艺术	7-5655-0193-7	李长江	48.00	85	社交礼仪	7-301-23418-1	李　霞	29.00
67	人力资源管理教程	7-301-24615-3	夏兆敢	36.00	86	营销策划	7-301-23204-0	杨　楠	42.00
68	政府与非营利组织会计	7-301-21504-3	张　丹	40.00	87	企业战略管理	7-301-23419-8	顾　桥	46.00
69	会展服务管理	7-301-16661-1	许传宏	36.00	88	兼并与收购	7-301-22567-7	陶启智	32.00
70	现代服务业管理原理、方法与案例	7-301-17817-1	马　勇	49.00	89	统计学（第2版）	7-301-23854-7	阮红伟	35.00
71	服务性企业战略管理	7-301-20043-8	黄其新	28.00	90	广告策划与管理：原理、案例与项目实训	7-301-23827-1	杨佐飞	48.00
72	服务型政府管理概论	7-301-20099-5	于干千	32.00	91	客户关系管理理论与实务	7-301-23911-7	徐　伟	40.00
73	新编现代企业管理	7-301-21121-2	姚丽娜	48.00	92	市场营销学（第2版）	7-301-24328-2	王槐林	39.00
74	创业学	7-301-15915-6	刘沁玲	38.00	93	创业基础：理论应用与实训实练	7-301-24465-4	郭占元	38.00
75	公共关系学实用教程	7-301-17472-2	任焕琴	42.00	94	生产运作管理（第3版）	7-301-24502-6	李全喜	54.00

经济、国贸、金融类

序号	书 名	标 准 书 号	主 编	定价	序号	书 名	标 准 书 号	主 编	定价
1	宏观经济学原理与实务（第2版）	7-301-18787-6	崔东红	57.00	25	东南亚南亚商务环境概论	7-81117-956-9	韩　越	38.00
2	宏观经济学（第2版）	7-301-19038-8	蹇令香	39.00	26	证券投资学	7-301-19967-1	陈汉平	45.00
3	微观经济学原理与实务	7-81117-818-0	崔东红	48.00	27	证券投资学	7-301-21236-3	王　毅	45.00
4	微观经济学	7-81117-568-4	梁瑞华	35.00	28	货币银行学	7-301-15062-7	杜小伟	38.00
5	西方经济学实用教程	7-5038-4886-5	陈孝胜	40.00	29	货币银行学	7-301-21345-2	李　冰	42.00
6	西方经济学实用教程	7-5655-0302-3	杨仁发	49.00	30	国际结算（第2版）	7-301-17420-3	张晓芬	35.00
7	西方经济学	7-81117-851-7	于丽敏	40.00	31	国际结算	7-301-21092-5	张　慧	42.00
8	现代经济学基础	7-81117-549-3	张士军	25.00	32	金融风险管理	7-301-20090-2	朱淑珍	38.00
9	国际经济学	7-81117-594-3	吴红梅	39.00	33	金融工程学	7-301-18273-4	李淑锦	30.00
10	发展经济学	7-81117-674-2	赵邦宏	48.00	34	国际贸易理论、政策与案例分析	7-301-20978-3	冯　跃	42.00
11	管理经济学	7-81117-536-3	姜保雨	34.00	35	金融工程学理论与实务（第2版）	7-301-21280-6	谭春枝	42.00
12	计量经济学	7-5038-3915-3	刘艳春	28.00	36	金融学理论与实务	7-5655-0405-1	战玉峰	42.00
13	外贸函电（第2版）	7-301-18786-9	王　妍	30.00	37	国际金融实用教程	7-81117-593-6	周　影	32.00
14	国际贸易理论与实务（第2版）	7-301-18798-2	缪东玲	54.00	38	跨国公司经营与管理（第2版）	7-301-21333-9	冯雷鸣	35.00
15	国际贸易（第2版）	7-301-19404-1	朱廷珺	45.00	39	国际金融	7-5038-4893-3	韩博印	30.00
16	国际贸易实务（第2版）	7-301-20486-3	夏合群	45.00	40	国际商务函电	7-301-22388-8	金泽虎	35.00
17	国际贸易结算及其单证实务	7-5655-0268-2	卓乃坚	35.00	41	国际金融	7-301-23351-6	宋树民	48.00
18	政治经济学原理与实务（第2版）	7-301-22204-1	沈爱华	31.00	42	国际贸易实训教程	7-301-23730-4	王　茜	28.00
19	国际商务	7-5655-0093-0	安占然	30.00	43	财政学	7-301-23814-1	何育静	45.00
20	国际贸易实务	7-301-20919-6	张　肃	28.00	44	保险学	7-301-23819-6	李春蓉	41.00
21	国际贸易规则与进出口业务操作实务（第2版）	7-301-19384-6	李　平	54.00	45	中国对外贸易概论	7-301-23884-4	翟士军	42.00
22	金融市场学	7-81117-595-0	黄解宇	24.00	46	国际经贸英语阅读教程	7-301-23876-9	李晓娣	25.00
23	财政学	7-5038-4965-7	盖　锐	34.00	47	管理经济学（第2版）	7-301-24786-0	姜保雨	42.00
24	保险学原理与实务	7-5038-4871-1	曹时军	37.00					

法律类

序号	书 名	标 准 书 号	主 编	定价	序号	书 名	标 准 书 号	主 编	定价
1	经济法原理与实务(第2版)	7-301-21527-2	杨士富	39.00	6	金融法学理论与实务	7-81117-958-3	战玉锋	34.00
2	经济法实用教程	7-81117-547-9	陈亚平	44.00	7	国际商法	7-301-20071-1	丁孟春	37.00
3	国际商法理论与实务	7-81117-852-4	杨士富	38.00	8	商法学	7-301-21478-7	周龙杰	43.00
4	商法总论	7-5038-4887-2	任先行	40.00	9	经济法	7-301-24697-9	王成林	35.00
5	劳动法和社会保障法（第2版）	7-301-21206-6	李　瑞	38.00					

电子商务与信息管理类

序号	书 名	标 准 书 号	主 编	定价	序号	书 名	标 准 书 号	主 编	定价
1	网络营销	7-301-12349-2	谷宝华	30.00	6	电子商务概论	7-301-13633-1	李洪心	30.00
2	数据库技术及应用教程（SQL Server版）	7-301-12351-5	郭建校	34.00	7	管理信息系统实用教程	7-301-12323-2	李　松	35.00
3	网络信息采集与编辑	7-301-16557-7	范生万	24.00	8	电子商务概论（第2版）	7-301-17475-3	庞大莲	42.00
4	电子商务案例分析	7-301-16596-6	曹彩杰	28.00	9	网络营销（第2版）	7-301-23803-5	王宏伟	36.00
5	管理信息系统	7-301-12348-5	张彩虹	36.00	10	电子商务概论	7-301-16717-5	杨雪雁	32.00

序号	书 名	标 准 书 号	主 编	定价	序号	书 名	标 准 书 号	主 编	定价
11	电子商务英语	7-301-05364-5	覃 正	30.00	27	数字图书馆	7-301-22118-1	奉国和	30.00
12	网络支付与结算	7-301-16911-7	徐 勇	34.00	28	电子化国际贸易	7-301-17246-9	李辉作	28.00
13	网上支付与安全	7-301-17044-1	帅青红	32.00	29	商务智能与数据挖掘	7-301-17671-9	张公让	38.00
14	企业信息化实务	7-301-16621-5	张志荣	42.00	30	管理信息系统教程	7-301-19472-0	赵天唯	42.00
15	电子商务法	7-301-14306-3	李 瑞	26.00	31	电子政务	7-301-15163-1	原忠虎	38.00
16	数据仓库与数据挖掘	7-301-14313-1	廖开际	28.00	32	商务智能	7-301-19899-5	汪 楠	40.00
17	电子商务模拟与实验	7-301-12350-8	喻光继	22.00	33	电子商务与现代企业管理	7-301-19978-7	吴菊华	40.00
18	ERP 原理与应用教程	7-301-14455-8	温雅丽	34.00	34	电子商务物流管理	7-301-20098-8	王小宁	42.00
19	电子商务原理及应用	7-301-14080-2	孙 睿	36.00	35	管理信息系统实用教程	7-301-20485-6	周贺来	42.00
20	管理信息系统理论与应用	7-301-15212-6	吴 忠	30.00	36	电子商务概论	7-301-21044-4	苗 森	28.00
21	网络营销实务	7-301-15284-3	李蔚田	42.00	37	管理信息系统实务教程	7-301-21245-5	魏厚清	34.00
22	电子商务实务	7-301-15474-8	仲 岩	28.00	38	电子商务安全	7-301-22350-5	蔡志文	49.00
23	电子商务网站建设	7-301-15480-9	臧良运	32.00	39	电子商务法	7-301-22121-1	郭 鹏	38.00
24	网络金融与电子支付	7-301-15694-0	李蔚田	30.00	40	ERP 沙盘模拟教程	7-301-22393-2	周 菁	26.00
25	网络营销	7-301-22125-9	程 虹	38.00	41	移动商务理论与实践	7-301-22779-4	柯 林	43.00
26	电子证券与投资分析	7-301-22122-8	张德存	38.00	42	电子商务项目教程	7-301-23071-8	芦 阳	45.00

物流类

序号	书 名	书号	编著者	定价	序号	书 名	书号	编著者	定价
1	物流工程	7-301-15045-0	林丽华	30.00	34	逆向物流	7-301-19809-4	甘卫华	33.00
2	现代物流决策技术	7-301-15868-5	王道平	30.00	35	供应链设计理论与方法	7-301-20018-6	王道平	32.00
3	物流管理信息系统	7-301-16564-5	杜彦华	33.00	36	物流管理概论	7-301-20095-7	李传荣	44.00
4	物流信息管理	7-301-16699-4	王汉新	38.00	37	供应链管理	7-301-20094-0	高举红	38.00
5	现代物流学	7-301-16662-8	吴 健	42.00	38	企业物流管理	7-301-20818-2	孔继利	45.00
6	物流英语	7-301-16807-3	阚功俭	28.00	39	物流项目管理	7-301-20851-9	王道平	30.00
7	第三方物流	7-301-16663-5	张旭辉	35.00	40	供应链管理	7-301-20901-1	王道平	35.00
8	物流运作管理	7-301-16913-1	董千里	28.00	41	现代仓储管理与实务	7-301-21043-7	周兴建	45.00
9	采购管理与库存控制	7-301-16921-6	张 浩	30.00	42	物流学概论	7-301-21098-7	李 创	44.00
10	物流管理基础	7-301-16906-3	李蔚田	36.00	43	航空物流管理	7-301-21118-2	刘元洪	32.00
11	供应链管理	7-301-16714-4	曹翠珍	40.00	44	物流管理实验教程	7-301-21094-9	李晓龙	25.00
12	物流技术装备	7-301-16808-0	于 英	38.00	45	物流系统仿真案例	7-301-21072-7	赵 宁	25.00
13	现代物流信息技术(第2版)	7-301-23848-6	王道平	35.00	46	物流与供应链金融	7-301-21135-9	李向文	30.00
14	现代物流仿真技术	7-301-17571-2	王道平	34.00	47	物流信息系统	7-301-20989-9	王道平	28.00
15	物流信息系统应用实例教程	7-301-17581-1	徐 琪	32.00	48	物料学	7-301-17476-0	肖生苓	44.00
16	物流项目招投标管理	7-301-17615-3	孟祥茹	30.00	49	智能物流	7-301-22036-8	李蔚田	45.00
17	物流运筹学实用教程	7-301-17610-8	赵丽君	33.00	50	物流项目管理	7-301-21676-7	张旭辉	38.00
18	现代物流基础	7-301-17611-5	王 侃	37.00	51	新物流概论	7-301-22114-3	李向文	34.00
19	现代企业物流管理实用教程	7-301-17612-2	乔志强	40.00	52	物流决策技术	7-301-21965-2	王道平	38.00
20	现代物流管理学	7-301-17672-6	丁小龙	42.00	53	物流系统优化建模与求解	7-301-22115-0	李向文	32.00
21	物流运筹学	7-301-17674-0	郝 海	36.00	54	集装箱运输实务	7-301-16644-4	孙家庆	34.00
22	供应链库存管理与控制	7-301-17929-1	王道平	28.00	55	库存管理	7-301-22389-5	张旭凤	25.00
23	物流信息系统	7-301-18500-1	修桂华	32.00	56	运输组织学	7-301-22744-2	王小霞	30.00
24	城市物流	7-301-18523-0	张 潜	24.00	57	物流金融	7-301-22699-5	李蔚田	39.00
25	营销物流管理	7-301-18658-9	李学工	45.00	58	物流系统集成技术	7-301-22800-5	杜彦华	40.00
26	物流信息技术概论	7-301-18670-1	张 磊	28.00	59	商品学	7-301-23067-1	王海刚	30.00
27	物流配送中心运作管理	7-301-18671-8	陈 虎	40.00	60	项目采购管理	7-301-23100-5	杨 丽	38.00
28	物流项目管理	7-301-18801-9	周晓晔	35.00	61	电子商务与现代物流	7-301-23356-6	吴 健	48.00
29	物流工程与管理	7-301-18960-3	高举红	39.00	62	国际海上运输	7-301-23486-0	张良卫	45.00
30	交通运输工程学	7-301-19405-8	于 英	43.00	63	物流配送中心规划与设计	7-301-23847-9	孔继利	49.00
31	国际物流管理	7-301-19431-7	柴庆春	40.00	64	运输组织学	7-301-23885-1	孟祥茹	48.00
32	商品检验与质量认证	7-301-10563-4	陈红丽	32.00	65	物流管理	7-301-22161-7	张佺举	49.00
33	供应链管理	7-301-19734-9	刘永胜	49.00					